航运服务管理与创新

於 军 编著

图书在版编目（CIP）数据

航运服务管理与创新 / 於军编著 . —北京：企业管理出版社，2020.4
ISBN 978-7-5164-2108-6

Ⅰ．①航… Ⅱ．①於… Ⅲ．①航运—交通运输管理—研究 Ⅳ．① F550.6

中国版本图书馆 CIP 数据核字（2020）第 027819 号

书　　　名：	航运服务管理与创新
作　　　者：	於　军
责任编辑：	郑　亮　　黄　爽
书　　　号：	ISBN 978-7-5164-2108-6
出版发行：	企业管理出版社
地　　　址：	北京市海淀区紫竹院南路 17 号　　邮编：100048
网　　　址：	http://www.emph.cn
电　　　话：	编辑部（010）68701638　发行部（010）68701816
电子信箱：	qyglcbs@emph.cn
印　　　刷：	北京虎彩文化传播有限公司
经　　　销：	新华书店
规　　　格：	185 毫米 × 260 毫米　16 开本　22 印张　500 千字
版　　　次：	2020 年 4 月第 1 版　2021 年 9 月第 2 次印刷
定　　　价：	98.00 元

版权所有　翻印必究　·　印装有误　负责调换

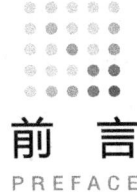

前言
PREFACE

    中国航运服务企业无限迫切的要求正是从服务实践中提炼理论，用服务管理与创新理论系统指导实践。其实，航运服务管理与创新实践的历史已经非常悠久，只是我们还没清晰地意识到。更多的企业是在被媒体曝光、专家评论和大众检验之后，才突然意识到并实践了服务管理与创新理论，甚至是开创了服务管理与创新实践。

    就像航运业对人类思想的影响远远超出人们的想象那样，航运业在今天风云变幻的世界背景中，所体现出来的产业创造力、产业借鉴力、产业融合力、产业升级力、产业进化与革命力都超出了人们的想象。同时，航运产业自我学习、自我提升的能力与速度，也超越了人们想象的极限。用不了多久，航运业在大多数人眼中的神秘感、行业隔阂感将逐渐消失，航运服务管理与创新的最新理念与方法，也将陆续以普适性的知识展现在人们面前。这既是时代发展的必然结果，也是身为航运人最直接的感触。遵循这样的发展足迹，聆听着这样的时代呼唤，作者第一次感到自己慢慢被航运业自身发展的速度所震撼，第一次感到当年曾被很多人看不起的航运组织管理水平今天已超过了他们既有的理论水平，第一次感到通用理论与航运实践紧密结合的时机已经到来。

    航运产业是一个整体，要想理解某个环节的做法，必须先理解其相邻环节的做法。只有以系统的视角来思考航运业，才有可能获得深刻、敏锐的洞察。

    基于这样的思考，作者想通过《航运服务管理与创新》这本书对以下五个方面做一点探索。

    第一，在VUCA时代下航运服务业面临的变革与挑战；

    第二，利用成熟的组织管理理论整合航运服务管理与创新实践中零散的做法，形成管理理论与航运业务实践的良好匹配；

    第三，利用服务管理与创新理论的视角，把航运组织的服务管理与创新，以及政府对航运产业的服务管理分别阐述得更加透彻；

    第四，从航运服务管理与创新实践中探索管理新思想、新思维和新理论；

    第五，提供航运服务创新思维、管理与方法，形成航运组织的系统竞争力。

遵循以上五个思路，本书分为上、中、下三篇。上篇聚焦航运服务业，主要包括服务、服务业与航运服务业，政府、政策与航运服务业，经济结构性变革与航运组织转型；中篇聚焦航运服务管理，从管理专业维度，全面介绍、剖析了航运服务战略管理、组织结构与设计、营销管理、人力资源管理、运营管理、信息管理、IMO制定的国际公约和国际海事机构对航运服务管理的作用等内容；下篇聚焦航运服务创新，主要包括航运服务创新理论基础，航运服务跨界创新，航运服务跨界创新与平台再造，TRIZ理论与航运服务创新，基于TRIZ理论的航运服务创新方法。

本书是2014年出版的《航运服务管理》的升级版，与前版相比，本书增加了航运产业政府治理的篇幅与内容，增加了航运服务创新的系统内容，删掉了原书中个人意识挑战部分，使内容更加聚焦。同时保留了赢在战略先导等理论框架，增加了韩进海运破产的案例分析，保留了全球优秀航运组织的管理与创新实践。最后，平衡了每一章节的篇幅，做到详略得当。

本书以系统性、思想性、交叉性、实用性和生动性为特色。适合航运服务组织中高层管理者，非政府航运组织、事业单位管理人员，政府部门管理人员，高校本科生、研究生和研究人员阅读。

於 军

2019年6月6日于上海

目录 CONTENTS

上篇　航运服务业

第一章　服务、服务业与航运服务业 ································· 3
第一节　服务与服务的分类 ··· 3
第二节　服务业与国家竞争优势 ·· 11
第三节　航运服务产业集群 ·· 20
第四节　航运服务产业演变 ·· 25

第二章　政府、政策与航运服务业 ································· 28
第一节　航运产业服务优势理论基础 ···································· 28
第二节　航运产业政府管理经验借鉴 ···································· 47
第三节　航运产业服务优势中国实践 ···································· 53
第四节　政策、治理模式与治理结构 ···································· 58
第五节　政策、治理结构与集群增长 ···································· 61
第六节　政策、股权控制和治理结构 ···································· 62
第七节　政策、航运产业集群治理模式、结构与集群成长 ················· 65

第三章　经济结构性变革与航运组织转型 ························· 69
第一节　经济结构性变化给航运业带来的挑战 ···························· 69
第二节　经济结构性变化中航运业翘楚的启示 ···························· 70
第三节　在经济结构性变化中打造产业链链主 ···························· 78

中篇　航运服务管理

第四章　航运服务管理的专业维度 85
- 第一节　组织管理的三个通用维度 85
- 第二节　专业维度 87

第五章　航运服务战略管理 89
- 第一节　赢在战略先导 89
- 第二节　航运服务全战略框架 92

第六章　航运服务组织结构与设计管理 131
- 第一节　区域制还是扁平化 131
- 第二节　航运服务组织结构设计 133
- 第三节　航运服务组织间的关系 148

第七章　航运服务营销管理 153
- 第一节　顾客至上 153
- 第二节　满意与忠诚 160
- 第三节　营销策略 171

第八章　航运服务人力资源管理 186
- 第一节　战略性人力资源管理框架 186
- 第二节　航运服务组织人力资源管理 194

第九章　航运服务运营管理 201
- 第一节　航运服务运营流程管理 201
- 第二节　货运服务流程与风险管理 207
- 第三节　航运服务运营其他风险管理 211

第十章　航运服务信息管理 217
- 第一节　航运信息技术发展历程 217
- 第二节　航运信息化发展趋势 218
- 第三节　航运业信息化战略框架 219
- 第四节　航运电商平台建设战略 222

第十一章　IMO 与航运服务管理 ··· 227
第一节　IMO 与国际公约 ··· 227
第二节　国际公约与航运服务管理 ·· 229

第十二章　国际海事机构与航运服务管理 ··· 243
第一节　IACS 与航运服务管理 ··· 243
第二节　INTERTANKO 与航运服务管理 ··· 245
第三节　INTERCARGO 与航运服务管理 ··· 250
第四节　IG P&I Club 与航运服务管理 ·· 252
第五节　其他海事机构与航运服务管理 ·· 254

下篇　航运服务创新

第十三章　航运服务创新理论基础 ·· 259
第一节　服务创新与创新方法 ·· 259
第二节　航运服务创新八大思维方式 ·· 261
第三节　航运服务创新模式 ··· 271

第十四章　航运服务跨界创新 ·· 279
第一节　何为航运服务跨界创新 ··· 279
第二节　航运服务跨界创新何以可能 ·· 283
第三节　航运服务跨界多远最合适 ·· 284
第四节　如何进行航运服务跨界创新 ·· 288
第五节　航运服务跨界有哪些理论突破 ··· 289
第六节　中国航运服务跨界创新现状如何 ·· 291
第七节　航运服务跨界有何启示 ··· 292
第八节　航运服务跨界创新需要警惕什么 ·· 297
第九节　中国航运企业跨界转型路径在哪 ·· 298

第十五章　航运服务跨界创新与平台再造 ·· 301
第一节　航运服务跨界创新的本质 ·· 301
第二节　航运服务跨界创新的四类平台 ··· 302
第三节　航运服务实体企业如何再造平台 ·· 305
第四节　航运服务网络企业如何再造平台 ·· 306
第五节　航运服务企业 +X 双平台战略 ··· 308

第十六章　TRIZ 理论与航运服务创新 ……………………………… 311

第一节　TRIZ 创新算法 ……………………………… 311

第二节　基于 TRIZ 创新算法的航运服务创新思路 ……………………………… 314

第十七章　基于 TRIZ 的航运服务创新方法 ……………………………… 317

第一节　TRIZ 之航运服务问题表述法 ……………………………… 317

第二节　TRIZ 之航运服务部件分拆法 ……………………………… 319

第三节　TRIZ 之航运服务理想自动法 ……………………………… 322

第四节　TRIZ 之航运服务图文双构法 ……………………………… 325

第五节　TRIZ 之航运服务分层原理法 ……………………………… 328

第六节　TRIZ 之航运服务系统九屏幕法 ……………………………… 331

第七节　TRIZ 之航运服务惯性破解法 ……………………………… 335

第八节　TRIZ 之航运服务自然仿生法 ……………………………… 338

附录　著名国际海事组织及机构汇总表 ……………………………… 343

上篇
航运服务业

第一章　服务、服务业与航运服务业

第一节　服务与服务的分类

商品与服务的界限在哪里？

✓ 电力、电信这样的公用事业属于什么行业？
✓ IBM 公司属于制造业还是服务业？
✓ 我们看电视是使用商品还是服务？
✓ 快餐店里，我们是去购买食物，还是购买这种烹饪服务？
✓ 船舶建造设计、修船、造船技术研发是属于制造业还是服务业？

要回答这些问题，要先看服务的定义，以及服务业与制造业的区别和联系分别是什么。

一、服务的定义

根据定义中对服务的不同侧重点，服务的定义有但不限于以下几种[1]：

美国市场营销协会（AMA）把服务定义为：供销售的、与一个产品相关的，对消费者的需求提供的活动、好处或者满足。

ISO 9000 系列标准中对服务的定义是：服务是为满足顾客的需要，在与顾客的接触中，服务提供者的活动和活动的结果。

服务"是一个由支持性设施内，使用辅助物品实现的显性和隐性利益构成的'包'（Package）"（James 和 Mona，2000）[2]。

服务是对其他经济组织（或单位）的个人、商品或服务增加价值，并主要以活动形式表现的使用价值或效用。

贝里把商品描述为"一件物品，一种器械，一样东西"，把服务描述为"一个行动，一次表演，一项努力。"

商品和服务之间最关键的差异在于这样一个事实，即顾客从服务中获取价值时通常并不获得对任何有形要素的永久性所有权。

---

[1] 洛夫洛克，沃茨：《服务营销》，谢晓燕，赵伟韬，译，中国人民大学出版社，2010 年版。
[2] James A F, Mona J F：《服务管理：运营、战略和信息技术》，机械工业出版社，2000 年版。

实际上，几乎没有什么服务是不包含有形要素的，也几乎没有什么有形商品是不包含服务的成分的。

二、服务的特征[①]

（一）无形性

服务最基本的特性就是服务的无形性，因为服务是一种绩效或行动，而不是实物，所以我们不能像感觉有形商品那样来看到、感觉到或触摸到服务。在航运教育、航运咨询、航运法律、航运保险等服务中，尽管顾客可以看到或接触到服务的某些有形部分（教室、文件和教师等）也很难把握许多服务。即使一项咨询服务已经完成，顾客也可能很难马上理解咨询人员已提供的服务所能带来的后果，尽管服务的有形证据（纸质文件等）可能十分明显。

（二）异质性

由于服务基本上是由人表现出来的一系列行为，因而就没有两种服务会完全一致。员工所提供的服务通常是顾客眼中的服务，而且人们的行为可能每天，甚至每小时都会有区别。另外由于没有两个顾客会完全一样，因而会产生异质性，每位顾客都会有独特的需求，或者以一个独特的方式来体验服务。因此，服务的异质性主要是由人们之间的相互作用（在员工和顾客之间）以及伴随这一过程的所有变化因素所导致的。例如，在同一天，一位船舶检验师可能向两位不同的顾客提供不同的服务，这取决于顾客的个人需要、个性，以及船舶检验师在会见顾客时，他是在精力充沛的早晨还是在开了一整天会后精疲力竭的临近下班时间等，这些不同的因素造成了船舶检验师向这两个顾客所提供的服务的异质性。

（三）生产与消费同步性

大多数商品先生产，然后再进行销售和消费；但大部分服务却是先销售，再进行生产和消费。例如，一辆汽车可以在上海生产，运到北京，两个月后卖掉，并在数年时间内消费；但港口码头的服务在没有出售前不能提供出来，而且码头服务过程基本上是生产和消费同时进行的。这也通常意味着服务生产时顾客是在现场的，而且会观察甚至参与到生产过程中。这也说明在服务的生产过程中，顾客之间一般会有相互作用，因而会影响彼此的体验。例如，在同一个码头靠泊的两艘船装卸相同货物，就很明显地说明了上面所说的彼此的影响，一艘船的航主或货主会根据另一艘船的装卸速度和安全程度来评估己方船上的装卸服务水平。生产与消费同步性的另一个结果是服务生产商发现他们本身就是服务的一部分，而且是顾客对服务体验的一个基本因素。因此，为顾客提供一种"真实瞬间"非常重要。

[①] （美）泽丝曼尔，等：《服务营销（原书第 4 版）》，张金成，等译，机械工业出版社，2008 年版。

（四）易逝性

易逝性是指服务不能被储存、转售或退回的情况。港口码头里的一个位子、理货员一个小时的时间等是不能重新收回并在以后使用或重新出售的。这与商品可以收入仓库或在另一天再出售，或者由于顾客不满意而退货的情况正好形成对比。在服务易逝性方面，服务组织面临的一个基本问题是服务不可储存，因而为充分利用生产能力而进行需求预测并制订有创造性的计划就成为重要的和富于挑战性的决策问题。服务一般不能被退回或重售的事实也表明必须制定有力的补救战略，以防差错的出现。例如，一项差劲的理货服务不能退回，但理货员却可以换掉，而且应该在这类问题发生时有恢复顾客信誉的战略。

服务的这四个特性也决定了顾客对服务体验的八个特征：

- ✓ 主观性。顾客体验具有强烈的主体性或主观性，是顾客心中的体验，是与产品、服务、品牌等是否符合顾客的期望、购买能力、消费目的联系在一起的。
- ✓ 动态性。顾客体验并非恒常不变的，而是处于不断变化之中的。
- ✓ 层次性。顾客今天对这一服务的要求肯定会比昨天更高。
- ✓ 异质性。每个顾客对服务体验的感知是极不相同的。
- ✓ 依赖性。顾客所有的体验都是依赖于企业所提供的服务而产生的。
- ✓ 互动性。顾客与企业在服务过程中的互动是良好体验的基础。
- ✓ 价值性。顾客之所以能够有值得回忆的体验，是因为服务给了顾客体验价值。
- ✓ 整体性。顾客对服务体验的评价是对整个服务过程的评价，是一个整体性的评价。

服务的四个基本特性与商品的比较见表1-1。

表1-1 商品与服务

商品	服务	相应的含义
有形	无形	服务不可存储 服务不能申请专利 服务不容易进行展示或沟通 难以定价
标准化	异质性	服务的提供与顾客的满意取决于员工的行动 服务质量取决于许多不可控因素 无法确知提供的服务是否与计划或宣传相符
生产与消费相分离	生产与消费同步	顾客参与并影响交易 顾客之间相互影响 员工影响服务的结果 分权可能是必要的 难以进行大规模生产
可储存	易逝性	服务的供应和需求难以同步进行 服务不能退货或转售

资料来源：A Parasuaman V, et al. A conceptual Model of Service Quality and It's Implications for Future Research [J]. Journal of Marketing, 1985, 49: 44-50.

服务不能申请专利：美国西南航空公司（SW）的服务模式可以完全抄袭创建于1949年的太平洋西南航空（PSA），结果PSA破产了，它却成了全美国最具有盈利能力的公司。从1990年到2003年，就整体而言，美国航空业在这14年间只有6年实现盈利。在20世纪90年代初，航空业亏损130亿美元，裁减雇员超过10万人，但西南航空公司依然保持盈利，而且没有解雇一个人。尽管航空业面临长期困难，其中也有一些大型航空公司破产，但西南航空公司还是创下了连续30年盈利的不俗业绩。

"天天马士基"，中远也完全可以模仿，叫"天天中远"，完全不会有法律专利的纠纷，但中远不会这样做，否则影响中远的领导者地位和行业领袖的形象。

三、服务光谱

产品与服务的区别实际上就像光谱中各种颜色的区别，是一个连续渐变的过程，肖斯塔克总结出的服务光谱，从以有形主导的识别性品质高的商品，到有形与无形比例平衡的经验性品质高的服务商品，再到以无形性主导的可信度品质高的服务。

这些识别性品质高的实体商品，通常在颜色、式样、形状、价格、合适度、感觉、硬度和气味等方面，都有助于顾客在购买产品前做出决定。相反，其他一些商品和服务可能更强调经验性品质，只能在购买后或消费过程中才能识别质量，如口味、耐磨损性、处理的容易程度、有效性等。最后，还有可信度品质，即那些顾客发现即使在消费之后也很难评价的特性，如外科手术和技术修理，它们是很难被观察到的。

航运服务产业中所有的服务组织都介于经验性品质高与可信度品质高区间。如图1-1深色方块部分显示。

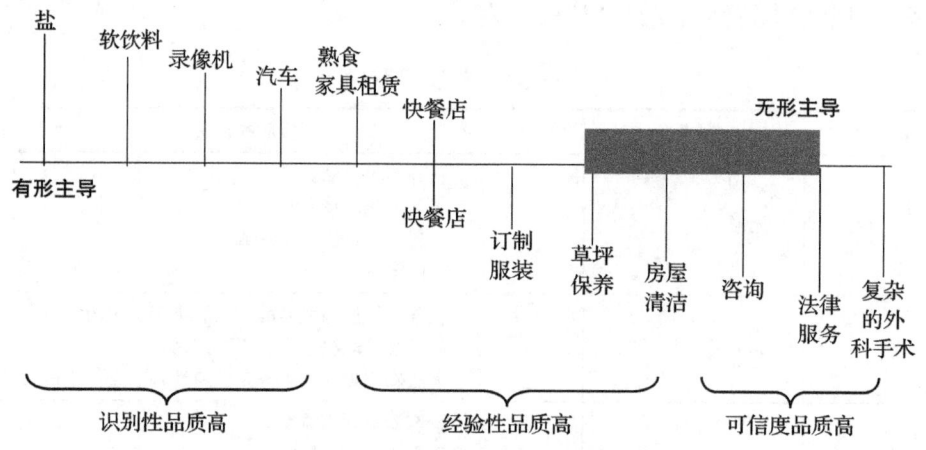

图1-1 肖斯塔克的服务光谱

资料来源：Shostack G L. Breaking Free from Product Marketing. Journal of Marketing, 1977, 41: 73-80.

四、服务的分类

（一）按服务活动的性质分类

顾客参与生产过程（也被称为生产消费不可分离性）通常被认为是服务的一个显著特

征，这意味着我们应当对服务的过程进行评价以确定不同类型的过程是否会导致不同的顾客参与度。

在前文中，我们把服务描述为行动、行为或表演。两个基本的问题是：这种行动是针对谁（或什么）的？这种行为是有形的还是无形的？这两个问题导致四种分类，见表 1-2。

表 1-2　按服务活动的性质分类

服务行为的本质	服务的直接接受者	
	人	物体
有形行为	针对人的身体的服务： **乘客运输（邮轮服务）** 医疗保健 住宿 美容院 健身中心 餐馆/酒吧 理发 殡葬服务	针对实体的服务： **货物运输** **维修** **仓储** 看门服务 零售分销 洗衣和干洗 景观/草地保养 清除/回收
无形行为	针对人的头脑的服务： **广告/公关** 艺术和娱乐 广播/有线电视 **管理咨询、教育** 信息服务、音乐会 心理治疗 宗教、声音电话	针对无形资产的服务： 会计、银行 数据处理/传递 **保险、法律服务** 程序编写 **研究** 证券投资 软件咨询

注：表中的楷体字部分为航运业特有的服务。
资料来源：洛夫洛克，沃茨，《服务营销》，谢晓燕，赵伟韬，译，中国人民大学出版社，2010 年 6 月版。

从表 1-2 中可知，航运服务既有针对人的身体的服务，也有针对实体的服务；既有针对人的头脑的服务，也有针对无形资产的服务。航运服务业是一个全方位的服务领域。

（二）按服务传递的方法分类

这种分类方法针对两个基本问题——目前传递服务的方法和分销场所的数量。不同的分销策略决定了不同的服务性质，反过来，服务性质也会影响分销策略。一个关键的问题是：目前公司是否要求顾客同服务人员、设备和场所发生直接的身体接触。如果企业的确需要直接的身体接触，那么是否意味着顾客就不得不亲自去服务组织所在的场所；或者企业可以派遣人员并把设备搬运到顾客所在的地方。如果不是这样，双方之间的交易是否可以相隔一定距离完成。

另一个问题是关于企业按分销场所的数量来衡量的分销策略：它是通过一个分销点，还是通过分布位置不同的多个网点为顾客服务的？在表 1-3 中可以看到，分析的结果包括接触类型和服务点数量两个方面，有六种不同的组合。

表 1-3 服务传递的方法

顾客和服务组织之间相互作用的性质	服务网点的数量	
	单一网点	多家网点
顾客到服务组织那里	剧院 *港口、码头*	运输服务 快餐连锁店
服务组织到顾客那里	草地保养服务 虫害防治服务 出租车	邮递 汽车俱乐部的道路服务
顾客同服务组织远距离进行交易（邮递或电信传递）	信用卡公司 本地电视台 *航运标准合约网上签订*	广播网 电话公司 *航运网络课程培训*

注：表中的楷体字部分为航运业特有的网点。

从表 1-3 可以发现，航运服务业中的海运公司基本上都是多家网点，用的是顾客到服务组织那里接受服务的服务传递方法。多家网点，主要是因为货运代理的存在，拓展了航运公司服务的网点。货运代理与航运公司是有协议的，每个月保证多少箱子，否则没有折扣优惠等，很多时候，当货运代理还差一个、两个箱子就能满足每个月的要求时，常常以很低的价格放给货主。这也是为什么 2006 年出现"海运业惊现负运价"的原因之一。而像港口、码头这样的服务，就是单点的形式了。很少有服务组织专门到顾客那里进行服务，当然这种服务传递方式在航运业中肯定存在，如航运服务咨询、法律保险等。但这种方式并非主流。当然，随着网络技术的普及，单点远程和多点远程操作在航运服务中也日渐流行，如航运标准合约网上签订、航运网络课程培训等。

（三）按同供给相对应的服务需求的性质分类

制造企业可以把产成品储存起来作为对需求波动的一种防御措施，这能使制造企业享受到生产工厂保持一个稳定的生产水平时所带来的经济性。相反，服务企业一般不能把产出保存起来，因为服务传递的时限性使企业不可能储存完成的服务。例如，一旦邮轮开航，邮轮上的一个空床铺位可能产生的潜在收益就永远失去了。相似的，对于一家船舶修理厂来说，如果一天的营业时间内没有一艘船来修理，那么这个船舶修理厂（包括场地、人员和设备）就要"晒太阳"了。相反，当对服务的需求超过供给时，超出的业务也可能丧失。如果一位乘客没有在一艘邮轮上买到铺位，其他的邮轮公司会得到这笔业务，或者这位顾客会取消或延迟旅行计划；如果有一家船舶修理厂因为业务太忙而无法接收一个潜在的客户的维修业务，另一家船舶修理厂就会接手。

但是，并非在所有的服务状况中都存在供求之间的不平衡，为此而对服务进行分类的一个有用的方法在表 1-4 中可以看到。横行根据不同时间内对服务需求的波动幅度的大小对组织进行分类，竖行根据生产能力是否能够满足高峰期的需求对组织进行分类。归纳起来，现在那些具有有形服务过程的组织（如港务集团、船公司、修船厂等）比服务过程以信息为基础的组织（如航运金融、保险、法律、咨询等）更可能出现生产能力的问题。

表 1-4　同供给相对应的服务需求的性质

供应受限制的程度	不同时间内需求波动的幅度	
	大	小
高峰期的需求通常能够及时满足	1. 电力、天然气 电话 医院产科 警察和消防队 **航道通航密度**	2. 保险（航运保险、教育等） 法律服务（航运） 银行 洗衣和干洗
高峰期的需求通常会超过生产能力	3. 会计和税务准备 **物流运输、码头服务** 酒店和汽车旅馆 餐馆 剧院	4. 同 2 中的组织相似，只是它们没有足够的生产能力来完成基本水平的业务

注：表中的楷体字部分为航运业特有的服务。

航运运输中，周期内需求变化最大的原因，85% 是由促销造成的，因此，沃尔玛提倡天天低价，告诉大家每天都是低价，你不需要来抢购，这样每天推出的特价产品促销，也成了一种惯例，反而成了一种稳定物流需求量的方式。

航道通航密度，受潮汐、季节、进出口贸易量大小、船舶建造技术和航道疏浚等很多因素影响。以从长江口上海吴淞码头的北漕航道为例，这个航道理论最低潮航道维持水深 12.5 米，因此，一般吃水超过 11.5 米的大船需要候潮进出该航道。但是，每天高潮的时间前后有限，而如果长江口抛锚的船舶数量过多，那么按照贯序进出港的做法，将会有不少船舶不能当天进港，但此时很可能港内很多码头是空着的。这种船舶集中到港的情况更有可能发生在世界经济发展非常景气，国外需求强劲，圣诞节前一两个月的情况下。但目前这样的情况还比较少见，反过来码头泊位不足倒经常发生。

但是，航道水深的维持确实会对船舶安全通航带来很多的影响。尤其是从这里挖泥到那里，然后从那里挖泥到这里，来回反复折腾的疏浚服务就更不用说了。

（四）按同顾客的关系分类

几乎很少有例外，购买家用制造业产品的顾客总是间断性地进行购买，每次购买都要支付该笔款项，因而很少同制造商建立正式的关系；而工业品购买则相反，他们通常会同供应商建立长期关系，有时几乎不间断地收到供应商发过来的产品。在服务业，无论是家用产品购买者还是工业品购买者，都有可能要持续不断地接受服务，这就提供了一种根据顾客和供应商之间的关系和服务传递的性质对服务进行分类的方法。

我们首先会提出这样的问题：服务组织是否会像港务集团公司、航运公司和修理厂那样同它的顾客建立起一种"会员制"关系？第二个问题是：这种服务的传递是否是持续不断地进行的，就像各类航运协会那样？还是每一次交易都是单独记录和单独收费的？表 1-5 显示的是这种分类形成的矩阵，每一类都有例子。

表 1-5　同顾客的关系

服务传递的特征	服务组织和它的顾客之间关系的类型	
	"会员制"关系	没有正式的关系
持续的服务传递	1. 航运保险、教育、协会 　 航运公司服务、租赁等 　 有线电视用户 　 银行	2. 电台 　 警察治安 　 灯塔 　 公共运输
分散的交易	3. 长途电话用户 　 剧院套票订购 　 月票往返旅行 　 保用期内的修理 　 为 HMO 成员提供的健康治疗 　 航运公司运量累计折扣	4. 自行车租赁 　 公交服务 　 收费高速公路 　 收费电话 　 电影院 　 公共交通 　 餐馆

注：表中的楷体字部分为航运业提供的服务。

没有正式关系的服务，通常是不知道客户名称的、消费完就关系结束的那种服务。在航运服务业，由于顾客是以组织客户的形式出现的，所以无论服务的规模还是服务的金额都比较大，所以，"会员制"关系是整个航运服务业的主要特征。在"会员制"关系基础上，持续的交易与分散的交易两者并存，主要是为了让顾客能够有更好的服务优惠。如分散交易中，船公司给货代是有订舱优惠的，但前提是保证每个月至少有多少的箱量，如果这个月箱量不够，货代为了继续获得这样的优惠，会以非常低的价格放给货主。这是很常有的事情。

（五）按服务传递中的定制和判断分类

"大众定制化"产品生产在制造业已经非常普遍，顾客能够根据自己特殊的消费需求要求企业给以定制化生产。但是，除了一些能够网上进行的"模块化组合定制"的生产方式外，这种定制化生产到目前为止还是比较昂贵的一种购买方式。

但是，在服务行业，这种定制化服务可以说本身就是一个基本特性。因为服务是在消费的同时被创造出来的，加上顾客确实经常参与生产过程。如表 1-6 所示，至少可以沿两个方面进行定制：①服务和它的传递系统的特征对定制服务有什么帮助？②同顾客发生接触的人员在确定个别顾客接受的服务的性质时能够做出多大程度的判断？

服务给同顾客接触的服务人员以很大的自由来决定如何传递服务，但是他们不能真正区分提供给不同顾客的服务特征之间的差异。例如，以讲座方式授课，然后对学生进行由电脑打分的多项选择考试的教师，虽然他同其他老师讲授同样一个主题，却由于采用不同的教学方法，从而使自己的课程与其他老师的课程存在显著的差异，而在每一个班级中所有的学生接受的教育却几乎完全相同。同样，在班轮运输中，由于标准化的操作控制，船公司可以给不同客户以不同的特殊关照，但是对于同一船运输的集装箱货物来讲，它们几乎没有任何区别，区别仅仅在于对某些箱子的某些环节的处理上。

表 1-6 服务传递中的定制和判断

同顾客接触的人员在满足个别顾客需求过程中做出判断的程度	根据顾客需要确定服务特征的程度	
	高	低
高	1. *航运保险、法律、船舶事故处理 散杂货货运、集装箱拼箱、代理 船舶修理、供应、防污、劳务、班轮运输* 建筑设计、健康护理/手术 出租车服务 美容师	2. *班轮运输* 教育（大课） 预防性的健康计划
低	3. 电话服务 酒店服务 零售银行（不包括大额贷款） 高级餐馆	4. 公共交通 快餐店 电影院 体育运动

注：表中的楷体字部分为航运业特有的服务。

除这两个服务之外，航运服务业中的其他服务基本上都是属于高高型，即不仅有很高的顾客定制程度，而且要求服务人员做出有关服务特征和如何把服务传递给每个顾客的判断。服务人员在同顾客打交道的过程中，控制权从用户那里转移到了服务提供者那里——这种状况会让一些顾客感到非常不安。但这些服务对顾客来说，他们购买到的是这些服务人员因地制宜设计解决问题方案的专业技能服务。

从上面的例子，我们可以发现，航运业具有非常高的需求判断性，服务人员需要具有非常扎实细致的专业实务知识与实践经验，才能为异常复杂的人、物做好安全、准时、绿色的服务。

小 结

航运服务是以会员制关系为基础，需要根据顾客个性化需求做出高的服务判断和服务操作，且服务需求周期性波动大，由单家或多家服务网点通过物理或虚拟媒介提供，涉及对人、对物的显性和隐性利益，以活动形式表现的使用价值或效用的总和。

第二节 服务业与国家竞争优势

一、全球产业结构演变中的服务业增长

（一）服务供给：服务业就业与产出

根据 Victor Fuchs 的研究，美国是在第二次世界大战结束以后第一个成为"服务经济"的国家，即"第一个一半以上就业人口不从事食物、衣着、房屋、汽车或其他实物生产的国家"。服务经济来临的首要标志是服务业就业比重的上升，并逐渐超过国民总就业的 50%。

目前，从服务业增加值占 GDP 的比重看，世界平均比重为 68%。其中，发达经济体平均在 70% 左右，美国已高达 75% 以上；中等收入经济体在 50%～60%；低收入发展中经济体的这两项指标横向比都较低（45% 左右），但纵向比却有一定提高。特别值得一提的是，中国香港的服务业发展可以说是独一无二：2004 年服务业就业比重为 86%，服务增加值占 GDP 比重则高达 89%。

（二）服务需求：最终需求与中间需求

服务业地位的上升，在需求方面则主要表现为经济发展水平和收入水平提高而导致的人们对服务最终消费的增加，以及由专业化分工和产业分工深化引起的对中间服务投入需求的增加。前者反映的是服务业中面向最终消费者的消费性服务，而后者则反映的是服务业面向生产者（或企业）的生产性服务。

二、航运服务业与制造业的关系

第三产业是相对于第一产业和第二产业而言的。第三产业，又称第三次产业，是英国经济学家费希尔 1935 年在《安全与进步的冲突》一书中首先提出来的。它是指除农业、工业、建筑业以外的其他各业。根据国务院办公厅转发的国家统计局关于建立第三产业统计报告上对我国三次产业划分的意见，我国第三产业包括流通和服务两大部门，具体分为四个层次：一是流通部门，交通运输业、邮电通信业、商业饮食业、物资供销和仓储业；二是为生产和生活服务的部门，金融业、保险业、地质普查业、房地产管理业、公用事业、居民服务业、旅游业、信息咨询服务业和各类技术服务业；三是为提高科学文化水平和居民素质服务的部门，教育、文化、广播、电视、科学研究、卫生、体育和社会福利事业；四是国家机关、政党机关、社会团体、警察、军队等，但在国内不计入第三产业产值和国民生产总值。由此可见，第三产业基本上是一种服务性产业。

第三产业的概念是相对于国内经济而言的，而服务业的概念则是相对于国内和国外而言的；三次产业划分是基于供给分类的思想，因此是单向依赖；而服务业是基于经济系统需求分类的思想，因此是互相依赖。

（一）服务业的分类

1975 年美国经济学家布朗宁和辛格曼在对服务业进行分类时，最早提出了生产性服务业（Producer Services）的概念。生产性服务业是指为保持工业生产过程的连续性、促进工业技术进步、为产业升级和提高生产效率提供保障服务的服务行业。它是与制造业直接相关的配套服务业，是从制造业内部生产服务部门独立发展起来的新兴产业，本身并不向消费者提供直接的、独立的服务效用。它依附于制造业企业而存在，贯穿于企业生产的上游、中游和下游诸环节中，以人力资本和知识资本作为主要投入品，把日益专业化的人力资本和知识资本引进制造业，是二、三产业加速融合的关键环节。

消费型服务业是指向消费者提供直接的、独立的服务效用。主要包括商贸、餐饮、酒店、旅游、文化娱乐、金融、信息服务等。公共型服务业是指由政府指导，为社会提供公共服务内容的产业。其功能是提供公共产品，满足公共消费需求，提高公共福利。公共服务业的范围比较广泛，主要包括教育、医疗卫生、文化体育、公用事业、社会保障和社会福利等。航运服务业在服务产业分类中的归属如图1-2所示。

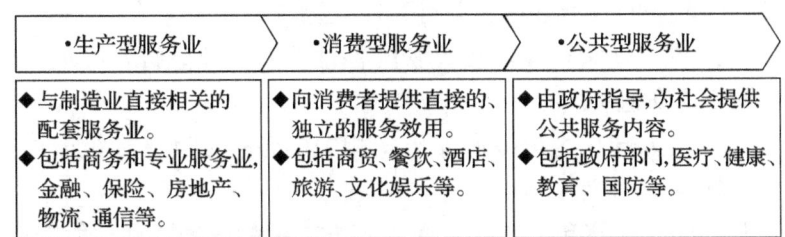

图1-2　航运服务业在服务产业分类中的归属

资料来源：格鲁伯和沃克，《服务业的增长：原因及影响》，机械工业出版社，1993年版。

通过简单的分析，可以发现航运服务业属于生产型服务业，主要是为保持工业生产过程的连续性，促进工业技术进步、产业升级，提高生产效率、提供保障服务的服务行业。

（二）制造业与服务业

1. 制造业的价值链模型

由美国哈佛商学院著名战略学家迈克尔·波特提出的"价值链分析法"（见图1-3），把企业内外价值增加的活动分为基本活动和支持性活动，基本活动涉及企业生产、销售、进料后勤、发货后勤、售后服务。支持性活动涉及人事、财务、计划、研究与开发、采购等，基本活动和支持性活动构成了企业的价值链。不同的企业参与的价值活动中，并不是每个环节都创造价值，实际上只有某些特定的价值活动才真正创造价值，这些真正创造价值的经营活动，就是价值链上的"战略环节"。企业要保持的竞争优势，实际上就是企业在价值链某些特定的战略环节上的优势。运用价值链的分析方法来确定核心竞争力，就是要求企业密切关注组织的资源状态，特别关注和培养在价值链的关键环节上获得重要的核心竞争力，以形成和巩固企业在行业内的竞争优势。企业的优势既可以来源于价值活动所涉及的市场范围的调整，也可来源于企业间协调或合用价值链所带来的最优化效益。

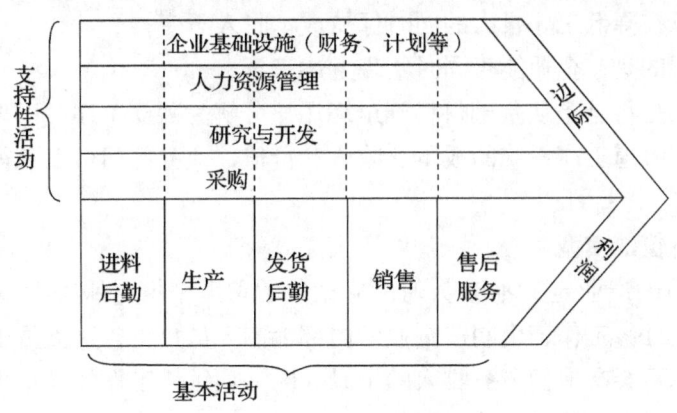

图1-3　波特价值链模型

资料来源：迈克尔·波特，《竞争优势》，陈小悦，译，华夏出版社，2005年版。

价值链列示了总价值，包括价值活动和利润。价值活动是企业所从事的物质上和技术上的界限分明的各项活动，这些活动是企业创造对买方有价值的产品的基石。利润是总价值与从事各种价值活动的总成本之差。

涉及任何产业内竞争的各种基本活动有五种类型。

进料后勤：与接收、存储和分配相关联的各种活动，如原材料搬运、仓储、库存控制、车辆调度和向供应商退货。

生产作业：与将投入转化为最终产品形式相关的各种活动，如机械加工、包装、组装、设备维护、检测等。

发货后勤：与集中、存储和将产品发送给买方有关的各种活动，如产成品库存管理、原材料搬运、送货车辆调度等。

销售：与提供买方购买产品的方式和引导它们进行购买相关的各种活动，如广告、促销、销售队伍、渠道建设等。

服务：与提供服务以增加或保持产品价值有关的各种活动，如安装、维修、培训、零部件供应等。

在任何产业内所涉及的各种支持性活动分为四种基本类型。

采购：指购买用于企业价值链各种投入的活动，采购既包括企业生产原料的采购，也包括与支持性活动相关的购买行为，如研发设备的购买等。

研究与开发：每项价值活动都包含着技术成分，无论是技术诀窍、程序，还是在工艺设备中所体现出来的技术。

人力资源管理：包括各种涉及所有类型人员的招聘、雇佣、培训、开发和报酬等各种活动。人力资源管理不仅对基本和支持性活动起到辅助作用，而且支撑着整个价值链。

企业基础设施：企业基础设施支撑了企业的价值链条。

对于企业价值链进行分析的目的在于分析公司运行的哪个环节可以提高客户价值或降低生产成本。对于任意一个价值增加行为，关键问题在于：

（1）是否可以在降低成本的同时维持价值（收入）不变；

（2）是否可以在提高价值的同时保持成本不变；

（3）是否可以在降低工序投入的同时保持成本收入不变；

（4）更为重要的是，企业能否同时实现上述三条。

价值链的框架是将链条从基础材料到最终用户分解为独立工序，以理解成本行为和差异来源。通过分析每道工序系统的成本、收入和价值，业务部门可以获得成本差异、累计优势。

2. 服务业的价值链模型

由于服务性质的产业定义不够明确，从竞争的角度来探讨服务业就变得更加模糊难以划分。比如说，维修工作若由制造企业的内部编制人员负责，这类员工将被视为工厂雇员，国家收入中也不会有他们劳务收入的记录。同一项维修工作如果是由专门维修的服务公司承包负责，员工和收益皆被计入服务业表现。

要了解服务业在国家经济中的角色及模糊不清的地位，我们首先必须了解劳务在一般企业和家庭中的角色。这时"价值链"则是不可缺少的工具。如果企业或机构的客户具有价值链，销售劳务活动给这些客户的企业也自有其价值链。而规律地执行各种活动的家庭当然也有价值链，那些活动的名称虽然与企业的价值链不同，性质上却有许多相似之处。

服务性质的活动存在于每一家制造企业（与服务公司）的价值链中。仪器维修服务是运营部门的职责，临时工是人力资源管理的一部分。这些劳务可以由内部编制人员负责，也可以外包给独立的服务公司。图1-4就是依照它们在客户的价值链中所扮演的角色将服务业进行分类的。

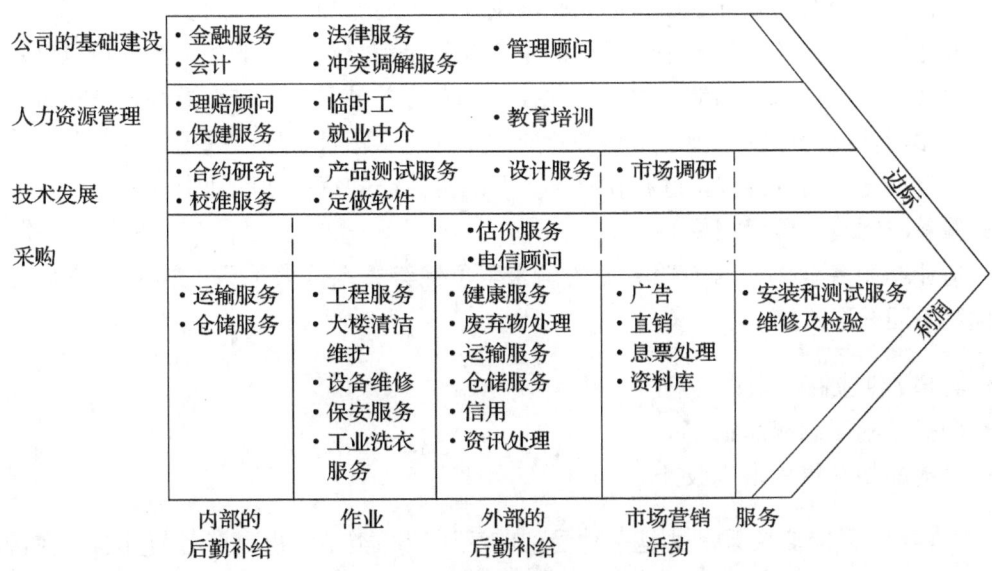

图1-4　价值链中的生产性服务

资料来源：迈克尔·波特，《国家竞争优势》，李明轩，邱如美，译，中信出版社，2007年版。

当前的服务产业部门里，针对企业与家庭需要的服务业正在快速成长，它们是由三股趋势促成的，这三股趋势分别是：

✓ 对服务的需要持续增加，需求也越来越专业化；
✓ 传统上由内部自行负责的服务活动，逐渐分割给专业的服务企业；
✓ 公共服务事业民营化，这有时是由前两种趋势造成的。

与这三种趋势同时出现的还有一股逆向的趋势——企业开始将原本分离的服务与商品合而为一或随商品出售。例如，修理服务可以通过产品本身具备的自动诊断功能解决，甚至无须打电话要求维修服务；又如企业将专业分析技术设计成套装软件出售，人们只需购买软件，而不必花钱聘请咨询顾问。

一般而言，企业与家庭不但需要更多的服务，还要求有更专业、更高的服务质量。例如，航运服务业中船舶修造、港口机械（制造业与航运业更加精深的服务细分）、航运金融与保险（金融业与航运业更加精深的服务细分）、海事法律（法律服务与航运业更加精深的服务细分）、航运经纪（经纪业与航运业更加精深的服务细分）、航运信息咨询（咨询业和航运业更加精深的服务细分）等。这些由传统航运服务业衍生而出的新型航运服务业，是现阶段中国发展现代航运服务功能的软肋所在。

在企业和组织机构方面，由于它们的专业程度日渐提高，日趋国际化，加上管理的复杂，都使它们增加对服务业的需求。当既有的服务业需求（如广告、会计、咨询顾问、信息系统、银行投资与市场调研等）变得更复杂时，更专业化的服务就会应运而生（如专业的临时服务、票务代理服务、冲突处理服务）。当企业的价值链中充满了复杂的产品和各式专精的技术时，它必然需要更多设计、运营和维修方面的服务。竞争的国际化又刺激了新的服务业诞生，以支持贸易活动和管理国外分公司（如通信和人员培训）。技术和法令的变革也正开启全新的服务领域，例如有毒废弃物的处理和无害检测。

专业化服务企业的价值链中最重要的生产要素是信息科技。服务性企业可以利用电脑或电脑化技术的种种新旧功能，更有效地控制经营，并使员工生产率更高；汽车维修厂配备了具有诊断功能的电脑，会计师事务所应用个人电脑审计，航空公司订位和票务作业多半也已经自动化。信息科技正遍布在服务企业的价值链的每一项活动中。

3. 服务与制造：唇齿相依

制造业与服务业的结合对服务业的国家竞争优势关系重大（反之亦然）。它们之间有三种截然不同的形式：

- ✓ 客户/供应商关系；
- ✓ 服务依附于制成品；
- ✓ 制成品的销售依附于服务。

（1）客户/供应商关系。这是一种受到广泛讨论的类型，也是劳务与其客户在价值链上的关系。许多服务业是通过制造业（或服务业）的企业将其内部服务活动分化出来之后才出现的。这种类型具有两层含义。

第一层，如果当地制造业不发达，那么对劳务的需求也会很有限。虽然服务业的企业也会购买劳动力，但是许多服务业的主要营业额是来自制造业的需求。

第二层，一个国家制造业的结构会影响服务需求的形式和数量，以及这些劳务的专业程度。例如，如果缺少先进和具有远见的制造业企业，要创办复杂的软件制作公司或专业咨询企业，将会面临后继无力的困境。

因此，没有强劲的国内制造企业发展的势头，没有制造产品强大的国际竞争力，没有国际强大的消费需求和国内需求，就不会有强大的航运服务需求。

（2）服务依附于制成品。一项制成品出售的同时，也创造了相关劳务的需求。以电脑销售为例，它会引导客户对程序定制服务、资料传输服务和培训服务等的需求。销售一些设备（如电梯）则引发了售后服务的需求。

另一个更加直接的例子是，国家任何一项制成品出口时，都将与保险、贸易融资服务和交通运输服务发生关系。这种例子在中国的海运运输中屡见不鲜。国外采购集团利用强大的采购力量，在进口中国制造商品或原材料时，与我国货主签订的采购、运输、保险等合同，通常都是 FOB 合同条款，也就意味着他们采购中国商品，在中国用他们自己国家的船公司来运输这些商品，并且向他们自己国家的保险商进行投保。我国在这个环节的收入，仅仅是商品的货价差，其他附加服务几乎没有。与此相反的是，当我国进口国外商品时，我们与国外货主签订合同时，内容却往往是 CIF 或 CFR 合同条款，所有运输公司的选择、保险合同的选择都已经由他们指定。这就是服务是如何依附于制成品的例子。

（3）制成品的销售依附于服务。当服务企业出售如工程或管理顾问等劳务时，能够顺便引导客户对设备和其他相关制成品的需求。成功的跨国服务企业因此可能提升该国制成品的销售。这种情形在工程业和重型建筑业很常见。美国顶尖的工程师和建筑公司的海外成就，与一些产品销售海外有重大关系。

这个相关关系在船舶制造设计上最明显，由于像液化天然气船、液化石油气船、高端邮轮、特殊工程船、气体燃料船、绿色环保太阳能船舶等的设计建造核心技术都在西方国家，因此，当我们需要建造这种类型的船舶时，如果由他们设计，那么建造材料就很可能被设计成由该国制造，于是设计服务伴随着制成品的进口，成了典型的制成品的销售依附于服务。

三、航运服务业与国家竞争优势

竞争优势理论是由迈克尔·波特创立并发展完善的。20 世纪 80 年代以来，波特相继发表了《竞争战略》(1980)、《竞争优势》(1985)、《国家竞争优势》(1990)，系统地阐述了竞争优势理论。波特把国内竞争优势理论运用到国际竞争领域，提出了著名的波特菱形理论（仅称为波特钻石模型），如图 1-5 所示。该理论包括四个要素。

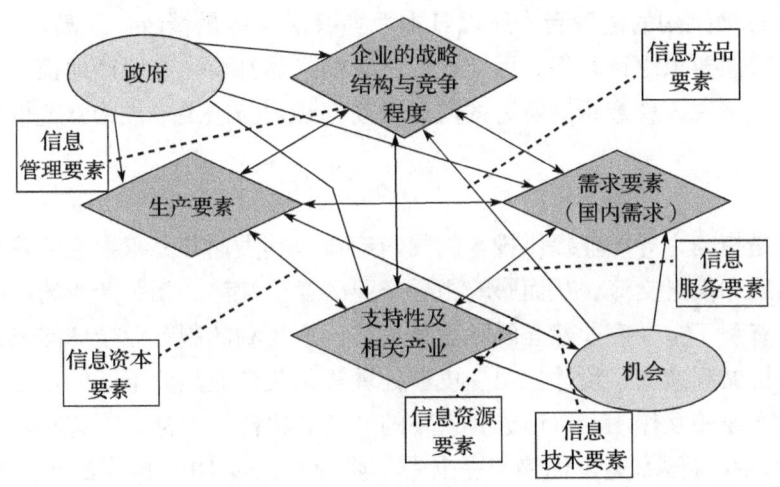

图 1-5　波特钻石模型

资料来源：迈克尔·波特，《国家竞争优势》，李明轩，邱如美，译，中信出版社，2007 年版。

1. 生产要素

生产要素分为初级要素和高级要素。初级要素包括自然资源、气候条件、地理位置、半熟练和不熟练的劳动力等，这些要素不需要进行开发或仅需要简单的私人及社会投资就能拥有。高级要素是通过投资开发创造出来的，包括受过高水平教育的人力、现代化的电信通信基础设施等。一国想要经由生产要素建立起持久的竞争优势，就必须发展高级生产要素，后者的可获得性与精制程度决定了经济主体能否获得较多比较利益的能力，后者对竞争优势更为重要，如高度的专业技巧与应用科技。例如，荷兰的花卉业很发达，它并不是因为位居热带而有了首屈一指的花卉业，而是因为它在花卉的培育、包装及运送上具有高度专精的研究机构。伦敦尽管已经不是世界最大的船东所在地，但是，IMO组织以及世界上所有最大的跟航运相关的生产组织都在伦敦，因此，到目前为止伦敦的生产要素还是最高端的，所提供的航运服务业也是最高端的。

2. 国内需求

国内需求包括需求结构、规模、成长率、高级购买者压力以及需求的国际化。波特认为扩大国内需求有利于形成规模经济，进而获得竞争优势。国内市场的需求会刺激企业的改进和创新，是产业发展的动力，同时，内需市场的大小对企业能否形成规模经济有着重要的影响。国内需求对一国企业和产品竞争优势的作用表现在：①老练的、挑剔的买主有助于产品高标准的设计、生产。②前瞻性的买方需求有助于国内企业在国际竞争中取得领先地位。需求条件另一个重要的方面是预期需求。如果本国客户的需求能够领先国际客户的需求，那么就会使得本国企业提前在相关方面展开竞争，这种"抢先进入"优势对于日后企业在国际上的成功至关重要。这方面最典型的例子仍然是日本企业。日本是一个资源贫乏的国家，所以日本人对能源利用效率的要求非常高，这最终造就了日本各类电器、汽车的能源利用率遥遥领先于其他国家。20世纪70年代能源危机以后，各国消费者开始关注环保问题，这恰好是日本企业的长项，所以当时日本企业横扫国际市场就不难理解了。日本家庭多地狭人稠，所以，日本的家电都朝小型、可携带的方向发展。正是因为日本国内市场拥有一群最挑剔的消费者，所以日本才拥有了全球最精致、最高价值的家电产业。现在的欧洲人普遍要求绿色环保，因此他们所有的产品都要求有原产地证明、碳足迹证明等。而对航运业来说，就意味着所有的航运活动都必须与碳足迹挂钩，这也就是马士基现在正在做的。

3. 相关产业

相关产业是指为主导产业提供投入的国内产业，其发达和完善程度关系着主导产业的产品成本、品质和信息交流，从而影响主导产业的竞争优势。相关产业的产品在国际上具有竞争优势，有利于主导产业建立国际竞争优势。意大利的制鞋业全球闻名，这与意大利竞争力强大的机械制造商、设计公司、皮革处理等相关产业是分不开的。在波特看来，这些相关支持性产业相互作用，以形成有效率的"产业集群"为标志，这对一个国家和地区是至关重要的。在《国家竞争优势》一书中，波特通过对10个国家的数据分析得出的结论是，每一个国家的经济崛起，必定伴随着相关产业集群的诞生，而只靠一个企业单打独斗是不可能成功的。政府也不能根据自己的意愿凭空创造产业集群，产业集群是市场力量通过钻石模型的各因素相互作用自发形成的。政府的角色是为产业集群的发展提供良好的国内竞争环境，过度的政府干预和保护，往往会阻碍产业集群的健康发展。一个产业想要登峰造极，就必须有世界一流的供货商，并且从相关产业的企业竞争中获益，这些制造商及供货商形成了一个能促进创新的产业"族群"。例如，意大利具有领导地位的金银首饰业，就是因为意大利的机械业已经占领了全球珠宝生产机械60%的市场，而且意大利回收有价金属的机械也领先全球。

4. 企业的战略结构与竞争程度

企业的战略结构与竞争程度包括企业的形成与组织方式、竞争激烈程度、创新与企业家才能。公平有效的竞争环境有利于企业成长和竞争力的维持。企业的组织方式、管理方式、竞争方式都取决于所在地的环境与历史。若是一个企业所在地鼓励创新，有政策与规则刺激企业往训练技术、提升能力与固定资产投资的方向去努力，企业就会有竞争力。另外，当地若有很强的竞争对手，也会刺激企业不断地提升与改进。大家都知道马士基很强大，强大到可以左右班轮市场的运价，但是人家是家族企业，自负盈亏，在整个行业内是充分竞争的。丹麦不仅有马士基，还有诺顿航运公司，还有波罗的海国际航运公会等世界著名的组织。

5. 机会和政府

在波特的钻石模型中，除了四个基本要素外，还有两个变量——机会和政府。机会是可遇不可求的，对一个产业的竞争力而言，机会可能与该国的环境无关，甚至同企业内部结构也没有关系，政府也难以施加影响。包括重大技术革新在内的一些机遇事件可能会打断事物的正常进程，使原来处于领先地位的企业失去竞争优势，落后国家的企业则可借此获得竞争优势，后来居上。一般情况下，可能形成机会的情形有如下几种：基础科技的发明创新、传统技术出现断层、生产成本突然提高、全球金融市场或汇率的重大变化、全球或区域市场的需求剧增、外国政府的重大决策、爆发战争等。这些情况可能对一个国家的产业意味着难得的机会。例如，"二战"中瑞士和瑞典的中立，使它们在战争中获得了巨大的产业利益。两次石油危机，给有些国家造成巨大打击，同时给另一些国家带来了难得的机遇。这些机会并不是孤立的，而是同钻石模型的其他要素联系在一起的。一场越南战争，对日本和对韩国的影响之所以不同，是因为钻石模型的其他要素作用的结果。波特认为，政府并不能凭空创造出有竞争力的产业，只能在钻石模型其他要素的基础上加以引导才能做到。政府的角色是为产业和企业的发展提供良好的环境，而非直接参与。对于生产要素，政府需要加大教育投资，与企业共同创造专业性强的高级生产要素。关于竞争，政府需要做的是鼓励自由竞争，严格执行反垄断法。政府对经济的另一大影响措施是政府采购，在这一点上，政府可以扮演挑剔客户的角色，这对国内企业产业升级和技术创新尤其重要。随着社会发展，政府的作用越来越重要。

国家竞争优势中的钻石模型，为我们考察航运服务业的国家竞争优势提供了一个系统的视角。航运服务业要成为具有国际竞争力的行业，必须是生产要素、需求要素、支持性及相关产业、企业的战略结构与竞争程度、机会与政府等各大要素的紧密配合。

在中国，尽管劳动密集型的航运辅助业起步早、发展快，但企业规模较小、经营相对分散、附加值较低；知识密集型的航运服务比较缺乏，尚未形成有效的航运交易市场，航运融资、海事保险、海事法律、航运交易、航运咨询、公估公证等现代航运衍生服务业尚未成熟；国际性海运组织在中国的活动也不多，国际组织设在中国的更少。这些因素在某种程度上影响了中国航运服务业的对外交流与发展。作为航运市场体系不可缺少的组成部分，航运服务业的这一现状如果不能尽快得到改善，势必将产生"短板效应"，影响我国海运大市场的整体发展，成为中国从"航运大国"走向"航运强国"的软肋。令人欣喜的是，随着国家经济实力的增强，大量海外华人开始回国服务于航运业，这是航运业生产要素不断升级的重要趋势。同时，随着具有航运话语权的航运衍生品的不断开发，高级生产要素将不断涌现。在新一轮的国家产业转型升级过程中，原有产业生产要素高端化和旧产业新生产要素化两种转型方式将同时注入航运服务产业升级中。

航运作为古老和传统的产业，经过这么多年，不但没有呈现出"夕阳西下"的疲态，反而依然焕发着"如日中天"的光辉。目前世界贸易货量80%～90%的运输，仍是通过海洋这一国际航运大通道进行的，世界航运的发展主要呈现出船舶大型化、运输多式联运化、航运管理信息化、港口建设深水化和规模化、服务多功能化的趋势。其中，中国经济的持续高速增长带动了海运业的蓬勃发展，"中国因素"已是影响世界航运发展的主要原因之一，中国是"航运大国"已是不争的事实。随着中国海运业的快速发展，航运服务需求也不断上升。与此同时，国家经济实力的强大，人民生活水平的提升，使企业和消费者对产品与服务需求更上一个层次。客户需求精致化、精品化、多样化等趋势，使企业更有动力进口大量高级生产要素或者高端奢侈的产品以满足大众的需求，而这种需求的增加导致航运服务需求的间接增加。航运业的全球化属性，使企业客户对航运服务更加挑剔，在有条件实现这种能力突破的前提下，航运组织更有可能实现新的服务升级。

随着上海、天津、大连、宁波等一批国际航运中心建设新高潮的到来，大量支持性及相关产业都将逐步集聚在这些城市周围，并形成各种航运服务产业联动的效应。如修造船业、船东与营运人、船舶代理、船舶管理、船舶勘测、船舶租赁、船员输出、港口营运、货物操作；船舶金融、航运保险、航运法律服务和仲裁、船舶经纪、物流服务、高技术含量的港口管理等，这是有利于中国航运业形成国家竞争优势的地方。

在企业的战略结构与竞争程度上。尽管中国大量的航运服务产业中的企业还属于国有企业，但航运业是一个国际开放性竞争的产业。因此，在国际竞争中，这种企业竞争就相对比较激烈了。需要重点考虑的是，中国航运企业的战略结构需要在趋势预测与判定、规则落地、产业链核心技术研发、核心竞争力打造等上面再下功夫。

政府对航运业的支持体现在引导上，大量的政策倾斜将使航运产业抓住这次千载难逢的机会。

第三节 航运服务产业集群[①]

产业集群是指在特定区域中，具有竞争与合作关系，且在地理上集中，有交互关联性的企业、专业化供应商、服务供应商、金融机构、相关产业的厂商及其他相关机构等组成的群体。不同产业集群的纵深程度和复杂性相异[②]。

许多产业集群还包括由于延伸而涉及的销售渠道、顾客、辅助产品制造商、专业化基础设施供应商等，政府及其他提供专业化培训、信息、研究开发、标准制定等的机构，以

[①] 周翔：《发展现代航运服务体系，打造上海国际航运中心》，《世界海运》，2010年03期。
[②] 迈克尔·波特：《国家竞争优势》，李明轩，邱如美，译，中信出版社，2008年版。

及同业公会和其他相关的民间团体。因此，产业集群超越了一般产业范围，形成特定地理范围内多个产业相互融合、众多类型机构相互联结的共生体，构成这一区域特色的竞争优势。产业集群发展状况已经成为考察一个经济体，或其中某个区域和地区发展水平的重要指标。

产业集群的概念提供了一个思考、分析国家和区域经济发展并制定相应政策的新视角。产业集群无论对经济增长，企业、政府和其他机构的角色定位，乃至构建企业与政府、企业与其他机构的关系方面，都提供了一种新的思考方法。

产业集群从整体出发挖掘特定区域的竞争优势。产业集群突破了企业和单一产业的边界，着眼于一个特定区域中具有竞争和合作关系的企业、相关机构、政府、民间组织等的互动。这样使他们能够从一个区域整体来系统思考经济、社会的协调发展，来考察可能构成特定区域竞争优势的产业集群，考虑临近地区间的竞争与合作，而不仅仅局限于考虑一些个别产业和狭小地理空间的利益。

产业集群要求政府重新思考自己的角色定位。产业集群观点更贴近竞争的本质，要求政府专注于消除妨碍生产力成长的障碍，强调通过竞争来促进集群产业的效率和创新，从而推动市场的不断拓展，繁荣区域和地方经济。

传统上，产业发展都是通过产业链的上、中、下游来进行的，但现代服务业和传统制造业不同，很难简单地通过供、产、销来决定行业在产业链中所处的位置，因此产业集群化就成了发展现代航运服务体系的基础。

根据航运业及其相关产业特点，对形成航运服务体系的产业集群结构进行分类：第一层，由航运主业组成；第二层，由航运辅助业组成；第三层，由航运交易、海事服务等航运衍生服务行业组成，是附加值最高的增值层，也代表现代航运服务业；第四层，海运管理和规范，是规则制定机构；第五层，外围，包括了海事卫星、港航建筑业、旅游业等各种外围产业。如图1-6所示。

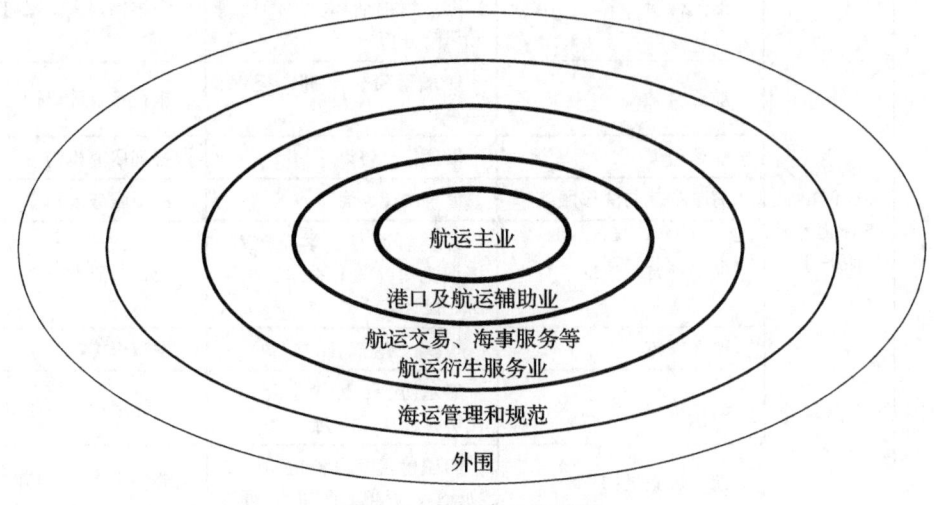

图1-6　航运产业集群图

航运服务业具体组成如表1-7所示。

表 1-7 航运服务业组成表

产业层次	产业领域	主要涉及服务功能	参与者
第一层	航运主业	船舶运输（船舶拥有、经营、管理）	货物运输、旅客运输	船东、程租人、期租人、光租人、船舶经营人、船舶管理人
第二层	港口及航运辅助业	货运服务	装卸、报关、内陆运输、港内驳船、仓储、包装、清箱、熏箱、扫舱、绑扎加固	装卸公司、报关行、理货公司、内陆运输企业、仓储企业、集装箱场站等货运服务公司
		代理服务	托运人代理、承运人代理、揽货代理、船籍注册代理、人才招聘	各类代理公司
		修理服务	船舶修理、集装箱修理、船用设备（通信、导航等）修理、港口设施修理等	修理公司
		船舶供应	船舶燃料、淡水、备件、物料、船员伙食、航海图书供应	各类船舶供应公司
		船舶防污	船舶生活垃圾、含油污水、废油处理	服务企业
		船员劳务	船员劳务、清理货舱、船舶保安	服务企业
		航行服务	领航、拖轮、航道测量、海图出版、航道疏浚、航标维护、海岸电台、交通艇	服务企业
		船舶事故处理	船舶拖救、打捞	救捞等服务企业
第三层	航运交易、海事服务等航运衍生服务业	航运经纪	船舶买卖、船舶租赁	船舶经纪人
		航运保险	再保、分保、互保、保险理赔、海损估算、追偿代理和风险分析	海事保险人、保赔协会
		航运金融	船舶融资、抵押、担保、结算	银行等财政机构
		航运咨询	航运信息咨询	咨询研究机构
		海事仲裁与法律服务	海事法律、海事调解	法律服务公司
		航运教育与培训	各类航运专业学校教育、培训机构、学术团体、研究所、设计院	教育、研究机构
		航运媒体	报纸、杂志、网站	发布机构
		航运协会、公会	船东协会、班轮公会、货代协会、互保协会	国际组织、专业协会
		航运检验机构	船舶检验、设备检验、货物检验、近洋工业检验、理货	分类协会、检验师
第四层	海运管理和规范	保险市场	保险新规则制定	主要保险市场

续表

产业层次	产业领域	主要涉及服务功能	参与者
第四层	国际海事规则制定机构	制定全球海事技术与航运规则、规范，代表各国政府的航运利益与立场	IMO 及其各国代表处
	船舶标准	船舶设计、建造、技术检验标准、船舶等级	船级社
	海运管理和规范 航运交易市场	船舶交易、金融衍生品交易、航运信息发布	航运交易所
	政府	海事安全管理、海事规则制定	中央及地方政府、海事局
第五层	制造业	船舶制造、集装箱制造、船用设备（通信、导航等）制造、港口设施制造等	与航运有关的制造企业
	ICT 服务商和卫星通信服务商	提供海事电话、传真、数据传输、通信等	如 Inmarsat 等海事卫星服务商
	外围 批发零售贸易业	船用石油及制品、船舶机电设备、物资供应	与航运有关的贸易企业
	港航建筑业	港口建筑业、港务工程、为港口配套的市政路桥建设辅助业、铁公空集疏运建筑等	与港航有关的建筑企业
	旅游业	滨海旅游、海上休闲	航运带动的旅游业
	其他	海运遗产、内河航行等	

在这个产业细分领域中，最主要的是船舶运输，这里包括了船舶所有人（船东）、船舶经营人、船舶承运人、无船承运人、船舶管理人、程租人、期租人、光租人等。这里重点介绍一部分，其他的概念在接下来的章节中都会陆续介绍。

一、船舶所有人

船舶所有人是指对船舶本身享有占有、使用、收益和处分权利的人[①]。船舶所有人包括船舶所有人本人、船舶共有人和租船人。船舶所有人本人是完全的自物权人，享有充分的和全面的船舶所有权，除可以对船舶进行占有、使用和收益之外，还可以对船舶进行处分。

二、船舶经营人

船舶经营人的概念，理论界存在不同认识。司玉琢先生主编的《海商法大辞典》中对船舶经营人的定义和《1986 年联合国船舶登记条件公约》一致，其解释为："船舶经营人是指船舶所有人或光船承租人，或经正式转让承担所有人或光船承租人责任的企业法人。包括受船舶所有人委托经营管理其船舶的企业法人。"法律意义上的船舶经营人具有船舶占有、使用、收益及有条件的处分权能。占有、使用、收益是船舶经营人的主要权能。我

[①] 《中华人民共和国海商法》，第七条。

国《海商法》第八条规定，我国具有法人资格的全民所有制企业经营管理国家所有的船舶，适用《海商法》关于船舶所有人的规定。

在法律上，无论是以船舶所有人名义还是以自己名义进行船舶经营活动，船舶经营人应为船舶所有人的代理人。但是，《海商法》和《船舶登记条例》都未对船舶经营人概念、船舶经营人责任作明确规定。实践中，有的以挂靠单位为经营人，有的以管理单位为经营人，有的仅仅借用具有水运资质的单位的许可资质而以其为经营人等。

三、船舶管理人

船舶管理人是指接受船舶所有人或者船舶承租人、船舶经营人的委托在授权范围内从事船舶管理（包括狭义的船舶技术管理、船舶商务管理、船员管理等）的人，但此种活动的费用及权利、义务、后果等均由船舶所有人或者船舶承租人、船舶经营人承担。只要符合上述特点的人都可以成为船舶管理人，船舶管理人是基于委托关系来进行管理的。

四、船舶经营人与船舶管理人的区别

从对船舶的控制上看，船舶经营人在经营期间能以自己的名义经营船舶，并对船舶实施有效和实质的控制；而船舶管理人根据其与委托人签订的船舶管理合同，一般以委托人的名义行事，对其所管理的船舶并不享有实质的控制权。

从获得的利益上看，船舶经营人有权通过经营船舶运输直接获得船舶的营业利润；而船舶管理人仅仅通过提供管理船舶的服务，从委托人处获得一定的管理费用，并无权取得船舶的营运利润。

从经营范围来看，船舶管理人的经营范围仅限于船舶的机务、海务、船舶检修、保养、船舶买卖、租赁、营运及资产管理等管理业务，而不能从事船舶的运输业务。船舶承运人以前两种权力都有。

五、定程租船

定程租船也叫程租船、是指按一定的航程租用船舶，包括按单程租船、往返租船、连续航次租船、航次期租船、包运合同租船等方式租赁船舶。在这种租船方式下，船方必须按租船合同规定的航程完成货物运输服务，并负责船舶的经营管理以及船舶在航行中的一切开支费用，租船人按约定支付运费。运费率通常按照运输的货物的数量收取，或者按照某一固定的费率收取。航次租船的合同中规定装卸期限或装卸率，并计算滞期和速遣费。

六、定期租船

定期租船又称期租船，是指由船舶所有人按照租船合同的约定，将一艘特定的船舶在约定的期间，交给承租人使用的租船。这种租船方式不以完成航次数为依据，而以约定使用的一段时间为限。在这个期限内，承租人可以利用船舶的运载能力来安排运输货物；也可以用以从事班轮运输，以补充暂时的运力不足；还可以以航次租船方式承揽第三者的

货物，以取得运费收入。当然，承租人还可以在租期内将船舶转租，以谋取租金差额的收益。关于租期的长短，完全由船舶所有人和承租人根据实际需要洽商而定。

七、光船租船

光船租船又称船壳租船、净船期租船。这种租船不具有承揽运输性质，它只相当于一种财产租赁。光船租船是指船舶所有人将船舶出租给承租人使用一定期限，但船舶所有人提供的是空船，承租人要自己任命船长、配备船员，负责船员的给养和船舶经营管理所需的一切费用。也就是说，船舶所有人在租期内除了收取租金外，不再承担任何责任和费用。因此，一些不愿经营船舶运输业务，或者缺乏经营管理船舶经验的船的所有人也可将自己的船舶以光船租船的方式出租，虽然这样的利润不高，但船舶所有人可以取得固定的租金收入。

第四节　航运服务产业演变

一、航运服务产业融合

从对航运产业集群的分类以及图形中可以看到，位于航运集群核心位置的产业是单一的传统产业，即航运主业——船舶运输业；而围绕核心产业逐步集聚形成的辅助行业和外围行业（即衍生行业）则多为融合产业。

这是因为只有产业融合，才能够通过产业之间不同产业或者产业与其他产业之间资源、技术的相互利用，拓展产业发展空间，促进产业结构动态高度化与合理化，进而推进产业结构优化与产业发展；还能通过建立与实现产业、企业组织之间新的联系而改变竞争范围，促进更大范围的竞争，达到利润最大化、成本最低化。

因此，只有通过航运产业融合，才有可能把中国航运服务业真正建成为"采用现代技术，具有高人力资本含量、高附加值、新业态的，提供各种与航运相关的服务的经济部门或企业的集合"。中国航运服务业可以通过产业间的延伸融合或重组融合，赋予航运业新的附加功能或更强的竞争力。例如，制造业与航运业的融合（船舶修造、港口机械）、金融业与航运业的融合（航运金融与保险）、法律服务与航运业的融合（海事法律）、经纪业与航运业的融合（航运经纪）、咨询业和航运业的融合（航运信息咨询）等。

二、航运服务产业交叉

航运业是一个相对传统的行业，但是随着中国经济的结构性调整，中国航运业经营者视野的开阔，随着全中国热潮席卷航运业，行业之间相互借鉴，打造全新组织管理模式、服务和技术嫁接的可能性越来越大。犹如太阳马戏团打败玲玲马戏团，利用剔除、减少、增加、创造等方法，形成了新的产业。这部分内容将在航运服务创新理论基础部分详细展开。

三、航运服务产业延伸

随着物流供应链作为整体解决方案思路的出现，航运企业、港口、码头等将被不断地融入物流供应链某个环节中去。因此，作为航运服务业中的经营者，必须从整个供应链的视角来探寻企业生存的空间定位，或者如何在这个供应链中取得主动核心地位，这些将是未来航运企业所必须思考的。因为，航运服务产业的延伸不是简单的延长，而是一种能力的延伸。这部分内容将在第三章经济结构性变革与航运组织转型中重点阐述。

四、航运服务产业周边

由于世界普遍联系的事实，航运业的发展实际上与其他产业，如石油、能源行业等是相辅相成的，两者的盈亏往往是反方向运营的。甚至在今天不确定的环境下，企业面对大量现金流量需求，需要进行更加全面的战略规划，才能做到"小心驶得万年船"。这部分内容将在第五章航运服务战略管理中重点阐述。

五、航运服务产业需求

今天的航运组织与以前任何时代相比，都存在一个明显的特征：从机会经营向能力经营转变。

因此，为了更好地理解航运服务产业客户的需求，组织需要更深入地研究组织客户、终端客户表达的需求、朦胧的需求和无意识的需求。这部分内容将在第七章航运服务营销管理中重点阐述。

复习、理解与应用

本章关键概念

1. 服务的定义
2. 服务的特征
3. 服务光谱
4. 按服务活动的性质分类
5. 按服务传递的方法分类
6. 按同供给相对应的服务需求的性质分类
7. 按同顾客的关系分类
8. 按服务传递中的定制和判断分类
9. 服务业就业与产出
10. 最终需求与中间需求
11. 航运服务业与制造业的关系
12. 服务业价值链模型
13. 航运服务业与国家竞争优势
14. 航运产业集群
15. 船舶所有人
16. 船舶经营人
17. 船舶管理人
18. 定程租船
19. 定期租船
20. 光船租船
21. 产业融合
22. 产业交叉
23. 产业延伸
24. 产业周边

阅读理解

1. 区别服务与产品的特性。
2. 航运服务业具有怎样的性质?
3. 航运服务业与国家竞争优势的内在关系是什么?
4. 请写出航运服务产业集群的划分依据与主要内容。
5. 请区分船舶经营人与船舶管理人。
6. 请写出航运产业演变的趋势。

拓展应用

1. 传统服务理论如何与航运服务理论对接?
2. 航运服务业是属于高科技密集、资本密集还是知识密集行业?为什么?
3. 请阅读"产业链""生态圈"相关文献,并说明航运产业链、航运生态圈与航运产业集群,在描述航运业态中各自的优缺点。
4. 结合航运服务业演变趋势,请查找相关文献,并说明当今生产型服务业面临怎样的外部环境变化与挑战。
5. 利用产业集群概念和航运演变趋势,请解释美国航运企业逐渐淡出航运界的主要原因。

第二章　政府、政策与航运服务业

第一节　航运产业服务优势理论基础

一、航运产业服务市场

航运产业服务市场包括货运服务、船舶买卖服务、港口服务和派生服务等细分市场。其中货运服务市场包括定期船（班轮）服务市场和不定期船（租船）服务市场；船舶买卖服务市场包括新造船服务市场和二手船及废钢船市场；港口服务市场包括港口装卸服务市场和港口其他服务市场；派生服务市场包括拆船、修船服务市场和船员劳务服务市场[①]，如图2-1所示。

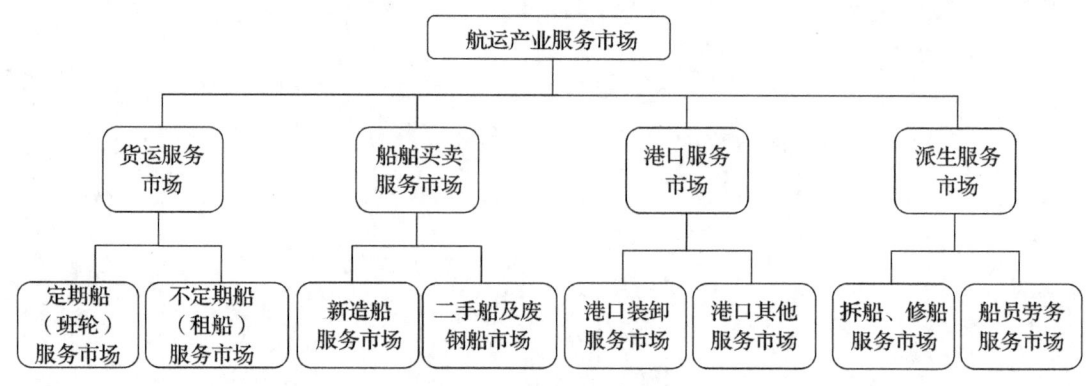

图 2-1　航运产业服务市场

在航运产业集群中，既有核心产业，也有经济价值贡献或科技含量高的产业，更有每个细分市场中具有服务竞争优势的产业集群。本章节这一部分主要是为了解决如何在每个细分市场中占据核心竞争优势，起到引领本细分市场，甚至是引领整个产业链的作用。

（一）货运服务市场

1. 定期船（班轮）服务市场

定期船（班轮）服务市场是一个具有非完全自由竞争、短期供应缺乏弹性、有市无场、超长供应链、多环节，供应方定价、负运价、运价公开或运价备案的市场。

---

① 刘巽良：《航运中心建设纵横谈》，格致出版社，2011年版。

（1）非均质产品。

寡头垄断是指：一种由少数卖方（寡头）主导市场的市场状态。寡头垄断是同时包含垄断因素和竞争因素而更接近于完全垄断的一种市场结构。它的显著特点是少数几家厂商垄断了某一行业的市场，这些厂商的产量占全行业总产量中很高的比例，从而控制着该行业的产品供给。寡头垄断企业的产品可以是同质的，也可以是有差别的。被称为有差别的寡头垄断。寡头垄断的市场存在明显的进入障碍。这是少数企业能够占据绝大部分市场份额的必要条件，也可以说是寡头垄断市场结构存在的原因。最重要也是最基本的因素是这些行业存在较明显的规模经济性。如果这些行业中要容纳大量企业，则每家企业都将因生产规模过小而造成很高的平均成本。规模经济性使得大规模生产占有强大的优势，大公司不断壮大，小公司无法生存，最终形成少数企业激烈竞争的局面。对试图进入这些行业的企业来说，除非一开始就能形成较大的生产规模，并能占据比较可观的市场份额，否则过高的平均成本将使其无法与原有的企业相匹敌。

在班轮市场表现为：

服务频率：天天马士基，货舱成了移动的仓库，减少货主的库存成本。

代理网络：各班轮公司各有所长。

服务质量：准点率、货损率、船期和货物动态查询、收费标准化、代理服务、免费堆存期。

配备船舶：船舶新旧、航速快慢、航行安全、船舶管理水平、保险防护水准。

（2）进出障碍。

投资额：单船投资高，而且单船无法经营。

辅助设施：空箱、堆场、货运站、陆上接驳工具、支线喂给船。

管理团队：除了船公司正常的技术部门和箱管部门外，班轮公司还需要一个货运总代理。

代理网络：关系到竞争力高低。IT 系统：全球化。

（3）班轮定价。

班轮定价中往往包括了班轮公司公布的运价表、普通运价、协议运价、运价体系、海运费、陆桥费、超期堆存费、码头操作费（THC）、燃油、汇率、港口拥挤等附加费，文件费、闸口费以及其他杂费[①]。

由于负责的定价系统，加上各种附加费用，才会出现 2006 年 9 月 21 日《焦点访谈》播出节目《海运惊现"负运价"》的现象。根本原因是航运运输利益链太长，运价公开制度缺失，个人利用这种信息不对称从中谋取私利。"负运价"的猫腻在哪里？目的港代理与发货人、船公司同流合污，范围从拼箱扩大到整箱。

（4）政府干预。

政府有两种干预方式，一是中式干预，即运价备案；二是美国的运价公开制度。

中式干预：各地港口局加大现场检查力度，对违反《国际海运条例》的企业，应责令其限期改正，并向交通运输部报告。如班轮经营者备案的运价超出正常、合理的范围，严重偏离同一航线同类规模班轮经营者的平均运价水平，可能对公平竞争造成损害的，交通运输部将依照《国际海运条例》第五章规定实施调查。

---

① 国际航运管理人员培训教材编写委员会：《国际航运管理基础知识》，人民交通出版社，2001 年版。

美式监管：美式监管机构是联邦海事委员会（FMC），其原则是为了增强一个公平、有效、可靠的国际海运系统并保护公众免受不公平待遇和欺诈。因此，FMC要求公共承运人必须公开运价，付货人可在FMC网站上查阅。

FMC对公共承运人的具体要求：

- ✓ 除散货、木材、再生金属废料、废纸等特别规定的货种外，承运人、无船承运人和班轮公会必须公布其费率系统，FMC的电子系统将承运人列成表格，方便公众查询和政府监督。
- ✓ 公开运价的范围不仅包括船公司和班轮公会，无船承运人也不例外，这就保证了处于弱势地位的付货人能够全方位地了解、比较各种班轮服务提供商的价格情况。
- ✓ 公开运价的内容不仅包括海运费，还要列明各种附加费（包括每个码头的收费以及其他收费项目），分类、收费规则和惯例都必须详尽说明。
- ✓ 公布运价的时间几乎没有限制，只要在运价本所述之运输服务开始前或在运价生效前按照上述要求公布即可，符合现代市场波动剧烈的特征。承运人和公会必须在其运价公布系统中保留五年的历史资料。
- ✓ 法律要求班轮公会保持开放，以便接受公众检查。公会被要求公布其所有成员的运价、附加费、分类、规则和惯例。
- ✓ 向FMC申报服务合约的，合约的内容可以对公众保密，但必须向政府备案，而且合约必须明确箱量和运价水平。

两种政府干预方式中，很明显运价公开制度更加有利于公平竞争，运价备案制度更容易变成走过场的形式主义。把"严重偏离同一航线同等规模经营者的平均运价水平"作为不正当竞争的判定标准，可能会偏离客观实际情况。海运市场上很多特殊的情况都允许"零运价"的存在，如货代与船公司有协议，每个月至少要有多少个箱子，但如果还差几个箱子，那么负运价、零运价都是可以的。否则他就因为箱量不够而拿不到协议价。

解决方案可以有很多种，如公开全部物流过程中所有节点的收费以及方式，提供服务合约备案制度；审计商业贿赂：审计不正当竞争、不公平竞争现象。例如，以货运代理人的身份经营无船承运人的业务（赚取运费差价）；未按自己公布的收费水平和方式收取费用；巧立名目向合同外不知情的第三方收取各种有名无实、重复的费用（譬如向前来提货的货车司机收取闸口费等）。

一个公开透明的运价制度不但能够净化航运班轮的服务环境，还将促使班轮公司把注意力放在提高整个航运班轮运输效率，提高班轮运输技术含量，提高班轮运输中的绿色成分，提高班轮运输中高端设计与整合上。这样的竞争也将是未来世界班轮公司竞争的方向。回过头来再看看，"零运价"和"负运价"也就在中日航线出现的最为严重和频繁，这与亚洲人的文化或者说与中国文化有关。但是，作为更大的全球市场需要一种更加清洁、安全、放心的运价体系。

2. 不定期船（租船）服务市场

不定期船运输是指没有固定的航线、挂靠港口和班期的一种船舶营运方式。大宗货物，特别是干散货和液体散货，如粮谷、煤炭、矿石、石油等通常都用此种方式组织运输。不定期船运输不论从承运的货运量还是参加不定期船运输的船舶吨位来说，在国际海运方面都占 75% 以上的比重。

不定期船运输一般都通过货物运输合同组织运输。国内和国际大宗货物水运中通常采用的一种运输合同是包运合同或数量合同，即在一定时期内，在一定航线或航区、按一定条件（发船密度、船舶吨位、运价及运费支付条件）包运较大数量货物的合同。国际水运中通用的运输合同是租船合同。租船合同由船舶所有人或出租人和货方或承租人通过租船市场签订。租船合同有按航次租用整船，在装货港由承租人装满全船后，由出租人将整船货物运到目的港的航次租船合同；有由出租人将船舶在一定时期内租给承租人使用，由承租人在租期内经营船舶运送货物的定期租船合同。使用包运合同，国际上一般也用租船合同方式，分批运送货物。

不定期船（租船）服务市场是一个从有市有场到有市无场，接近完全自由竞争市场，利用信息、经验、中立地位的经纪人，进行对等谈判、订约自由、用非标准化定价模式交易的市场。由于不定期船（租船）服务市场几乎是自由竞争的格局，因此，运价波动非常大，为了规避运价波动大的风险，催生了市场价格指数和航运衍生品。

（1）不定期船（租船）服务市场形成过程。

不定期船（租船）服务市场的形成是一个从有市有场到有市无场的过程。波罗的海交易所（Baltic Exchange）——昔日咖啡馆，今朝交易所。270 多年前从一个船主、商人聚集的咖啡馆演变成了近代航运交易所，一个由经纪人撮合、有市有场的交易模式。随着"二战"后信息技术的发达，有市有场的模式逐步退出了历史舞台，电传机、传真机、手提电话、互联网共同组成了一个有市无场的交易所，一个无处不在、无时不在的交易所。这就是现代租船和买卖船市场的特征。[1]

在波罗的海交易所内，服务人员为需要船舶的人及拥有船舶或经营船舶的人提供服务，货物可以找到船舶，船舶可以找到货物，大大地方便了货主和船东，促进了海运经济贸易的发展。交易所的业务在各类市场口头进行，谈判成功后就签订运输合同或买卖合同。航运交易是交易所的主要活动，全世界不定期货船市场上大约 3/4 的干散货运输量由交易所的成员经手。交易所的另一项主要业务是商品及期货贸易。期货交易者主要从事谷物、马铃薯、大豆及肉类的期货贸易。[2]

（2）不定期船（租船）服务市场特征。

均质产品：几乎没有品牌效应。

市场定价：供求双方都是价格接收者，谁也没有定价权，产生对经纪人的需求。

进入或退出障碍：相对班轮小很多。

政府监管：由于供求双方实力相当，没有弱势方，所以在订约自由的原则下，几乎没有监管。

不确定性：催生出运价指数以及基于指数的运价衍生品。

---

[1] 刘巽良：《航运中心建设纵横谈》，格致出版社，2011 年版。
[2] Hugh Barty-King. Baltic Exchange: Baltic Coffee House to Baltic Exchange [M]. London: Quiller Press, 1994.

（3）经纪人的作用。

在这个过程中，有形的聚集地市场被淘汰了，但经纪人不但没有被淘汰，反而扮演了更重要的角色。这又是为什么呢？

完全竞争的四个条件：信息充分对称；产品同质；没有进出壁垒；谁也没有定价权，市场价均衡。这种理想的完全自由竞争状态确实在不定期船（租船）服务市场出现了。但是，在实际操作中却由于存在其他原因导致交易双方不能以最短的时间、最快的速度、最全面的咨询、最新动态更新的信息、最有鉴别力的交易条款拟定等情况的出现，从而使交易经纪人的作用更加明显。

交易标的的非标准化则是另一个重要因素。以租船业务为例，哪怕是同一条船、同一条航线、同一个市场周期，只要相差几天时间，条款就可能不同。因为不同时间段在装货区或交船区的运力供应、需求、天气、水文都可能不一样，如果是市场供求关系发生变化，更会直接导致条款的不同。这种自由竞争市场上遵循的是订约自由原则，面对两个势均力敌的对手，市场自然而然地需要这么一个信息灵通、经验丰富、地位中立的专业经纪人从中撮合，最后谈定条款后成交。这也是没有任何电子平台能够撮合此类非标准标的的原因。

简单地说，经纪人具有更加专业、全面的信息优势。经纪人经受的正向（买进、租进）和反向（卖出、出租）业务，帮助他们对市场有一个全面的了解，所以经纪人有着对市场的天然的敏感性。二十世纪九十年代初，业界了解到60%的VLCC建造于1974—1976年，而当时的普遍观点认为现役VLCC因为经历了多次航运危机，保养不佳，基本上过不了第四次特检，所以业界普遍预计1995年前后将有大量VLCC运力退役。经纪公司CLARKSON对全世界450多艘现役VLCC做了一次调查，将现役VLCC分成了A、B、C、D、E五个等级，只有最差的E级船无法通过特检，A、B级船舶只需花费约600万美元即可再用5年，C、D、E级船再多花一点钱也可以通过第四次特检，而当时VLCC的造价是1亿美元。报告一出，业界突然意识到1995年不但不会出现预计中的高潮，反而将出现运力过剩，市场订单潮戛然而止，市场应声转头向下。可见经纪人在信息上的作用有多么大。每家经纪公司只要规模稍大一点，一般都有自己的研究部。[①]

伦敦的航运中心地位，半壁江山是经纪人打下的。除了传统的租船、买卖船市场外，在著名的劳合社市场，经纪人也扮演着不可缺少的角色。在航运信息市场上，波罗的海交易所与时俱进演变为信息提供商，著名的BDI指数就是波罗的海交易所和经纪人相互依存的产物，而在此产物上衍生出的FFA则造就了另一批纸货经纪人。在伦敦海事仲裁协会的仲裁员名单中，38个成员中就有将近20个是经纪人。

国内航运经纪生存空间小，只要是在行政权力控制规则、垄断经营规则、强势集团优先规则、市场无序规则占据上风的领域或市场，就没有经纪生存的空间。加上一部分国内经纪人本身缺乏契约文化，太注重面子和人情，从而忽视合同条款，以投机取巧为荣，以跳过经纪为荣。致使经纪只好适者生存，演变成了吃差价的经营商、贸易商。所以在内贸市场上，基本没有严格意义上的经纪人。

---

① 刘巽良：《航运中心建设纵横谈》，格致出版社，2011年版。

（4）运价指数[①]。

波罗的海交易所于 1985 年开始发布日运价指数——BFI（Baltic Freight Index），该指数是由若干条传统的干散货船航线的运价，按照各自在航运市场上的重要程度和所占比重构成的综合性指数。1999 年，国际波罗的海综合运费指数 BDI（Baltic Dry Index）取代了 BFI，成为代表国际干散货运输市场走势的晴雨表。该指数是目前世界上衡量国际海运情况的权威指数，是反映国际间贸易情况的领先指数。如果该指数出现显著的上扬，说明各国经济情况良好，国际间的贸易火热。

波罗的海交易所运价指数不只是 BDI，还有原油海运运价指数（Baltic Exchange Dirty Tanker Index，BDTI）和成品油海运运价指数（Baltic Exchange Clean Tanker Index，BCTI），此外还有液化石油气海运运价指数（BLPG）、船舶买卖指数（BSPA）、棕榈油海运运价指数（BPOIL）、拆船价格指数（BDA）。

BDI 只能代表一部分干散货船的运价。BDI 是一个由四个分指数 BCI、BPI、BHSI 和 BSI 构成的综合指数，四个分航线指数权重相等。其中 BCI 为波罗的海·海岬型船指数（Baltic Exchange Capesize Index）、BPI 为波罗的海·巴拿马型船指数（Baltic Exchange Panamax Index）、BHSI 为波罗的海·灵便型船指数（Baltic Exchange Handysize Index）、BSI 为波罗的海·大灵便型船指数（Baltic Exchange Supramax Index）。

先看 BCI 指数的构成和内容：BCI 由 9 条分航线指数构成，经纪人佣金都是 3.75%，每条分航线指数不仅有明确的航线、货种、船型、租约形式、最高船龄，还有主要的租船合同条款，诸如：受载期及消约日、装卸速率、船舶主尺度、到港吃水、航速及油耗定义等。各分航线指数租约形式、航线、货种或船型、船龄和权重如表 2-1 所示。

表 2-1　9 条分航线指数

序号	代码	租约形式	航线、货种或船型	船龄	权重
1	C2	航次租船	图巴朗至鹿特丹 16 万长吨铁矿砂	≤ 18 年	10%
2	C3	航次租船	图巴朗至青岛 16 万公吨铁矿砂	≤ 18 年	15%
3	C4	航次租船	Richards Bay 至鹿特丹 15 万公吨煤炭	≤ 15 年	5%
4	C5	航次租船	西澳大利亚至青岛 16 万公吨铁矿砂	≤ 18 年	15%
5	C7	航次租船	Bolivar 至鹿特丹 15 万公吨煤炭	≤ 15 年	5%
6	C08_03	航次期租	直布罗陀——汉堡区域交、还船，大西洋往返航次，船型 17.2 万 DWT	≤ 10 年	10%
7	C09_03	航次期租	ARA 交船，日本——中国区域还船，租期约 65 天	≤ 10 年	5%
8	C10_03	航次期租	日本——中国区域交、还船，太平洋往返航次，租期 30～40 天，船型 17.2 万 DWT	≤ 10 年	20%
9	C11_03	航次期租	日本——中国区域交船，ARA 或过 CAPE PASSERO 还船，租期约 65 天，船型 17.2 万 DWT	≤ 10 年	15%

资料来源：波罗的海交易所。

[①] Hugh Barty-King. Baltic Exchange: Baltic Coffee House to Baltic Exchange [M]. London: Quiller Press, 1994.

通过对 BCI 的介绍我们可以看到，它只代表了典型航线、吨位、货量、货种、租船条款的海岬型船的平均运价水平。使用指数作为参考或参与指数衍生品交易，则需要对照本身的情况做出相应的调整。BPI、BHSI、BSI 的结构亦复如是，内容略有不同，简述如下。

BPI 全称是 Baltic Exchange Panamax Index，即巴拿马型船指数，由 4 个分航线指数构成，权重各占 25%，船型都是 7.4 万载重吨。BSI 全称是 Baltic Exchange Supramax Index，即大灵便型船指数，由 6 条分航线指数构成，权重由 12.5% 至 25% 不等，船型主要参数——带四台 30 吨抓斗的克林吊、5.2 万载重吨、最高船龄 10 年。BHSI 全称是 Baltic Exchange Handysize Index，即灵便型船指数，由 6 条分航线指数构成，权重由 12.5% 至 25% 不等，船型主要参数——带四台 30 吨抓斗的克林吊、2.8 万载重吨、最高船龄 15 年。

综上，BDI 指数由 4 个分船型运价指数构成，而各船型运价指数又由分航线运价指数构成，各标准船型和航线则是根据市场的代表性做出设计或定义。换言之，BDI 只是特别定义下的一个反映干散货综合海运价的运价指数。对业界来说，更具参考意义的是 BDI 分船型和分航线的指数。

BDI 只能代表即期市场的供求关系。与证券综合指数是某个证券市场挂牌股票总体走势的统计指标不同，BDI 显示的只是整个海运市场中的一小部分，也就是干散货海运市场中的即期市场的运价走势，与定期班轮市场无涉，油轮、液化气等海运市场则另有运价指数。而即期市场上的运力到底有多少，这是 BDI 及其分航线指数不能体现的。不定期船（租船）服务市场的运力供应分成两块，一块被长期包运合同（COA）锁定，另一块则在市场上自由揽货，也即我们所说的即期市场。尤其是某些船型，如海岬型船，在整个现役船队中多数运力从事的是 COA 业务，只有一部分在市场上揽货。即期运价分航线指数没有量的概念，往往就很容易误导市场。这种情况下，指数的升跌往往被夸大为代表整个市场，特别容易误导那些并不从事实体航运业务的外行投资者，而对于内行的投资者（严格来说应称为投机者）来说，指数的这一弱点恰恰是他们影响市场气氛、操控市场的最佳机会，他们可以用四两拨千斤的伎俩，用几条船租金的代价来影响一个分航线指数，从而达到其对应衍生品市场上的盈利目的。这一缺陷很容易被投机者用来操控市场，欧盟最近已经通过立法，在航运衍生品市场禁止这种操控市场的行为。

因此，定期公布即期市场中每种类型船舶的投入数量，对于减少市场操控会有一定的抑制作用。

（5）海运运价衍生品 FFA。

国际不定期船（Tramper）海运市场，属于典型的完全自由竞争市场结构，运价向来波动较大，从 1985 年波罗的海运价指数发布到 2002 年，国际运价在一年内翻倍或者减半是较为常见的情况。无论是船东还是租船人都是市场价格的接受者（Price Taker）。市场的不确定性带来了避险和投资的需求。所以船东通过 FFA 来稳定其未来运费收入，租船人通过 FFA 来稳定其未来运费支出，投机者通过 FFA 来赚取差价。

二十世纪八十年代中期推出的衍生品是一种标准的期货产品——Baltic International

Freight Futures Exchange，缩写 BIFFEX。它是一种以波罗的海运费（综合）指数（BFI）作为结算标准的期货产品，每年有四个结算日，即有一月、四月、七月和十月合约，最长可以（提前）做两年。然而，由于这种标准化的期货产品有一个最大的缺陷——买卖的是一个综合指数，很难判断综合指数与具体某条航线的关联度，当时有许多文章和书籍讨论、介绍如何估计、判断关联度，但都不成功。现在市场上广为交易的衍生品 FFA，全称叫 Forward Freight Agreement，顾名思义，是一种远期的运费协议，是一种以 BDI 分航线指数作为结算标准，在远期运费协议经纪人协会（FFABA）的标准合约条款下经过委托人双方磋商和修订，最后达成的远期运费协议。正是由于这种"非标准"的特征，买卖双方完全可以根据自己的业务需要谈定合同的具体条款，并在"场外"完成交易。国际 FFA 市场参与者有航运商、贸易商、生产商、金融机构等。

航运金融衍生品交易的必要条件：一个完全自由的竞争现货市场，供求双方都是价格的接受者，均质产品，现货的均质性，市场走势不确定性，交易产品的公正性（由第三方制作，不受供求任何一方的左右），政府监管的有效性，行业组织的自律性和专业性。

（6）FFA 交易实例分析：以新加坡交易所亚洲结算行为例[①]。

2006 年 5 月，新加坡交易所建立了亚洲结算行，一个基于 OTC 市场的结算服务，对 FFA 和石油掉期（包括燃料油掉期等）进行结算。新加坡交易所的定义：FFA 是一种主体对主体（买方和卖方）的柜台交易（OTC）合约。合约价格（预先协定的运费费率）和最后结算价格之间的差价按现金结算（没有实际现货交割）的方式交易。新加坡交易所 FFA 的市场结构，如图 2-2 所示。

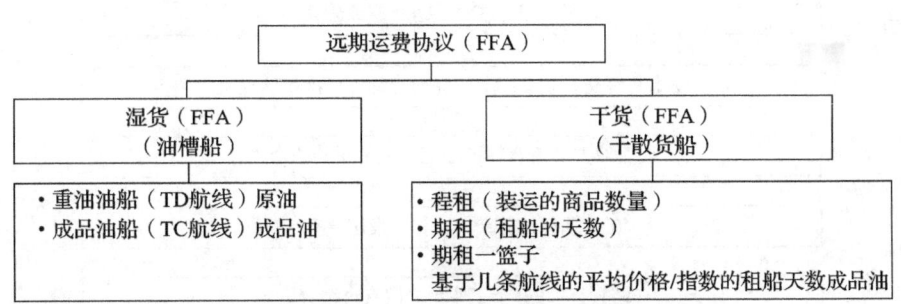

图 2-2 新加坡交易所 FFA 的市场结构

与船运和石油行业合作，新加坡交易所亚洲结算行通过 OTC 中介经纪商为市场参与者注册 OTC 交易，并且通过交易所结算和对冲净头寸。参与者不需要成为交易所的会员才能结算他们的 OTC 交易，而只需和新加坡交易所的 OTC 结算会员缔结一份简单的结算协议，即可使用结算和净头寸对冲的服务。结算价格取决于波罗的海交易所和普氏所公布的未来一段时期内有关航线指数的报价。远期运费协议可以分为两种：约定港口之间运输指定数量货物的合同称为程租合同，而指定一段时期内航次运输的合同则称为期租合同。合约最后的清算由合约的约定价和最后结算价格之间的差价乘以货物的大小或者航运的时间来决定。各类油船类型与吨位如表 2-2 所示，各类干散货船与吨位如表 2-3 所示。

---

① 资料来源：新加坡交易所 FFA 交易介绍与操作手册。

表 2-2　各类油船类型与吨位

湿货油船的类型	总载重吨位数（DWT）
超大型（ULCC）	320000-550000
巨型（VLCC）	200000-315000
苏伊士型（Suezmax）	120000-200000
阿芙拉型（Aframax）	80000-120000
巴拿马型（Panamax）	60000-80000

表 2-3　各类干散货船与吨位

干散货船的类型	总载重吨位数（DWT）
好望角（Capesize）	100000 以上
巴拿马型（Panamax）	60000-100000
超极限型（Supramax）	40000-60000
大灵便型（Handysize）	10000-40000

图 2-3 是新加坡交易所交易 FFA 的流程。

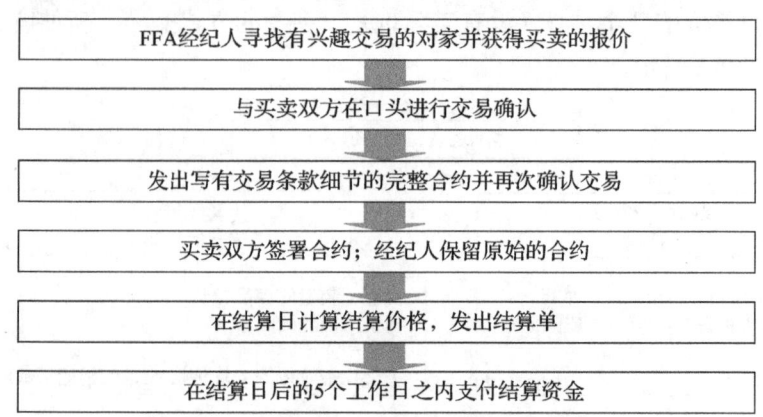

图 2-3　新加坡交易所交易 FFA 的流程

注：干散货程租航线的 FFA 报价方式为美元每公吨，期租航线和一篮子期租的报价方式为美元每天。

干散货 FFA 的季度和年度合约

干散货 FFA 的季度和年度合约有 2 种解释方式。一些市场的使用者所提及的季度只是指某季度的第一个月份（例如交易 2007 年的第二季度是指 2007 年 4 月，2007 年第三季度是指 2007 年 7 月），而其他提及的季度是指一个季度内的连续 3 个月份（例如交易 2007 年的第二季度是指交易 2007 年的 4 月、5 月和 6 月）。同样对于年度的交易，一些市场的使用者所提及的年度只是指某年度的每一季度的第一个月份（例如交易 2007 年度是指 2007 年的 1 月、4 月、7 月和 10 月），而另外一些使用者所提及的年度则是指那一年的全部的 12 个连续月份。因此，FFA 使用者应向经纪人明确他们在交易时所指的季度和年度的含义。

最后结算价格的计算

湿货油船 FFA 和干散货期租一篮子 FFA 的结算价格是根据合约月份的每月所有交易日现货报价的平均价格来计算的。干散货单一航线的程租和干散货单一航线的期租 FFA 的结算价格是根据合约月份最后 7 个交易日现货报价的平均价格来计算的。

新加坡交易所柜台结算的保证金系统

结算账户和保证金。为了通过新加坡交易所结算 FFA 交易，FFA 参与者必须在新加坡交易所的柜台结算会员处开立账户。在未缔结合约之前，客户必须存入初始保证金。保证金的支付可采用有息的现金、信用证（LCs）或者其他结算会员接受的抵押等方式。

初始保证金，即开仓所需的资金数量；维持保证金，维持未平仓合约的最少资金数量；保证金追缴，在每日逐日盯市的头寸所需保证金低于维持保证金的时候需要进行保证金追缴；逐日盯市，已结算的 FFA 合约每日都需要重新估值或逐日盯市。对家每日结算头寸的盈亏以更有效地管理他们的头寸和账户。

保证金和逐日盯市的作用是确保每日的价格波动可以即时结算，从而建立无债务的系统。它确保所有因为每日价格波动所产生的损失会被计算和清算，以此避免巨额损失的累积。干散货 FFA 保证金的例子如表 2-4 所示，湿货 FFA 保证金的例子如表 2-5 所示。

表 2-4　干散货 FFA 保证金的例子

第一天	
初始账户结余	=$2250
初始保证金	=$2000/ 手
维持保证金	=$1750/ 手
交易员以 $18.00/ 吨的价格卖出 1 手（1000 吨）2007 年 4 月的 C4 航线 FFA	
第一天的结算价格	=$18.15（价格上涨）
因此，第一天的未实现亏损	=($18.00 − $18.15) × 1000 = −$150
第一天的账户结余	=$2250 − $150 =$2100
第二天	
第一天的账户结余	=$2100
第二天的结算价格	=$18.60（价格上涨）
因此，第二天的未实现亏损	=($18.15 − $18.60) × 1000 = −$450
第二天的账户结余	=$2100 − $450 =$1650

账户结余低于维持保证金 $1750，结算会员会进行保证金追缴，交易员需把保证金从 $1650 填补到 $2000（也就是 $350）

表 2-5 湿货 FFA 保证金的例子

第一天	
初始账户结余	=$2000
初始保证金	=$1250/手
维持保证金	=$1000/手
2007 年固定费率为 17.72 美元/吨，交易员以 65WS 的价格买入 1 手（1000 吨）2007 年 3 月的 TD3 航线 FFA	
第一天的结算价格	70WS（价格上涨）
因此，第一天的未实现盈利	=(70 − 65)/100 × $17.72 × 1000 = $886.00

账户结余高于维持保证金 $1000，无须进行保证金追缴。

第二天	
第一天的账户结余	=$2886.00
第二天的结算价格	=64WS（价格下跌）
因此，第二天的未实现亏损	=(64 − 70)/100*$17.72*1000 = − $1063.20
第二天的账户结余	=$2886.00 − $1063.20 =$1822.80

账户结余高于维持保证金 $1000，无须进行保证金追缴。

第三天	
第二天的账户结余	=$1822.80
第三天的结算价格	=58WS（价格下跌）
因此，第三天的未实现亏损	=(58 − 64)/100*$17.72*1000 = − $1063.20
第三天的账户结余	=$1822.80 − $1063.20 =$759.60

账户结余低于维持保证金 $1000，结算会员进行保证金追缴。交易员需把保证金从 $759.60 填补到 $1250（也就是 $490.40）。

套期保值和结算：用干散货 FFA 进行套期保值

对 BCI（Richard−鹿特丹 FFA，150000 吨）的干散货航线 C4 航线进行套期保值。

卖方

2006 年 10 月 15 日，一个租好望角型船的操作商希望可以对冲因为欧洲需求减少所造成的运费费率下跌风险。

BCI 的 C4 航线目前的价格是 $17.80/吨。看了经济预报之后，航运的操作商希望可以将 2007 年的 C4 运费费率锁定在 $17.80/吨。操作商决定用 FFA 对冲一半的好望角船货，即 75000 吨，而不是整船。

买方

同时，一个进口煤的欧洲电厂，希望可以固定船运成本，在 $17.70 时买入 2007 年 C4 的 FFA。

经纪

FFA 经纪人确认并且把 2 个潜在的对家撮合在一起。他们商定并且同意把价格定在他们期望的买卖价的中间值，即 $17.75/ 吨．双方同时也要求通过新加坡交易所进行结算服务。

经纪人准备了一个已经商定条款的交易确认概要：

– 卖方：船运的操作商　　买方：电厂
– 航线：BCI 的 C4
– 数量：75000 吨（75 手）
– 合约价格：$17.75/ 吨
– 最后结算日：每季度的最后一天，也就是 2007 年 1 月 31 日，4 月 30 日，7 月 31 日和 10 月 31 日（请注意 2007 年度也可能是指 2007 年的 12 个连续月。交易员应该在下指令的同时将此告诉他们的 FFA 经纪人）
– 结算依据：每个季度的最后 7 天的指数
– 在新加坡交易所亚洲结算行进行结算

交易双方在结算日的 5 天后支付给经纪人佣金。

卖家套期保值的结果如表 2-6 所示。

表 2-6　卖家套期保值的结果

2007 年度	结算价格	在 $17.75/ 吨价位卖出 2007 年 C4 的盈亏	卖方的收益（75000 吨）
第一季度	$17.10	+$0.65	$48750
第二季度	$17.15	+$0.60	$45000
第三季度	$17.30	+$0.45	$33750
第四季度	$17.35	+$0.40	$30000
			总计：$157500

（二）船舶买卖服务市场

船舶交易是大买卖，买卖过程涉及的决策、谈判、检验、交接、文书、证件等环节较多，船舶经纪人在其中起到重要的沟通和催化作用。所以，国际上惯例，船东出售旧船多数委托专业的船舶经纪公司来完成。佣金一般按船价的 1%～2% 收取。

国际船舶和新造船交易已经有一套全球公认的标准和惯例，而我国的《船舶交易管理规定》实际上是一个"中国籍二手船舶交易管理规定"。外籍船舶交易和在建五星红旗新造船交易都不适用本规定。此外，规定还明确了有市有场的集中交易、官方指定的交易评估机构、船舶买卖经纪人的许可制度、将船舶信息数据库的责任落实到船舶交易服务机构身上等。在这种制度安排下，船舶交易服务机构，也即各地的船舶交易市场承担了船舶经纪人的角色，而对二手船舶的估价，也由船舶交易市场来评估。船舶经纪人的作用被边缘化了。

简化的国际二手船舶买卖实例：

①船舶经纪人向市场发出一个出售此船的信息，即询购意向。

②买方如有兴趣，先要求派检验人（Surveyor）上船对船舶进行技术状态勘验，查看卖方船舶的 Class Record。

③经过第 2 步的调查，买方若觉得还是有兴趣谈下去，便由其经纪人起草并向卖方发出第一个 Firm Offer。

④卖方收到这一要约后，一般会在要约规定答复的时限内回一个实盘，同时根据惯例也规定了买方回复的时限。

⑤买卖双方就价格达成一致后，即开始商讨其他条款。

⑥等双方经纪人你来我往谈判结束并达成一致后，由经纪人起草一份双方谈判内容的完整重复（Recap）。

⑦等双方董事会都批准了合同条款，至此本交易已经成立。接下去一步就是买方根据 MOA 条款的规定指定一个银行开立联合账户（往往是卖方的融资银行），等联合账户开立成功后，买方则根据 MOA 条款的规定，将定金存入联合账户。

⑧最后双方根据合同的约定进行船舶的法律交接（Legal Delivery），也有合同中称其为文件交接（Document Delivery）和实船交接（Physical Delivery）。

国际二手船舶买卖市场中，在船旗国政府、经纪人、船级社、检验人、海事律师、银行、船舶注册代理和船舶代理等一系列服务商的配合下，在接近完全自由竞争的市场条件下，市场机制发挥了最大的自我完善的功能。

在船舶买卖市场中，即使信息技术发达、市场透明度提高，所有的例子也都证明电子商务不可能取代经纪人。1996 年上海模仿证券交易模式建立场内船舶交易模式，外国大型贸易商花费巨资建立电子租船业务平台，两年前香港某研究机构提出建立香港航运交易所，最近有人提出要建立新造船交易所，这些设想都以失败告终。根本的原因是市场结构特征和非标准化决定了经纪人的存在价值。国内之所以没有经纪人的生存空间，是因为垄断、行政、强势集团和诚信文化缺失等原因。

（三）港口服务市场

装卸、引航、拖轮、理货、船舶物料供应、燃油供应等服务市场组成了庞大的港口服务市场。为集装箱、散杂货、油品运输和物流产业发展发挥重要的支持保障作用。

但是，我们现在也不得不承认，上海有世界一流的装卸设备和效率、并不昂贵的装卸费用和码头费用，但访港成本却并不低。主要是由于出入境检查制度、港口服务垄断、垄断机构的监管、非市场竞争规则造成的额外成本等造成的。而香港码头相比上海更高的费用却主要是由李嘉诚拍得土地时价格太高导致的。值得一提的是，广州港由于码头结构比较复杂，除了国有企业拥有的码头外，还有货主码头，因此，码头服务之间的竞争相对更为激烈。现在广州港的 GCT 集装箱码头（与新加坡合资）吞吐量屡创新高，但是，这里面的竞争却是以巨大的利益让利为前提的。它们采用比香港更低的装卸费，甚至是无限期的免费堆场来吸引像马士基这样的大公司。

举个例子，大陆等边检，一条船浪费 2 小时，每天 100 多条船，如果按 5 万～ 8 万美元 / 小时来算，一天要浪费多少钱？而香港只要提前 38 小时，把海员证中的名字、编号等清单声明一遍即可，叫预清关。船一到港就能靠码头。离港时只要把离港证由代理向船长发个 E-Mail 就行了。外国的出入境管理的基本原则是：查大案，小毛贼随你闹。如果他们真要查，那一定是带着潜艇和猎犬一起来的，潜艇先在水下把船体拍摄一遍，猎犬会在船员的房间、机舱里等每个角落随意搜寻。

按照现行法规，抵达中国港口的所有船舶都必须经过联检后才能开始装卸货和其他业务活动，而所谓"联检"就是以边检、卫检为主的执法部门派员上船，检查船舶和船员的相关文件。这种制度其实效率低下，而且存在很多漏洞。在长江口或绿华山锚地，执法部门的交通船到不了那里，那里就成了无人监管的真空区。船靠码头后，由于"联检"是每船必检，手续烦琐而人手不敷分配，再加上个别执法人员的故意刁难，经常造成船期延误，给船东造成了损失，无形中提高了船舶访港的成本。在租船合同中经常有一个"港口招待费"条款，规定船舶凡是挂靠中国、泰国、菲律宾和非洲等国家的，船东或租家将发给船长一笔不需要发票核销的"港口招待费"，专门用来疏通有关人员，尽量减少滞港时间。而船舶前往中国香港以及新加坡、日本、美国、加拿大等地则无须此项费用[①]。

因此，我们的出入境管理制度还有很大改进的空间。

中国的港口服务基本上都是垄断经营的，比方说上海引水和拖轮都属于港务集团独家垄断。在香港有专门的独立组织——引水公会，由香港海事机构对其进行监督。你要加入首先交 10 万元保证金，主要就是为船舶服务。这样如何加强对垄断的监管就显得很重要。

引水、码头、拖轮、卫生消毒等服务部门因为垄断和缺乏有效的第三方监管，而出现的低效率、垄断价格，甚至强卖现象，令各国船公司深受其害。交通部正在进行的反垄断政策研究，应该做深做细，针对各垄断性的行业拿出解决问题的建议或方案。以引水行业为例，相比于上海对引水行业只有海事局的行政监管，香港对于引水行业的管理主要是通过领港事务咨询委员会来进行的，其成员包括代表各类船东、各类码头、船坞业、拖船业的人士，还有商船船长、领港员及海事处人员，并有专门的《香港领港条例》对这些代表的名额分配和监管事项、监管机构（通过纪律委员会和调查委员会）、监管程序做出严格规定。这部逐年有所增补的法规长达一万三千余字，没有一句模棱两可的套话，可操作性极强。

香港引水的费率调整并非一家说了算，而由引水员自组的领港会有限公司提出方案与航运业代表协商后，呈领港事务咨询委员会核备，再呈海事处核准及预先刊登修订。

当然，在港口服务市场中，各种供应的商品齐全度、费用合理度、供应便捷度，如保税油供应、船舶供应、海图及航海图书供应、物料供应等，还有检测服务、专业航运信息、数据库等都存在巨大的改进空间。

（四）派生服务市场

1. 拆船市场

自 20 世纪 70 年代至今，世界拆船中心经历了多次转移。目前，全球拆船厂主要集中在孟加拉国、印度、中国、巴基斯坦和土耳其五个国家。其中前四国年均拆船吨位总量之和相当于世界拆船吨位总量的 85%。据有关资料显示，2012 年，印度、孟加拉国、巴基

---

① 刘巽良：《航运中心建设纵横谈》，格致出版社，2011 年版。

斯坦这几个传统拆船大国的拆船量分别为 1940 万 dwt、1370 万 dwt 和 1010 万 dwt。2012年，中国的总拆船量为 1110 万 dwt。

航运市场的低迷却促成了与航运市场周期相反的拆船业的春暖花开。越来越多的船舶被送入拆船厂，船舶拆解量不断攀升。航运业承载了全球近 80% 的国际货物贸易运输量，经济增长放缓，导致船舶运力大量闲置，船东大量报废旧船也就不足为奇了。此外，还有至少两个原因，迫使船东淘汰老旧船舶。一是大量闲置船舶的高额保养维护费用。由于无货可运，不少船东都选择将船抛锚后长期停放在锚地。而这种闲置船舶每天的人工费、折旧费、银行贷款利息等也是一笔不小的成本，以一艘载重 3~4 万吨的船为例，每天的闲置成本约在 7000~8000 美元上下。因此，越来越多的船东开始提前报废老旧货船，淘汰运力。二是近年来，随着 IMO 出台更加严格的环保规则、EEDI 的生效，以及一些国家和地区严禁不符合技术标准的船舶进入管辖港口等，也都在规则方面加速了对那些能耗高、排放大和含带有害物质等的船舶的报废。

影响拆船业兴旺的因素：

一是下游市场。拆船厂的经营模式是废船购进、拆解，然后出售废钢等拆船物资，消弭成本，赢得效益。而拆船的利润空间大小往往取决于下游市场，特别是废钢铁等市场稳定程度。一个相对稳定且供不应求的下游市场，则利好拆船；反之，一个剧烈波动且价格持续下行的下游市场，则会给拆船厂带来难以掌控的巨大经营风险。随着金融危机对实体经济影响的加深，我国经济增速放缓，制造业低迷，建筑业调控，钢铁产能过剩，自 2011 年第四季度开始，国内废钢市场开始震荡，价格一路下行，终端需求难以释放。因此，对于废船买卖、拆解需要一定周期的拆船厂来说，出现经营亏损就不是意外了。下游市场的培育以及提高废旧船舶物资的再利用率也十分重要。比如，在中国台湾，把从废钢船上拆解下来的废旧钢板，直接用作工程、住房、道路建设的铺路板，这比用新板更经济又实用，从而形成了一个小产业。目前，国内拆船厂绝大部分的拆船物资只能作废钢处理，附加值很低。因此，提高拆船物资的利用率也是今后拆船厂增加经济效益的重要一环。

二是税负。按照相关规定，进口废钢船除需缴纳 3% 关税外，还需缴纳 17% 关税增值税，合计为 20%。国内航运企业淘汰的废钢船，由于拆船企业采买废钢船无法取得进项增值税发票，无法实现进、销增值税的抵扣，如果废钢船价格与国际废钢船价格相当，则使得正规拆船厂无利可图。自 2011 年起，国内拆船企业没有了国家税收政策的支持。废钢船拆解可以获取大量的、深受冶炼企业青睐的优质废旧金属资源，据了解，我国进口铁矿砂、废钢都是零关税，而对废钢船则要征收 3% 的关税，这显然不尽合理。我国目前仍然是废钢资源缺乏的国家，据中国废钢铁应用协会分析，每年废钢缺口在 1000 万吨以上，因此，拆船业一直呼吁国家能够取消 3% 的关税。据了解，印度、孟加拉国、巴基斯坦和土耳其等国的政府对本国拆船业都有一些税收优惠的政策。

三是成本费用。近年来，国内拆船厂的劳动力成本、信贷融资成本、安全环保投入，以及危废处置、物流、引水、检验检疫等费用都大幅度增加。

四是安全环保标准。"绿色拆船"成本高也是制约企业盈利的一大原因。目前，中国已全面禁止冲滩拆船，主要都是船坞和码头拆船方式。而船坞和码头拆船的方式投入和成本都要比冲滩拆船高很多，因此，中国企业采买废船价格难跟竞争优势，一般相差每轻吨 50～80 美元。"绿色拆船"虽然受到国际海事组织的推崇，但由于拆船成本过高，无形之中压缩了国内拆船厂的利润空间。

近年来，我国拆船业按照绿色拆船的发展战略，在拆解规模、机械装备、工艺技术、安全生产、环境保护和工人健康等方面都取得了令人瞩目的成绩。现已初步形成了以珠江三角洲和长江三角洲两大拆解基地为龙头，其他沿海地区少量拆船厂为补充的合理格局，涌现出了一批生产规模大、管理水平较高的大型拆船企业。

2. 船员劳务服务市场

根据 BIMCO/ISF2005 年世界海员供需情况报告，世界海运船队对海员的需求约 106.2 万人，国际船员供给约 118.7 万人，普通船员富余 13.5 万人，而高级船员短缺 1 万人，并有进一步扩大的趋势。根据该报告显示，发达国家内部的海员劳动力已无法满足其需求，必须充分依赖于国际海员劳动力市场中发展中国家海员的供给进行补充。因此，国际海员劳动力市场供需的变化给我国海员外派带来了绝好的机遇。

根据海事局统计，截至 2005 年年底，我国共有船员 152 万余人；其中海员 50 万余人，内河船员 102 万余人。根据国内现有船队对船员需求的初步估计，目前我国船队对海员总需求量约 32.6 万人。我国培养的海员总数基本上能满足船队发展需要。另外，目前我国每年外派的海员约 4 万人，约占国际海员劳务市场的 4%。国际上对中国海员的需求有增加的趋势，尤其是对高级海员的需求较大。因此，目前及今后一段时间内，我国高级海员供需相对比较紧缺，处于供不应求的状态；普通海员则已饱和。由于学历要求低、培训周期短，因此普通海员数量增加较快，而其受英语水平的限制，难以单独外派到国外船舶上，目前尚难以适应国际船员劳务市场的需要。因此，普通海员已出现过剩态势。

中国海员在国际海员劳务市场上的竞争力随着我国综合国力和人民生活水平的上升无疑将越来越小，愿意上船做海员的人也会逐步减少。这是一个经济发展的必然过程，先是在西欧、日本发生，接着是韩国，中国也正在遭遇这个问题。所以要提高中国海员的就业率，只有在高级职务上展开竞争，才有一线生机。

目前我国船员服务机构在为国内船东与国外船东提供船员招募、配员服务时存在较大差异。按照我国政府有关规定，目前我国的海员劳务输出必须通过中介代理机构或公司进行，任何船员个人不得直接面对国外船东签署雇佣合同。承担海员国际劳务输出的中介机构或公司必须经政府批准，并获得对外劳务输出的签约权。

《船员条例》实施后，原先商务部管辖的对外劳务经营权的审批、劳务中介的市场准入资格及退出制度将由海事局统一管理；海事局对船员以及船员服务机构的监管也将随着《船员注册管理办法》《船员服务机构管理规定》等相关细则的出台而更加规范；船员的医疗、失业、退休、养老等保障也将在船员条例与劳动法相关法规的共同规范下予以完善。

目前我国船员劳务市场主要存在以下几方面问题：①船员假证、假资历问题；②船员的社会保障问题；③忽视保护船员合法权益；④服务机构间无序竞争；⑤船员外派形式不完善；⑥船员素质问题；⑦政府管理问题。

在船员劳务外派上我们可以借鉴菲律宾海员外派的成功经验。除海员个人因素外，菲律宾海员外派市场的繁荣主要归功于政府、中介组织、培训机构三个方面。然后建立具有提供船员劳务挂牌交易服务，提供船员用工协议鉴证、备案服务，提供船员服务信誉评估与发布，提供船员法律援助服务等功能的中国船员劳务招募职场及船员管理服务中心。

二、国际航运中心概念的演变与特征

"国际航运中心"的称谓本身就是对该港口或城市服务国际航运综合能力的肯定，以及对其具有引领性高端服务的独特竞争能力的肯定。

英国伦敦和荷兰鹿特丹航运中心的雏形早在19世纪初就开始发展了。到了第二次世界大战前伦敦/鹿特丹已初步建成了国际航运中心，这是最早建成国际航运中心的两家。随后德国汉堡、美国纽约作为当时新兴国家的重要港口也陆续建成国际航运中心。按现在航运中心类型划分，可以称之为第一代。如表2-7所示。主要特点是：当时海上运输以干线为主，以港口中转货物为主，以货物集中、仓储和分拨为主，即以货物集散为主，主要体现航运中转的特点。因为国际航运中心的发展都经历过既循序渐进，又适时抓住机遇加快发展的过程。

表 2-7 国际航运中心的演变

演变阶段	类型	特征	代表港口
第一代（19世纪初到"二战"前期）	航运中转型	货物集散为主	伦敦、鹿特丹是第一代国际航运中心的先行者；"二战"前夕，纽约、汉堡等一批新兴港口城市也跻身其中
第二代（20世纪50年代至20世纪80年代）	加工增值型	主动集散调配产品（就地工业加工、组合、分类、包装以及商业营销），成为物流和调配中心	东京、中国香港、新加坡成为第二代国际航运中心的创新者，纽约、鹿特丹、伦敦等也相继完成了功能转型并继续发挥国际航运中心的职能
第三代（20世纪80年代开始至今）	综合资源配置型	集有形商品、资本、信息、技术集散于一身，主动参与生产要素在国际间的配置	东京、伦敦、纽约、鹿特丹、中国香港和新加坡在向第三代国际航运中心的转型中走在前列

第二代国际航运中心实际是第二次世界大战以后到现在几十年间一直在发展，不过在这个发展过程中，大家都在不断完成技术创新、功能转型和职能改变，使航运中心的特征不仅具有第一代航运中心的内容（航运中转、货物集散），有发达的干线运输，而且要有丰富的支线网络支撑，要有广阔的腹地经济保障，要有通畅便捷的内陆运输，要有现代物流服务的培育。其中包括对产品加工、深加工、拆、装、组合、分类、分装、海陆联运、海铁联运、海空联运、仓储、分拨、营销、流通、中转、调配等。按航运中心类型区分应为第二代，主要体现在加工增值型，其特点是通过加工、深加工达到增值、增加更多附加值的目的。

第三代国际航运中心是综合资源配置型，其主要特点有：

（1）国际航运/国际海事发达，现代物流服务高度发达，经济，尤其是涉外经济、国际贸易高度发达，与航运相关的产业附加值高度发达；

（2）优越的港口商业条件，过硬的软环境，一流的硬件；

（3）国际上认可，而不是自以为是地自己认可。国际航运中心优越的地理位置，靠近国际主航线的区域优势，现代国际航运中心的产业功能在国际间得到有效的释放，成为国际间需要的、合理的货物集散地。

现在世界上的国际航运中心（如伦敦、新加坡、中国香港、纽约、东京等）也没有真正达到第三代的水准，应该说还是处于从第二代向第三代的转型当中，只不过是有的转得快，有的转得慢。同其他国际航运中心相比，上海明显起步晚、要求高、跨越幅度大、定位高，难度就很大。上海现在要建的航运中心目标就是第三代，实际上是跨越了诸多第一代和第二代必走的一些过程，这就要求我们在当代国际航运中心功能转型基础上，做更多的功课，补好课，使现代国际航运中心的深刻内涵，同国际航运、国际海事相关的各种商品、产品、金融、资本、技术、技能融合在一起，使国际航运中心的相关要素能直接参与国际间的有效配置。

国际航运中心应具备的共性特征为以下三点。

都是（或曾经是）世界级深水大港

无论是哪一类国际航运中心，其依托的基础都是（或曾经是）世界级深水大港，都是随着国际制造业中心的转移而位于（或曾经位于）世界经济增长中心范围的深水港。国际制造业中心的转移为世界航运中心的诞生和崛起创造了良好的贸易来源，西欧、北美都先后成为国际制造业中心，均先后诞生了世界级的港口，如纽约、伦敦；20 世纪 80 年代以来，国际制造业中心逐步向亚洲转移，使中国香港和新加坡也成为世界集装箱港口之冠。

形成良好的支持保障体系

世界上著名的国际航运中心的形成都与政府为其创造的良好的支持保障体系分不开，包括高效的口岸服务环境、完善的自由港政策、合适的政府监管模式、自由的货币政策以及优惠的船舶登记政策等。

拥有航运业及其相关产业群聚

世界上著名的国际航运中心的发展尽管各有特色，但总结其能够被公认为国际航运中心的一个关键条件是，拥有相当数量的航运业及其相关产业企业，并通过各产业彼此之间的关联，形成了各种各样、相当规模的航运要素的产业集聚。

三、航运产业服务优势形成过程与类型

（一）产业服务优势的理论基础

微笑曲线（Smiling Curve）是国内重要科技业者宏碁集团创办人施振荣先生，在 1992 年为了"再造宏碁"提出的有名的理论，以作为宏碁的策略方向。微笑嘴型的一条曲线两端朝上，在产业链中，附加值更多体现在两端的设计和销售，处于中间环节的制造附加值最低。左边是研发，属于全球性的竞争；右边是营销，主要是当地的竞争。当前制造产生的利润低，全球制造也已供过于求，但是研发与营销的附加价值高，因此产业未来应朝微笑曲线的两端发展，也就是在左边加强研发创造智慧财产权，在右边加强客户导向的营销与服务。微笑曲线有两个要点，第一个是可以找出附加价值在哪里，第二个是关于竞争的形态，如图 2-4 所示。

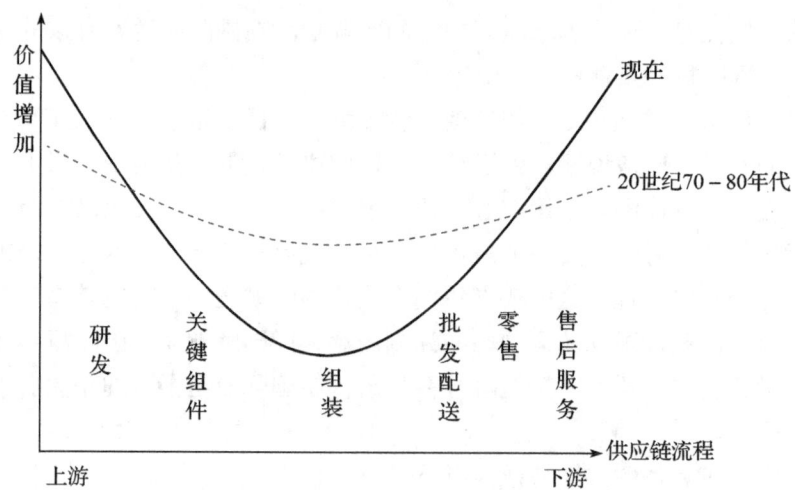

图 2-4 从微笑曲线看服务产业

随着高附加值与低附加值比例的不断增加，这条微笑曲线将变得更加弯曲。

现在的制造业的成本，已经占了消费者购买时价格的 25%，以消费者的眼光看，制造本身所增加的价值极少，通常无法创造出比劳动力成本更高的价值。此外，各行各业的领先制造厂商都在生产过程中裁撤简单的劳动力与工种，因为机器人包办了大半的工作。这类公司所谓的"制造人员"通常只是控制机器人，进行品质检验、出货以及生产线的维修。假如公司把研发、工程、财务和销售功能做好，则其所回收的种种成果才真正是企业的重心所在。[①]

制造业发展到一定阶段后，其附加值和市场竞争力的提升，更多地要靠服务业来支撑。从产业关联的角度来看，研发、设计、生产、营销、物流、技术服务等环节，本来就是一个循环、完整的产业链。[②]

因此，研发、设计、物流、营销、技术服务等环节在服务产业中显得非常重要。再来看一个例子。未来物联网的世界将由谁主宰？以智能电视为例，"智能电视改变了传统电视硬件服务的模式，而软件成为彩电产品的核心竞争力"。智能电视市场的竞争是操作系统的竞争。业界人士认为，2011 年整个移动互联网"根系统"的竞争已经全面结束，最基础的平台围墙已经伫立起来，IT 巨头们已经牢牢掌控了操作系统、应用商店等环节，其他玩家所能做的就是在他们制定的规范下进行创新。现在可以肯定，iOS、Android 和 Windows 8，将定义包括智能电视在内的世界绝大多数移动终端。定义和决定智能电视发展方向的很可能并不是我们所熟知的索尼、三星这些跨国彩电巨头，也不可能是中国的家电企业，而是像 Apple（苹果）、Google（谷歌）、Microsoft（微软）这样的 IT 巨头。

（二）航运产业服务优势类型

现在我们把航运产业放到更大的产业链中去，根据我们在第一章的判断，航运服务业是生产型服务业，它是与制造业唇齿相依、相辅相成的。

现代竞争的七种取胜方式是：①全部价值主张者（讲体验的全过程，全程共同创造）；

---

① 迈克尔·波特：《国家竞争优势》，李明轩，邱如美，译，中信出版社，2008 年版。
② 大前研一：《无国界的世界》，黄柏棋，译，中信出版社，2007 年版。

②资源整合者（如香港利丰集团利用第四方物流的思路整合全球物流资源的能力）；③跨行业优势集结者（如太阳马戏团集结了马戏与剧院表演的核心特征成为开创新产业的领袖）；④供应链链主；⑤环保主义倡导者（如美国通用电气、瑞典宜家家居）；⑥网络平台善用者（如阿里巴巴、淘宝等）；⑦数字化生存引领者（如 Google、IBM、惠普、埃哲信等，以第三次文明方式出现的领导者）。

供应链链主（Chain Leader）通常指的是在整个供应链中占据了优势地位，对整个供应链或者供应链中的大部分企业的资源配置和应用具有较强的直接或间接影响力，而且对整个供应链的价值实现予以最强烈关注，肩负着提升整个供应链绩效重任的核心企业。他们在供应链上处于核心地位，能够协调供应链上各个节点的活动，具有不可替代的作用，可以使整个供应链作为一个有机整体正常工作的企业。链主具有如下的主要特点：一是有核心竞争优势；二是具有不可替代性；三是能够维护好多方利益关系，做到链上多赢。[①]

一个完整的供应链，应该包括原材料供应商、制造商和销售商。链上的每个企业都可能成为链主。在整个供应链链条里面起核心作用的一定是那个最有创造力的组织。

1. 供应商链主模式

这样的链主形式较多地存在于能源性行业中。如铁矿石的供应商，在整个供应链上就是链主。国际上三家铁矿石供应商 BHP billion、Rio tinto、CVRD 占据了铁矿石的大部分市场。由于铁矿石是冶炼钢铁的主要材料，当前世界铁矿石存量分布又不均匀，使得钢铁企业很大程度上要依赖于这几个最大的铁矿石企业。钢铁企业在与铁矿石企业的谈判中，话语权很小，因为没有铁矿石，钢铁企业就没有了存在的价值，而要买到铁矿石，就只能到那几个大的铁矿石企业处去买。

2. 制造商链主模式

这样的链主模式主要存在于生产制造型的行业及 IT 企业中，如 Microsoft、DELL 等企业都属于制造商链主。

3. 分销商链主模式

沃尔玛就是分销商链主模式的一个例子。

4. 物流企业链主模式

物流企业链主模式在航运企业中能够很好地体现出来，如马士基公司。

第二节 航运产业政府管理经验借鉴

尽管伦敦从 20 世纪 60 年代开始就已经逐渐丧失其港口优势，但仍然保持着世界级国际航运中心的地位，这应当归功于它已经拥有了一个包含各层次航运及相关产业的航运产业集群，并且其航运交易等服务功能被公认为是世界上最齐全的，包括航运交易、海运融资、海上保险、船级管理、海事仲裁、船舶经纪、风险管理、海事仲裁、货运代理、航运信息咨询、航运相关培训及其他服务功能。其中伦敦的波罗的海航运交易所被公认为全球

---

① 杨城，童利忠：《供应链环境下的链主模式》，《企业管理》，2009 年 1 月。

第一大航运交易市场。

一、伦敦

伦敦形成第一代物流型国际航运中心历时较长。1618—1648年欧洲大陆战争引发对军用物资的需求，英国人顺势在满足欧洲大陆军需的同时快速发展自己的采矿、冶金和化学工业，并在此基础上，通过工业革命成长为欧洲的工业巨人；英国致力于发展商船队和海外领地，从1651年起，英国批准通过若干航海条例，规定所有商品均不许进、出口于任何英国殖民地，除非运送商品的是英国船舶（由英国或英国殖民地制造、拥有并由其配备至少2/3船员的船舶），英国商船队得到迅速发展。到18世纪末，随着欧洲成为"世界工厂"和"世界银行"，洲际贸易逐渐发展起来，第一次大规模的国际分工基本完成，伦敦成为全球的经济、金融、贸易和航运中心（概念上属于第一代物流型的国际航运中心）。

英国凭借其轮船航运先驱和世界航运大国的地位，保证伦敦在国际海事组织、海事法律及纠纷处理中的主导地位。但是第二次工业革命后，德国、美国经济飞跃发展，英国国际竞争力日益下降，这给英国航运业和伦敦国际航运中心的发展带来了不利的影响，如港口功能急剧萎缩，但伦敦却通过积极努力，以国际航运中心为基础，以300多年服务经验为积淀，大力发展航运服务业，不断衍生出航运交易、航运融资、海事保险、海事法律、仲裁法院、船舶经纪、船舶注册、船舶代理、航运咨询、信息通信、教育培训、媒体出版等与航运相关的服务产业。伦敦迅速确立了其第二代服务型国际航运中心的地位，其一整套的航运服务来自伦敦发达的包含各层次航运及相关产业的航运产业集群。

20世纪后期，新加坡、中国香港等亚洲航运中心地位迅速提升，并和英国伦敦在航运服务业上展开竞争，世界航运中心的地位开始逐渐向亚洲转移。不过，此时的伦敦已经开始在第二代国际航运中心地位的基础上逐渐向全球航运资源配置功能上发展，并取得重大成就。比如加强航运创新发展，形成航运期货交易市场和运价指数交易体系，其通过波罗的海航运交易所发布的运价指数，几乎垄断性地控制了全球干散货、油轮运输市场的价格信息资源；在航运信息咨询方面，当今世界航运最新、最全、最原始的数据大多数发源于伦敦；同时，伦敦集聚了大量国际海事组织以及航运协会，而许多重要的航运规则和重大决策都是由这些机构做出的，从而形成了具有全球资源配置能力的国际航运中心地位。其配置能力主要包括全球航运交易市场资源配置能力和通过航运法律、规则、标准的制定和实施形成的全球航运"软实力"核心资源配置能力。

1. 充分利用深厚的历史传统与品牌效应

伦敦航运服务业的发展可追溯到300年前的两个咖啡馆。1744年的弗吉尼亚·波罗的海咖啡馆，其衍生发展成为后来的波罗的海交易所、伦敦海事仲裁员协会、英国皇家特许经纪人协会及其他相关企业。而同时代的爱德华·劳埃德咖啡馆经过后续的发展，衍生出以劳氏船级社、伦敦劳氏保险市场和劳氏信息服务公司为代表的著名企业。而悠久的发展历史，高质量的、专业的服务和产品，使伦敦航运服务业在世界始终享有很高的品牌公认度。这成为伦敦航运服务业发展成功的主要原因。

2. 积极发展国际金融保险业

发达的国际金融保险业，为航运服务业发展提供了强大的支撑。航运融资的发展，需要宽松的财经政策支持，而航运经纪的发展也离不开金融服务的支撑。伦敦是世界上最早的国际金融中心，早在19世纪伦敦就已成为英国的汇兑与清算中心，同时也是全球国际贸易的汇兑与清算中心，直到今天，伦敦仍拥有全球最大的外汇交易市场。伦敦拥有外国商业银行的数量远远超过其他国际金融中心，同时伦敦是全球最大的场外金融衍生交易市场和全球第二大期货与期权交易市场。此外伦敦也是全球最大的国际保险市场和主要的再保险中心，2001年的总保费收入达200亿英镑。伦敦发达的国际金融保险业，为伦敦航运服务业的发展提供了强大的支撑。

3. 构建完备的海事法律体系

完备的海事法律体系发挥了坚强的保障作用。英国法在全球航运领域被广泛应用，英国的商业法庭和职业律师在航运业界享有很高的地位和声望，此外伦敦海事仲裁员协会规则被全球海事仲裁案件广泛引用，这些完全依托于英国完备的海事法律体系，同时其也为伦敦海事法律服务业的发展发挥了坚强的保障作用。

4. 培养大量的高素质航运人才

大量的高素质航运人才确保了航运服务业的持续发展。伦敦拥有大量高素质的航运人才，如前文所述，伦敦航运服务业从业人员达14000多人，为世界各地提供着高质量、专业的航运服务。同时伦敦拥有完善的航运高等教育体系以及专业培训，为伦敦航运服务业不断输送高素质人才，确保了伦敦航运服务业的持续发展。

5. 建立成熟的市场机制

成熟的市场机制使航运服务业充满活力。伦敦航运服务业经过几百年的发展，已形成自治自律的成熟市场运作机制，行业协会在行业健康、规范发展的过程中发挥了积极而重要的作用。行业参与者推崇"言而有信"的商业信条，严格按照行业规范和道德准则开展业务，这不仅给业界人士带来安全感，同时也使伦敦的航运服务业始终充满活力。

6. 推行政府的"积极不干预"政策

政府的"积极不干预"政策，使航运服务业按照自身规律健康发展的同时，又适时地为其提供了强有力的支持。英国政府对航运服务业的发展采取"积极不干预"政策，让市场按照自身规律，行业依靠自治自律，实现健康持续发展。但英国政府也会适时出台优惠政策，支持航运服务业的发展。例如为扶持本国商船队的发展，吸引更多的船舶加入英国籍，英国政府适时地推出了吨税政策，这一优惠政策的实施，为英国吸引了大批船舶，同时也吸引了大量船公司入驻伦敦。

7. 依托国际海事组织总部和世界通用语言的优势

总部设立于伦敦的国际海事组织（IMO），因其在全球海事技术、安全、环保等方面的权威地位，集聚了大批海事相关组织和机构，这有力地促进了伦敦航运服务业的发展。同时英语作为商业交流的主要语言载体，其世界通用语言的优势也给伦敦航运服务业的发展创造了很大的便利。

二、香港

香港在发展初期是以转口贸易为主，主要是海运货物的装卸、仓储中心；到了 20 世纪 60 年代，香港出现了第一次经济结构转型，以工业为主导，而港口也增加了工业、商业活动，令港口成为使货物具有增值效应的服务中心。20 世纪 80 年代，香港开始经济多元化，金融、服务业及房地产业迅速发展，港口为适应国际经济、贸易、航运和物流发展的要求，依托现代信息技术，逐步走向国际物流中心。之后，香港除了注重集装箱港口发展和国际中转枢纽港发展外，还大力发展航运服务业，与此同时，与国际航运相配套的香港金融、贸易等服务业的迅猛发展，促进了香港国际航运中心的发展。健全的金融体系、发达的国际贸易促进了香港航运服务业快速发展。目前香港已经成为具有第二代服务型特征的全球航运中心。

关键的战略

- ✓ 吸引船东和船舶管理进入香港
- ✓ 将香港建设为第一流的、唯一的商业航运中心
- ✓ 在本土和国际上提升香港的船舶注册地位
- ✓ 通过各个部门的改进，发展航运业集群
- ✓ 改进政府和企业的合作，寻求与新加坡的合作来加强亚洲在国际航运市场的参与度

三、新加坡

新加坡原来是马来西亚（联邦）的一个州，100 多年前，马来西亚（包括新加坡）都是英国的附属国，没有国家独立地位，长期以来英国按照其资本主义价值观把其在西方实行的自由港政策移植到当时还属于马来西亚联邦的新加坡，从而使新加坡作为一个东方的港口长期以来就得以实行只有西方才能实行的自由港政策。（目前，马来西亚、新加坡作为单一独立国家，都在英联邦国家体系内作为一个成员国家）。长期以来，特别是新加坡在 20 世纪 60 年代中期，脱离马来西亚独立出来成为主权国家后，于 20 世纪 60 年代末在国家主权稳定之时，新加坡政府利用原来施行的自由港政策，结合港口城市和城市国家这个特点，制定了一系列的兴港优惠和激励政策，鼓励跨国公司、区域总部、跨国银行、世界金融资本和金融机构等登陆新加坡投资。以跻身国际航运中心先进行列为目标，以港兴业、以港兴国，很快把原先长期以来只是东南亚地区以从事转口贸易为主的区域港口/区域航运中心，初步建成为国际航运中心（很快具有第二代国际航运中心的特征）。

到 20 世纪 80 年代中期，新加坡已发展成为国际公认的重要港口和国际航运中心，世界各大船东的主干线都要通过新加坡港，尤其是新加坡作为中转港几乎连接世界所有的重要港口。这一段时间内，新加坡海运贸易转口一直占据国家国民经济主导地位，对于促进其他产业的发展起到了不可替代的作用。20 世纪 80 年代末，新加坡已快速跃居世界第一大港，超过了当时一直排名在前的荷兰鹿特丹港。集装箱运输模式出现以后，新加坡又与时俱进，很快将新加坡建成集装箱枢纽港/组合港，以集装箱箱量（含支线中转箱量）或以港口吞吐量计算，也一直排在前列（大都居第一或第二位）。新加坡实行以自由港为核心的市场经济，同时坚持政府积极干预和制定一系列优惠政策相结合的做法，是新加坡快

速成为一流国际航运中心的重要原因。

新加坡之所以很快确立了国际航运中心地位，主要是因为一直坚持以自由港市场经济政策为核心，陆续推行了一系列以港口业务及港口发展为核心、为实现一流的国际航运中心为目标的各项经济政策，尤其是航运政策，在建设发展过程中始终保持自由港特色的地位，以发展港口、建成国际航运中心、维持自由港地位不动摇来带动和促进国民经济的发展，而且切实取得了显著成效。新加坡从坚持实行自由港的政策、发展建成国际航运中心的地位出发，坚定奉行自由贸易、自由企业和自由竞争的经济策略，允许商品、资本和劳动力的相对流动，这些政策能够吸引国际航运企业在内的各类跨国公司、跨国银行、跨国资本（包括海事工业、炼油、电子、电器、电信等）、先进的前沿工业和相关产业在新加坡落户、集聚。

新加坡作为自由港，在港内不实行贸易管制，对进出口货物除少数几种外，一般不征税，其中包括不征企业所得税、营业税和其他同航运相关的各种税收。新加坡允许各种资本自由进出，全面彻底放宽外汇管制，鼓励外企到新加坡挂牌上市，来新加坡投资的资本不管来自何方，不加任何限制，这样保证了包括航运在内的各种资本积淀新加坡。对来新加坡投资的各国各类企业，对投资方持股比例、经营方式、利润分配和外汇汇进汇出不加干预。对劳动力，除了对简单劳动（非熟练工）、对外国人有适量限制外（保护本国简单劳动，主要指当地土著马来人等的就业等），劳动力相对自由流动，特别是鼓励外籍精英管理人员、专业技术人才、熟练技工人员的流入。对此，新加坡媒体经常教育人民要理解、支持这一政策，因这关系到国家的发展和存亡。

中远集团20世纪90年代初在新加坡落户成立航运公司，逐步建立发展起以航运公司企业为龙头，含修船、船代、货代、油贸、船贸、油运、油储、供应、劳务、理赔、保险、集装箱仓储、堆场、物流、码头等业务在内的区域总部，是新加坡吸引跨国公司登陆投资的一个缩影。

新加坡人力资源部多次去函给大型外资或合资航运公司的一些业务骨干，邀请他们加入新加坡籍，成为其公民，或成为其永久居民。由此可见，新加坡对人才的重视。他们广泛吸收航运人才，目的就是发展其国际航运中心。

另外，值得强调的是，新加坡政府对新加坡国际航运中心的建设，一直推行积极的干预政策，有利于国际航运中心的发展、形成。包括建立政府经营管理、重视航运中心建设的机构，形成体系和调控机制，政府主要选择有利于促进国际航运中心快速发展的政策，运用制定国家产业政策，对国际航运中心和自由港运营政策进行政策扶持和积极干预。

正是由于政府的积极干预和实行自由市场经济政策的相得益彰的有机结合，才保证了新加坡成为当前少数几个走在前面的正向第三代转型的国际航运中心之一。

航运业是新加坡的经济命脉，新加坡也是全球最大的集装箱中转大港。新加坡全年港口吞吐量中有70%以上的货物为中转货物，其航运业占国民生产总值的7%，有企业75000家，提供12万份职业。2009年被评为最佳港口，最繁忙的集装箱港口之一，最大的加油中心、船舶修造中心。新加坡已成为全球数一数二的大海港和集装箱枢纽港，虽然新加坡缺乏广阔的内陆经济腹地，但却依靠其发达的航运业与东南亚经济中心的地位，把整个东南亚地区都纳入了其海运货源腹地，形成以水水中转为特色的国际物流转运中心，这是新加坡港不同于世界其他大港的显著特点。

新加坡吸引船公司注册，是抓住了港航业发展的龙头产业的理念，采取各种优惠和便利措施，大力推动商船队的发展，追求高素质船舶到新加坡注册，借此吸引船公司、船舶管理公司到新加坡，使用新加坡的港口、船厂设备，带动相关业务发展。新加坡是十大船舶注册国之一。新加坡拥有数量庞大的船队以及国际船舶运输企业，这成为船舶管理、船舶代理、物流、船舶融资、海运保险、海事法律和仲裁服务等现代航运服务相关产业集聚新加坡的重要吸力源。

新加坡以其港口的优质服务和高效管理闻名遐迩，从为往来船只提供装卸、疏运、燃料、维修、给养到船员的游览和娱乐，已形成一个完善的服务系统。优越的地理位置、先进的硬件设施、高水准的航运服务和政府一系列航运财税优惠政策，吸引了全球大批航运公司将其总部和亚太区域营运中心设立在此。政府与船务公司保持密切联系，聆听它们的意见。提供良好的经商环境，签署了67份避免双重课税协议、6份双边海运协议、15份自由贸易协议。新加坡的官方语言为英语，在处理国际贸易事务方面相当便利。

新加坡现有200多家航运公司入驻，在航运金融方面有德国北方银行、德意志银行、太平海运信托基金等船舶融资银行/信托基金。在航运服务设施和机构方面，具有成熟的国际集装箱管理与租赁服务市场，亚洲最大的修船基地和国际船舶燃料供应中心；EDI贸易服务网已与5000多家公司联网等。

新加坡之所以能有效集聚高端航运要素，主要有以下两个推力。

1. 长期坚持以自由港的市场经济政策为核心，陆续推行了一系列航运优惠政策

新加坡从坚持实行自由港的政策和发展建成国际航运中心的地位出发，坚定奉行自由贸易、自由企业和自由竞争的经济策略，允许商品、资本和劳动力的自由流动，这些政策能够吸引国际航运企业在内的各类跨国公司、跨国银行、跨国资本、先进的前沿工业和相关产业在新加坡落户、集聚。

高端航运要素的集聚得益于新加坡政府的专业、专注、正确有效地推进机构和各项政策优惠措施。比如鼓励更多船舶前来注册和悬挂新加坡国旗，2002年起减免船舶注册费，并允许符合其要求的船舶免税；鼓励支持航运人才培养，2002年政府投资设立航运中心基金（Maritime Cluster Fund），拨款创办航运创新和科技基金（Maritime Innovation and Technology Fund）；提供一系列的税收优惠政策，并从2008年1月1日开始，所有的公司实行单一的企业税收制度；开办各种会议和论坛，推出新加坡航运周（Singapore Maritime Week），等等。这种多管齐下的政策和正确有效的推进机制，带动了新加坡的航运服务业务的发展，十多年来吸引了来自全球各地的航运相关企业来新加坡注册和开展航运相关业务。新加坡在第二代航运服务型航运中心的建设上已经取得了令人瞩目的成绩。

2. 新加坡政府长期推行积极的干预政策

新加坡政府的积极推进对其"建成"国际航运中心居功至伟。新加坡政府干预政策是积极有序、有力、有效的，有利于国际航运中心的发展、形成。正是由于政府的积极干预和实行自由市场经济政策的相得益彰的有机结合，才保证了新加坡成为当前少数几个走在世界前列的国际航运中心之一。

尽管新加坡早在20世纪80年代就已经在港口吞吐量上位居世界首位，但新加坡政府仍不满足于物流、港口生产等业务上的成功，积极拓展航运服务业，在1996年专门立案将新加坡打造成国际航运中心，成立新加坡海事及港务管理局（MPA），其任务就是促进新加坡成为一个枢纽港和国际航运中心，维护其海上的战略性利益。之后10多年间，新加坡在政商合作和推动之下，在维护其枢纽大港的基础上，大力发展航运服务业，并取得了巨大的成效。

第三节 航运产业服务优势中国实践

一、航运产业服务优势的驱动力及核心管理对象

（一）航运产业服务优势的驱动力

基于伦敦、中国香港和新加坡国际航运中心建设的经验总结，我们同时归纳出国际航运产业服务优势驱动力中的三驾马车：政府，IMO办事处或分支，行业协会、公会、交易所等，如图2-5所示。

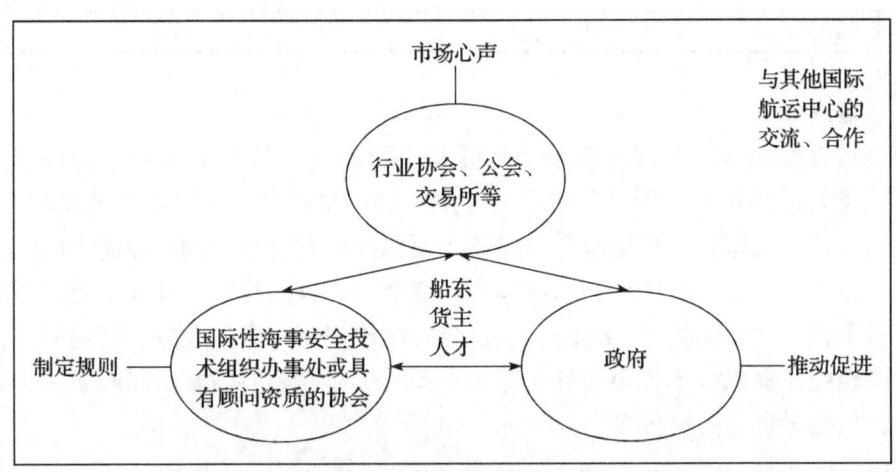

图2-5 航运产业服务优势驱动力中的三驾马车

行业协会、公会能及时倾听到市场需求的心声，国际海事组织规则的制定能够引领这个行业有序发展，政府主要是起培育和加速国际航运中心建立的作用。市场、规则和计划，只有这三驾马车齐头并进，才能真正建立起以市场需求为导向，以政府引导为推动，以国际规则为基础的上海国际航运中心。

因此，上海国际航运中心与国际的接轨，首先在于行业协会的接轨；其次在于国际海事技术与规则制定中心的接轨；最后在于政府体制、机制、政策设计的推进。

（二）航运产业服务竞争优势管理的核心管理对象

1. 企业战略与竞争结构

毫无疑问，在整个航运产业集群中，航运企业，或者准确地说船东，其质量和数量是

国际航运中心建设的核心对象。因为，船东的质量与数量影响所有其他海运服务业，如船舶租赁、航运经纪、航运金融、海事保险、航运交易、行业协会等的发展。大约60年前，纽约税收制度的改变使外国船东总数迅速萎缩，并导致纽约航运中心地位的衰落。同样，一旦希腊的船东离开伦敦，就像20世纪60年代发生在纽约的类似税收改革事件，租船市场也会随之转移，行业形势将岌岌可危。与此相反，香港国际航运中心地位的确立得益于其一系列吸引大量船东的措施，以及实际上所取得的显著成效。

船东在整个航运集群中的重要性在业界已经达成了一致意见。表2-8是基于伦敦1750家航运企业的调查报告，在所有统计的海事服务业中，认为与其有最重要联系关系的公司类型是船东的企业。

表2-8 最重要联系关系的公司类型（样本数量1750家航运企业）

船东	62	船舶管理	18	租船人	26
船舶经纪人	19	代理服务	5	货运中间商	5
海事保险	38	海商法	23	金融	18
船级社	9	船旗注册	5	法规机构	21
检验师/技术顾问	9	海运媒体	7	海运教育	4
市场研究/咨询	5	协会	12	其他	16

2. 市场需求

伦敦港口发展到今天的高端服务要素集聚是在20世纪世界贸易中心的基础上逐渐形成的。与此相类似的是，中国是一个贸易大国，港口发展具有典型的腹地型特征。因此，中国现阶段的高端航运要素集聚服务对象还必须包括具有大量货物运输需求的货主。而上海经济中心、贸易中心、金融中心和航运中心四个中心点的建设，亦为上海国际航运中心的建设提供了强大的协同要素。还有，从目前船舶代理所从事的业务发展趋势中，也可以发现，这些船舶代理机构不仅要做好与船舶有关的工作，还要做好与船舶所运货物有关的一些工作，包括对货主的服务等。

3. 高级生产要素

吸引更多优秀年轻人加入航运业，培养高端航运人才，增强中国航运产业高端技术（如新能源船舶设计研发等）科研水平，加强产学研结合，加速科研成果在航运产业上的应用，这些都是高端航运服务要素需要重点扶持、服务的对象。目前，不但外界低估了航运业的声望、地位和名誉，而且航运业内部也低估了航运业的地位、声望与名誉。要想吸引更多优秀的人才加入航运业，必须有更多具有实际经验的教育师资，更好的航运教育水平，更多的服务支撑，以及更高的科研水平。

要有国际航运专才。要有懂行的，才能做得扎扎实实，避免只轰轰烈烈。管理专家、航运人才，以及同航运相关的、同航运中心相关的各种人才，各种专业人员。

中国应培养和吸引同建成国际航运中心相关的各类人才。例如，金融信贷、保险、融资租赁、法律服务的人才。人才总体还是比较缺乏的，如何培养人才、引进人才、留住这些方方面面的人才，中国还是缺乏有吸引力的政策。

4. 相关行业

追本溯源，现代航运服务业的发展源自商人对利益的自然渴望，起源于伦敦的两家咖啡馆。因此，形成具有明确功能的行业协会、公会或交易场所，是推动所有高端航运要素发展的最基本前提。国际航运中心经历了从依靠天然地理优势到利用体制设计推进的发展阶段，但不管国际航运中心推手如何变化，真正驱动整个产业发展的是那些经营实体的利益需求。实际上，航运服务业是从哪里来的，一定是要回到哪里去的。因此，只有贴近这些经营实体，随时倾听这些经营实体的需求声音，及时反馈到政府或相关机构，迅速对新的需求做出回应，才是国际航运中心建立的真正动力。协会或公会代表会员利益，引导整个行业趋势，影响国际海事权力机构规则制定。行业协会或公会的作用，不仅仅是行业协调，还包括为会员提供建立广泛人脉的场所，下情上达，代表所有会员利益积极影响国际、国内海事法规及政策制定者们。如波罗的海交易所、劳氏保险市场、伦敦海事仲裁员协会、英国皇家特许经纪人协会及其他相关企业。这些协会或公会具有统观全局、把握趋势的功能。"公司把办公地点设在伦敦的原因是，它们可以获得专业技能的广泛人脉，以及满足现代海运业复杂需求的互动能力"。

从表 2-9 基于伦敦 1750 家航运组织的调研结果中可以看出，国际航运中心的关键力量是靠近市场上最主要的消费者，能倾听到他们的需求心声。

表 2-9　国际航运中心的关键力量——基于伦敦 1750 家航运组织的调研结果 [①]

关键力量	平均值 （5＝特别重要，1＝不重要）
靠近市场上最主要的消费者	**3.59**
市场信息的可获得性	3.55
强大、熟练的劳动人才	3.40
靠近提供专业服务的公司	3.34
接近专业机构	3.24
在更广泛集群内的知识传授	3.10
接近交易所或市场地	3.03

如果建立中国航运中心，中国政府能够主导推进建立一个全国性航运中心，并一直在政府规定下发展。但是，如果建立国际航运中心，整个国际航运市场的游戏规则，是靠经营实体的切身利益、自身需求，以及行业协会的整合、协调、上传下达等，和国际海事组织的规定共同制定的。如果政府主要依赖于计划，即使在短期内建立起了国际航运中心，从长期的角度来看，这样的国际航运中心也不会具有持久性。因为，国际航运中心的关键是国际航运市场各利益相关者需求和呼声的中心。只有时刻关注、倾听全球航运市场需求的心声，时刻代表整个航运市场各相关利益者的利益，时刻贴近全球航运市场游戏规则制定者的思路，上海国际航运中心的建立才会更迅速、更具有可持续发展性。

---

① 费沙港口及交通顾问公司：《伦敦海运服务集群的未来：行动呼吁》，咨询报告，2004 年。

事实上航运服务集群所涉及的任何活动都有行业协会，其活动有一部分类似于专业协会如通过标准和政策、提供论坛、引导所代表领域内的事件发展、向会员提供信息，并且在与政府、IMO和其他相关机构打交道的过程中代表着会员的利益。此外一项非常重要的功能就是通过议定商业交易产生的标准条件来实现行业领域之间的协调。在这种情况下，它们为集群的商业流程提供了支持服务。由于伦敦的海运中心地位，有很多企业选择在伦敦落户或开设主要办事处。典型例子有来自奥斯陆的国际油轮协会和鹿特丹的国际救助联盟。

伦敦航运集群的行业协会是多元化并且富有活力的。它们在制定标准和简化与会员之间交流标准方面发挥了关键作用。那些拥有IMO顾问资质的协会还参与打造海运业的法规和技术框架。

行业协会在加强不同行业领域之间的业务合作方面发挥了重要作用。它们为集群提供了必不可少的支持服务，并且向集群外部机构展示了其一致性。如果能确定更多的目标，它们有望更多地开展合作。

因此，谁争取到了这些国际性行业协会和公会的分支机构在该城市立足，谁争取到的这些协会和公会层次越高、数量越多，谁就能当之无愧地成为国际航运中心。在这一方面，新加坡可谓是煞费苦心——为支持航运中心的建设专门成立一个航运发展基金，用来扶持一些特定企业或行业的发展。如BIMCO总部在丹麦，在全球也只有一个办事处，而这个办事处就在新加坡。原因就是新加坡政府为BIMCO免费提供了开设办事处所需要的一切，甚至包括了员工的工资。同样，香港为船东保赔协会提供免费待遇。

而引入IMO办事处或对IMO具有咨询资质的协会、公会，能使上海集聚更多的航运相关组织，更好地传递航运利益相关者的利益诉求，并影响国际海事组织对各种国际海事安全和技术等规则的制定。

二、国际航运服务中心建设的关键战略

（一）中国航运服务集群的关键措施

（1）逐步引入国际性行业协会、公会等分支机构。

（2）逐步引入IMO中国办事处或相关具有顾问资质的咨询机构或协会、公会。

（3）逐步加强引入高质量、有世界影响力的船东或航运企业家入驻上海。

（4）逐步加强对货主和航运科技人才培养机构的支持力度。

（5）政府提供的各种税收优惠、专项发展基金、补助、政策扶持等将逐步向以上四个方向倾斜。

（6）构建航运业内部专用网络，通过这个网络所有的航运业实体都是可以进入和链接在一起的。最重要的是，它确实能包括从供应商到船舶金融的所有方面，并可以在国际航运业中展示企业。

（7）政府各职能部门增加其他国际航运中心建设、发展的学习度和参与度。尤其是与中国香港、新加坡、英国伦敦的关系。

（二）促进中国航运企业创新能力发展的政策建议

1. 明确主管部门对航运企业技术研发中心的指导任务

一是借鉴国外航运业，支持中国航运企业成立研发中心。这些研发中心不是航线配船，不是战略联盟和并购决策组织，而是技术研发机构，是客户经营流程研究机构，是客户的消费行为研究机构。这样，才能从根本上强化跨界创新的动力，从而从根本上扭转中国航运业跟在其他国家航运企业制定的游戏规则后面亦步亦趋的局面。

二是从打造产业链链主的视角引导中国航运企业研发中心研发方向。所有的优秀企业都在转型，目的都是取得产业链、产业经济、国家经济竞争中的制高点。对航运企业来讲，就是争夺产业链链主的地位。所谓产业链链主，是指整个产业链中，在技术、产品、服务或模式等上处于主导地位的那些组织。它必须掌握核心技术，同时掌握客户公司的全部运营流程和客户公司的客户的消费行为。

三是实行研发中心能力培育制度。技术研发中心运营的过程，是企业能力重塑的过程。因此，当企业还没有决心做这件事情的时候，政府就应该引导、鼓励、激励航运企业去实践，去创新，去创造。

2. 加快自贸区航运企业跨界创新立法

一是用法律形式确立跨界创新在创造经济增长点上的核心作用。寻找经济增长点的思维，容易让人产生错误的想法，以为经济增长点已经在某个地方出现了，或者存放在过去或国外，我们仅仅是要寻找到它。跨界创新的思维告诉我们，所有的经济增长点都是创造出来的。当 GE 首席执行官伊梅尔特提出"反向创新"的观点时，对中国企业来说恰恰是跨界创新。从某种意义上来讲，巨大的市场力量，将使跨界创新成为中国创造经济增长点并反超西方国家的战略性手段。

二是加快各项立法，鼓励航运企业技术研发中心享受自贸区政策。自贸区是服务于具有自主原创能力的企业，为它们成为中国经济发展引擎提供制度、政策和法规等保障，并鼓励它们走向世界的平台。利用自贸区政策，让航运企业摆脱各种束缚，不仅在技术上进行跨界创新，而且在经营模式与规则上进行创新。让跨界创新不仅成为驱动航运业转型发展的动力，而且成为驱动中国经济转型发展的动力。同时，鼓励"大、云、平、移"前沿技术对航运业务的升级与嫁接，为中国航运电商平台走向国际打好基础。

3. 制定航运企业跨界创新战略路径

鼓励航运企业与一流实验室合作，与一流技术型研究机构合作，与其他产业的领头企业合作，把其他产业中成熟的技术、经营管理方式嫁接到航运企业中，真正提升航运企业发展的内涵建设。为保证企业跨界创新有序开展，政府需要制定出跨界创新战略路径以供航运企业参考。成功的跨界创新战略路径包括：①从消费型服务业跨界到生产型服务业。如马士基任用来自零售业的安仕年为 CEO 的跨界。从消费者办事、处理问题的简易程度、快捷程度、心理的轻松程度、愉悦程度等方面来讲，生产型服务业正面临着向消费型服务业转型的趋势，这也是"航运轻量化"概念的一个有力解释。②先进生产型服务业之间的跨界。如全球海运业内崇尚安全和效率的船舶评估机构 Rightship 与 IBM 合作分析海量船舶数据用以为租家判断市场走势和风险。③从先进生产型服务业跨界到落后生产型服务业。如神华中海和海陆公司。南京油运恰恰是反过来从落后生产型服务业跨界到先进生产型服务业的负面典型。④从先进制造服务业跨界到落后消费型服务业。如承造中国第一艘航空母舰的中国船舶重工集团公司，跨界做起了吸管，其产值占据了全球高端吸管五分之一的市场。与前面三种跨入界的创新不同，第四种是航运企业跨出界的创新，是改变其他产业游戏规则的跨界创新。

4. 进一步完善跨行业董事长任命制度

中国大型航运企业多为国家所有，这也为促进航运业的跨界创新提供了一个极好的条件。政府可以通过跨行业董事长任命制度化，来推动航运业的跨界创新。从制度经济学的角度来讲，这恰恰是政府鼓励航运企业跨界合作的极致表现，以董事长跨界引领的方式大大减少了因与外界合作而产生的市场交易成本，并加速了该组织跨界创新的速度。

5. 建议近期成立航运企业跨界创新研究所

政府可组织成立航运企业跨界创新研究所，定期组织不同行业的优秀企业共享各种经验，互相考察、交流、学习等，加速促进各行各业的经验学习和应用。并在各种成功经验中总结、整理出普适性的规律，指导企业从游戏规则和技术领域加速跨界创新发展。就像库兹韦尔成立奇点大学，9个星期研修的大部分时间是大家在一起跨界思维，并用实际行动加速实现他们一致认为的即将出现的未来。

第四节　政策、治理模式与治理结构

自2001年加入世贸组织以来，中国的进出口贸易额和港口吞吐量呈现指数级增长。2018年，上海港吞吐量接近7亿3千万吨，达到4201.3万标准箱。自2010年以来，在集装箱吞吐量方面，上海一直保持着第一的位置。2018年，上海海运集群（SMC）有26596家海运公司和海运相关实体，包括4500家海运公司，6093家港口服务公司，9356家代理服务公司，4676家供应商企业和1309家衍生的海运服务企业、协会和组织。2018年上海海运集群的GDP贡献为323.1亿美元，是1949年760万美元贡献的4251倍[①]。这些成就与政府政策和法律框架的改革密切相关。通过一系列政策调整，上海海运集群的治理模式和大型国有企业的所有制结构发生了变化，这些导致其集群治理结构从简单的单重管理转变为复杂的三重管理，从而促进了上海海运集群的发展。

上海海运集群是中国海运集群治理的一个缩影。了解上海海运集群治理结构的发展将有助于全面了解中国海运集群治理结构的典型发展过程和趋势。通过回顾海运集群治理的演变，找到推动其发展的关键要素，分析其相互作用机制，可以更好地理解中国海运集群治理结构的发展趋势。这也是本节的主题所在。

在大多数情况下，上海海运集群的治理改革是政府因为提高效率、减少预算约束、获取技术以及意识形态因素自上而下启动的[②]。

[①] 上海市政府：《上海国际航运中心建设相关政策实施效果评估》，咨询报告，2015年。

[②] Guan C Q, Yahalom. China's Port Reform and Development: Policy Analysis[J]. Transportation Research Record: Journal of the Transportation Research Board, 2011: 1-9.

一、政策和法律框架

一般来说，改革的起点始于法律框架和政策变化，特别是经济体系从中央计划经济体制向市场化经济体制的根本转变。政府出台了一系列财政激励、税收减免、降低市场准入门槛、政府补贴和提高行政效率的法律法规，以确保政策的实施和执行。上海海运集群通过这些法律法规实现了集群的快速发展。这些法律法规和条例几乎在上海海运集群的每个方面都提供了详细的规定。

这些具体法规的出台增强了上海海运集群的制度吸引力，加速了其发展。有关集群的关键决策和法规，如表 2-10 所示。

表 2-10 上海海运集群的一些主要政策、法律和法规

颁布年份	主要政策与法规	备注
1950.5.12	《1950 年关于工作任务的决定》	国务院发布
1978.12.18	中国实施改革开放政策	经济体制改革的起点
1981.5.16	交通部发布《中国水运复兴的任务》	为水运发展制定了目标
1990.4.18	国务院发布《关于上海浦东新区开发开放的决定》	上海浦东新区正式开辟海运集群发展
1993.7.1	《中华人民共和国海商法》生效	海运政策的法律规定
1995.12.8	国务院发布《建设上海国际航运中心的提议》	未来上海港发展的第一个政策指导
2001.12.11	国务院出台《国际海运条例》	加速了国内企业进入国际市场的步伐
2002.3.13	国务院正式批准《洋山深水港工程建设的可行性报告》	进一步加快了基础设施的建设
2004.2.25	交通部和商务部联合出台《外商投资国际海运业管理规定》	改革了外商在国内市场和海运部门直接投资的有关条例
2004.3.3	国家发改委颁布《中国船舶工业发展政策》	针对船舶工业发展出台新政策
2004.4.1	《中华人民共和国港口法》生效	国内和国际海运交易行为的法律规定
2009.4.29	《关于加快发展现代服务业和先进制造业建设的决定》促进了上海国际航运中心的发展	上海国际航运中心的建设正式启动
2012.5.9	上海市人民政府发布《关于加快国际航运中心建设"十二五"规划的通知》	上海国际航运中心发展的详细规划
2013.9.18	国务院关于中国（上海）自由贸易试验区总体规划的通知	在上海设立中国的第一个自由贸易区
2014.8.15	国务院发布《关于促进海运业健康发展的意见》	解决海运业的产能过剩问题
2015.6.5	交通部发布《关于在国家自由贸易试验区试点若干海运政策的公告》	进一步减少了外商在海运部门直接投资的限制
2016.8.1	上海市政府出台《推进上海国际航运中心建设条例》	中国促进上海国际航运中心发展的第一个地方性条例

资料来源：国务院，交通部（交通运输部），商务部，上海市政府。

二、政策法律框架、治理模式与治理结构

海运政策变化的方向完全取决于经济规划、市场和规范的综合运用，如表 2-6 所示。在政策变化的驱动下，上海海运集群治理模式从等级机制变为等级机制导向下的多方协作模式，集群治理结构也从直接的单重管理变为复杂的三重管理。如图 2-6 所示。

治理结构	直接单重管理	双重管理	复杂的双重管理	紧凑的双重管理	复杂的三重管理
治理模式	科层制	单核心领导者企业模式	多核心领导者企业模式	以市场为导向的多方协作模式	以等级机制为导向的多方协作模式
政策引导	科层	科层+市场	市场+科层	市场+科层+规范	科层+市场+规范
	阶段1 1949—1978	阶段2 1978—1990	阶段3 1990—2001	阶段4 2001—2009	阶段5 2009至今

图 2-6 政策、治理模式和治理结构的演化

第一阶段（1949—1978 年，直接单重管理时期 - the direct single-layer administration period）。内战结束后，上海海运集群逐渐从战争中恢复过来，计划经济是这一时期最重要的特征。在计划经济体制中，行政官僚制与集群企业的等级机制相结合，行政命令不仅可以直接在行政体制中发挥作用，还可以在海运集群治理体系中起作用。因此，上海海运集群的治理结构是直接的单重管理。在中央计划经济体制下，商务部直接控制港口和海运相关公司的各方各面，将监督者、管理者和运营商三种职能角色融合进一个政府机构。而国务院国防工业办公室（NDIO）[①] 则直接控制了整个造船业。

第二阶段（1978—1990 年，双重管理时期 - the dual administration period）。1978 年，中国开始实施经济改革，对外开放经济，这项改革的目的是加强市场机制在计划经济中的作用。上海海运集群的治理模式演变为单核心领导者企业模式，即每个经济部门都有一家国有领导企业，政府的工作就是控制这些国有企业。为了适应市场机制，充分发挥市场合同和价格调整的作用，上海海运集群的治理结构转变为由中央政府部门和地方政府组成的双重管理结构。中央政府的目标是让地方政府慢慢承担起上海海运集群的发展任务。

第三阶段（1990—2001 年，复杂的双重管理时期 - the complex dual administration period）。1990 年，中央政府允许上海启动经济改革，发布了一系列政策和法律（如 1993 年施行的《海商法》），目的是让上海海运集群的发展与国际标准对接。市场手段的重要性暂时超过了规划手段，这反映出在海运集群治理模式中，市场机制比等级机制更为重要。因此，政府通过法律法规增加了上海海运集群各子行业中的竞争者数量，让市场机制促使这些企业之间进行充分竞争，最终实现集群增长。为了及时满足大企业的市场需求，上海市政府增设了许多部门来管理和协调海运集群内部参与者之间的关系，从而使上海海运集群的治理结构从双重管理转变为复杂的双重管理。

[①] 注：国务院国防工业办公室管理上海造船公司，1982 年改名为国防科技工业委员会，2008 年，其民用工业管理职能合并为工业和信息化部（MIIT）。

第四阶段（2001—2009 年，紧凑的双重管理时期 - the compact dual administration period）。中国加入 WTO，要求中国市场中企业的竞争行为与国际惯例和规范同轨，这体现在上海海运集群的治理中，除了等级和市场机制之外还增加了规范机制。政策法规鼓励国内海运企业加快进入国际市场的步伐。治理模式转变为以市场为导向的多方协作模式。集群治理的主要实体开始多样化，包括各种规模的企业、地方政府、公共服务组织、行业协会、商会、大学、其他知识密集型组织以及公私合营管理实体。与之前的政府做法不同的是，国有企业的监督职能（最初由五个部委联合承担）由国资委（成立于 2003 年）全权负责。因此，上海海运集群的治理结构变成紧凑的双重管理。

第五阶段（2009 年至今，复杂的三重管理时期 - the complex triple administration period）。在上海国际航运中心[①]、中国（上海）自由贸易试验区[②]的政策刺激下，上海成为国家改革试验区，上海海运集群的发展变成了一项国家发展战略[③]。随着国务院直接参与到上海海运集群的发展，政策中隐含的规划手段变得比以前几个阶段要多。这反映在海运集群中，等级机制比市场机制和规范机制更受青睐。上海海运集群的治理模式也变为以等级机制为导向的多方协作模式。

第五节　政策、治理结构与集群增长

为了支撑海运集群的发展、成长和升级，治理结构发生了改变。

从图 2-7 可以看出，集群的发展伴随着权力的下放和行政部门监管的增加。由于集群规模不断扩大，集群的参与度也逐渐增加，参与者之间的合作变得复杂，内部冲突变得更加频繁。因此，集群需要更多的管理部门来管理和协调这些实体和它们的活动。然而，与其他国家或地区海运集群治理不同的是，上海集群面临三种权力机构的直接管理。国务院负责国家层面的规划，各部委为集群发展提供政策支持，上海市政府直接负责政策的实施。

这也解释了四种类型的上海海运集群齐头并进的原因。交通部负责港口和海运公司，商务部负责外贸管理，国家发改委负责对国家具有重大影响的项目，工信部负责造船企业。上海市相应的行政管理部门是上海市交通运输和港口管理局（负责港口发展计划的实施）、上海市城乡建设和交通委员会（负责货物集散系统建设）、上海市发展和改革委员会（负责重大项目的实施）以及上海市经济和信息化委员会（负责造船企业发展规划的实施）。在这种制度安排下，各部门都能在其辖区内培育起相应的海运部门，使其更大更强。集群治理结构的演变形成了上海海运集群的现状。

由此模型看来，未来的上海海运集群治理结构将是复杂的。上海海运集群治理结构面临的主要挑战是协调各个行政部门的监管，以提供行之有效的行政服务。

[①] 国务院：《关于加快发展现代服务业、建设先进制造业的决定》，2009-4-29。该决定包括在上海建设国际航运中心。

[②] 国务院：《关于中国（上海）自由贸易试验区总体方案的通知》，2013-9-18。该通知包含洋山港，外高桥集装箱码头和浦东国际机场的建设。

[③] 国务院：《关于促进航运业健康发展的意见》，2014-8-15。

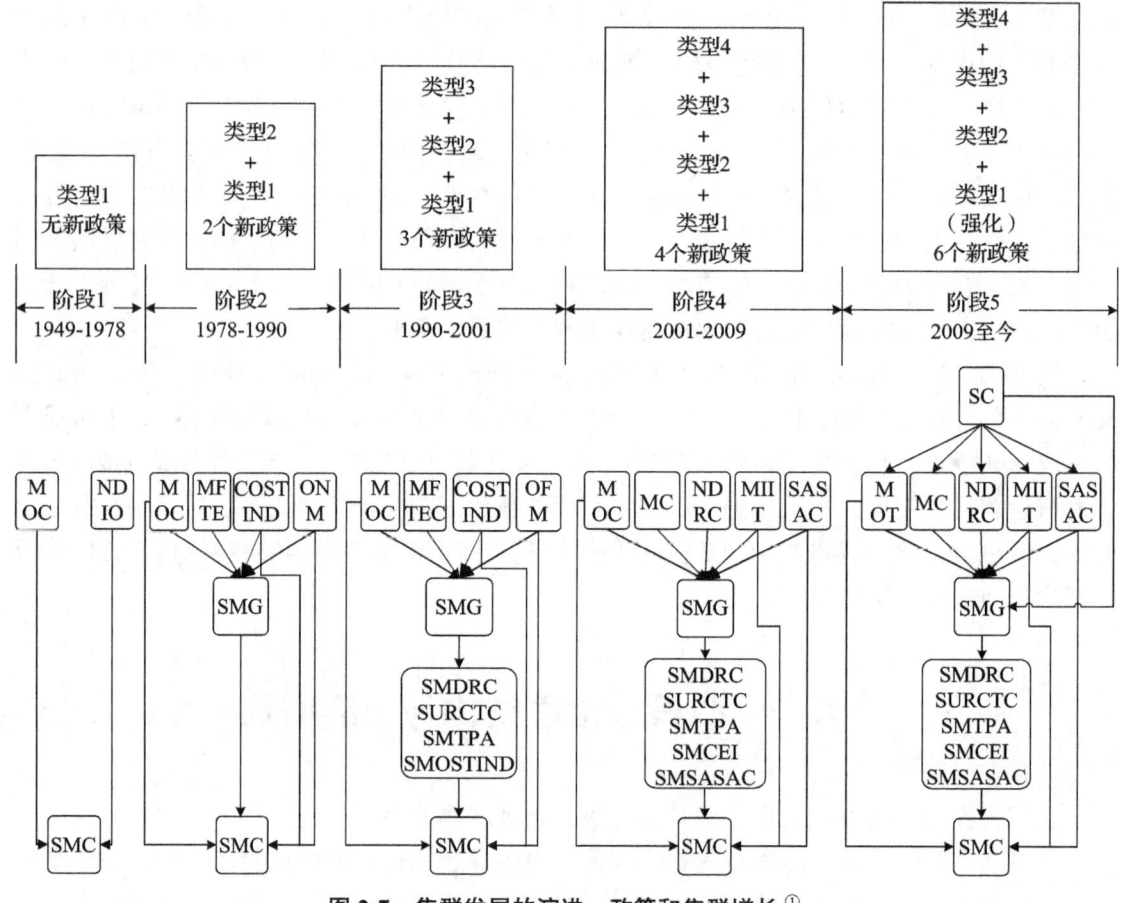

图 2-7 集群发展的演进、政策和集群增长 ①

第六节 政策、股权控制和治理结构

政策调整改变了大型国有企业中政府的控股比例和集群治理中主要实体的数量，最终作用于集群治理结构和集群增长。

政策变化的目的是调整经济发展中的三种手段，即计划、市场和规范的比重，这反映在海运集群治理中便是等级、市场和规范三种机制在不同比例上的组合。随着政策和治理模式的改变，股权结构发生了改变，治理结构中的主要实体数量也发生了变化。这在集群管理者身上体现得更为明显，大型航运公司、港口运营公司和造船厂的股权结构的调整引起了海运集群治理结构的变化。如表 2-11 所示。

---

① COSTIND：国防科学、技术和工业委员会；MFTE：对外贸易经济部；MFTEC：对外贸易经济合作部；NDRC：国家发展和改革委员会；OFM：其他五部委；ONM：其他九部委；SC：国务院；SMCEI：上海市经济和信息化委员会；SMDRC：上海市发展和改革委员会；SMOSTIND：上海市国防科技工业办公室；SMSASAC：上海市国有资产监督管理委员会；SMTPA：上海市交通运输和港口管理局；SURCTC：上海市城乡建设和交通委员会。

表 2-11　集群管理者的治理结构

集群管理者		公司名称（营业地点，成立时间）	股权结构	董事长、总经理和党委书记任命情况	其他高管任命情况	监管机构	法律文件
大型国有海运企业		中国远洋海运集团有限公司（2016）	国资委：100%控股	国资委提名，中共中央组织部决定和任命	国资委	国资委	公司法
港口（上港集团）		上港集团（2005）	上海国资委：61.07% 其他：38.93%	上海国资委提名，中共上海市委组织部决定和任命	上海市国资委	上海市国资委	港口法
		SCT（宝山区张华浜军工路，1993）	上港集团：50% 和记黄埔：50%	上港集团任命总经理和财务总监，和记黄埔任命董事会主席和财务副总监	SCT 的董事会	上港集团和记黄埔董事会	
		SPICT（外高桥一期，2003）	上港集团：40% 和记黄埔：30% 中远太平洋有限公司：20%；中远码头：10%	上港集团任命总经理和财务总监，和记黄埔任命董事会主席和财务副总监	SCT 的董事会	上港集团和记黄埔董事会	
		上港集团振东分公司（外高桥 2、3 期，2000）	上港集团：100%	上港集团董事会	上港集团董事会（上港集团分公司）	上港集团董事会	
		SECT（外高桥 4 期，2002）	上港集团：51% 马士基集团：49%	马士基码头任命总经理和财务总监，上港集团任命董事会主席和财务副总监	SECT 的董事会	上港集团和马士基码头的董事会	
		SMCT（外高桥 5、6 期，2005）	上港集团：30% 中远集团：20% 和记黄埔：50%	上港集团任命总经理和财务总监，和记黄埔任命董事会主席和财务副总监	SMCT 的董事会	上港集团和记黄埔董事会	

续表

治理 集群 管理者	公司名称（营业地点，成立时间）	股权结构	董事长、总经理和党委书记任命情况	其他高管任命情况	监管机构	法律文件
港口（上港集团）	SHIAT（1997）(外高桥6期)	上港集团：40%；AALC：35%；日本邮船株式会社：15%；SAICMotor：5%；W&W：5%	上港集团董事会	上港集团董事会	上港集团董事会	
	SSICT（洋山1期，2005）	上港集团：100%	上港集团董事会	SSICT 的董事会	上港集团董事会	
	SGICT（洋山2、3期，2007）	上港集团：100%	上港集团董事会	SGICT 的董事会	上港集团董事会	
造船企业	JSGCL（1865） SWSCL（1999） HZSGCL（2012）	中国船舶工业集团（国资委100%控股）：100%	中国船舶工业集团	JSGCL、SWSCL、HZSGCL 各自的董事会	中国船舶工业集团董事会	公司法

注：

AALC：安吉汽车物流有限公司；CSSC：中国船舶工业集团；HZSGCL：沪东中华造船（集团）有限公司；JSGCL：江南造船（集团）有限公司；SAIC Motor：上海汽车集团股份有限公司；SCT：上海集装箱码头有限公司；SGICT：上海广东国际集装箱码头有限公司；SHIAT：上海海通国际汽车码头有限公司；SMCT：上海明东集装箱码头有限公司；SPICT：上海浦东国际集装箱码头有限公司；SSICT：上海盛东国际集装箱码头有限公司；SWSCL：上海外高桥造船有限公司；W&W：华轮威尔森物流。

中国远洋海运集团（拥有1082艘船舶，总装载量为8168万载重吨，排名世界第一）、上海国际港务集团（中国最大的港口股份制企业，在集装箱吞吐量方面排名世界第一）和三家造船公司（中国船舶工业集团的主要子公司，在世界排名第8位）都具备 De Langen 提出的集群管理者的四个特征。

自中远集团、中国海运集团和三家造船公司成立之日起，其国有企业背景一直不变，国资委拥有这些公司 100% 的股权。2003 年随着港口法的出台，原上海港务局经过改革成立上海国际港务集团（SIPG）。届时，上港集团由上海国资委全资持有。1993 年，海商法出台。该法规定，外国公司只能以在中国设立合资企业的形式从事港口开发项目，且不允许在合资企业中拥有控股权。1993—2005 年，上港集团在不同的码头业务中引入了不同的合资伙伴。值得一提的是，上港集团与其主导的其他国有合资企业之间达成了协同行动的协议。该协议规定，上港集团的经营决策代表着合营企业内其他国有企业的意见。同时，所有合资企业合同中增加的一个重要条款是上港集团有权指定生产和运营任务。股权控制、协同行动协议以及指定生产经营任务等措施，确保了政府对港口业务的绝对控制。

虽然政府逐渐减小对大型航运公司、港口和造船企业实际运作的调控力度，更多的参与者可以通过占有不同的持股比例进入集群，但政府控制上海海运集群的能力不仅没有削弱，反而增强了间接控制的灵活性，确保这些大型国有企业充分执行国家政策。

政府对海运集群管理者的股权控制往往更加集中。自 2005 年洋山深水港建成以来，政府已依据国家政策的战略意图控制了所有优质海运资产。上面提到的三类集群管理者在未来几年将掌握绝对的等级权力。

第七节　政策、航运产业集群治理模式、结构与集群成长

政策和法律框架在五个阶段不断调整的根本目的是促进经济发展。这些政策的实施直接带动了中国外贸量和港口吞吐量的快速增长，实现了经济迅速发展。在这个过程中，货物处理设施设备得到了更新升级，并且建立了更多的海运集群。

港口吞吐量的增长促使政府不断为开辟新的海运集群部门提供行政支持，其中就包括在前三个海运集群发展起来以后开发第四个海运集群。随着港口吞吐量的快速增长，城市及其腹地经济也迅速增长，同时上海文化的蓬勃发展吸引了海运集群参与者在上海落户。国内外公司预见了上海的巨大市场潜力，并将其业务带入这里。1978 年以后主要政策的变化方向是放宽对私营和外国投资企业的限制，这带动了市场的蓬勃发展。

从图 2-8 中可以看出，2009 年的最后一次重大政策调整是为了应对吞吐量的下降，这种下降有违政府预期和国家政策。因此，我们预计最近两年上海港吞吐量的下降将会引发新的政策调整。

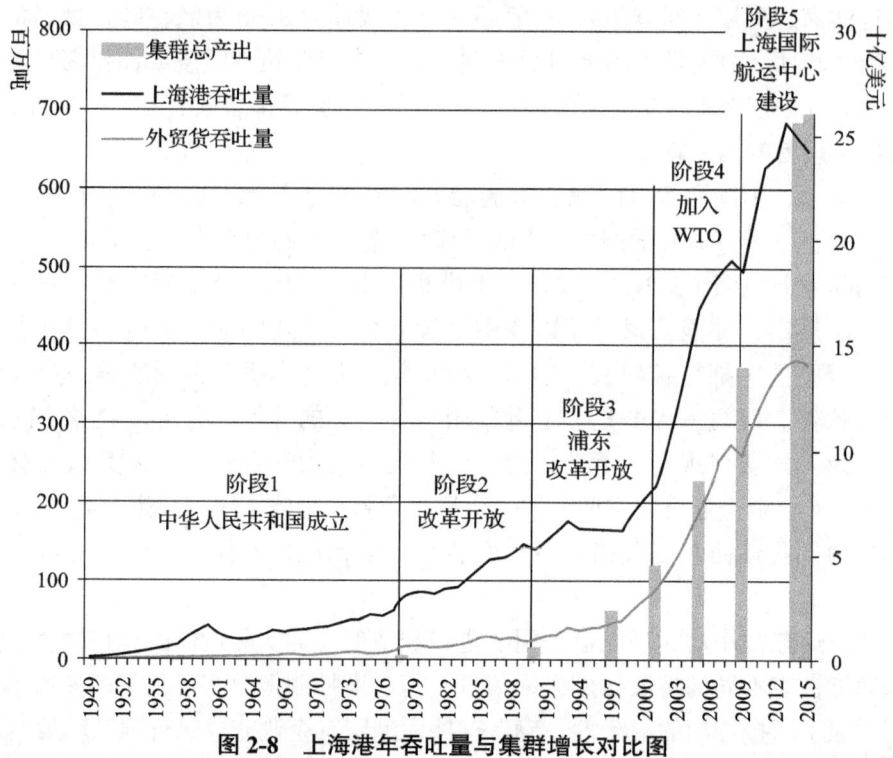

图 2-8 上海港年吞吐量与集群增长对比图

资料来源：上海地方志办公室和中国航运发展报告。

近几年来，国内和国外贸易货物吞吐量几乎各占上海港年吞吐量的一半。国内贸易和国外贸易对上海港都很重要。因此，我们可以做一个谨慎的推测，只要上海港吞吐量增加，无论是借助国内贸易还是借助外贸，都存在出现一个更高层次的集群的可能性。

治理结构与政策

定量分析来看，新政策的出台变得越来越频繁。虽然这与世界经济环境瞬息万变有关，但更重要的一个原因是，以往政策的出台加快了新政策出台的步伐。

一方面，治理结构主导了集群内外实体之间双边和多边关系的协调和扩展，这些关系可以促进集群参与者之间的相互学习；另一方面，正如制度变迁理论所述，当集群中的参与者意识到现有治理模式所代表的制度安排无法构建有效协调的双边或多边关系时，就会出现制度变革的需要，他们的行为将对现有的制度和政策造成影响。[①]

1978 年以后，政策的调整引起了治理模式的变化，这导致行政机构中很多的部门加入到了上海海运集群的治理结构中来，很多企业以及很多拥有不同股权结构、资本背景和总部住所的组织也加入集群中来。美国运输与物流协会上海办事处、世界海运大学上海代表处、国际海上救援联合会亚太交流与合作中心、波罗的海国际航运公会上海办事处、波罗的海交易所上海代表处、美国保赔俱乐部管理公司上海办事处、皇家特许船舶经纪人协会（ICS）上海分会以及越来越多的国际海运组织受到以往政策的刺激纷纷在上海设立办

---

① Amin A. An Institutionalist Perspective on Regional Economic Development [J]. International Journal of Urban and Regional Research, 1999, 23(2): 365-378.

事处，这些治理实体之间互动的范围拓宽、深度加深。越来越多的知识密集型领导型企业增加了海运集群中知识的异质性[①]，为上海海运集群的发展提供了更准确、及时和全面的信息和更实用的建议，从而触发了更快、更及时的政策更新。因此，上海海运集群的治理阶段越往后推，新政策的出台就越频繁。

概念模型

作者发现政策会通过治理模式和股权结构影响治理结构，最终影响集群增长。集群增长支持了复杂的集群治理结构和政策决策，集群治理结构的变化又反过来加速了新政策的出台。在中国，典型的集群政策治理模式是政府通过集群治理机制和所有制结构来控制海运集群的发展。概念模型如图2-9所示。

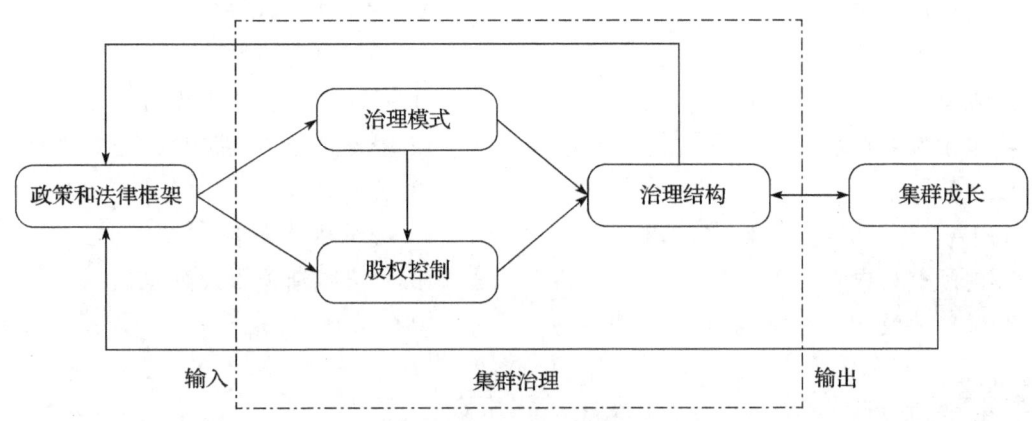

图 2-9　概念模型图

政策的调整引起了治理模式和上海海运集群中股权控制的变化，从而引起了治理结构的变化，而集群管理者的股权控制确保了治理结构的成功转型，最终促进了上海海运集群的增长。集群增长在上海海运集群治理中发挥了重要作用，四种类型的集群的同步发展和港口吞吐量的不断增长，既支撑着越来越复杂的治理结构，也证明了政策指导的合理性，越来越复杂的治理结构同时又加快了新政策出台的速度。

本文的理论价值在于揭示集群政策治理在混合经济体系中所起的重要作用。中国政府通过政策指导将价值链治理[②]和网络治理[③]完美融合在一起。在充分咨询集群中的主要实体和研究全球海运集群的发展状况和趋势后，政府做出了重大的改革决策，并发布了重大政策用以指导集群价值链升级。同时，政策治理带来了治理方式的变革。上海海运集群的政府治理模式由直接控制转为间接控制，从100%完全控股到不同比例的股权控制，从整体控制到国资委和上海国资委控制关键企业。通过这些调整，等级、市场和规范这三种机制的比重在不同阶段都发生了不同程度的改变。其结果是，上海海运集群的内部网络治理

[①] Menzel, Fornahl. Cluster Life Cycles—Dimensions and Rationales of Cluster Evolution [J]. Industrial and Corporate Change, 2010 (19): 205-238.

[②] Gereffi, Humphrey, Sturgeon. The Governance of Global Value Chains[J]. Review of International Political Economy, 2005, 12(1): 78-104.

[③] Jones, Hesterly, Borgatti. A General Theory of Network Governance: Exchange Conditions and Social Mechanisms[J]. Academy of Management Review, 1997, 22(4): 911-945.

逐渐变得更加高效、协调和多样化。

由政府政策推动海运集群的兴起、发展和成熟，这在亚洲国家尤为常见。然而，一旦集群从已知的最高阶段发展到未知的更高层次，就需要一个新的行业政策。因此，未来应侧重于研究政策调整在海运集群升级中扮演什么样的角色。

复习、理解与应用

本章关键概念

1. 货运服务市场
2. 船舶买卖服务市场
3. 港口服务市场
4. 派生服务市场
5. BDI
6. FFA
7. 国际航运中心
8. 微笑曲线
9. 航运产业政府管理
10. 国际经验借鉴
11. 航运产业服务优势驱动力
12. 航运产业服务优势核心管理对象
13. 三驾马车
14. 关键建设战略
15. 提升创新能力政策建议

阅读理解

1. 解释航运服务各个市场的主要服务内容，以及各市场相互之间的关系。
2. 阐述国际航运中心的演变历程。
3. 解释航运服务产业政府管理的重要性以及国际经验借鉴。
4. 解释上海国际航运中心建设的三驾马车框架。
5. 指出促进航运企业创新能力发展的政策建议。
6. 指出政策、治理模式、治理结构、股权结构与集群成长的关系。

拓展应用

1. 请深入调查中国航运业现状，并结合课本内容，指出中国国际航运中心建设的下一步行动应该是什么？
2. 航运产业的政府管理是否有必要？中国政府对航运产业的管理方向是什么？理论依据是什么？

第三章 经济结构性变革与航运组织转型

第一节 经济结构性变化给航运业带来的挑战

进入21世纪,我们发现了一个非常奇怪的现象,那就是辉煌了一个世纪的跨国企业纷纷倒下。这些在20世纪辉煌了100年的企业,为什么在21世纪纷纷告别了历史的舞台?在这种结构性变化时期,作为企业,不管以前的历史有多么辉煌,实力有多么雄厚,品牌有多么悠久,如果不能适应这种结构性变化的规律,那么注定要走向衰亡。

什么是结构性变化呢?所谓结构性变化,是指当一个行业的产品、技术、模式、服务的一个方面或几个方面发生根本变革的时候,也就是这个行业进行结构性变化的时候[①]。柯达、摩托罗拉、诺基亚、贝塔斯曼等企业的消失,都是因为没能跟上结构性变化的需求。

这些企业曾经都是世界上最领先的企业,曾经是行业的翘楚,曾经有百年或者数十年的辉煌历史,为什么都输了呢?在这种重大的历史性转折时期,明天的方向比今天的地位更重要。不管你曾经的地位有多高、历史有多悠久、品牌有多响,面对今天新的技术、产品、模式和服务,我们都是零点起飞,无基础创业。

因为,规则改变后,谁都是从零开始。中国有9800多个行业,从技术、模式、产品和服务的视角来看,我们发现大多数企业都处于结构性变革中。

那么,大企业为什么转型慢呢?有两个方面的原因:一是体制和制度的限制(规模大,规范性就强,不太容易创新),二是思维的限制(缺少前瞻性思维是其一,缺少科学的思维方式是其二)。

在经济结构性变化背景下,中国的航运企业还缺什么?

- ✓ 缺挖掘满足客户需求的意识;
- ✓ 缺服务顾客的基础理论知识;
- ✓ 缺系统前瞻性的服务全战略;
- ✓ 缺创造顾客价值的创新思维;
- ✓ 缺他业革命性借鉴跨界能力;
- ✓ 缺组织文化引领的人性效率。

---

① 孟宪忠:《决胜在结构性变化的转折点》,《光明日报》,2013年10月23日。

第二节　经济结构性变化中航运业翘楚的启示

在全球经济结构性变化背景下，还有像BIMCO、马士基、中国航空技术上海有限公司等这样的行业翘楚的实践给我们带来希望与启发。

一、航运业翘楚借鉴

（一）BIMCO——一个盈利的NGO[①]

波罗的海国际航运公会（The Baltic and International Maritime Council，简称BIMCO）成立于1905年，是一个独立的国际航运公会，其会员由船东、船舶管理人、经纪人、代理人、保险协会和其他航运业利益相关者组成，会员遍布全球120多个国家。BIMCO被认可为非政府组织（Non-government Organization，简称NGO），在一些联合国组织中持有观察员的身份，并与欧盟、美国和亚洲的海事管理、法律机构和其他利益相关者有密切的接触与对话。全世界现有17.5万艘船舶（包括商用船舶和海军军舰），其中商用船舶大约10万艘。BIMCO会员拥有1.6万艘船舶，7.4696亿总载重吨（DWT）的运力，占世界海运业总运力的65%。BIMCO根据会员类型按年按吨位收取会费，同时积极开发各种增值服务并收取适当的费用，以保证组织具有稳健、强劲的财务状况。

1.BIMCO为什么要盈利

盈利既是一种努力的回报，也是一种组织价值的最直接证明。一个不盈利的NGO，至少没有把组织本身的价值挖掘充分。BIMCO要求增加收入的动力来自三个方面：一是财务稳定性。每个NGO都有自己的资本金或基金，但是为了抵消通货膨胀所带来的基金实际价值变少的风险，BIMCO必须尽可能地增加收入。世界海事大学刚成立时有20亿欧元的资金，但是，到了今天还剩5000万欧元都不到，这种状态BIMCO是不能接受的。二是灵活性。要让BIMCO有更加灵活的活动空间，在没有任何收入的情况下，要保证现金流能够维持BIMCO一年的正常运营。三是快速行动的能力。要让BIMCO在世界级大企业面前能够平起平坐，能够快速地行动，就必须有充足的资金来支撑整个战略。BIMCO懂得怎样用金钱包装自己，怎样让自己即使在全世界最富裕的国家、公司、组织等领导人面前也能够平等对话，能够支付得起必要对话时同等层次的消费。因此，BIMCO必须多多盈利，这样，组织的地位才能在全世界得到普遍的承认与巩固。因此，资金安全不仅是企业的命脉，同时也是NGO的命脉。

2.BIMCO怎么盈利

BIMCO是一个半官方半民间的NGO，这种特殊身份是由其上下家——国际海事组织（International Maritime Organization，简称IMO）和所有会员的性质所决定的，所以它的服务方式具有双重性。BIMCO既要做好中介代理人的角色，又要提供各种增值服务。

[①] 於军：《体悟管理：赢得顾客忠诚的管理艺术》，科学出版社，2012年版。

因此，尽可能多地吸引会员增加会费收入，以及提供独特的增值服务获得额外的服务利润就成了BIMCO盈利的主要方式。简要地说，BIMCO盈利的方式可以分为以下三种（见图3-1）。

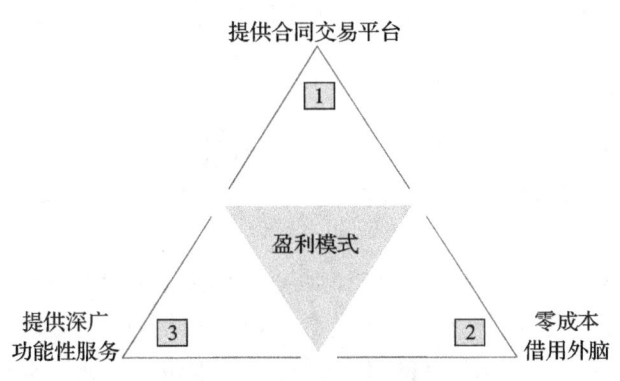

图 3-1　BIMCO 盈利模式

（1）提供合同交易平台。

BIMCO利用自己强大的专家网络和平衡各方利益的原则，制定的标准海事合同（或称合约）范本已经超过100种，合同类型包括从造船、船舶管理、燃油、船舶交易、修船、卖船、处置，到回收的整个过程。标准条款包括了温室效应条款、海盗条款、偷渡条款和燃油条款等100多种。目前在行业内最受欢迎、被使用最频繁的是Gencon、Barecon、Shipman、Supplytime四种合约范本。BIMCO制定标准合同的能力如此强大，以至于航运业内其他组织制定完某一领域的合同范本之后，都以获得BIMCO的批准为荣。

BIMCO利用自己在制定行业标准合约中的优势，把服务拓展到了网络平台。BIMCO有一个叫作Idea的产品，主要功能是为BIMCO的会员或非会员提供一系列标准合同范本，并提供一个合约订立双方互相沟通、修改条款、增加新条款、删除原有条款、促成合约意见，以及打印合约的网络平台。所有被双方修改过的内容都用不同颜色、不同日期标注在合约初稿中，能让合约订立双方轻松地找到对方修改过的条款。与E-Bay、阿里巴巴等基于服务器的网络平台经济相似，前者侧重个人商品交易，后者侧重企业商品交易，而BIMCO做的是商品交易条款（或合同）的交易，是权利和义务的交易，或者说是契约订立平台。这个平台运作的方式主要以收取最终合约打印时的费用为基础，不同类型的合约收取不同的打印点数和费用，而不管整个过程中双方发给谁，发了多少邮件，只收最终打印的费用。BIMCO下一步的目标是：活的文件（Living Document），即以后都是基于网络的文件，不会有纸文件出现，更重要的是，BIMCO将提供比文件更加细分的标准条款模块，让用户自己选择组合生成文件。就像现在的汽车制造商在网络上提供个性化汽车定制一样，顾客可以自己选择发动机、方向盘、轮胎等，但最后还是一辆完整的汽车。这种理念大大拓宽了服务产品的生产概念，服务也可以像制造业一样定制化制造。

BIMCO的Idea产品现有15000家企业组织作为大客户在频繁使用。随着用户数量的不断增加，该产品的网络效应逐渐凸现，这在新加坡表现得尤其明显，BIMCO 在新加坡有一个代表处，代表处不能从事任何营销与销售工作，好在 BIMCO 有一个 Idea 产品，很多船东、经纪人、代理人等都希望通过这个平台进行交易，于是他们向代表处咨询。这些客户由于知道了 Idea 产品才认识到 BIMCO 的其他价值，并由此成为 BIMCO 新的会员，为其提供新的收入。

（2）零成本借用外脑。

BIMCO 还有一个借用外脑的战略。这些外脑包括了董事会成员、执行委员会成员和文件、海事、海事安全委员会成员。现以各委员会成员为例解释 BIMCO 借用外脑的战略是如何运作的。

BIMCO 领导思考的战略问题是维护和促进世界航运业游戏规则的统一性，而这个游戏规则的制定者 IMO 是在充分听取、尊重 BIMCO 意见基础上做出的。只有世界航运业的游戏规则始终保持统一，BIMCO 的世界性价值与地位才能永不衰落。因此，高端对话就成了 BIMCO 最主要的战略之一。而这个战略是通过聘请已退休的政府要员做董事会或执行委员会成员，在美洲和欧洲建立自己的联系人等方式来实现的。这些联系人在政界具有足够的分量，能够帮助 BIMCO 去游说，阐明自己的立场，建立新的联系，实现 BIMCO 的目标。这样的人物不容易找到，一旦找到，他们都是免费为 BIMCO 工作的，他们忠诚于 BIMCO。可以说，BIMCO 给航运界的精英提供了一个义务奉献并获得精神满足的场所。

再以文件委员会为例，文件委员会一般情况下由 60 人组成，30 位来自船东成员，1 位来自船东保赔协会（P&I Club），其他成员来自船舶经纪人、船舶管理人和租船经纪人等，这些代表都是行业内最具影响力的人物，他们每年开 2 次会议。如果文件委员会认为有必要修改或制定文件，就建议进行这项工作；如果否决了，那么这个文件就暂时搁置。6 个月后，BIMCO 文件事务部把初稿再交给文件委员会来审议，文件事务部负责人会把文件委员会对初稿的各种意见转达给分委会，由分委会对该文件进行更加深入的讨论。分委会一般由 5～12 人组成，他们都是来自不同利益相关者的该问题专家，一般由 2 位船东代表、1 位船舶代理人、1 位船东保赔协会代表，还有船舶管理者和其他人组成。分委会一般是 2 个月开一次会，每次开会一般 1～2 天，分委会也是每 6 个月向文件委员会汇报一次工作。BIMCO 在制定或修改文件的过程中，始终保证船东保赔协会的代表参与其中，保证 BIMCO 制定的文件与船东保赔协会的保险条款保持一致，使 BIMCO 的文件条款在行业内能够更轻松地推广。

值得指出的是，这些在伦敦举行的会议，很多都是由船东或其他航运组织在自己的公司里举行的，并且还提供免费午餐给与会成员。更重要的是所有的委员会成员和分委会成员都是免费为 BIMCO 工作的。原因有二，一是这些成员从自身发展的角度来看，如果能成为 BIMCO 文件委员会或分委会的成员，那么就能给自己的简历增光添彩；二是从公司的角度来说，BIMCO 文件在行业内享有盛誉，尽可能多地参加文件的修改与制定，本身就是保护自己利益的一种重要手段，因为 BIMCO 修改和制定的是全球航运业的游戏规则。

伦敦对 BIMCO 是如此重要，几乎所有的文件会议都是在那里举行，但是，BIMCO 在伦敦竟然没有办公室，文件事务部负责人是在伦敦的自家后花园里办公的。这种外脑战略，还包括所有为 BIMCO 授课的培训师，他们也都在免费为 BIMCO 服务，因为，为 BIMCO 工作一是荣耀，二是拥有了开拓市场的机会。

因此，BIMCO 外脑战略的成本几乎就等于零。

（3）提供深广功能性服务。

会费收入是 BIMCO 盈利的重要方式之一，因此 BIMCO 通过各种各样的渠道为其会员提供全方位的服务，以便保留老会员，吸引新会员加入并增加会费收入。BIMCO 是 IMO 或国际劳工组织（International Labor Organization，简称 ILO）等具有法律制定和强制执行权的联合国组织与会员联系的中介桥梁。从某种意义上来说，IMO 与 BIMCO 是一种立法权威与协调权威的关系。BIMCO 没有执法权，不能强迫其他国家或船东去做任何事情，但是他们的报告和建议对 IMO 决策具有重大影响力，对行业权益的协调具有强大作用力。BIMCO 推动 IMO、ILO 制定的新法规被各主要国家接受与批准，监督各国对 IMO、ILO 所制定法规的批准与执行，提出修改法规的建议，通过 IMO 督促港口国监控（PSC）改善港口服务条件，监督、提议、发起、纠正港口国对船员的不公正待遇等。BIMCO 通过监督、建议、起草、争辩等代表全世界会员的利益，它的地位与作用无可替代，尤其体现在以确定的法律形式保护会员的利益上。

从海事事故统计来看，BIMCO 会员的事故发生率远低于非会员，原因是 BIMCO 对会员入会有很严格的审核标准与程序。BIMCO 会派人去调查，如不符合要求就拒绝其入会，如他们一定要加入，那就先按 BIMCO 要求改进不合格的地方，所以会员在申请入会的过程中就自然而然地得到了提升。BIMCO 从 Lloyd's Register Fairplay 机构购买船舶状况的数据库，然后从船级社级别、船舶登记国、船龄、港口国检查被扣留情况、公司平均船龄、商业信誉六个方面对会员质量进行评估监控。如总平均分低于 3 分，系统就会用红色显示，BIMCO 通过 Sea-web 网站对船舶信息进行核实，外加其他多方面信息补充确认后，决定是否将其从 BIMCO 会员名单中删除。BIMCO 会员质量监控系统保证了其所服务的会员具有良好的运营状况，保证了其所提供的服务具有后续回报。

BIMCO 为会员提供的实时咨询和分析研究服务涉及整个世界的航运业，有海量的咨讯发布在 BIMCO 网站上（只有会员才能获得该项服务），包括了港口国信息、船舶信息、IMO 法律法规最新动态、报告、航海、保险、货物等信息。BIMCO 每天从全世界收到成千上万的询问与咨询，法律专家、滞期费计算专家、冰区专家、航海专家、货物专家、商务专家、海事安全专家、国际事务专家等帮助会员及时解答问题。BIMCO 每月向会员派送一本公告（BIMCO Bulletin），内容涉及当前行业内的最新问题与专家意见。BIMCO 还提供航运形势研究，世界航运人才评估报告等服务。BIMCO 航运业人力资源报告（Manpower）在行业内影响巨大，这份报告每 5 年更新一次，每次向 130 个国家的 680 家公司发出问卷，12 页的问卷要历时 8 个月才能回收。

BIMCO 提供的培训服务分两类，第一类是传统的现场培训模式，它们在全世界不同地方根据市场需要给会员提供各种培训服务，或者在哥本哈根或新加坡举行夏季学校，让全世界的航运人士来此接受培训，BIMCO 在这种培训模式中基本上以给会员提供增值服务为宗旨，维持盈亏平衡就行；第二类是即将上市的 BIMCO 学位项目（BIMCO Diploma Program，简称 BDP），该项目是建立在 BIMCO 与全世界著名大学或主要海事大学合作的基础上，利用网络的形式让需要更新、补充各种航运知识的业内人士通过 BIMCO 的 E-learning 网站在线学习，并通过考试获得 BIMCO 承认。而学员在 BIMCO 所获得的课程学分可以在该学员按 BIMCO 合作大学的入学资格考取研究生后免修相关课程和减少相关费用。这种学位培训的人数将是全世界航运业人士的数量，而且培训课程可以不断升级，人员也就不断更替。据 BIMCO 估计，BDP 项目的盈利能力将大大超过 Idea 产品，但要等 3 年以后才能盈利，而由 BDP 产品直接制作成的光盘产品却能在短期内迅速盈利。BIMCO 会员有 9000 艘商船，每张光盘售价 100 欧元，就是 900000 欧元。这种盈利工作，其他人做不了，因为他们尽管能制造产品，却不具有航运市场上的质量信誉与文件权威性。

BIMCO 给会员提供的深广服务可以从其目前所关注的各种话题中看出来：二氧化碳，空气减排，海盗，船员公正待遇，船舶回收（涉及拆船业），船员配备、教育和船员训练，鹿特丹规则，船员招聘，IMO 审计框架，压载水管理，沿海国港口质量，船舶产生的垃圾和废物，国家规则（如 IMO、ILO）的支持，航海事件，极地航行，运输能力短缺（主要指港口处理能力），美国的 100% 集装箱扫描，集装箱空箱安全等。

3.BIMCO 给企业什么启示

（1）双重满意战略。

正如 BIMCO 秘书长 Torben C. Skaanild 所说："BIMCO 始终坚持立足会员需求，坚持面向未来，在会员受到影响之前保护他们的立场和态度。"因此，BIMCO 所有的工作都为保护会员的利益而设计，所有的活动与游说都为保护会员利益而做。在 BIMCO，所有的会员客户都能感受到双重满意，一是对所提供深广的功用性服务的满意，二是对 BIMCO 在提供服务过程中所体现出来的专业、体面、尊重、雅致等精神提升其自我状态自尊的满意。而这种战略也是 BIMCO 组织所长期坚持的，他们始终坚持着"想顾客之所想，说顾客之不敢说，做顾客之不敢做"的理念，以始终引领海事领域舆论潮流，以及积极影响世界海事法规建立的精神，来维护会员客户的切身利益。在这里，会员感到放心、贴心与称心。

（2）数字化生存。

当人类从口语文明、文字文明迈向数字文明的时候，所有不能跟上新文明方式的企业都将成为"土著"企业。在数字文明阶段，企业的信息化也不仅仅是简单的 OA、ERP，它意味着企业经营模式必须是一种基于信息化、网络化的彻底革命。BIMCO 提供商品交易条款的交易平台的成功，以及"活的文件"项目的启动，意味着平台经济的理念已经渗透到了思想产品中，思想产品在网络平台中一样可以交易，可以标准化，可以软件化，因为，"把思想转化为产品的能力"是最大的能力。通过 BIMCO 网站可以发现，咨询服务已经全部实现了网络化；学位课程网上学习界面简单清晰，色彩稳重温和，功能过度顺畅，静态图、视频、声音、文字等都做得非常到位；自动航程风险评估系统（AVRA）全部实现智能化等。因为，BIMCO 追求的是"智慧航运、绿动海洋"的目标，数字化生存与环境生态化既是数字文明的要求，也是企业生存的前提。

（3）无形资产价值。

在信息化、网络化数字生存的世界里，所有的资产都可以折合成价值，不管是有形资产还是无形资产，因为"虚拟化"就是人类第三次文明的特征之一。提供平台、体验，甚至劳动都可以成为另一种价值形式。当企业把自己的信誉、声誉、地位、权威巧妙地折合成员工、顾客、合作伙伴的价值时，减少运营成本本身就是另一种利润，也是一种盈利模式。BIMCO 凭借自己 100 多年始终追求卓越的精神和在航运业中独一无二的地位吸引、保留、发展着全世界的航运精英们免费为其工作。BIMCO 甚至把这种优势延伸到了 BIMCO39 倡议上，该倡议目的是为航运界 39 岁以下（现放宽到了 45 岁）的精英们搭建一个网络和知识共享的平台。每次 BIMCO 在当地找到赞助商时，会举行各种讲座或活动，让那些再过几年就会成为公司高层领导的年轻人对 BIMCO 有感情，当这些领导上任后，他们的组织会继续成为 BIMCO 的会员。无形价值客观存在，只是我们还没看到或者还不会巧用而已。

（4）功能性服务利益。

对于组织客户来说，提供功能性支撑服务是决定性的任务。从顾客的角度，甚至从顾客的顾客的角度思考问题，已经成为 BIMCO 日常服务的思维基因。会员、IMO、合同和地区是 BIMCO 的四大战略目标。因此，BIMCO 始终保持更多的实务性，更少的政治性。BIMCO 所从事的各种活动，或给出的各种建议、服务等都是基于行业内务实的、领先的、可操作的内容，而不像 ICS（国际航运公会）背后有更多的政治因素。从本质上来讲，BIMCO 运营的思路就是企业运作的思路，也就是怎样让会员更好地盈利的思路。为了实现这一思路，BIMCO 员工都是航运业内某一领域的专家，一般由在伦敦执业过的资深律师和各大航运公司的资深船长或技术部门负责人组成，秘书处每个部门最多不会超过三人，有些部门如海事安全部、亚洲事务部等只有一位负责人，每一部门负责某一领域的全球业务，包括部门产品，工作效率之高令人钦佩。最后，我们想说的是：所有这些全球化运作，全部由来自 13 个国家的 45 位 BIMCO 员工完成。

（二）马士基集团

对比表 3-1 和表 3-2，可以发现，规模相差 4 倍，那么如果是同等能力与水平的经营，那么，大家如果都亏损，那么马士基的亏损应该是中远集运与中海集运的 4 倍，如果大家都盈利，那么马士基的盈利数字应该是中远集运与中海集运的 4 倍。

表 3-1 全球三大集装箱班轮公司运力排名

排名	船公司	运力 / TEU	份额 /%
1	马士基班轮	2619921	14.8%
5	中远集运	785234	4.4%
9	中海集运	596479	3.4%

表 3-2　三大班轮公司盈利比较（单位：亿美元）

	2009	2010	2011	2012	2013	2014	2015	2016	2017
马士基班轮	−21	26	−5.53	4.61	15	23	13	−3.84	5.41
马士基集团	−10.2	106	33.77	40	37.7	52	9.25	7.11	11.6
韩进海运	−4.25	6.25	−6.94	−5.67	−4.41	−3.86	−6.20	−4.23	—
韩进集团	—	—	—	—	−3.69	22.1	9.624	—	—
现代商船	−4.89	5.80	−4.61	−9.21	−6.73	0.21	−5.25	−7.36	−11
中远集运	−12.3	6.85	−9.91	−3.72	−5.03	0.56	—	20	2.05
中海集运	−10.6	6.85	−4.47	0.85	−4.07	1.63	—		
中国远洋（*ST远洋）	−12.3	13.1	−17.1	−15.6	0.36	0.56	—	—	5.41

那么，近五年来，实际的表现是怎样的呢？实际的表现是，亏损的时候，马士基亏损额不到中远集运和中海集运的 4 倍，盈利的时候，马士基盈利却要超出中远集运和中海集运的 4 倍。那么，在同样的全球环境下经营，是什么原因导致马士基相对更好的表现？

1. 战略规划

马士基有个愿景：我们通过在全球供应链中驱动无与伦比的可持续发展行动来获得行业领袖的地位，并在最大程度上给顾客、员工和社会带来利益。

因此，马士基基于这样的愿景做了以下这些事情：

- 大型集装箱；
- P3 联盟；
- 天天马士基；
- 精致细分市场；
- 提高行业标准；
- 活动与碳足迹；
- 50 年远景规划；
- A.P. 穆勒基金；
- 退出三大行业；
- 聚焦四大核心业务；
- 小心驶得万年船；
- ……

2. 技术研发

马士基在基于低碳环保的技术研发上从来没有懈怠过。现在 Maersk Technology 部门总共有 100 人，30 人在新加坡。他们的研发内容包括所有与船舶推进效率、环境、船舶操作有关的内容，如货物处理系统、机舱效率改进、废水处理系统、螺旋桨推进效率、

SOx、NOx 排放、压载水、船舶安全、新造船舶以及法律事项等。所有这些创新都聚焦于价值共享、提供效率、减少成本这三个目标（如压缩在港时间，就有专门的人在码头负责减少船舶在港时间）。

马士基针对印度香蕉贸易进行了一项研究。研究结果表明，印度是全球最大的香蕉生产国，但却难以出口，因为印度所生产的蔬果约有 40% 左右会在国内运输过程中耗损，而马士基航运公司的"Star Care"集装箱可以让香蕉保持鲜度高达 50 天，从印度通过冷藏集装箱运输方式将香蕉运输到中东地区，有助于将 30%~40% 的运输耗损率降低到 2% 以下，因此生产者和买方都有更多机会能够接触到距离更远的市场。采用冷藏集装箱运输后，小佃农能够以更高的价格将他们所种植的香蕉销往海外市场，不仅获益比国内销售更好，还能大幅改善耗损现象。2012 年马士基运输 84 亿只香蕉，为其带来丰厚的运费收入[①]。

马士基抓住了这个趋势，它现在正在引领这个趋势，它把低碳与技术、人类安全动机紧密地结合在一起，对外进行广泛的宣传。2010 年的马士基班轮可持续发展报告里面用数据翔实地列出了马士基 2010 年的环境表现，燃油用多少吨，天然气用多少立方，电用多少，能源消耗是多少，然后再详细地列出总共排放了 31588000 吨 CO_2，257000 吨 CH_4，153000 吨 N_2O，HFC 是 0，PFC 是 0，SF_6 是 0，其他的如 SOx、NOx 等所有详细的信息都在这里。如果是有责任心的企业领袖，你看到这样的数字，在保证优质服务，而价钱又不是很高的情况下，你会选择谁来做你的承运人？

3. 客户服务

马士基航运公司在 2013 年 3 月 4 日举行的 TPM 跨太平洋会议上宣布推出《客户章程》。该章程包含一套完整的前瞻目标，客户从中可了解其所关心的关键客户互动服务的前景及已取得的成绩。公布在互联网上的《客户章程》会明确许多关键准则，例如单据的"准确性和周转时间"、"抵达前通知"的时效性、"订舱周转时间"和"发票争议处理时间"。

基于这些标准，客户可切实感受到每月环比的进步。"在与一些北欧客户开展业务时，我们已贯彻《客户章程》的理念，反馈结果十分乐观。"同时，他也强调"很明显，客户不会太关注我们的整体业务情况，他们更关心我们为其提供的更有针对性的具体服务。不过，《客户章程》为让客户深入了解我们的服务品质开了个好头"。

（三）中国航空技术上海有限公司

中国航空技术上海有限公司为中国航空工业集团公司（中航工业）成员企业，隶属国际化经营板块——中国航空技术国际控股有限公司（中航国际）。这家公司的主营业务是船舶买卖，且有自己的船厂。

在今天很多船厂都经营不善的情况下，中航国际还能稳步盈利，这里面一定有其独到的东西。

这里有三个核心，一是它具有高水准的项目部门；二是它利用了国家信用资本，能够

[①] 周家恺：《从"长尾理论"探求航运业的蓝海空间》，《海运报（航运财经）》，2013-8-30。

获得银行的信任与青睐；三是它利用中国航空工业集团在世界各地的办事处网络来承接国外造船订单。这三个是其他企业所不能模仿的核心竞争力。

项目部门的主要任务就是成为造船厂与船东沟通的桥梁，同时，每个项目团队都为造船厂和船东创造了独一无二的价值。它们为造船厂接单，为船东牵线寻找造船金融贷款银行，并以自己的名义为船东出具退款保函，监管造船厂的造船进度与质量。最关键的是，它们有驻场人员全程监管造船进度，并及时向船东汇报，当造船厂出现问题时，这些团队会同步介入，帮助造船厂想办法去解决问题。它们提供的是中介服务，但是它们的中介远远超过了促成交易的简单的中介服务。它们有自己的技术，能够整合各方资源，实现造船厂与船东的和谐双赢。

消除了造船厂与船东天然的敌对情绪。在经济形势景气的时候，大量船东订造船舶，但是造船厂就有超过自己生产能力来承接订单的冲动，这样导致新船不能及时交付；而在经济形势不景气的时候，船东就有恶意撤单的行为，造成造船厂的被动局面。从技术角度来讲，船东总能找到造船厂在执行合同中的纰漏，这样只要它们故意为难，船舶就不可能按期交付。

在最极端的例子里，当有船东恶意撤单的时候，它们先用自己公司的钱把船舶买下来，一边跟船东打官司，一边把新船通过自己的船舶买卖部门卖出去。

它们利用了中国航空国际网点，国外船东的订单通过这些国际网点，直接进入了中国航空技术上海有限公司。

中国航空技术上海有限公司之所以能够以独特的商业模式在中国成为船舶建造与买卖中的佼佼者，最根本的原因是，船舶买卖中经纪人的作用不可取代，但是中国现有的经纪人中的一部分却不具有西方经纪人所具有的诚信、独立、公正、公平、专业素养、市场化等特征。而中国航空技术上海有限公司的出现恰恰符合了这个市场几百年以来的需求规律。

二、航运翘楚给我们的启示

- ✓ 从间断到连续客户概念的前瞻；
- ✓ 从部门到全岗全员营销的前瞻；
- ✓ 从现有需求到潜在需求的前瞻；
- ✓ 从运货服务到解决方案的前瞻；
- ✓ 从任期利益到可持续发展的前瞻；
- ✓ 从现有技术到未来技术的前瞻；
- ✓ 从局部服务到全服务链的前瞻；
- ✓ 从物理空间到虚拟空间的前瞻。

第三节　在经济结构性变化中打造产业链链主

实际上，所有的优秀企业都在转型，目的都是取得产业链、产业经济、国家经济竞争中的制高点。转型的方向主要有以下几种。

- ✓ 制造业向服务业转型；
- ✓ 服务业向研究设计业转型；
- ✓ 研究设计业向 IT 企业转型；
- ✓ IT 企业向信息化标准制定者转型。

一、产业链链主理论来源

所谓产业链链主，是指那些在整个产业链上在技术、产品、服务或模式上处于主导地位的那些组织。

产业链链主的能量来自系统整合的威力。系统整合这个概念最早源于冷战期间美国的军事计划、生产和采购活动。最初出现的系统整合概念基本上是技术上的，二十世纪四五十年代，系统整合在军事领域得到飞速发展，然后逐渐扩散到其他资本品和高容量产业。现在，系统整合已经从最初的工程实践——广义系统工程学科的一部分——逐渐演变成了如今的战略性商业活动。它已不再限于传统的技术和业务工作，而成为一项战略性工作，不仅在商业管理的工程层面，更是在高级管理决策中蔓延，演变成为一种新兴的产业组织模式，成为现代企业的核心能力与竞争优势。从系统整合的演进历程中，我们发现系统整合已超越最初的技术型概念，具有更为广泛而深刻的内涵，对于产业组织、管理等领域意义重大。[①]

技术的创新与发展使生产规模迅速扩大，而其中的技术与协调工作又空前复杂，这种技术变革推动着企业组织形式的创新。自工场手工业时期开始到二十世纪七八十年代，产业组织模式大体经历了以单个企业为主体和以纵向一体化大型层级制企业为主导的两种产业组织模式的历史演进，而到了 20 世纪末则出现了纵向分解与系统整合这种新兴的产业组织模式。如图 3-2 所示。

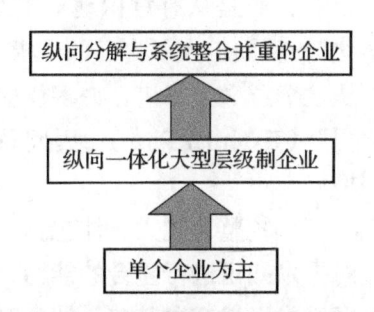

图 3-2　组织转型与产业链结构

20 世纪末，一方面，随着工程技术的进步和生产技术的创新，随着产品的多样化和复杂程度的大幅提高，现在设计一套完整的产品系统所需的知识、资源、专业技术的种类与范围已经不再是从前可以比拟的了。一种产品的研究、设计、制造、销售已经超越一家企业的能力所及，通常需要与多家公司合作，同时企业面临的市场扰动增加，生产向大规模定制转变，这对传统的纵向一体化的层级制组织模式提出了挑战。另一方面，在现代科技的迅猛推动下，产品的标准化、模块化程度不断提高，生产可分性也越来越强，产出的可编码化日益扩展，再加上经济全球化、信息化进程加速，资源配置范围扩大，企业间交易费用降低，这就使得传统纵向一体化向纵向分解转变。传统巨型企业放弃了将上下游的业务活动集成于企业内部的做法，转而实施"归核化"战略，在专注于核心业务的同时将非核心业务剥离出去，产业组织因而出现了纵向分解的趋势。然而，产业组织的纵向分解并非简单地意味着从一体化科层向市场的回归，而

---

① 李黎力，贾根良：《系统整合理论及对发展中国家企业赶超的启示》，《河北经贸大学学报》，2011 年 1 期。

是形成了企业间的网络，其根本特征就是系统整合。在一定程度上，纵向分解（或外包）可以视为系统整合的另一面，企业只有在自己获得将零部件、知识以及它们的专业供应商和分包商生产的软件集成起来的能力时才能成功地实施外包。

表面上看，这种模块化时代的企业网络形式似乎回到了前钱德勒时代，具有生产方式自由和松散耦合的共同特点，模块化连同生产知识的可编码化使得大型企业所具有的"看得见的手"的功能消失了。然而事实并非如此，在整个企业网络或价值链中存在着系统整合者（Systems Integrator），它们扮演着建立、领导和协调网络的角色，尽管它们脱离了古典钱德勒式企业的纵向一体化模式，但是它们却不可能沦落为仅仅扮演将不同部件需求与供给结合起来的"经纪人"或"中间商"角色的"空心企业"（Hollow Corporation）。它们根据自己的战略意图通过系统整合来协调、评估和计划其价值链上其他公司的活动，这与钱德勒的多部门公司由总部协调、评估和计划各下属部门的工作单位非常类似，因此从这个角度来看，"看得见的手"不但没有消失，反而得到了加强和范围的扩大，它已经远远超越了大公司自身的界限，深入到产业价值链的各个角落。在最新的信息技术的推动下，系统整合者在价值链中不断加大的采购力度和不断加强的计划功能，已经使得公司的界限变得非常模糊，在产业价值链中处于核心地位的系统整合者要顾及多业务领域，已经开始跳出法律上资产所有权的边界来计划、协调和管理大量的商业活动。系统整合者与价值链上其他企业的关系早已超越了购买价格这一范畴，若我们不按法律上的所有权来定义企业，而是从有意识地对资源配置进行协调的能力来定义的话，大公司不但没有"空心化"，反而扩大了自己的规模。当企业纵向分解时，它们对其周围价值链的作用却加强了。从这个意义上来讲，许多供应商已经在系统整合者周围形成了一大批受其协调的"外延公司"（External Firm）。因此系统整合这种产业组织模式产生了"核心—外延"企业网络的格局。

系统整合能力具体包括一系列不同的技术与组织能力。**在系统整合中最重要的能力是对技术知识进行整合的能力，而组装能力是最不重要的。**因此系统整合者对技术知识的掌握经常远远超过其自身的生产范围。网络化产业链中，主导企业的系统整合能力不但没有降低，反而因为具有整合能力而变得更加强大。

再看马士基，它是技术方案＋运输；IBM，它是管理咨询＋IT实现；Tetra Pak（利乐），它是生产流程设计＋包装盒；香港利丰，它是整合规划＋物流。

二、产业链链主核心能力

在纵向分解与系统整合后，要作为供应链链主除了掌握核心技术之外，还要掌握什么？

案例1：沃尔沃卡车

相对于大多数国内制造商，瑞典沃尔沃集团（Volvo）的卡车的定价要高许多。可是沃尔沃卡车在中国市场的销量连续保持了进口牵引车和欧美进口卡车第一的位置。沃尔沃应该从怎样的角度切入来为顾客创造更多的价值？

沃尔沃通过了解客户行为而拓展其服务的价值空间。

沃尔沃中国区总裁曾亲自带队进驻可口可乐公司达18个月，详细了解其物流流程、各生产线、装卸货点不同时点的运量需求，并为其设计了整体物流解决方案，从而使可口可乐的每批卸货时间从90分钟下降到7分钟，整体吨公里物流成本下降30%。

沃尔沃帮助顾客计算购买后5年内每个月产品运转量的完整测算，其中包括油价起伏所引起的敏感度分析。另外，沃尔沃还帮助客户进行运营状况分析，如按照客户的经营模式进行分析，客户是否需要购买沃尔沃的卡车，如有需要，需采购多少，该配备多少司机，保证最大盈利的运行方式及发挥卡车的最大效率的方法又是如何。

然后，沃尔沃告诉顾客一个道理：关键不在于卡车成本，关键在于单位物流成本。于是，它们有了卡车价值的计算。

卡车价值 =NPV（完好率 × 载重量 × 速度 × 每吨收费 – 营运费用）。其中，完好率 =1– 每月保养时间 /30 天。

完好率的大幅提升，每吨收费的提升，营运费用的下降。基于这样的运算，沃尔沃卡车的实际价值远远超过国产车价值3倍以上。

案例2：利乐包装

2010年，利乐公司的年收入高达89.5亿欧元（相当于125亿美元）。如今，利乐生产的包装数量多达每年1450亿个，平均来看，全世界的每个人都能分到20件利乐产品。

- ✓ 1943年发明利乐包；
- ✓ 1952年拥有第一台利乐包封装机；
- ✓ 1979年进入中国；
- ✓ 截至2010年，利乐已开发出9000套生产线，平均寿命13年；
- ✓ 12处消费者概念实验室，将越来越多的无菌包装食品种类介绍给消费者。

利乐的运营模式截然不同。当利乐接受一位新客户时，无论是中国的奶制品厂，西班牙的果汁生产商，还是印度的饮料公司，利乐都会派遣一支由食品加工专家和包装专家组成的团队，到客户的工厂中实地工作，对客户产品的生产运行进行研究，并分析客户的需求。从产品原料进入工厂开始，到整个加工过程，继而到最终成品出厂，专家团队都要进行认真细致的研究。同时，专家们还会详细调查产品的生产标准、送货日程安排、流程瓶颈和设备故障的原因、浪费率、损害率，以降低成本，提高效率。利乐聘用了几千名科学家、工程师和设计开发专业人员，这些专家与客户在现场形成紧密的合作关系，以非常精细的标准来扫描客户身边的麻烦，并寻找办法缓解或消除这些麻烦。利乐公司认为：无论何时，只要出现了浪费的现象，就说明该系统并不完美。而浪费现象在利乐看来是无法接受的。最终，专家们会向客户推荐安装某一款特定的利乐设备，并根据需要，由利乐专家为客户员工提供培训以及设备的持续监控与升级。包装设备的实际生产，全部外包给了上百家本地"系统供应商"和"组件供应商"，而利乐独一无二的优势——其对食品加工系统的专有知识，则来自公司内部。

公司在世界各地拥有12处研发中心，并在意大利的摩德纳成立了一处消费者概念实验室（Consumer Concepts Lab）。在这些机构中，工业设计师、心理学家、平面设计师、工程师等跨职能团队聚集在一起，共同研究现实生活中有关包装的消费行为。譬如，利乐聘用的专家会走访各大超市，随身携带纸笔和摄像机，随时记录消费者对不同外观、形状、大小、风格的食品包装的反映，以及他们最终的购买决策。

基于这样的研究方法，设计者开发出了众多新产品模型，仅2008年就推出了9436种。之后，这些模型还要经过测试的层层筛选，浓缩成一小撮可行概念（2008年选出626种），并最终精炼为准备推向市场的新产品系列（总共9种）。

沃尔沃和利乐除了掌握核心技术之外，还掌握着客户公司的全部运营流程和客户公司的客户的消费行为。

所有这些供应链链主最核心的工作就是了解客户公司的客户需求和消费行为，帮助客户公司业务成长、有生产力、有效率、有创新能力。

因此，成功的产业链链主＝核心技术＋客户公司的运营流程＋客户公司的客户需求和消费行为。

复习、理解与应用

本章关键概念

1. 经济结构性变化
2. 战略规划
3. 核心技术
4. 产业链链主
5. 系统整合理论

阅读理解

1. 请写出经济结构性变化的定义。
2. BIMCO是怎样盈利的？给航运企业什么启示？
3. 马士基集团为什么具有那么好的业绩表现？
4. 航运翘楚给我们什么启示？
5. 产业链链主的核心能力是什么？

拓展应用

1. 在经济结构性变化背景下，结合其他产业的结构性变化，请详细说明中国航运业面临哪些结构性变化的挑战？
2. 请调查中国航运企业研发现状，并结合航运翘楚或产业链链主的标准给出恰当的评价。

中篇

航运服务管理

第四章 航运服务管理的专业维度

第一节 组织管理的三个通用维度[①]

60年前,管理学界已经是派系林立,理论层出不穷,1961年,美国管理学家哈罗德·孔茨(Harold Koontz)把这种现象称为"管理理论的丛林"。孔茨先后两次撰写专门论述管理理论的丛书,但是,人们还是经常在管理理论丛林里迷路,孔茨自己也没有走出管理理论的丛林。

事实上,我们每天被各种管理理论所包围,也不可能走出"管理理论的丛林",但是,我们可以把管理理论的丛林分类整理一番,让人们对各种管理理论有一个总体上的清晰认识。

迄今为止,对管理理论的分类法中最清晰、最具概括性的是三维分类法,也就是把各种管理理论按照"通用技能维度、模式维度、专业维度"这三个维度划分为三大类,每一类再精选出最具代表性的若干小类,如图4-1所示。

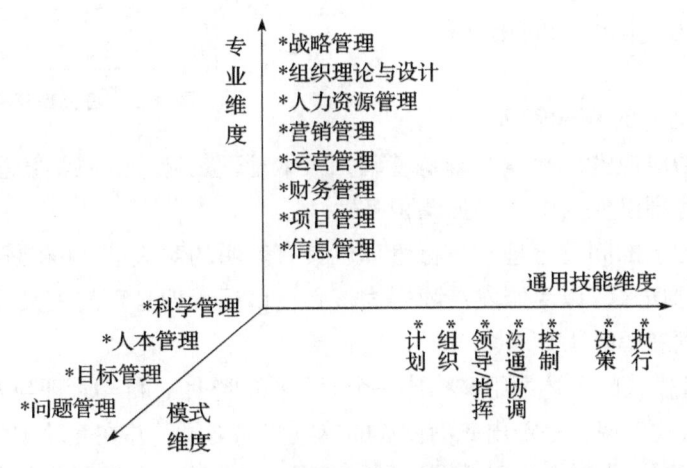

图 4-1 组织管理的三个维度

从通用管理技能来看,亨利·法约尔(Henry Fayol)在100多年前就提出了计划、组织、指挥、协调、控制五种通用管理技能(法约尔称为"职能")。随着时代的变迁,现在更强调"领导"而不是"指挥",同时也用"沟通"替代了"协调",但是"领导"与"指

---
① 孙继伟:《从危机管理到问题管理》,上海人民出版社,2008年版。

挥"具有共同的内核,"沟通"与"协调"也具有共同的内核,可见,亨利·法约尔100多年前提出的五种通用管理技能现在仍然是有效的。后来,管理学界唯一的诺贝尔经济学奖得主[①]西蒙提出了决策理论,"决策"以及与之相对应的"执行"作为两种通用管理技能受到企业界的普遍认可和重视。这样,通用管理技能维度就形成了"5+2经典理论"的格局。

从专业维度来看,战略管理、组织理论与设计、人力资源管理(行政管理归入此类)、营销管理、运营管理(生产和技术管理归入此类)、财务管理(投资管理归入此类)是企业管理(也称为工商管理)的六大核心课程,也是专业维度的六大经典理论。随着信息技术的应用和跨领域项目越来越多,信息管理和项目管理也显得越来越重要,已经成为新的经典理论。这样,专业维度也形成了"6+2经典理论"的格局。

事实上,大学的专业设置、企业中的部门设置也大体上与专业维度的经典理论相对应,这也正是称为"专业"维度的原因。

四大管理模式的关系如图4-2所示。从图中可以看出,四大管理模式构成一个完美的结构,这一结构的完美性体现在以下几个方面。

(1)四大管理模式代表了管理思想史上最重要、最经典的四类管理理念(也可称为管理思想、管理思维或管理理论),正因为四大管理模式在管理思想史上是最重要、最经典的,所以经常以不同的名称或形式反复进入人们的视线,成为不同时期的热点和焦点。

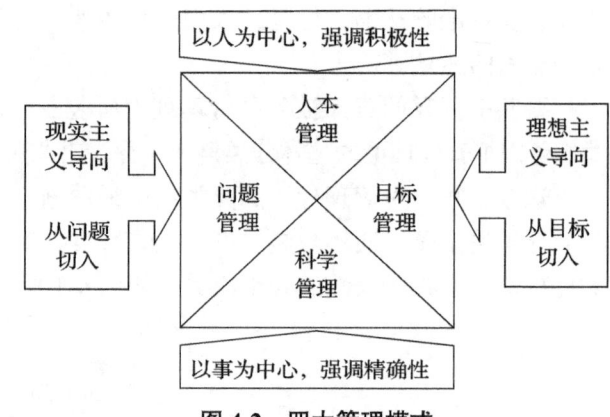

图4-2 四大管理模式

(2)纵向结构上的科学管理与人本管理具有鲜明的对应性。科学管理是基础,人本管理是升华。科学管理以事为中心,强调精确性;人本管理以人为中心,强调积极性。

(3)横向结构上的问题管理与目标管理也具有鲜明的对应性。问题管理是现实主义导向,从现在的问题切入,以克服发展障碍为核心;目标管理是理想主义导向,从未来的目标切入,以寻求发展捷径为核心。

(4)四大管理模式的上述两组又构成一个互补性的整体。科学管理与人本管理在不同历史时期以不同的形式出现,呈现出此消彼长的热点变化格局,并在互动中共同发展;问题管理与目标管理在不同历史时期也以不同的形式出现,呈现出此消彼长的热点变化格局,并在互动中共同发展。四大管理模式的发展总体上符合螺旋式上升和波浪式前进的哲学规律。

从表4-1不同时期盛行的管理理论可以看出,科学管理与人本管理在不同时期的受重视程度不同,但科学管理与人本管理这两条主线在总体上是以此消彼长的方式螺旋式上

---

① 以前经济学与管理学是不分的,现在已经非常明确地分为两个学科了,参见孙继伟:《经济学与管理学的区别》,《经济学家》,1998年第3期。

升、波浪式前进的。

表 4-1　科学管理与人本管理互动发展

所属模式		科学管理		人本管理
盛行的管理理论以及所处的时期	……	……		压力管理、最佳雇主
	21 世纪初	六西格玛	↗	
	20 世纪 90 年代		↖	管理伦理，学习型组织
	20 世纪 70、80 年代	JIT、精益生产流程再造	↗	
	20 世纪 50、60 年代		↖	企业文化
	20 世纪 40 年代	系统论、运筹学	↗	
	20 世纪 20、30 年代		↖	人际关系学，行为科学
	20 世纪初	泰罗制（科学管理）	↗	
特点		以工作为中心、精确性、数学的应用		以人为中心、积极性、心理学的应用

同样地，问题管理和目标管理在不同时期的受重视程度也不同，总体上这两条主线也是以此消彼长的方式螺旋式上升、波浪式前进的。如表 4-2 所示。

表 4-2　问题管理与目标管理的互动发展

所属模式		问题管理		目标管理
盛行的管理理论以及所处的时期	……	……		蓝海战略
	21 世纪初	风险管理、内控体系	↗	
	20 世纪 90 年代		↖	平衡计分卡
	20 世纪 90 年代	危机管理，约束理论	↗	
	20 世纪 80 年代		↖	战略管理各流派
	20 世纪 70 年代	权变理论，TQC	↗	
	20 世纪 50、60 年代		↖	目标管理（德鲁克）
	20 世纪 20、30 年代	事业部制，品牌经理制	↗	
特点		从当前的问题切入，以克服发展障碍为核心		从未来的目标切入，以寻找发展捷径为核心

第二节　专业维度

航运服务管理篇所要解决的问题有三个：

第一，利用成熟的组织管理理论整合航运服务管理实践中零散的做法，形成管理理论与航运业务实践的良好匹配；

第二，利用服务管理理论视角，把航运组织的服务管理和政府对航运产业的服务管理分别阐述得更加透彻；

第三，从航运服务管理实践中探索管理新思想、新思维和新理论。

遵循以上三个思路，本篇主要从管理专业维度，外加从具有思维创造与创新训练的创新维度出发，全面剖析航运服务管理。

第五章，重点介绍了航运服务战略管理中的竞争战略、升级战略、情景规划和选择卓越四种战略。

第六章，从组织结构与战略匹配的角度出发，结合通用的组织结构设计模式，分别从航运企业、国际航运公会、国内航运服务组织等角度，介绍了不同类型组织的组织结构设计特征，以及国际性组织与国内组织在组织结构设计上的区别。并以航运服务业国际性运作事实为背景，强调了组织间关系的四种理论依据，最后指出国际航运组织中的班轮公会与战略联盟是如何兼顾并超越既有理论的事实。

第七章，航运服务营销管理从顾客态度的构成、态度形成的五种方式、态度一致性出发，探讨了顾客满意态度形成的理论依据以及满意态度与顾客忠诚的区别与联系，突出了航运服务组织顾客需求特点分析，从顾客态度构成要素角度出发提出获取满意顾客的营销策略。

第八章，从战略人力资源管理的角度，构建航运业人力资源管理框架。

第九章，航运服务运营与风险管理，主要以班轮货运流程为背景，以班轮货运流程中涉及的法律风险为内容，详细地阐述了航运服务运营中的风险管理。

第十章，航运服务信息管理，主要从信息技术在航运服务业中的应用与管理的视角，提出了大数据时代，航运服务组织如何管理信息。

第十一章，IMO与航运服务管理，主要探讨IMO制定的公约、议定书、规则和通函对航运服务管理专业维度的影响；

第十二章，国际海事机构与航运服务管理，主要探讨国际航运协会、公会等民间组织对航运服务管理专业维度的影响。

航运服务财务管理与航运服务项目管理不在本书的探讨范围之内，另有专门的书籍讨论这两个主题。

复习、理解与应用

本章关键概念

1. 专业维度
2. 模式维度
3. 通用技能维度

阅读理解

1. 航运服务管理的专业维度是指什么？
2. 理解科学管理、人本管理、目标管理与问题管理的互相转变过程。

拓展应用

1. 拓展阅读《管理思想史》，总结管理史发展的整条脉络。
2. 请思考按职能部门划分的专业维度在新形势下对航运服务管理知识的理解与应用具有哪些利弊？

第五章 航运服务战略管理

第一节 赢在战略先导

柯林斯和波拉斯在《基业长青——企业永续经营的准则》一书中，对比了 18 对高瞻远瞩和优秀公司（见表 5-1）的做法，总结出了令人印象深刻的结论[①]。

表 5-1　18 对高瞻远瞩公司和优秀公司的对比

高瞻远瞩公司	创立年份	对照公司	创立年份
花旗银行	1812	大通曼哈顿银行	曼 1799；大通 1877，1955 合并
宝洁公司	1837	高露洁	1806
菲利普·莫里斯	1847	雷诺	1875
美国运通公司	1850	富国银行	1852
强生公司	1886	百时美	1887
默克制药	1891	辉瑞	1849
通用电气公司	1892	西屋	1886
3M 公司	1902	诺顿公司	1885
福特汽车	1903	通用汽车	1908
IBM 公司	1911	宝来	1892
波音公司	1915	麦道	1920
迪士尼公司	1923	哥伦比亚	1920
万豪酒店	1927	豪生	1925
摩托罗拉公司	1928	顶峰	1923
惠普公司	1938	德州仪器	1930
索尼公司	1945	建伍	1946
沃尔玛公司	1945	Ames 百货	1958

[①] 吉姆·柯林斯，杰里·波拉斯：《基业长青——企业永续经营的准则》，真如，译，俞利军，审校，中信出版社，2008 年版。

高瞻远瞩公司的共同特点：

- ✓ 造钟，不是报时；
- ✓ 利润之上的追求；
- ✓ 保持核心，刺激进步；
- ✓ 胆大包天的目标；
- ✓ 教派般的文化；
- ✓ 择强汰弱的进化；
- ✓ 自家长成的经理人；
- ✓ 永远不够好。

总而言之，一个基业长青的公司一定会成长为一家在使命、核心价值观、制度、文化、目标等方面都非常卓越的企业。换句话说，它是战略先导、战略制胜的企业。

在企业竞争中，由于战略失误而惨败的企业比比皆是。柯达于 1975 年第一个发明了数码相机的技术，因为战略预测的失误与数码领域的冠军失之交臂。

新泽西州的纽华克港，1956 年 4 月 26 日，一架起重机把 58 个铝制卡车车厢装到了一艘停泊在港内的老油轮上。5 天之后，这艘"理想 X 号"（Ideal-X）驶入了休斯敦，在那里有 58 辆卡车正等着装上这些金属货柜，把它们运往目的地。一次革命就这样开始了。数十年过后，当巨大的拖车统治了高速公路时，当装满了一排排集装箱的火车隆隆地穿行于夜色之中时，我们很难真正理解集装箱给这个世界带来了多大的变化。1956 年，中国还不是世界工厂，购物者在美国堪萨斯州中部的商店里还不常看到巴西的鞋子和墨西哥的吸尘器，日本的家庭还吃不上产自美国怀俄明州的牛肉，法国的服装设计师也还没有把他们的高档服装放在土耳其或越南来裁剪和缝制。在集装箱出现之前，货物的运输非常昂贵，以至于有很多东西跨越半个国家运输都不划算，更不用说跨越半个地球了。

因为不适合集装箱贸易或者就是因为不被需要了，一些几个世纪以来一直是海上贸易中心的城市，比如纽约、旧金山、波特兰和利物浦等，只能眼睁睁地看着它们的码头区以惊人的速度衰落。过去，一些制造商为了靠近供应商和客户，不得不在市区内忍受高昂的成本和陈旧的工厂，而如今它们早就已经搬走了。一些有着近百年历史的值得尊敬的轮船公司，因为无力承担适应集装箱运输所需的巨大成本而垮掉了。过去，满世界跑的商船水手们可以在异国的港口上岸玩儿好几天，而如今，他们只能在存放集装箱的偏僻堆场上逗留几个小时，一旦高速的起重机完成了那些金属箱子的装卸，他们的船就会立刻拔锚启航。集装箱不仅帮我们摧毁了旧经济，同样也帮我们建立了新经济。像釜山和西雅图等一些过去昏昏欲睡的港口，现在已经进入了世界大港的前列。[①]

再看看海陆公司的前世，我们对处于变革时期的航运组织战略会有更多的体会。

（1）马尔科姆·珀塞尔·麦克莱恩（Malcom Purcell McLean）在 1913 年出生于北卡罗来纳东南部的小镇麦克斯顿。

（2）1934 年麦克莱恩卡车运输公司开业。

---

① 莱文森：《集装箱改变世界》，姜文波，等译，机械工业出版社，2008 年版。

（3）由于运输管制限制了公司业务发展，于是他从1947—1949年，利用雇佣退伍军人享受低息贷款壮大了公司规模，并收购了几家有其他运输路线经营权的卡车公司。

（4）麦克莱恩利用各种方法降低成本，以革命性的低价格让利给货主，并在1954年获得了国家城市银行（后来的花旗银行）最大单笔金额的贷款。

（5）1953年由于公路交通堵塞越来越严重，于是麦克莱恩想出了用自家的卡车把自家的拖车拉到自家的船上，进行了最简单的水陆联运。

（6）1955年，麦克莱恩卖掉了卡车运输公司，并用4200万美元买下了泛大西洋轮船公司，创建了一家全新的公司——麦克莱恩工业公司。

（7）很快麦克莱恩发现，在船上运载拖车是低效率的：每辆拖车下面的轮子会浪费大量宝贵的船上空间。于是，他改造了两艘旧油轮，用来运载卡车拖车的车身（与底盘、车轴和车轮分离）。

（8）海陆联运公司花了大约3500万美元把他们的25000只集装箱和9000架底盘都加长5英尺。但是，对已经统一长度为17～35英寸的集装箱格槽的改装将是更大的一笔费用。

（9）1966年，海陆联运公司第一次提出多式联运的概念，把集装箱降低装卸成本的优势发挥到所有运输方式中去。

（10）1968年，海陆联运在帮政府运输到越南战争的物资的回程中，开辟了日本到美国的航线。

（11）麦克莱恩为了降低经营成本，大胆起用当时名不见经传的水深小港，让它们一举发展成为世界一级大港，如英国的费利克斯托港，1959年只有90名码头工人。

（12）海陆联运公司1966年第一次停靠了鹿特丹港。

（13）1970年之后，第二代集装箱船舶出现，这时船公司最大的运输成本不再是装卸成本，而是购买船只、设备的巨资及利息，集装箱堆场的租金或利息。

（14）只有让那些船在海上跑起来，才能获得收益。这样，船舶越造越大，速度越来越快。

（15）1967年阿以战争导致苏伊士运河关闭，但是1971年的大规模石油危机，以及1975年苏伊士运河的重新开放，让海陆公司原先订造的8艘成本高达35亿美元的SL-7型集装箱船舶过时。

（16）麦克莱恩1975年卖掉了自己股份，并在1977年离开了董事会。

（17）1977年，麦克莱恩收购了美国轮船公司，并在市场最不景气的时候，订造了14艘更大的经济型集装箱（18节），准备开启环球航线。但是，当这些船舶投入使用时，油价并没有像麦克莱恩预料的那样从每桶28美元上涨到50美元，而是在1985年维持在每桶28美元的价格上。这些节油但速度不够快的船舶再次不适合市场了。

（18）1973年之前，马士基和长荣海运两家公司连一艘集装箱船都没有，但是到了1981年，马士基公司已经拥有了25艘集装箱船，这让它成为世界第三大集装箱船经营者，而长荣海运以15艘集装箱船排在第八位。

（19）1999年，马士基收购美国海陆联运公司。

海陆联运公司的沉浮给我们很多战略思考。

第一，对于具有先动优势的企业来说，不仅要做到技术先驱，要想成为行业霸主，还必须成为标准先驱。

第二，对于海陆联运公司来说，积极参与政府部门组织的各种标准制定非常重要。因为，即使是不能改变最终的标准尺寸，但他们的参与，能够缓解新标准对其造成的冲击，能有更长的时间收回投资成本，让新决定适合新标准。

第三，海陆联运公司忽略了集装箱全球性标准化之后的市场冲击，忽略了国际组织、国内政府的强制性力量，真正给它巨大障碍的是全球集装箱运输市场的力量。

第四，你能走多远，首先取决于你能看到多远。

第二节　航运服务全战略框架

在第三章我们讲到了马士基的战略规划。

马士基有个愿景：我们通过在全球供应链中驱动无与伦比的可持续发展行动来获得行业领袖的地位，并在最大程度上给顾客、员工和社会带来利益。

因此，马士基基于这样的愿景做了以下这些事情：

- ✓ 大型集装箱船（18000TEU 集装箱船）；
- ✓ P3 联盟（达飞、地中海）；
- ✓ 天天马士基（亚欧航线）；
- ✓ 精致细分市场（香蕉、腰果等市场）；
- ✓ 提高行业标准（碳排放标准）；
- ✓ 活动与碳足迹（所有活动与碳足迹挂钩）；
- ✓ 50 年远景规划（与 NYK 合作）；
- ✓ A.P. 穆勒基金（家族基金控制集团）；
- ✓ 退出三大行业（造船、橡胶、塑料）；
- ✓ 聚焦四大核心业务（船运、码头、石油及天然气、能源勘探）；
- ✓ 小心驶得万年船（马士基先生座右铭）；
- ✓ ……

我们把马士基主要的战略举措与规划罗列下来……那么，这些战略规划是否具有内在的逻辑，或者说能不能把它们放在一个系统的框架下呢？

这个战略管理框架实现了五个统一。

一、五个统一

（一）过去、现在与未来的统一

传统产业的竞争是一片红海，过去 20 世纪的竞争实质上是一场你死我活的竞争；现在是新兴产业的升级转型竞争；面向未来的情景规划。

（二）理性与感性的统一

竞争分析、升级分析是理性分析，而情景规划是感性思维，是一种思维性感觉，是一种灵感，是一种在享受音乐、戏剧、头脑风暴时候那种怡情状态下的直觉。

（三）小心谨慎与胆大包天的统一

小心谨慎地为了基业长青，胆大包天地转型发展；小心谨慎通过具有严明的纪律，基于实证主义的创新，具有建设性的焦虑和第五级雄心来体现。而胆大包天的计划是基于追求卓越的精神与对组织执行力的信心来体现的。

（四）脚踏实地与凌云壮志的统一

任何一家伟大的企业，不是因为它成功了就变得伟大，而是因为它从成立开始就树立了追求卓越的目标，从一开始就有了行业使命感。并且即使是在最困难的时候，它也从来没有放弃过它的愿景和理想。

（五）业务、企业、产业和全球的统一

在这个战略管理框架中，业务层战略、企业层战略、产业层战略以及全球化战略都能够紧密地融合在一起。

用一句简单的话对这个与众不同的战略做一个概括：愿景是灯塔，它指引着企业往哪里走；战略是镜子，它反映着经营者的人生阅历；成效是尺度，它度量着所有战略的好坏。因此，我们说：愿景是灯，战略是境，成效是尺。

把马士基的战略规划对应到图 5-1，就能得到图 5-2。

二、竞争分析

（一）竞争分析理论

竞争战略的分析思维以迈克尔·波特的《竞争优势》和《竞争战略》为最高峰点。迈克尔·波特在《竞争优势》和《竞争战略》中的学说重点主要有：五力模型、三大一般性战略和价值链[①]。

结合以上观点，竞争分析包括了现实竞争分析、宏观环境分析、产业环境分析、竞争现状分析、企业自身分析。而分析工具包括了 BCG（波士顿矩阵：行业增长率，市场份额）、SGP（战略集团图）、McKinsey 9-cell、战略钟（成本—价值分析法，加入成本领先或差异化的战略循环）、价值链（确定主要价值创造环节，投入关键要素资源）、SWOT 分析、五力模型、生命周期理论（根据你的行业地位，不同行业生命周期阶段都有不同的做法）。

竞争战略分析的思维更加类似于物种起源的物竞天择，适者生存的法则。如图 5-3 所示。

以 A 到 L 代表这一地方的一个大属的诸物种；假定它们的相似程度并不相等，正如自然界中的一般情形那样，也如图表里用不同距离的字母所表示的那样。图表中横线之间

---

① 迈克尔·波特：《竞争优势》，陈小悦，译，华夏出版社，2005 年版。

的距离，代表一千或一千以上的世代。一千代以后，假定物种（A）产生了两个很显著的变种，名为 a^1 和 m^1。这时，如果这两个变种仍能变异，那么它们变异的最大分歧在此后的一千代中，一般都会被保存下来。经过这段时期，假定在图表中的变种 a^1 产生了变种 a^2，根据分歧的原理，a^2 和（A）之间的差异要比 a^1 和（A）之间的差异大。假定 m^1 产生两个变种，即 m^2 和 s^2，彼此不同，而和它们的共同亲代（A）之间的差异更大。经过一万代后，假定（A）种产生了 a^{10}、f^{10} 和 m^{10} 三个类型，由于它们经过历代性状的分歧，相互之间及与共同祖代之间的区别将会很大，但可能并不相等。

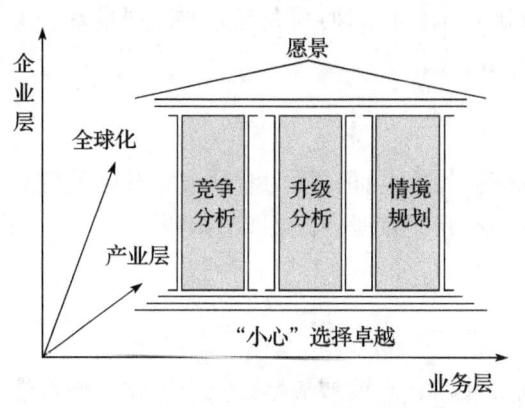

图 5-1　与众不同的服务战略框架

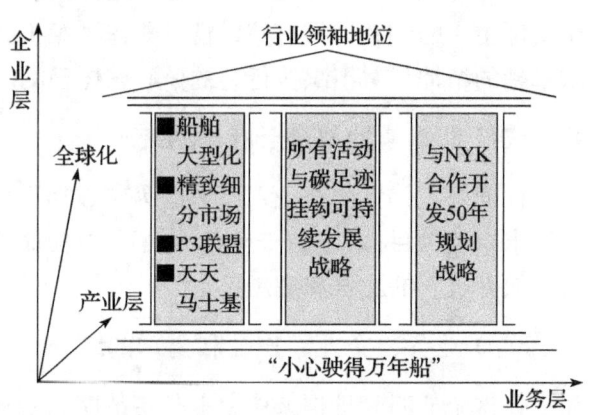

图 5-2　马士基航运服务全战略框架

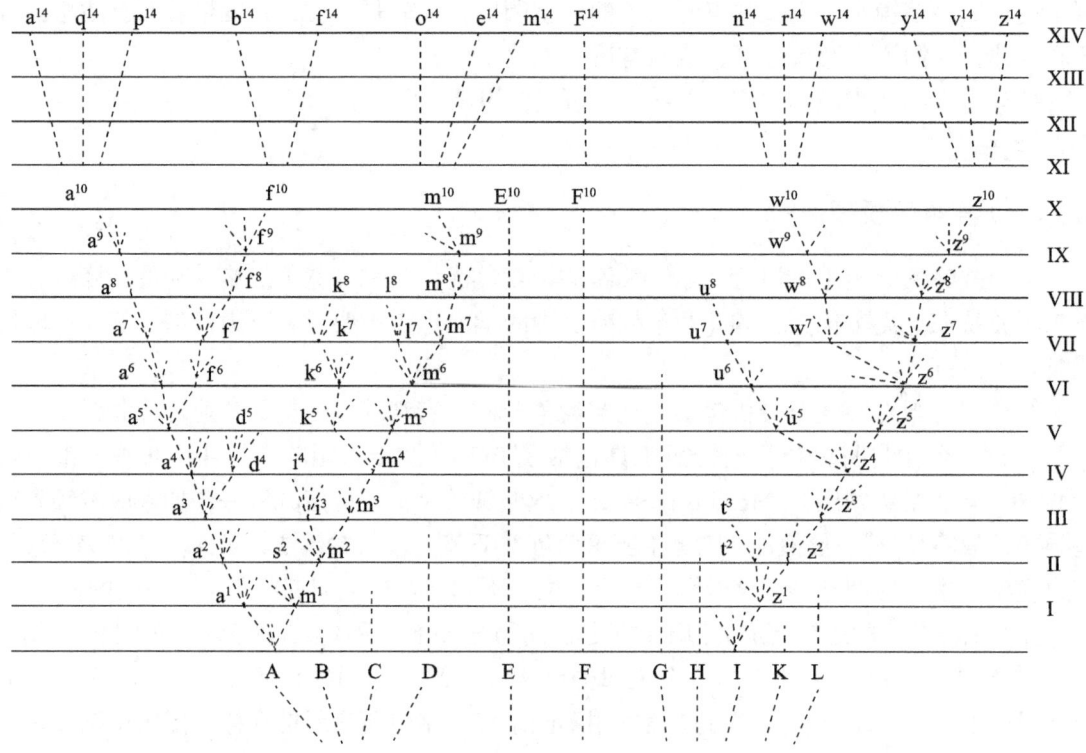

图 5-3　物种进化图

从物种演化的规律中可以发现，物种竞争就是变异适应环境的能力，不是直接的对抗，而是在相对给定的空间中谁更能适应环境，谁就能生存下来。同样，相同产业里面，具有相似资源的组织之间的竞争更加激烈，要么你死我活，要么错开生存空间，如陆栖动物可以长翅膀，水栖动物也可以长翅膀，有翅膀的生物也可以因为不用而废弃了翅膀的功能。就像麝香鼠（水老鼠）→鼹鼠→老鼠→松鼠→飞鼠（跳跃→滑翔→飞翔）。大家在不同的空间都能生存。

（二）中国企业竞争历程

中国的航运产业从诞生开始，就是在一个国际化竞争的舞台中展开的。在中国改革开放之前，中国的航运产业具有相对比较先进的管理水平，因为它们对接的是国际水平。但是，改革开放之后，中国航运产业组织相对于其他产业中的企业的管理水平却明显落后。究其原因，一是组织客户的竞争与终端客户的竞争激烈程度不同；二是航运产业业务模式和管理模式的演进，主要是靠传统的爷爷传老子，老子传孙子的方式，因此，变革进行的既缓慢又被动。

但是，我们也必须看到，网络化、绿色化、复杂性、不确定性等大趋势影响整个航运产业时，对航运组织的战略管理水平提出了前所未有的挑战。

1978—1998 年，中国企业竞争的初始条件是机会市场而非能力市场，它主要体现在从生存社会跃入消费社会、双轨制、法制不健全、消费者不成熟、竞争对手不强大等特定原因上。

1998—2006 年，中国企业能力竞争开始的时代到来了，其特征是战略是引导、促进能力的一个动态和过程，主要体现在与国际对标的能力、区别于竞争对手的独特优势、系统竞争力、可持续发展能力、战略与执行统一、转型期双重领导能力。

如果对竞争优势进行分解，那么它就包含了所有资源和能力，包括了有形资源、无形资源，以及价值链中的每一个环节。竞争优势组成如图 5-4 所示。

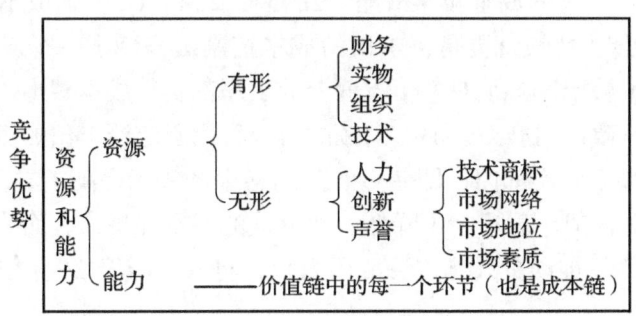

图 5-4　竞争优势组成

（三）一般竞争战略

1. 总成本领先战略

"总成本领先战略"要求企业必须建立起高效、规模化的生产设施，全力以赴地降低成本，严格控制产品生产成本、管理费用及研发、服务、推销、广告等方面的成本费用。为了达到这些目标，企业需要在管理方面对成本给予高度的重视，确定总成本低于竞争对手[①]。

概括起来说，总成本领先战略可以从价值链的角度出发来思考，因为每个价值链环节既是价值创造的环节，也是成本节省的环节。更加具体的保持总成本领先的策略如下。[②]

- ✓ 砍价；
- ✓ 砍人手；
- ✓ 砍机构；
- ✓ 砍固定成本；
- ✓ 砍采购成本；
- ✓ 砍预算；
- ✓ 砍库存；
- ✓ 砍劣质客户；
- ✓ 砍日常开支；
- ✓ 砍会议；
- ✓ 砍面子；
- ✓ 系统变革砍成本。

杰克·韦尔奇1981年接手通用电气，第一件事情就是砍人手，一次砍了两万人，马上公司股票上涨。过了半年，公司股票又疲软了，他马上通过绩效评估，又砍了两万人，股票又开始回升。华尔街投资客马上看好他：铁腕领导！中子弹韦尔奇！韦尔奇发誓将砍人进行到底，又过半年，又砍掉两万人。

丰田的砍人手慢刀。最近，油价上涨和金融海啸，使得全世界的汽车制造商日子都不太好过，尤其是美国的汽车巨头，竟然到了自身难保的地步。而日本的丰田汽车是个例外。2007年，丰田销量超过通用，成为世界上最大的汽车公司。丰田成功的秘密有很多，其中最重要的一点，是它的成本减半战略。2005年2月，62岁的成本杀手——渡边捷昭接任丰田汽车株式会社社长，更是将丰田的成本控制提升到了一个新高度。渡边捷昭指出：丰田要实行成本减半，必须对整个流程上的工序都实行成本减半，如果不对行政部门变革，不对臃肿的行政部门开刀，那么高额的行政费用必定让丰田的竞争力完全消失。如果行政部门的人数多于生产部门，即使生产部门将生产效率提高1成，将成本降低1～2成，也无法占有绝对优势。现场为了降低一两分钱的成本在拼命，而我们的行政部门呢？于是，丰田在行政部门推动少人化、灵活用人化，将人数减至2/3。但是丰田是循序渐进的，下的是"慢刀"。

方法一，就是让行政部门每个人的工作内容做到"可视化"。就是说，任何一位行政人员都要熟悉其他行政人员的工作，做到能替代别人的工作，而不是非他不可，"这事只有A知道""负责人不在，我不清楚"这样的回答，坚决杜绝。

方法二，做好整理整顿工作，编制标准化流程，让员工的许多事情在不需要行政人员

---

① 迈克尔·波特：《竞争战略》，陈小悦，译，华夏出版社，2005年版。
② 李践：《砍掉成本：企业家的12把财务砍刀》，机械工业出版社，2012年版。

的帮助下，也能简单完成，比如，仓库管理人在架上标明地址、库存数量，让哪怕是新人也能马上知道东西放在什么位置，不需要再去请教库管员。

方法三，培养行政人员的市场意识，让他们到现场去。有时候，到现场去看一看，比废寝忘食研究过去的数据、在纸上找答案，来得更准确、更简单。

方法四，试着抽调行政部门的优秀人才到其他地方去，让行政部门其他人员顶上，不断做到人少化。

为了出利润，只要能生存，什么成本都能砍，关键是你有多强的意志。砍预算，没有计算公式，只有你的意志！你如何要求，它就如何兑现。任何一次拿到预算之后，不管三七二十一，先砍掉20%。如果砍不掉怎么办？砍不掉，就砍他的奖金。

2. 差异化战略

"差异化战略"是将公司提供的产品或服务差异化，树立起一些全产业范围中具有独特性的东西。实现差异化战略可以有许多方式，如设计名牌形象，保持技术、性能特点、顾客服务、商业网络及其他方面的独特性，等等。最理想的状况是公司在几个方面都具有差异化的特点。但这一战略与提高市场份额的目标不可兼顾，在建立公司的差异化战略的活动中总是伴随着很高的成本代价，有时即便全产业范围的顾客都了解公司的独特优点，也并不是所有顾客都将愿意或有能力支付公司要求的高价格。

我们在前面讲到的马士基集团利用"低碳环保"进行差异化战略，取得了供应链链主的地位。

3. 聚焦差异化战略

"聚焦差异化战略"是主攻某个特殊的顾客群、某产品线的一个细分区段或某一地区市场。低成本与差异化战略都是要在全产业范围内实现其目标，专一化战略的前提思想是：公司业务的专一化能够以较高的效率、更好的效果为某一狭窄的战略对象服务，从而超过在较广阔范围内竞争的对手。公司或者通过满足特殊对象的需要而实现了差异化，或者在为这一对象服务时实现了低成本，或者二者兼得。这样的公司可以使其赢利的潜力超过产业的平均水平。

（1）细分市场聚焦差异化。

当前全球海运业运力不断增加，尤其是在集装箱东西干线上。马士基航运、地中海航运和达飞海运筹备组建名为P3的长期运营联盟。面对东西干线上激烈的竞争，热门市场愈渐明晰，航运公司势必要在既有航线外另辟细分市场。

对此，班轮公司不断将目光投放到新兴市场。长荣公司已锁定中国与南美、非洲、东南亚等利基型市场之间的贸易需求，陆续增辟新航线，并投入更高的运力配置与舱位供给。

海丰国际刻意避开班轮巨头的"热门市场"锋芒，主要从事二、三线市场，公司船舶停靠的也多是一些小型港口，这些港口是一般大型航运企业不愿停靠的。但就是因为海丰国际力求做到简单而极致的同时，坚持打造海陆高度结合的一站式产业链服务，目前该公司在中日、中越、中菲这些聚焦细分市场所占份额均名列前茅，从而成为亚洲地区细分市场的领先者，同时保持业绩的稳定增长。

由于生腰果极易受潮，因此海运时间不允许太长。马士基新开一条西非至印度的腰果直达快线，该航线海运时间更短，集装箱采用的都是高品质的食物箱。证明了马士基对细分市场聚焦差异化的积极关注。

（2）高端客户聚焦差异化。

数据挖掘作为寻找高端客户的重要途径，已经成为航运企业参与市场竞争的重要引擎。尽管集装箱航运市场的竞争激烈，但很多货主对于价格却并不敏感。比如每个集装箱再涨200美元的运费，换算到每公斤货物来说也就涨了1美分。这种极小的价格差异不会成为高端货主选择船公司的一个敏感因素，但他们会在意交货期以及运输是否保险等其他服务因素。

通过BI系统，中远集运的计算机中心对系统近10年积累的数据进行深度挖掘，从对运价是否敏感、不同行业、不同区域的客户需求细分等因素，重新进行市场划分，在利润率更高的细分市场里寻找更多优质客户，提供有针对性的高端服务。如从货量很大的中美航线中，细分出一条上海到美国长滩的货量最多的航线，开通了"上海—长滩快航"业务。船舶不再挂靠别的港口，因航线时间短，对船只利用率高，能节省不少固定成本。对客户来说，由于交货周期更短，他们也可以接受略高一些的价格。类似的还有专门针对高端服装品牌客户提供的"霓裳快航"业务。中远集运将传统的集装箱改装成挂衣箱，使衣饰能够不被折损地挂着运到目的地，这项业务创新为中远集运开辟了高端服装这一细分市场。

在世界排名前10位的班轮公司中，东方海外公司拥有全球最高的运营效率和利润率，甚至高于马士基。东方海外能够置身价格战之外，其"秘诀"就是拒绝承运赔本的货物。这种高利润率的取得是基于企业数年来对IT系统及企业运营能力的投资，其单箱的IT投入高于同类企业数倍，从而能够帮助东方海外在复杂的"细分"需求中识别高端客户，为他们定制和设计优质的产品和服务，而避免陷入"热门"市场的价格战。由于信息化投资是一种能力投资，时间长了就会见效，所以这种能力一旦形成，短时间很难被对手模仿。

（3）市场占位聚焦差异化。

山东海运股份有限公司作为"山东海运联盟"发起人，联合多家地方航运企业，以委托经营、期租或融资租赁等多种经营形式，将联盟成员企业所拥有或控制的船舶或者同一船型的船队纳入联盟旗下，组建联合经营体进行统一经营，以达到资源配置最优化、成本控制和抗风险能力最佳化、综合经济效益最大化的利益共享。

之前大新华物流在开展"海陆空"综合物流时，侧重于发展飞机、船舶、货车等传统交通工具的运力规模，也就是重资产，集装箱运输、散货运输、油轮运输和码头业务等航运及相关业务所占比重较大。这种商业模式的问题是，无法准确控制供需平衡，容易盲目扩张，有货的确能赚钱，但没货时亏损也很严重，现在的航运业危机就是这样产生的。目前，大新华物流的商业模式发生了根本性的转变，发展重点由过去的强调揽货能力转变成强调组织货源能力，通过收购大宗商品批发市场和交易中心，实现对现货交易资源的控制。现在，资源在自己手里，交易也在自己手里，交易完后，商品流向就能由自己支配，能够做到看单下菜，通过先期掌握的交易、配送的货量，再来发展相应的运力规模，然后再提供一些配套性的延伸服务，比如交易结算、仓储、配送，以及下一步要发展的供应链金融等。目前大新华物流在整体资源配置和战略发展方向上的调整，都是围绕这个新商业模式的发展思路而展开的，逐步将原先以重资产为核心的业务结构转向以组织货源为核心，正在试图占领细分市场的制高点。

三、升级分析

（一）竞争分析带来的谬误

这种人为的划分，以及单纯地以竞争为导向的战略，会由于其他原因而导致决策失误。人类思维的谬误体有以下五种[1]，如图 5-5 所示。

1. 证实的谬误

"没有证据表明"与"有证据表明没有……"的区别。从多次重复经验中归纳规律的危险。如果归纳、概括是基于某一个相同的核心前提，决策的风险就更大。错误地把过去的一次天真观察当成某种确定的东西或者代表未来的东西，是我们无法把握黑天鹅现象的唯一原因。

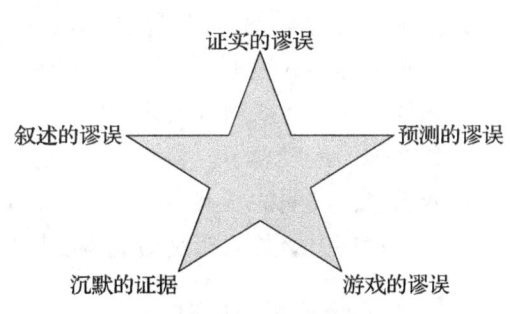

图 5-5 人类思维的谬误

2. 叙述的谬误

模式化叙述。老师上课就是要让学生从无秩序的现象中摆脱出来，回到有秩序的原因中去。人的记忆特点是有因果性逻辑，模式化的内容才记得更牢，并且善于用自己觉得有道理的逻辑来重新叙述过去的事情。你越概括，事物就越有条理，随机性就越低。模式化实际上就是在简化信息，是为了我们自己的记忆方便而做的归纳。我们不断根据事件发生之后我们觉得有道理的逻辑重新叙述过去的事件。避免叙述谬误的办法就是强调实验而非讲故事，强调体验而非历史，强调客观知识而非理论。

3. 沉默的证据

样本的筛选性、过滤性。沉默的证据是成功者在讲自己的原因给大家听，但不成功者也做了同样的事，他们也具有同样的品格、能力，只是运气不佳，而没能讲出自己的原因。

4. 游戏的谬误

经典理论与现实集中在某些方面，风险往往来自人们集中考虑的范围之外；一切理论都有前提假设。

我说：假设硬币是公平的，因为抛出硬币得到正面与反面的可能性是相同的。我把它抛出 99 次，每次都得到正面。我下一次得到反面的概率是多大？

约翰博士：简单的问题。当然是二分之一，因为你假设每面出现的可能性是 50%。

我说：你的答案呢？托尼？

托尼：我会说不会超过 1%，这是显然的。

我说：为什么？我的最初假定是硬币是公平的，每面都有 50% 的概率。

托尼：如果你相信所谓"50%"的说法，你要么是个"草包"，要么是个"傻子"。这

---

[1] 纳西姆·尼古拉斯·塔勒布：《黑天鹅——如何应对不可预知的未来》，万丹，译，中信出版社，2008 年版。

枚硬币里面一定做了手脚。这不可能是公平游戏。(也就是说，在硬币抛出99次，每次都得到正面的情况下，你对公平性的假定很可能是错误的。)

在智商测试以及任何学术考试（包括体育）中，约翰博士的成绩都会极大地超过托尼。但托尼会在任何其他原生态、现实生活的环境中打败约翰博士。

5. 预测的谬误

专家没有预测能力，发现都是偶然的，知道了预测的东西，就已经生活在明天的状态中。人类自信的增长速度远远快于知识增长的速度，以至于我们易于产生认知自大。发现的经典模式是这样的：你寻找你知道的东西（比如到达印度的新方法），结果发现了一个你不知道的东西（美洲新大陆）。发现新东西往往都是偶然的，关键是你一直在思考，在寻找东西。因此，获得最大运气的最好方法就是不断研究。如果你知道将在未来有什么发现，那么你已经发现了。在我们能够预见未来发明的那一天，我们就已经生活在能够想到的东西已经被发明的状态中了。

一种动态升级的分析是对竞争分析最好的补充。

（二）升级分析的内容

IBM对全球1000多位CEO进行了新一次的访谈。这些CEO一致认为今天大多数企业都受到变革冲击，许多企业为跟上变革而不断努力。80%的CEO认为巨大的变革正在迫近，然而预期的变革与掌控能力存在巨大的差距，这道鸿沟较2006年的上一次"全球CEO调查"扩大了近3倍。几乎所有的CEO都在调整企业的业务模式，2/3的CEO正在实施大规模的创新，超过40%的CEO正在改变企业的运营模式。迎接变革、创新模式，这就是前途。

世界著名管理咨询公司埃森哲研究世界500家转型成功公司的经验表明：这些企业之所以转型成功，最根本的原因是其战胜自我的意识与能力比战胜对手的意识与能力更强。

20世纪充满常识，而21世纪是一个无常识可言，而且会突然发生变化的时代。如果被旧世界的常识所束缚，就无法在瞬间抓住并正确理解新世界中新的事实，更不可能预见到新的事业。要想学习没有常识的世界中新的常识，即21世纪的规则，首先必须有意识地让自己习惯对铭刻于心的一个个常识提出质疑。

1. 两类市场

企业时刻面临着两类市场的诱惑与挑战，一是传统市场，二是新型市场，尽管这一认识已成为大家的共识，但达成共识却经历了一个漫长的过程。曾任麦肯锡亚洲区总裁的大前研一在1975年出版的《企业战略》一书中，就提出了旧大陆与新大陆的观点。在旧大陆中，企业从事的是传统业务，面对新大陆的出现，企业有两种选择，一是新业务嫁接旧业务，二是新业务全部介入。大前研一在1996年和2000年两次强调，与以前的"总部经济"相比，新大陆以有形空间（如物流市场）、无形空间（如无国界）、网络空间以及倍增空间等为主要特征。莫里斯·杨也曾经提出过两条曲线，一条是传统工业，一条是现代工业。在传统工业中，原始积累很辛苦，而在现代工业中只需要带着一个观点，一个想法就能赚钱。彼得·杜拉克在1994年就开始指出，任何组织的成功所积累的"事业理论"都是对其适应以前环境所形成的企业价值观,但是,随着环境的改变,企业往往处于"做正确的但却是无效的工作"的状态,原因就是企业的事业理论已经不适合现在环境的要求,企业要前进,必须重新建立自己的事业理论。因为,任何组织都有关于组织外部环境的假设:社会及其结构、市场、客户和技术;同时,也有关于组织特殊使命的假设,如在第一次世界大战和之后的几年里,西尔斯百货公司形成了关于自己使命的假设——服务于美国家庭需要的采购员;而AT&T也是在"一战"和之后的几年中明确了自己的使命——让每个美国家庭,每一家美国企业都能装上电话。与此同时,企业为实现自己的使命,必须拥有能够实现自己使命的核心能力,如AT&T在20世纪20年代认为自己的核心能力是它在技术方面的领导地位,因此,能够在不断提高服务水平的同时稳定地降低费率。由外部环境的假设、企业使命的假设和核心竞争力的假设所组成的企业"事业理论"必定会随着时代的变迁而变得过时,也正因为这样,原先成功的企业在面对新环境时,往往不知所措,因为新环境需要新的业务,需要新的核心竞争力。而所有这些对传统市场与新型市场的理论阐述都没有引起中国工商界的重视。1995年开了结构性变化研究先河的《第二曲线》在中国卖出不到3000册;大前研一2000年出版的《无形大陆》的销售不到10000册;而到了2005年,企业界都感受到现有业务盈利下降、现有模式不全管用,开始寻找新业务,探索新模式,最终《蓝海战略》畅销百万册。钱·金、勒妮·莫博涅两位学者在2005年出版《蓝海战略》一书,因为正好与中国结构性变化、转折时期相吻合,才引起大家的重视,人们才开始逐渐认识到传统市场与新型市场的共生性,但是对于新型市场与传统市场中的不同竞争方式、不同战略选择、不同能力要求却有待更深入的探讨。

2. 两类竞争

在给定的传统市场,给定的曲线,给定的红海中,企业面临既定市场的竞争。而在新型市场,第二条曲线以及蓝海中,企业面临转型升级的竞争。传统经济中的竞争是效率竞争,而新经济中的竞争是创新竞争。日本在20世纪80年代通过模仿改进、看板管理、成本管理等方式获得了效率的大大提升,由此,他们提出了"日本可以说不";但是,到了20世纪90年代,以信息技术为主的美国创新经济击败日本的效率经济,成为新经济的领导者。

两类竞争胜负面临两种标准。旧经济时期的竞争淘汰是以好胜坏,以优胜次,新经济时期的淘汰就显现出了不确定性,随时都有被淘汰的可能,发展倍速,变化加快,是一个典型的为王时期。旧经济时期的竞争是在同一层楼上打拼,胜负在同一层楼上揭晓;而新经济的竞争是边打边上楼,企业即使在原先的楼层上胜利了,但是,如果没有及时地上升到更高的楼层,照样面临着楼层塌陷的危险,而断裂淘汰比同一平台淘汰更致命。

企业永远不会不存在竞争对手。即使是利用蓝海战略开创了新的产业环境,你吸引的客户永远与其他企业所吸引的客户形成直接或间接的冲突,只不过你从与原有产业竞争对手转变到与新产业中的竞争对手竞争了而已。要知道,你与其他企业竞争的是消费者的可支配收入。宝马公司把竞争对手不仅仅局限于奔驰、本特利、劳斯莱斯,还包括建造高级别墅的房地产商,制造世界豪华游艇的游艇制造商,制造豪华私人飞机的飞机制造商,他们是在竞争消费者的可支配收入。买的起豪华游艇与别墅的人,也一定买的起宝马汽车,而每个人在每一时期可支配收入一定的条件下，只能进行有机的选择。如果两者是替代品，那么冲突就更加剧烈。即使不存在网络经济的背景，其他模式的创新都会随时出现，如基于数据库的直复营销比分众更加精确，你的竞争对手就会在你所忽略的产业中横空出世。

3. 两种战略

在两种竞争的压迫下，企业面临着两种战略分析与选择。竞争战略中的 PEST 分析、SWOT 分析、5 种力量模型分析都有一个共同的特点，那就是它们都是以稳态的社会背景、既定的产业环境以及企业用现有的能力与资源去适应大环境的假设为前提。但是，在蓝海战略中，PEST 分析需要侧重动态的环境，分析质变的情况、周期性变化、结构性变化的内容；对于产业环境的分析，需要侧重产业的交叉、延伸、产业周边、产业动态变化等内容；对于企业分析则需要侧重企业的主动创造性能力。BCG 矩阵主要用来对既有业务的利润选择，但是，在新大陆中，由于受技术进步、全球化影响以及代际偏好等因素的影响，企业既有业务面临着 5 种淘汰。

一是社会淘汰。成衣化生产后，原先的裁缝很大程度上被工业化淘汰出局。

二是交叉替代。传统给定市场的竞争只是直接或间接替代（直接是指产品，如马车被汽车替代；间接是指功能，如汽车与其他交通工具的竞争），但是在新型市场中，既定业务面临交叉替代的危险。誊写者是被印刷技术替代，英雄钢笔销量大幅度下降，不是因为其他钢笔厂竞争的结果，而是电脑键盘替代了钢笔。日本人发明的光速机在很大程度上将替代阴面、地下室等地方安装的空调；胶卷被数码相机替代，旅行社被房地产商替代，唱片针头被 CD 碟片替代。这些潜在的竞争者总是能给在位者带来震惊。瑞典的银行意识到它们面临来自预料中的银行和保险公司的竞争，但当两个最大的零售店创办自己的银行时，它们着实吓了一跳。

三是行业环节淘汰（简称脱媒）。Dell 直销模式的出现，使原先电脑中间商的业务显得多余。

四是技术更新。网络技术使企业发展速度倍增、效益倍增。

五是标准升级。新世界的标准对全世界业务标准的整体提升。

面对动态环境与 5 种淘汰的威胁，企业必须学会动、静结合的战略分析方法，必须掌握既定业务与新兴业务内在联系的战略分析方法。

因此，除了战略竞争分析外，我们还要有转型升级分析、社会升级分析、技术升级分析、标准升级分析、模式升级分析等。

4. 两种能力

在两类市场中竞争，需要有两种能力，一是做好既定行业内业务的能力，二是发展新模式的能力。新经济、新大陆、第二条曲线的存在，为无基础创业、零点起飞创造了条件。新经济的创业要求企业强大的网络能力，在新经济中没有情报部门的企业不是企业，而所有的领导能力都必须围绕网络能力转动。

升级战略体现在每一次大的产业转移上，以 2003 年联想收购 IBM 笔记本制造业为例，就会发现这是发生在电脑业产业升级的最好例子，没过几年，软件标准比硬件更重要。再看航运市场，造船水平代表了一个国家船舶水平的高低，这也就是中国尽管成了世界最大的造船国，但是大多数是以干散货船为主，而韩国、日本却以集装箱、特种用途船为主的原因。再看马士基集团，早在 2008 年，马士基就开始逐步剥离干散货船队，到 2010 年已经全部出售干散货船队，重点发展集装箱船队。而与此相反的是，中远集团 2007 年把干散货船队注入回归 A 股的中远远洋，经过疯狂的 2 年盈利后，终于拖垮了中远远洋。这个案例，看起来是因为马士基预测到了为了经济动荡带来的世界干散货市场供过于求的局面，而中远没有预测到这样的状况来得太突然。本质上来讲，这是因为马士基从 2008 年开始就已经进行了战略视野的转移，升级战略在马士基运营的每一个角落中落地。因为集装箱船舶才是未来船舶制造的高端产业，所以马士基牢牢垄断产业链，成为供应链链主的追求，抢占产业中的最高端市场。因此，**战略的升级，实际上是全球产业转移规律的准确把握与升级，是全球产业标准引领与制定的升级**。

四、情景规划

"情景规划"是指管理人员设计并勾画出几个未来可能发生的情景、故事，以及它们可能会如何影响现在面临的问题。它不仅是一种工具，还是一种战略思考方法。

在竞争分析、升级分析的基础上，企业还有一个情景规划战略工具。它们利用未来想象与未来预测，国外行业发展轨迹借鉴，未来变化趋势，未来变化细节，未来变化对企业的意义等前瞻性的思考，让企业获得更加敏锐的触觉，及早做好各种应对准备。

- ✓ BP 公司 100 年规划；
- ✓ 德国大众 60 年滚动计划；
- ✓ NYK 极富想象力的 50 年规划和蓝图；
- ✓ 新加坡航空公司的"未来工程"展望未来 50 年；
- ✓ 微软的"机会宇宙"鼓励员工思考未来会出现的机会；
- ✓ ……

想想为什么要进行情境规划。

"情景规划"能提供预防机制，让管理者处变不惊——对突变既非阵脚大乱，也非无动于衷。它更接近于一种虚拟性身临其境的博弈游戏，在问题没有发生之前，想象性地进入可能的情景中预演，当想象过的情景真正出现时，企业将能从容和周密地加以应对。

"情景规划"能提供创造机制，因为"预测未来最好的方法就是创造未来"。

情景既不是预测，也不是想象，也就是说，它是一种被期望的未来。在复杂及快速变化的现实中，我们应该学会那些思考方式。

情景规划的 18 步方法[①]，提供了很好的情景规划方法，如图 5-6、图 5-7、图 5-8、图 5-9 所示。洞察力是见人所不见，看到别人看不到的事情（而非熟视无睹），看到别人看不到的联系，看到别人看不到的深度，看到别人看不到的未来。

---

① 比尔·莱尔斯顿，伊汉·威尔逊：《情景规划的 18 步方法》，齐家才，译，机械工业出版社，2009 年版。

直觉和灵感产生原理：

- ✓ 溶液饱和、温度变化才能产生结晶现象。同样的道理，信息饱和、环境刺激才有可能产生灵感；
- ✓ 越辛勤劳作、勤于思考的人，越有灵感。前提是他能不时地进入灵感思维的环境与心境。
- ✓ 休闲是一个更有学问的工作。

我们该怎么做？在系统中思考，在未来中思考，在即兴演奏中思考，在不确定性中思考，在自相矛盾中思考，在角色和移动中思考，在愿景中思考，在生命周期中思考，在实验和打赌中思考，在戏剧中思考，在大量盲生的杂志上寻找趋势的种子[①]。

随便翻阅一些晦涩杂志上的话题，虽然你以前从来没有考虑过，但我保证你会找到新观点，得到新方法并证实你不知道的潜在问题和趋势——如果你至少有一个开放的思想的话。

阿尔伯特·爱因斯坦曾说："我们目前的思维水平造成的难题不能由相同的思维水平来解决。"

如果没有描绘情景的能力，我们将不会活得太久。在变化快且复杂环境中，精心制作好的商业概念，清晰和健全的目标和原则，可以帮助组织把注意力集中在任务上，甚至可以增进创新和临时准备。

这种情景规划的需要已经体现在目前一系列的地球人联合反击外星人的影片中，《环太平洋》《无敌战舰》《复仇者联盟》等，这不仅仅是人类对可能遭遇外星人攻击情形的想象，同时，

图 5-6 开始行动中的 6 个步骤

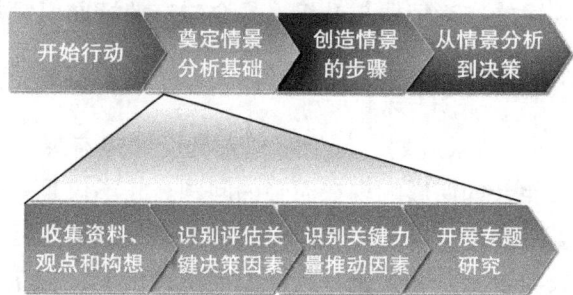

图 5-7 奠定情景分析基础中的 4 个步骤

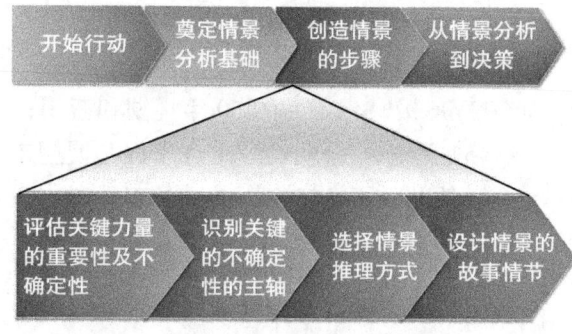

图 5-8 创造情景的 4 个步骤

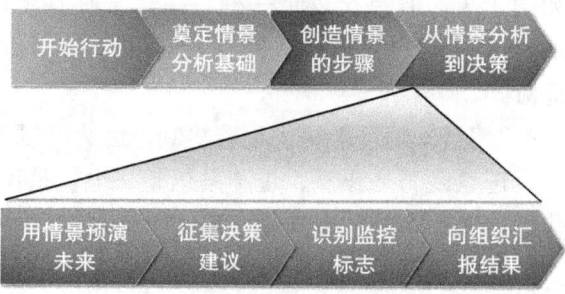

图 5-9 从情景分析到决策的 4 个步骤

---

① 麦茨·林德格伦，汉斯·班德霍尔德：《情景规划——未来与战略之间的整合》，郭小英，郭金林，译，经济管理出版社，2003 年版。

也在为人类如何应对外星人的攻击做好准备。

现在马士基跟日本的 NYK 进行合作，日本人的超前设想与规划打动了马士基，据说他们有 10 年、30 年，甚至 50 年的极具想象力的规划和蓝图，而马士基也是很小心地防备着被日本人偷学走新技术。所以，未来社会竞争的就是洞察力和想象力[①]。

马士基集团的顶层设计师们是真正的全球视野，由于他们董事的全球视野，由于他们高层在全球一流大学招聘时所带来的新鲜血液，由于集团作为世界 500 强与其他 500 强企业的互相交流，因此，他们的战略设计、战略规划、战略布局全都是站在全球最高端，是最具前瞻性，也是最具务实性的。

但是，因为航运产业本身的传统性性质，影响了其具体业务操作上的引领性。因此，涉及某个部门的具体做法时，很多做法又显得具有很大的局限性。

五、选择卓越

企业在极不稳定的环境（充满各种不可控的、瞬息万变的、不确定的且会造成潜在负面影响的事件）中，取得出色表现——相对于普通股市场和所在行业，企业至少连续 15 年保持出色表现，并经历了从弱小到卓越的发展历程。这样的企业被称作"10 倍速企业"。[②]

（一）10 倍速企业的特征

研究发现，10 倍速领导者相对于对比组公司领导者并不具有明显优势的特征：

他们并非更有创造性；

他们并非更有远见；

他们并非更有魅力；

他们并非更有雄心；

他们并非更有运气；

他们并非更有冒险精神；

他们并非更有英雄情结；

他们并非更倾向于大刀阔斧的、大胆的举措。

需要指出的是，并不是说 10 倍速领导者缺乏强大的创造力、宏大的雄心或大刀阔斧进行改革的勇气。所有这些特征在他们身上都有所体现，但在不太成功的对比组公司的领导者身上也都有所体现。

那么，是什么让 10 倍速领导者脱颖而出呢？

首先，10 倍速领导者秉承的是一种控制与非控制相统一的理念。一方面，10 倍速领导者知道他们长期面临无法控制的不确定性，他们知道他们无法准确预测其周围世界的重大事件。另一方面，10 倍速领导者认为他们所不能控制的力量或随机事件并不会决定他们的结果；在他们看来，他们的命运完全掌握在自己的手中。其次，10 倍速领导者通过一个核

[①] 资料来源：作者 2010 年在丹麦马士基总部的访谈记录总结。
[②] 吉姆·柯林斯，莫滕·T·汉森：《选择卓越》，陈召强，译，中信出版社，2012 年版。

心行为三联体将这一理念引入生活：严明的纪律、基于实证主义的创造性和具建设性的焦虑。我们在本章后面部分介绍的这些行为特征与他们在混乱的、不确定的环境中取得10倍速结果是息息相关的。严明的纪律确保10倍速公司在正常轨道上运转，基于实证主义的创造性确保它们充满生机和活力，具建设性的焦虑确保它们继续生存下去，而第五级雄心则提供了启迪性的动力，如图5-10所示。

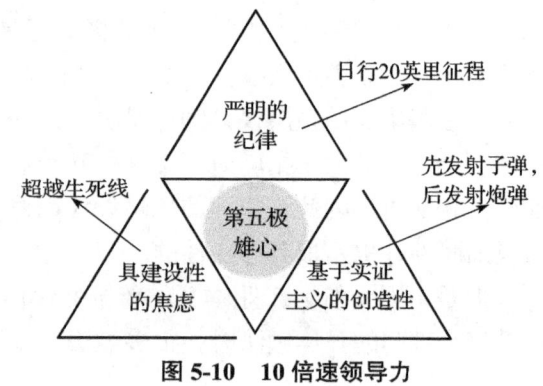

图5-10　10倍速领导力

检验一流智力的标准，就是在头脑中同时存在两种相反的想法但仍能保持行动能力。

- ✓ 纪律性和创造性；
- ✓ 实证验证和大胆行动；
- ✓ 审慎和大胆创新的宏伟目标；
- ✓ 焦虑和无畏；
- ✓ 野心勃勃和不以自我为中心；
- ✓ 严格的绩效标准，没有任何借口和从不设定过高的目标，践行日行20英里征程原则和先发射子弹，后发射炮弹；
- ✓ 门槛创新和"落后一步"的策略；
- ✓ 无法预测未来和为无法预测的事情做准备；
- ✓ 在允许的情况下放缓增速和在必需的情况下加快增速；
- ✓ 基于纪律的思考和决定性行动；
- ✓ 拉远镜头和拉近镜头；
- ✓ 坚持SMaC方法和改进SMaC方法一致和变化。

在外部环境不确定、动荡时期，竞争的不是你发展的有多快，竞争的是你发展的有多稳健、多长久。

小　结

我们需要四重战略，稳态环境下的分析战略、结构性变革环境下的分析战略、未来导向的情境规划战略和稳健长久经营的选择卓越战略。

这四重战略，综合了传统十大战略学派的观点，兼顾了理性与感性结合的优势，并由过去、现在、未来和当下的四个时间节点顺畅连接。

稳态环境下，企业要学会如何生存下来；结构性变革的动态环境下，企业要学会如何适应与发展；在未来导向的环境下，企业要学会如何获得可持续发展。当下生存环境下，企业要学会在头脑中同时存在两种相反的想法但仍能保持行动能力。

这四重战略让我们深刻地理解到学会生存、小心发展、懂得选择、"人无远虑，必有近忧"的道理。

系统的企业战略管理需要吃着碗里的，看着锅里的，种着田里的。

（二）选择卓越的航运组织

小心能驶万年船，这是马士基集团的座右铭。它不但造就了马士基的多元化经营模式，并且在风云变幻的市场环境中，屡次助其避过危机[1]。这就是马士基的"小心"战略。

1904年A.P.Møller开始经营自己的航运公司，从购买二手的蒸汽船开始经营，现在所在的博物馆位置就是当年A.P.Møller先生的公司所在地，而那时Esplanaden是一条非常繁忙的航运街，码头就在前面，现在其他公司都已经搬走，所有的空间都归马士基所有，当然除了Esplanaden之外，马士基还有Tanker总部在总部对面的岛上，还有马士基Supply在Lyngby。非常有意思的是，A.P.Møller（他个人拥有7%的集团股份，但他生前一直把股份送给对公司有贡献的人）生前为了保证他的家族或丹麦能够牢牢控制马士基，专门设立了两个基金，一个是A.P.Møller基金，另一个是家庭基金，而前一个基金控有75%的马士基集团的股份，因此，马士基的CEO或董事会主席不厉害，厉害的是A.P.Møller基金会主席。

A.P.穆勒在1946年12月2日写给马士基的一封信成为公司历史上最为重要的文献之一。这封信重点谈论的是航运业的发展问题，而事实上，正是在这封信中，A.P.穆勒明确地提出了"谨小慎微"的管理方针："我一贯强调，'工作中要谨小慎微，杜绝发生任何可预防的过失'这一理念应当坚决地贯穿于整个公司的经营管理之中。"马士基的临终遗言则称："想念我，就将我珍藏在你们的记忆中，但你们要打理好生活，坚持自己的价值观，最重要的是要时刻谨慎引领公司向前。"

2012年上半年，随着世界经济持续下行，航运企业纷纷陷入"负"债危机，就连百年老店A.P.穆勒—马士基集团也未能幸免，其下的航运业务版块亏损4亿美元。然而，由于其多元化的经营策略，码头与石油业务分别盈利3.95亿美元与18亿美元，成功进行风险对冲，实现集团盈利21亿美元，成为万绿丛中一点红。这种逆转并非偶然，而是A.P.穆勒—马士基集团筹谋半个世纪的战略布局。

航运产业服务组织的战略主要体现在经营理念、投资产业结构、股权结构、业务结构等上面。而多元化组合战略原则则包括未来发展趋势良好的产业（如马士基的码头、物流、超市等），与航运业成反周期或无周期运转产业（如能源产业），FFA对冲做法等。

1. 严明的纪律

回顾马士基发展的轨迹，就可以发现，马士基始终是以全球第一航运承运人的姿态出现的，为了抢占这样的地位，马士基员工的性格以侵略性倾向居多，马士基的战略以引领世界航运潮流居多，马士基的每一个发展足迹以与众不同为目标。这是马士基最根本的"严明的纪律"，要求在顺境中能够不骄不躁，在逆境中坚持利润收入。

---

[1] 邢丹：《马士基的多元化布局》，《中国船检》，2012年11期。

这种定位高端是以一系列的战略远见为基础的，马士基积极参加 IMO 的各种规则的制定，积极参加由政府牵头的两国间贸易谈判，积极参加高端航运论坛，与世界一流的大学合作，获取最尖端的技术并转化成航运成果。

　　这些都是由"世界第一航运公司"的纪律所决定的。

　　马士基集团总裁安仕年曾说过，在我们认为会长期盈利的领域投资，即使是在世界航运业整体低迷的情况下，只要策略得当，最终也会盈利。当然，拥有一个强大财团和雄厚资金的优势，是可以把一个领域的钱放到另一个领域，实现总体盈利最大化的目的，这也是我们正在做和将要做的。

2. 基于实证主义的创造性

　　特列斯和戈尔德《野心与愿景》考察了分布广泛的 66 个市场（从口香糖市场到互联网市场），对企业的长期市场领导地位和创新先锋之间的关系进行了系统分析。他们发现，在创新先锋中，仅有 9% 的企业最终成为市场上的赢家。吉列并不是安全剃刀的先锋，先锋是 Star 公司；宝丽来不是拍立得相机的先锋，先锋是 Dubroni 公司；微软并不是个人电脑电子表格的先锋，先锋是 VisiCorp 公司。亚马逊不是在线图书销售先锋，而美国在线也不是在线互联网服务先锋。此外，他们研究还发现，有 64% 的先锋企业最终倒闭。开拓性创新对社会或许是有利的，但从统计上来看，这对个别先锋企业来说却是致命的！[①]

　　集装箱货物航运理念是由美国人马尔康·P. 麦克林提出来的。他拥有一家大型卡车公司，在 20 世纪 60 年代，他提出了简单但革命性的想法——把顾客的混合货物放在一个大的、相同规模的箱子里打包。箱子用卡车运输到最近的航运港口，然后把箱子卸到轮船上，最后装有货物的轮船把货物运到离接货者最近的港口。箱子在港口卸到卡车上，由卡车把货物运输到接货者的家门口，集装箱的使用意味着时间更短、更便宜的港口储存以及更加容易的装卸。

　　起初集装箱的尺寸是 8 英尺，后来是 10 英尺。直到 1970 年才研制出 20 和 40 英尺的集装箱标准。在今天，这已不是什么新鲜的事情，但在当时，集装箱的发明促使了世界贸易的革命。要不要开展这项业务，老船主 A.P. 穆勒曾经犹豫了好一段时间，其他公司在 1960 年就有开展集装箱业务的。直到 1974 年，在犹疑了 7 年之久后，马士基终于做出决定开展集装箱海运业务，并且发出了第一只集装箱运输船"斯温堡·马士基号"[②]。

　　至此，公司的守旧派仍然在讨论马士基做出这样的决定是否太早，而支持者则觉得延误太久。从 1939 年加盟玛丽·马士基号油轮开始，在马士基公司工作的时间超过 15 年，后来作为马士基最为信任的顾问之一和公司董事会成员之一的托尔斯·迪林，则是众多认为做出决定的时机正好的人员之一。他说："我认为由于我们没有过早转向集装箱，因此节省了一大笔钱。在这种业务开展之前，必须有一个全球普遍接受的标准。"此外，物流必须到位。

　　不过，早在 1970 年，马士基公司就已经建立了几个内部委员会去决定集装箱的形状。经过再三考虑和细致分析后，委员会提议了轮船的尺寸，但马士基不同意。它需要更大、

[①] 吉姆·柯林斯，莫滕·T.汉森：《选择卓越》，陈召强，译，中信出版社，2012 年版。
[②] 马新莉：《马士基的"小心"战略》，《商学院》，2012 年 9 期。

让人们大吃一惊的轮船来大胆地开辟道路。此外他决定订购九艘船，这样公司可在每周固定的离港时间从事集装箱操作。通过这种方式，他可以实现它的宏图，为它经营理念背后的新集装箱服务建立新的准点航行标准。

当所有这一切发生后，转向集装箱这个有决定意义的选择成为共识。这个举动取得如此大的成功，亮蓝色船只把竞争对手远远抛在后面。当你把所有的优点果断、实施、交付精确、技术研发、陆上高效分销集中在一起，就会知道马士基为什么能在激烈的竞争局面中脱颖而出。在后来的几十年里，马士基一次次带领公司为了追求完美的商业行为而去更新技术系统，他力主的观点——修建工厂去制造先进的集装箱，其正确性也被一再证明。

3. 具建设性的焦虑

A.P. 穆勒—马士基集团能够纵横百年风云，其多元化的经营策略为其立下了汗马功劳，不但使其规模壮大，而且能使企业成功规避风险。马士基集团成立之初，出于自身航运的需求，就已经开始布局多元化网络。为了解决航运公司消耗资金最重的船舶购置问题，集团创始人穆勒先生精明地布下联纵第一步棋局，于1918年在丹麦建造了Odense船厂，将造船厂这一航运环节的下游产业纳入自己的管辖范围内。用企业内部的管理机制代替外部市场机制，以便降低交易成本，从而拥有跨国经营的内部化优势。

由于马士基集团拥有自己的航运公司、码头公司，使得在运输、装卸、转运过程中，相对于其他船公司而言，形成了一个衔接密切的完整作业流程，从而得以掌握全程经营的主动权。凭借其强大实力和影响力，马士基可以独自受理全球任何货主、任何货种的运输及物流要求，而不需借助于合作伙伴或舱位互租。正是看中了马士基的竞争优势，众多货主尤其是跨国大货主纷纷与其建立合作伙伴关系，如国际家居商宜家（IKEA）公司、耐克、米其林、阿迪达斯这样的各行业巨头，它们在全球的物流服务一直与马士基合作。它们追求的是全球性扩张，随着它们目标的实施，马士基不但可以保证庞大的业务和货源，而且还可以同时得到倍数的扩张效应。

考虑到全球产业链的转移及竞争环境的变化，船运、码头、石油及天然气、能源勘探正成为马士基投资最多的领域，大概70%的资金投资于这四个领域。马士基集团要求每个公司按市场化独立运作，并要求它们在市场上保持领先地位，并保证盈利及现金流。马士基集团不断剥离回报率无法匹配其风险及成本的公司，这些公司不断被剔除后，马士基集团整体风险被降低，更多的资源可以投向保留的领域。马士基集团在2002年开始逐渐剥离了橡胶、塑料、医疗设备等亏损行业。由于造船厂的竞争优势不复存在，2012年马士基又关闭了其有着95年历史的造船厂，目前还正在逐步出售LNC/储油船公司[①]。

4. 第五级雄心

多年以来，尽管马士基集团多元化发展得有声有色，但是马士基航运作为集团的主业，却从未放松过一丝一毫，始终尝试着各种可能扩大规模的方法，将竞争对手甩在后面。1999年，马士基航运收购南非海运后，又以8亿美元购买了当时全球第二大班轮公司美国海陆公司的国际班轮业务及相关的18个码头，与旗下的马士基航运公司合并，新公司取名

---

① 杨智全：《与标杆的差距：中国远洋 VS. 马士基航运》，《新财富》，2013年第6期。

"马士基海陆"。接下来的几年中,马士基海陆陆续收购了侧重东亚航线的丹麦 EAC-Ben 和侧重非洲航线的比利时南航集装箱班轮公司,其航运业老大的位置更加牢不可破。2005 年,马士基集团以 23 亿欧元、溢价 40% 收购了铁行渣华,这是一家英荷合资的航运公司,世界排名第三,被收购前占有近 5% 的市场份额。不但如此,马士基还在主业的发展中寻求极致,在亚欧航线上推出"天天马士基"服务,使用 70 艘集装箱船在亚洲四个港口(中国的宁波、上海、盐田和马来西亚的丹戎帕拉帕斯)与欧洲的三个港口(英国的费利克斯托、荷兰的鹿特丹和德国的不来梅)之间提供每日航线服务,并保证客户每天准时接收货物,延期交付给客户予以赔偿,这给集装箱班轮运输市场带来了史无前例的密集服务和可靠性。相比更早进入集装箱航运的其他公司,马士基海陆航运是第一个使用 36 英尺集装箱的公司,也是第一家声明准点航行的公司,它基本掌握了货物从工厂出来,经过物流到港口,再到航运运输的完整运输产业链。据交通运输部水运科学研究院经济政策与发展战略研究中心副主任宁涛介绍,马士基的这些"第一",做到并非易事,它要求在实施的每个环节中,都必须做到极致。例如,马士基为了了解一个港口是否具备实现"天天马士基"的可能,会专门形成一个小组去做调研,实行"天天"跟踪,了解港口装卸环节需要多少时间,海关通关需要多少时间,是否有改进的余地,码头的作业效率是怎么样等,这样经过考察,确定港口条件成熟,能够支撑"天天马士基"服务,才会在港口进行该业务。

不但如此,马士基还在不断开辟新兴市场。从地理位置上看,马士基过去几年的投资主要分布在发展中国家和高速增长的市场,以港口投资为例,投资主要流向非洲西部、南美洲和拉丁美洲以及亚洲。马士基航运非洲区高级副总裁雅各布森曾在媒体上指出,在这些区域我们看到了很强的增长机会,因此,我们将努力保持投资重点在未来增长强劲的地区。目前马士基航运已在超过 40 个非洲国家地区展开航运业务,该区业务额占公司总业务额的 10%。除了航运业务,集团还在 8 个西非国家的 9 个港口开展了石油和天然气的相关业务,并拥有一个安哥拉油田的股份。雅各布森透露,集团有计划收购或经营更多非洲港口,并称"我们与非洲各国政府都保持公开对话,东非与西非都一样有吸引力。"他续称,集团的零售业务还在早期发展阶段,正在评估打入非洲市场的方式,在自己开设新商场和并购现有商场之间抉择。

5. 运气

10 倍速公司和对比组案例公司之间真正的区别,实际上不是运气,而是如何对待运气。至关重要的问题并不是"你幸运吗",而是"你是否得到了运气的高回报"[①]。

开采石油对马士基集团来说是最冒险的一个经营决策。但是,这与特殊的情感牵连在一起。这一举动是出于对国家利益的考虑。"父亲所要维护的是国家利益,只要他下定决心参加这一项目,所有人都会跟着去做,包括我自己,这是明摆着的事情。"在 1864 年到 1920 年德国占领北石勒苏益格地区期间,马士基父母的家族就曾饱受痛失家园之苦。马士基父亲不敢想象丹麦领土上的石油被德国人开采将会是一种怎样的情形,马士基也不敢想象。

1912 轮船公司被授予对丹麦海上资源的特许开采权。2004 年,这项授权被丹麦政府

---

① 吉姆·柯林斯,莫滕·T·汉森:《选择卓越》,陈召强,译,中信出版社,2012 年版。

批准延伸至 2042 年。毫无疑问，马士基石油部门为集团带来了丰厚的利润，更为重要的是，产业链布局有了新的拓展。在航运的波动性影响因素中最难以预测的就是油价，它决定着船用燃油价格的波动，而船用燃油正是航运企业成本的重头，一般占到总成本的 1/3。向能源领域的延伸，部分对冲了航运业的高波动性风险，为集团锁定了收益。随着马士基纵横产业链布局的不断完善，集团的版图也在不断扩展，陆续成立了丹麦超市公司、马士基航空公司，随后是橡胶、塑料、医疗设备、机械设备……甚至 IT。这些种类繁多的业务的确在一定程度上平抑了整个集团的业绩波动。

| 案例分析应用 |

战略迷失的韩进海运[①]

大规模的成功极少能归结为某个单一的因素。伟大成功的基石一般都是由无数个精心设计、相互交织的因素构成的。因此，要把这些都复制下来，或是挑选出最具决定性的那一个，必然非常困难。但错误就不是这样，一个错误——无论是由于缺乏必需的知识，还是对自己的能力过于自信，或是对盈利前景抱有幼稚的期望——能把一切摧垮。

——《细节：如何轻松影响他人》，作者史蒂夫·马丁、诺厄·戈尔茨坦、
罗伯特·西奥迪尼

一、韩进海运破产

2017 年 2 月 17 日，是赵亮镐一辈子都不会忘记的一天。他怀着极其复杂的心情接受了韩国首尔法院的正式宣布："韩进海运（Hanjin Shipping）破产，并按要求进行清算"。这是史上规模最大的集装箱船运公司破产案（韩进海运破产时间轴见附录 1）。此时的赵亮镐内心五味杂陈：对父亲赵重熏创下的家业，感到无比愧疚；面对韩进海运的沉重负债却无可奈何；对大韩航空未来发展忧心忡忡；还夹杂着一丝再也不用给韩进海运投钱的如释重负感。但是，有一个问题始终萦绕在赵亮镐的脑海中："韩进海运破产的根本原因到底是什么？"

二、韩进海运的前世今生

（一）韩进海运"掌门人"

第一代：赵重熏（创始人）(1977 年成立韩进海运，直到 2002 年去世)

第二代：赵书镐（三子，2003—2006 年在任）（家族其他成员：长子赵亮镐入主大韩航空，二子赵南镐执掌韩进重工，四子赵正镐掌门梅里茨证券）

第三代：赵书镐遗孀（崔恩英，2007—2014 年在任）

第四代：赵亮镐（2014—2017 在任。大韩航空董事长）

（二）韩进海运四代故事

1. 发家：第一代"掌门人"赵重熏[②]

1945 年，25 岁的韩进创始人赵重熏（1920—2002）从高中休学，买了一辆旧卡车，

---

① 於军，许晖，任声策：《战略迷失的韩进海运》，上海市 MBA 案例库，2018 年 10 月入库案例。
② 资料来源：关于韩进集团、韩进海运家族的二三事！中国航贸网，2016-11-02。

白手起家在韩国仁川创办了"韩进商社",开始艰苦创业。由于当时的货运竞争对手不多,加之赵重熏勤奋苦干,经过10年的艰苦创业,到20世纪50年代中期,赵重熏的事业逐渐发展起来,所拥有的卡车也逐渐增多。

1950—1953年,朝鲜战争给赵重熏带来了发财的机会,为美军运送物资使赵重熏在朝鲜战争中大发了一笔战争横财,这其中还有一段颇为传神的故事。美国对朝鲜发动进攻期间,有一天,赵重熏从首尔开车到仁川,途经富平看到公路旁有辆车抛锚,车主是一位美国太太。赵重熏见状主动下车,帮这位满脸愁容的美国妇人修好了车。没料到那美国妇人竟然是美国驻韩国的一位高级将领的夫人,当她得知赵重熏是一个跑运输的业主时,就通过丈夫帮他接下了运送美军军用物资的生意,从此赵重熏的财源滚滚而来。随后的第一年,赵重熏便与美国签订了7万美元的运输合同。他深知这次合作像一个不会枯竭的源泉,将源源不断地给他带来巨额财富。因此,他特别注重信用,他的商社总是保证及时准确地送货上门,而且一旦有货物遗失,马上进行赔偿。有一次,在运送美军军需物品时,一司机把1200套军服倒卖了。为保证及时如数交货,赵重熏花了近3万美元,到黑市上把军服赎回,即刻送到美军军营。赵重熏就这样建立起极高的商业信誉,到第二年,他的公司所接到的运输合同猛增到130万美元。停战之后,韩国国内物资匮乏,全靠美国的援助,由于之前赵重熏一直信守合同,信誉极佳,所以战后他又得到了军援物资的运送生意。赵重熏的事业从此进一步壮大,向"运输大王"的宝座迈进。

1955—1975年的越南战争更是让"韩进商社"有了"越战公司"和"越战财阀"的绰号。当时,在越南从事军需品的陆路运输利润最高,但危险系数也最大,随时都有可能陷入越南军队的包围圈内,因此大部分从事军事运输的人都不愿冒这种风险。唯有赵重熏一如既往,毫不犹豫地包下了利润极高的陆路运输。在越南战争期间,赵重熏"玩命"地干着,也曾因此差点付出了生命的代价。1968年,越南军队突然向美军发动进攻,赵重熏被困在防空洞里,整整3天才得以脱身。还有一次,越南军队突袭了赵重熏一艘停泊于港口内的轮船,正在船长室睡觉的赵重熏仓皇逃上甲板,在匆忙逃命中摔断了腿,险些成了越军的俘虏。在越南战场上从事军需品运输的几年里,赵重熏冒着随时都可能丢掉性命的危险,挣了一笔巨款——1.3亿美元。这笔"卖命钱"大大地扩展了"韩进商社"的实力,也为他日后事业上的成功奠定了良好的基础。"韩进商社"的实力不断壮大,在韩国企业界的影响也日趋扩大。他连续成立或收购了"大进海军""韩国空港""韩逸开发""仁荷大学""大韩航空""韩国海运""韩国重工"等大企业。

1977年,韩进海运公司成立。

1988年,韩进集装箱班轮有限公司与同样在韩国久负盛名的大韩商船合并后,正式更名为韩进海运有限公司。韩进海运虽然比现代商船晚一年开展航运事业,在大韩商船获得欧洲航线后,一跃成为韩国第一航运公司。自那时起,韩进海运立足于"使客户满意"这一郑重承诺积极拓展业务,向全球客户提供全方位的海运业务。多年来,韩进海运通过不断引进新型的集装箱船和散货船以及在主要服务领域发展物流业务逐步使业务内容多元化。

1992年,韩进海运成为韩国航运公司中首家销售额突破一万亿韩元(约合人民币60亿元)的公司。在1995年收购巨洋海运,1997年收购德国胜利航运等航运公司后,韩进海运在国际市场崭露头角。

2. 纷争：第二代"掌门人"赵书镐

2002 年，传奇的家族创始人赵重熏离世，四子分家。长子赵亮镐（Cho Yang-Ho）继承了当时韩国第八大财阀韩进集团（Hanjin Group）的明珠：大韩航空（Korean Air Lines）。次子赵南镐（Cho Nam-Ho）分到了韩进重工（Hanjin Heavy Industries & Construction），这是韩国第四大造船企业。三子赵书镐（Cho Soo-Ho，已去世）成了韩进海运（Hanjin Shipping）的掌门人，其妻崔恩英（Choi Eun-Young）。幼子赵正镐（Cho Jung-Ho）拿到了"东洋火灾保险"和一家证券公司。以此为基础，赵正镐缔造了一个金融帝国：梅里茨金融集团（Meritz Financial Group）。上述分家方案掀起一场法律纷争，尽管赵重熏已经在遗嘱中精心分割了一切，但三个弟弟认为长兄赵亮镐用诡计获得了超额的家产，分割韩进集团资产的遗嘱遭到不公平执行。家庭成员之间的纠纷在 2005 年达到高潮，当时二子赵南镐和四子赵正镐已脱离韩进集团，各自另立门户，导致韩进集团在 2006 年解体[①]。最终由三子赵书镐 2003 年继承了韩进海运会长一职。

在赵书镐做韩进"掌门人"期间，韩进海运迎来了最好的时代。韩国是亚太物流联盟的重要成员之一。由于韩国的陆、海、空交通运输均较发达，韩国政府希望在 21 世纪韩国能成为现代物流强国。近年来，随着经济的发展，交通运输量迅速增长，韩国已建成铁路网和高速公路网，并拥有 28 个贸易港、22 个沿岸港和 4 个国际机场。韩国政府非常重视物流业的发展，制订了"20 年物流业发展计划"，确保韩国在 21 世纪成为现代物流强国[②]。韩国工商能源部在 2002—2006 年，制订出发展物流业的特殊政策，来降低物流成本，提升企业竞争力。韩国希望在东北亚地区发挥物流中心的作用，进而成为世界空港和海港中心。韩进海运及其子公司 Keoyang 海运、胜利航运和 Cyber Logitec 乘势而上，共同努力，对韩国物流强国战略做出了重要贡献。

2005 年，韩进海运全球销售额达到了 58 亿美元，被福布斯评为"亚洲五十大优良企业"，也因此晋升为世界第七大航运公司，跻身全球前十大班轮公司之列[③]。该年，韩进海运拥有 150 艘的船队，业务覆盖了 35 个国家的 80 个主要口岸。除此以外，公司还拥有 9 座设施完备的现代化码头。韩进海运的 230 个分支机构和第三方代理遍及全球 53 个国家。

韩进海运在韩国可谓举足轻重，甚至可以左右政府的决策。

韩国物流行业的发展也使得韩国出口额急速增长，这为韩进海运的扩张提供了巨大帮助。韩国出口额 1977 年为 100 亿美元，1995 年增长到 1000 亿美元，到了 2006 年更是达到了 3000 亿美元。

3. 扩张：第三代"掌门人"崔恩英

赵书镐继承了韩进海运 3 年后，也就是 2006 年，突然过世。赵书镐的妻子崔恩英因继承权成为韩进海运的第三任会长。

---

① 曹戎，刘俊：《韩进海运破产反思录》，《航运交易公报》，2016 年 10 月。
② 李国峰：《韩进破产拖累韩国"海洋梦"——航运史上最大破产案引发全球海运物流大混乱》，《文汇报》，2016 年 9 月 9 日，第 004 版。
③ 马也：《从汉江奇迹到韩进破产，两个韩国背后的冷思考》，扑克投资家，2017-02-03。

崔恩英完全可以用身世显赫、含着钻石出生来形容,她的父亲是CY集团(原南京集团)的会长,舅舅是乐天集团的会长,她嫁给了赵书镐后又多了个头衔——"财阀儿媳"。加入赵家后,崔恩英一直在家做"专职主妇"直到其夫去世,以继承人身份入主韩进海运,成了韩进海运的最高经营者[1]。

(1)形势大好。

崔恩英执掌头两年正值国际海运形势一片大好,韩进海运也度过了一段美好时光,2009年,韩进海运发展成为集团公司。韩进海运逐步确立和明确了其使命、愿景与口号。

韩进使命——"We move global trade"。全世界贸易量的90%都是通过大海进行的。海上运输是Global Trade的中心,是为了让人类更富饶的产业。韩进海运则是为搞活Global Trade,让全世界人的生活更丰饶而存在的企业。为实现运输企业也是前沿物流企业的使命,韩进海运要超越海运向着物流事业不断扩张价值链。

韩进愿景——"The Global Logistics Leader"。包含了超越海运业,成为物流领域的Global Leader的公司愿景和全体任职人员的意志。这是韩进海运最终想要呈现的面貌,也是为了实现"We move global trade"任务的必需目标。

韩进口号——无论多么广阔的大海,都无法承载韩进海运的未来。"Beyond the Ocean"是蕴含超越五大洋,将五大洋、六大洲结合起来的韩进海运员工们的热情和开拓精神的口号。

(2)三大决策。

2001年开始,经济全球化步入高速发展的轨道,这集中体现在大规模的货物流动上,而海运承担了绝大部分的国际间贸易往来运输。据统计,2001—2006年世界货物出口规模从6.2万亿美元增加到12.1万亿美元,年均增长率高达14.3%,几乎是同期世界各国国内生产总值年均增长率的3倍。2001—2006年,世界贸易依存度从48.4%提高到60.8%,其中出口依存度从24.1%提高到30.6%。正是在如此强劲的经济发展环境下,世界航运自2003年以来,连续5年强势增长,航运市场原有的季节性变化规律——波谷长、波峰短,随着"谷物贸易"的季节性变化,在逐渐消失。这种持续性的航运高点不但前所未有,而且仍在继续攀升。2007年10月,波罗的海综合运费指数(BDI)首破万点大关,创下该指数自成立以来的最高纪录!种种迹象表明,世界航运的确处于前所未见的历史高点[2]。

早在2003年,韩进海运的集装箱运输总量已居世界第6位,2006年年初,韩进海运运力达328794 TEU,占全球运力总量的3.6%。2004年,韩进海运全年营业额60.22亿美元,盈利达6.613亿美元;2005年,韩进海运全年营业额达58亿美元,盈利4.96亿美元;2006年营业额63.5亿美元,盈利4.73184亿美元;2007年,营业额达69.5亿美元,实现盈利2.68亿美元。

趁着形势大好,崔恩英上任后在两年内相继做了三大重要的战略决策。

一是造大船扩张:2006—2007年,全球航运市场繁荣,世界航运巨头从马士基到地中海航运公司,再到中远集团、中海集团,全都加速运力投放,尤其是大型船舶的市场投

---

[1] 李国峰:《韩进破产拖累韩国"海洋梦"——航运史上最大破产案引发全球海运物流大混乱》,《文汇报》,2016年9月9日,第004版。

[2] 安飞:《世界航运高位动荡》,《中国船检》,2007年11月。

放。航运巨头在干线运输细分市场的竞争极为激烈，实力稍逊的韩进海运在与马士基、地中海以及达飞轮船的竞争中难免处于下风（全球十大班轮公司运力比较见附录2）。在考虑到大型船舶拥有规模化优势的前提是船舶的舱容利用率应保持在高位，通常至少要维持在92%以上，以及港口与航道适应性方面的短板决定了大型船舶只能在全球范围内为数不多的枢纽型港口间从事干线货物运输的因素之后。2006—2007年，为了发挥大型船舶才拥有的规模化优势，韩进海运开始全面扩张运力，订造大船。韩进是率先考虑发展大船的航运公司之一，金融危机前订造了一批当时世界上最大的10000 TEU型船。

据不完全统计，韩进海运破产前以"万箱船"和好望角型散货船为代表的大型船舶在其总运力中所占比例达60%以上[1]。

二是长期租船： 2006—2007年，世界经济欣欣向荣，全球航运业持续向好，韩进海运带着对航运业未来乐观的心态，开始扩张运力。特别是2008年和2009年崔恩英主导了许多长达10年期的租船合约。比如韩进海运船主之一的SEASPAN公司，该公司拥有一份为期10年的合同，每一艘韩进海运船日均为SEASPAN公司提供4.3万美元租金。2006—2007年，崔恩英的长期租船战略使得韩进海运保有的100多艘各类船舶中有90艘左右是租赁而来。

三是大举投资： 为了克服土地限制、劳动力缺乏等劣势，发挥韩国企业优秀的技术、丰富的经验、稳定的客户群体、发展中国家廉价的劳动力成本，以及新建修造船厂的高规格设备和政府的政策优惠等优势[2]，除了造大船、长期租船，崔恩英还运用海外投资战略，大举投资各项事业，投资项目包括修船造船行业、收购码头、收购船公司（见附录3 韩进海运发展大事记）。

韩进海运为了实施这三大扩张战略，专门成立了以崔恩英为首的由家族成员组成的战略推进委员会，并在公司内部发文做了战略发动，号召全体员工齐心协力，为韩进海运获得更快的发展、更高的世界海运地位而努力。这期间韩进海运全球员工完全相信公司能够通过快速扩张取得更大的成就[3]。

为了把韩进海运的三大战略决策落地，韩进海运制订了分阶段年度计划，即主要集中在2006—2010年的每年战略目标、财务部门的融资策略、与政府的沟通等措施。然后把造大船决策分解到公司企划部，把长期大量租船决策分解到租船部门，把投资有形资产决策分解到海外投资部门。在每个部门的共同努力下，公司战略得到了迅速准确的执行。如造大船决策的执行：2006年订造一艘10000 TEU大船，2010年交付；2012年交付一艘13000 TEU大船。从2012年到2013年，韩进海运共接收9艘这样的大船。

韩进海运公司多年沉淀下来的中层职业经理人管理能力，以客户需求为导向迅速执行的企业文化，在韩国银行界具有的良好信誉（韩进海运将近70%的银行负债是来自韩国国家产业银行），以及韩进海运员工具有极高的职业素养等要素，使韩进海运三大战略决策迅速内化为公司的制度化工作，并得到有序稳步推进。对于崔恩英来说，一切都来得轻松容易，战略决策的执行准确到位，这让她感到管理企业原来没有想象的那么复杂和艰难。

---

[1] 曹戎，刘俊：《韩进海运破产反思录》，《航运交易公报》，2016年10月。
[2] 孙建森，韩光：《成本驱动韩国船企布局海外——以韩进菲律宾船厂为例》，《船舶物资与市场》，2010年5月。
[3] Jonna Pauli, Mathias Wolf. Hanjin Shipping: Slow-Steaming into Bankrupcy Cause and Effects[D]. University of Gothenburg, School of Business, Economics and Law, 2017.

在随后的战略控制与评估阶段,崔恩英就把责任交给了战略推进委员会,而自己更多地关注未来扩张的新方向。

(3)形势转折。

不曾料到的是:到2008年,始于美国的次贷危机,很快就把经济萧条扫遍全世界,并波及航运市场。金融危机导致货运需求减少,航运运费极速下跌。以SCFI指数(上海出口集装箱运价指数)为例,2010年为1367点,2014年为1072点,到了2016年1月份降到了591点。而BDI(波罗的海干散货指数)下降得更为明显,由2010年的2758点下降到2016年的317点。

甚至到了2012年,韩进海运都一直处于亏损状态。尽管2010年全球贸易开始复苏,2011—2014年全球贸易额已经超过2008年水准,2012年12月韩进海运成为韩国第一家实现销售总额10兆韩元的航运公司,2013年全球海运市场占有率更是达到了3.5%,但韩进海运依然亏损,2011—2014年净利亏损分别是8354亿韩元、6505亿韩元、7066亿韩元和4477亿韩元[①]。

4. 崩塌:第四代"掌门人"赵亮镐

赵亮镐在接手韩进海运之前。作为韩进集团(集团简介及业务见附录4和附录5)的一名成员,韩进海运已经成为一个全球化的运输和物流公司。韩进海运拥有现代化的集装箱船、特种气体罐装船和散装船在内的123艘船只及10座设备完善的现代化集装箱码头。通过在全世界53个国家设立的200余家代表处和代理处,韩进的全球服务网络覆盖了包括6大洲35个国家的75个主要港口在内的6000多个城市。

到2012年,韩进在崔恩英的执掌下逐步陷入经济危机,作为长子的赵亮镐出于对家族企业的责任,于2013年向韩进海运注资2500亿韩元获得部分股权。而在此之前和之后,赵亮镐也向韩进海运注资多次。到2016年,近十年间,赵亮镐的大韩航空共向韩进海运注资约2万亿韩元,截至2017年,大韩航空拥有韩进海运33.23%的股权。到2014年,支撑不下去的崔恩英最终将经营权让渡给赵亮镐。赵亮镐成为韩进海运的第四代"掌门人"。

赵亮镐接手韩进海运以后。抱着拯救韩进海运的雄心,期望韩进海运能东山再起。但没想到的是,看似规模庞大、不断发展的韩进海运实际上已经是一张年久失修的地毯了。赵亮镐接手韩进海运之后发现,这张地毯早已支离破碎、千疮百孔,处于风雨飘摇之中了。

(1)外部环境。

经济与政治[②]

2015年,韩国GDP增长2.6%,同时进出口总额下降约12.3%,经济形势不容乐观。韩国企划财政部长官柳一镐表示,2016年下半年,韩国国内外经济形势不利,面临国内结构性问题及全球经济复苏乏力等挑战。对此,韩国政府正寻求通过积极的财政巩固措施,解决出口疲软、国内消费低迷等问题。韩国经济随着"气温"的走低进入"多事之秋"。自从2016年7月8日韩国政府宣布同意美军部署"萨德"反导系统以来,中韩关系

---

① 白庆虹:《韩进困局》,《中国水运报》,2016年10月10日。
② 华云:《陨落的韩进 破碎的韩国"海洋大国梦"》,观察者网。

遇冷，中韩间经贸往来也受到影响。

不仅如此，韩国企业巨头状况频出，坏消息一个接一个。2016 年 8 月底，乐天集团非法集资案又有新进展，其二号人物、副会长李仁源在首尔自缢身亡。9 月初，大宇造船曝出面临严重困境，甚至可能破产的新闻，这给韩国银行带来 118.9 亿美元的巨额损失。韩国最负盛名的三星集团，旗下最新版旗舰手机由于电池板问题，已造成数十起爆炸事件，全球已售手机面临召回，企业经营效益和形象遭受双重打击。韩国的整体经济走势令人担忧。

社会与文化

韩国经济今天的发展，跟韩国政府在 1988 年之前，对家族财阀的大力支持是分不开的。财阀即韩国家族企业发展起来的集团公司，是国民经济的支柱。根据相关数据显示，财阀企业贡献了韩国 50% 以上的 GDP。甚至可以说，韩国经济就是财阀经济。由政治扶持引出的家族财阀文化，即使在 1989 年之后韩国政府刻意减少了扶持力度的背景下，还深深地烙印在韩国企业文化中。韩进海运在韩国的影响力极大，在海运业占据韩国的半壁江山，很多韩国海运圈子的人不是韩进海运的员工，就是韩进海运的前员工。因此，当韩进海运与政府产业银行谈判时，那种"我怎么可能倒？""你怎么可能让我倒？"的心态弥漫在整个公司中。

技术变化

2014 年之后，最新的人工智能、3D 打印、物联网、新能源、VR 等技术在造船业开始广泛应用，无人驾驶船舶、电子海图、风能、氢气燃料船等不断从船厂进入航运市场。全球能源消耗结构的变化，促使船公司开始考虑船舶新能源的问题（见附录 6）。船舶继续以令人难以置信的速度大型化，22000 TEU 的船舶开始进入人们的视野。集装箱船舶造船技术更新越来越快，造价越来越高，每一载重吨的造价越来越便宜，而使用寿命却越来越短。

韩国造船业曾一度在世界称霸，但是随着中国技术的赶超，韩国的世界造船订单霸主地位逐步被中国取代。2017 年全球累计造船新接订单量为 1951 万修正总吨（CGT），同比增加 783 万修正总吨。其中，排名首位的是中国（713 万修正总吨），韩国和日本分别以 574 万修正总吨和 182 万修正总吨的数据分列第 2、第 3 位。中国的市场份额达到 36.3%，比韩国（29.4%）高出近 7 个百分点[①]。这也是影响韩进集团整体实力的因素之一。

（2）行业状况。

海运周期。从历史来看，海运业是周期明显的行业。从繁荣到衰退的周期看，平均周期长度为 10.7 年，繁荣期与衰退期之比 1∶1.5。从 1911 年到 2011 年的 100 年间，全球航运业繁荣期只有 40 年，其他 60 年是衰退期。除了 1988—1997 年，具有 10 年连续繁荣期，其他的繁荣期基本上都在 1~3 年，而衰退期平均在 5~6 年的时间，最长的一次衰退期是 1958—1969 年的 12 年。实际情况却是，全球海运从 2008 年开始，在经历了将近 10 年的衰退期之后，形势依然严峻。有行业晴雨表之称的波罗的海干散货运价指数（见附录 7）在 2016 年年初一度跌破 400 点，这是自有记录以来的历史最低点。在运力过剩、运费低廉的大环境下，几乎所有航运巨头都面临困境（见附录 8、附录 9、附录 10、附录 11）。全球最大的集装箱班轮公司马士基集团 2016 年亏损 19 亿美元，为该集团自 2009 年首次年度亏

---

① 海外网：《中国造船业反超韩国成全球第一韩媒哀叹不已》，2018-03-21。

损后的第二次亏损。重组后的中国远洋2016年前三季度亏损92.2亿元。另外，全球第14大航运商韩国现代商船在2016年努力与债权人达成协议之后，才逃脱了倒闭的"厄运"。

行业结构。 全球海运是一个高度寡头垄断的行业。截至2017年12月，全球运力排名前20的班轮公司占有全球市场份额的85.7%，干散货、油运等市场存在同样的市场集中度。相对于散杂货船公司，集装箱班轮运输除了服务提供者众多、服务竞争同质化、信息对称、价格战激烈之外，还有竞争者进出市场壁垒较高的特点。海运业具有半国防的性质，决定了海运行业的竞争不仅仅是公司之间的竞争，很多国家对其海运船队的补贴支持，也恰恰是加剧海运竞争的助推器。

竞争与联盟。 短暂的繁荣期，竞争对手的同质化竞争，运力投放市场的过剩，货主的强势地位，政府背后的推波助澜，把海运价格战升级到"负运费"的荒唐境地，目的就是把竞争对手挤出市场。19世纪末，国际航运竞争日益激烈，为避免因竞相竞争跌价争揽货源而损害各自的利益，1875年，7家英国航运公司组成联合王国——加尔各答班轮公会。班轮公会的任务是规定共同遵守的最低运价；通过对船舶发航次数、船舶吨位和挂靠港口的限制，控制会员公司之间的竞争；采用折扣、回扣、延期回扣和合同优惠等办法给货主一定优惠，以控制货源，排挤会外航运公司和垄断航线上的班轮业务。随着班轮公会卡特尔嫌疑的变大，班轮公会逐步被航运联盟取代。G6联盟于2011年年底成立，2012年3月在亚欧和地中海贸易航线上正式开始运营，成员包括美国总统轮船、赫伯罗特、现代商船、商船三井、日本邮船和东方海外。2014年2月，全球集装箱航运业五大巨头——中远集运、川崎汽船、阳明海运、韩进海运和长荣海运联合组建CKYHE联盟。2014年10月10日，全球市场占有率排名前两位的马士基和地中海航运，组建成立2M联盟。被从P3里踢出局的法国达飞和中海集运、阿拉伯联合国家轮船（UASC）也快速形成了O3联盟（Ocean Three）。到2016年5月，四大联盟随后演变成了三大联盟，即THE Alliance，2M，Ocean Alliance。这些联盟公司，除了运价不能串通之外，在舱位、运力、航线、码头等方面进行全方位合作来抱团取暖。以马士基为例，组建2M联盟后，马士基航运于2016年12月1日正式宣布收购全球第7大航商汉堡南美，随后，开始在全球范围内甩卖码头。

货主议价能力。 在全球海运运力过剩的背景下，作为客户的货主的讨价还价能力空前膨胀。除世界500强企业需要考虑低碳环保等绿色指标作为企业社会责任报告的亮点外，绝大部分的货主或制造企业最关心的还是运价。因此，在基本海运安全能够保证，甚至不需要保证（因为都已投保各种海运险）的前提下，价格就成了船公司唯一、直接的竞争手段。于是，**船公司竞争焦点就在谁的运营效率更高，谁的运营成本更低上。**

产业生态圈。 随着产业深度发展，港航物流生态圈中延伸服务业的规模和利润，也发生了一些变化（见附录12）。信息及IT服务，作为新兴的服务产业，在港航生态圈中的附加值不断增加。以上海港为例，信息及IT服务销售规模只占整个行业的2%，但利润却要占到整个行业的16%。金融、保险等高端服务业的附加值迅速提升。传统的订舱、货代、仓储、汽运等，尽管规模占整个行业很大，但利润却普遍不高。这也导致一些船公司花大力气开发IT服务，其中最有名的就是东方海外（OOCL）开发的整套运营软件，它们不仅自己使用，还开高价卖给了原来的中海集团使用。

（3）内部经营。

债权人。对于韩进海运的经营不力，韩进集团已经甩手，但韩进海运的债权人也不想接这烫手的山芋。尽管韩进海运在2016年5月与债权人签订了3个月的附加条件——债权团共同管理协议，但韩进海运债权人将自救方案的资金规模从6000—7000亿韩元提升至1万亿韩元以上。债权人明知韩进集团的资金实力不足，依然延长共同管理协议。迟迟不肯拿出进行结构调整的解决方案，只是一味地对韩进集团施压。

管理层。韩进的经营模式是韩国企业由来已久的经营套路——家族世袭管理模式。财阀集团呈现出"章鱼"式发展，涉足多个行业，成立多个子公司。崔恩英卸任后，老大赵亮镐接管了韩进海运。但赵亮镐一贯立场强硬，多次拒绝韩国产业银行要求其注资的要求，以致重组谈判进展困难。面对负债与经营困境，赵亮镐想到求助其兄弟赵南镐，但是无奈家族矛盾积怨已深，赵南镐尽管财力雄厚，却迟迟不肯出手援助。到2016年4月，在严重的财务危机之下，赵氏家族不得不放弃韩进海运的控制权，申请债权团共同管理。而债权人在共同管理中又几乎不作为，韩进海运管理层呈现一度混乱的局面。

流动资金。集装箱船大型化的速度超乎所有人的预料，在2010年，交付2006年订造的大型船舶时，当时最大的船已经是14000 TEU了，到了2016年，最大的集装箱船已经发展到22000 TEU了。而造船市场的低迷使得22000 TEU的船造价和2006年10000 TEU的造价差不多。到2010年时，这批新船的价值和2006年订造时相比已经折半，而低迷的运费甚至不能涵盖其融资成本。每条新交付的船舶都给韩进海运增加了一条流血的伤口。

在2007—2009年间，韩进和不少船东签订了10年期的租约。以2015年的行情看，这些租金都2倍于市场租金水平。而租用的船舶占韩进船队总数的2/3以上。

2007年韩进海运投资了越南西贡新港码头项目，到2011年正式启用；2007年在舟山的衢山岛投资修船厂，即现在的浙江东邦修造船厂，2009年开始运营；2008年并购Keoyang航运，建立散货运输的子公司；2009年投资了西班牙阿尔赫希拉斯集装箱专用码头，2010年投入使用。

上述这些项目基本上耗尽了韩进海运的流动资金。加上韩进海运以多次出售公司债券来满足银行因为害怕而向韩进海运提出的提前还贷要求，导致公司融资成本迅速提高。到2015年年底，韩进海运的负债率已经达到了847.8%，而同期马士基的负债率仅24%。韩进海运历年短期、长期负债以及资产负债率表见附录13。

重组过程。为了应对糟糕的环境及自身问题，韩进海运决定进行重组。但却面临两大阻碍致使重组计划破产：一是韩进海运面临超过10亿美元的流动资金短缺。此前债权人一直要求母公司注资4000亿韩元（约合人民币24.6亿元），帮助韩进海运解决部分资金流动性问题。但这一请求没有得到韩进集团的支持。二是韩进海运的船队减租谈判一直不顺利。韩进海运总裁Tai-Soo Suk曾在一份公开信中表示，韩进海运的租船费率谈判主要涉及22家船东，谈判目标是把未来3年半内需要支付的22.49亿美元租金下调30%。然而船东塞斯潘航运集团已明确拒绝韩进海运的减租请求，致使韩进海运加速亏损。截至

2016 年前三季度,韩进海运累计亏损 3.4 万亿韩元(约合 29 亿美元)[1]。

赵亮镐的自救。实际上,从 2008 年以后,处境的艰难并没有打垮韩进海运,赵亮镐等股东与其他债权人一直在努力改善公司的艰难状况,并且也取得了一定的成果,比如负债比率从 2013 年的 1462.5% 降低到了 2015 年的 847.8%[2]。与船主谈判降低租船费,虽然进行得艰难,但还是在一定程度上降低了租船费。还通过卖出一些老旧船只等资产降低负债。

2016 年年初,为解决资金问题,提高资金流动性,韩进海运出售其部分地区的办公楼、码头和股权[3]。2016 年 3 月份,韩进海运以 6670 亿韩元(约合 5720 万美元)将其位于伦敦的办公楼出售给英国一家房地产投资公司;4 月份,韩进海运出售 H-Line 剩余股份获得 340 亿韩元(约合 2960 万美元)资金;7 月份,出售其在越南头顿省新港盖梅国际码头(TCIT)的 21% 股权,获得 377 亿韩元(约合 3280 万美元)的资金;8 月份,韩进海运出售其所持有的 Total 国际码头(TTI)股份,资产价值约为 1000 亿韩元(约合 9150 万美元)[4]。

2016 年 9 月 9 日,韩进集团会长赵亮镐宣布筹集私人财产 400 亿韩元以及大韩航空 600 亿韩元合计 1000 亿韩元的资金支援韩进海运。9 月 13 日,赵亮镐会长 400 亿韩元的个人财产已经就位,而大韩航空的 600 亿韩元几经波折依然未能就位。截至 9 月 19 日,大韩航空董事会就 600 亿韩元资金支援的具体方案问题仍未达成共识。而仅仅解决韩进海运的物流混乱问题,最少需要 1700 亿韩元[5]。

崩塌。在赵亮镐接手韩进海运以后,韩国国内一些业界人士预测韩进海运会东山再起。尽管在 2015 年上半年韩进海运终于有点儿起色,赚了 30 亿韩元,然而到了 2016 年,截至 6 月 30 日,仅上半年营收就亏损了 3700 亿韩元左右。赚钱才赚几十亿韩元,一亏就是几千亿韩元,亏多盈少,赵亮镐终于也支撑不住了。2016 年 4 月,赵亮镐向债权人提交了包括放弃经营权和共同管理申请的谅解备忘录。其后赵亮镐正式放弃了会长的位置。十年间,赵亮镐的大韩航空共向韩进海运注资约 2 万亿韩元,截止破产前为止,大韩航空拥有韩进海运 33.23% 的股权。赵亮镐为了让韩进海运生存下去也是煞费苦心,不过最终还是填不满韩进海运这个"天坑"。

历经四代,从发家至崩塌,辉煌一时的韩进海运最终仍逃不过陨落的命运,眼看它起高楼,眼看它楼塌了,留下一片唏嘘,让人感慨,韩进海运迷失所为何?崩塌所为何?

附录 1:韩进海运破产时间轴

2016 年 8 月 30 日,上午结束的包括韩国产业银行在内的针对是否继续对韩进海运追加资金支援的债权团会议,已拒绝继续向韩进海运追加资金支援,韩进海运将要开始接受破产管理,同时下午开始停牌禁止股票交易。

2016 年 8 月 31 日,韩进海运向首尔中央地方法院提交申请法定管理(寻求破产保

---

[1] 马也:《从汉江奇迹到韩进破产,两个韩国背后的冷思考》,扑克投资家,2017-02-03。
[2] 知乎:《如何理解航运业巨头韩进海运破产?全球航运业在一个衰落期吗?》,2017-03-01。
[3] 央广网:《韩进海运走上破产重组之路开始变卖资产》,2016-12-29。
[4] 陶短房:《韩进海运破产,一叶而知天下秋?》,《南方都市报》,2016 年 09 月 06 日。
[5] 曹戎,刘俊:《韩进海运破产反思录》,《航运交易公报》,2016 年 10 月。

护），要求法院冻结其资产。

2016年9月2日，韩国首尔中央法院表示决不让其破产，政府、银行、韩进集团将一起注资，其中韩进集团将注资7000亿韩元（合6.3亿美金）。撤线保留精品航线，更换CEO。

2016年9月5日，韩进海运复牌，股价跌30%。此前韩进的股价曾跌至870韩元，自2009年12月以来低位。

2016年9月6日，韩国政府表示，将向韩进海运提供1000亿韩元以上的担保贷款。当天，韩进集团也宣布将自行筹措1000亿韩元（约合9100万美元），为韩进海运进港卸货提供协助，从而尽可能减少带给进出口商的损失。

2016年9月10日，大韩航空也向韩进海运提供5400万美元资金援助获批，为换取大韩航空的资金支持，韩进海运不得不把长滩港码头的所有权作为抵押。

2016年9月11日，韩国政府决定，将向与韩进海运签约而遭受损失的中小运输代理企业提供4000亿韩元（1美元约合1108韩元）的紧急金融支援，帮助相关企业渡过难关。

2016年9月14日，韩进海运发言人表示，韩进集团董事长赵亮镐已向韩进海运的银行账户转账400亿韩元，以协助这家处于困境的公司支付卸货和使用港口码头的费用。韩进海运前董事长崔恩英也承诺，将在数日内向韩进海运提供100亿韩元的私人资金。

2016年9月15日，陷入财务困难的韩进海运，在船东急着抛售下，已有3艘货船售出，预料未来数周还有37艘货船将脱手。

2016年9月16日，尽管受韩进海运破产影响的主要为集运市场，但这一事件同样将影响散运市场。根据韩进海运最新季度财报，该公司共管理约56艘散货船和油船，不过Alphaliner表示，该公司实际运营的散货船和油船为44艘。

2017年2月2日，韩进海运发布公示消息称，首尔中央地方法院破产部当日通知公司，决定正式停止对韩进海运的法定管理，在征求债权人等的意见后，于17日启动破产清算程序。

附录2：2006年全球十大班轮公司运力及市场份额

船公司	运力/TEU	市场份额
A.P.摩勒/马士基	1165272	18.2%
地中海船运	784248	8.6%
达飞	547954	5.6%
长荣	477911	5.2%
赫伯罗特	412344	4.5%
中海集运	346493	3.8%
美国总统轮船	331437	3.6%
韩进海运/胜利	328794	3.6%
中远集运	322326	3.5%
日本邮船	302213	3.3%

附录 3：韩进海运发展大事记

1977.05	赵重熏成立韩进集装箱班轮运输公司（HJCL）；
1978.10	开设中东航运集装箱服务；
1979.03	开设北美西岸集装箱运输服务；
1983.09	推出北美太平洋西岸航路每周定期航线服务；
1986.01	开设北美东岸全水航路；
1986.07	推出冷冻集装箱服务；
1986.11	运营西雅图港专用码头；
1987.06	成为韩国首家推出北美大陆 2 车厢装运列车（DST）服务；
1988.12	HJCL 与 KSC 合并更名为韩进海运（HJS）。韩进海运收购当时韩国头号船社——大韩船洲而获得欧洲航线之后，一跃成为韩国最大的航运公司；
1990.11	欧洲地区总部从伦敦迁至汉堡；
1991.01	推出欧洲航线＋北美南西岸航线"钟摆式服务模式"；
1991.03	长滩专用码头开放；
1992.12	引进了韩国第一艘载有 4000 标箱的集装箱货轮，并在同年让韩进海运成为韩国航运公司中首家销售额突破一万亿韩元的公司（约合 60 亿元人民币）；
1995.01	大西洋航路开航，全球服务网络建立；
1995.02	韩进集团收购 Keoyang 航运；
1995.04	开设中国至欧洲直航航线；
1995.09	购买韩国首艘膜结构 LNG 船"韩进平泽"号；
1996.03	雇佣韩国首位女性船员；
1996.06	韩国首艘 5000TEU 型船"韩进伦敦"号投入运营；
1997.02	与 DSR-Senator 公司签订收购合同，韩进海运开始在国际市场有了声誉；
1998.03	与 DSR-Senator、朝阳商船、UASC 缔结联盟关系；
1998.07	应用全球 IT 系统（NIS）；
2000.03	建立 IT 子公司——CyberLogitec Co.Ltd；
2001.04	成立码头运营合作（TTI）；
2001.06	成立韩进物流（HJL）；
2002.09	长滩码头（Pier-T）一期投入运营；
2003.03	与韩进物流合作开展第三方物流服务；
2005.12	将载有 8000 标箱的货轮在泛太平洋航线中投入服务。同年，韩进海运被福布斯评为"亚洲五十大优良企业"，也因此晋升为世界第七大航运公司，跻身全球前十大班轮公司之列；
2006.09	成立船舶管理专业公司（HSM）；
2007.05	在中国衢山岛上建立世界上最大船舶修理厂；
2008.07	与 Keoyang 航运合并，成立以运输散货为中心的船舶子公司；

2009.05　韩进海运新港码头（釜山港新港 2-1 期）开放；
2009.12　成立韩进海运控股公司；
2010.04　开放新一代海运物流 IT 系统（ALPS）；
2010.06　首次引进 10000TEU 型船"韩进韩国"号；
2010.07　西班牙阿尔赫西拉斯集装箱专用码头投入运营；
2011.03　越南新港盖梅国际深水港集装箱专用码头投入运营；
2012.03　验收 13100TEU 型船"Hanjin Sooho"号；
2012.04　CKYH 与长荣海运就亚欧/地中海航线形成联合经营；
2012.12　实现历史上首次年销售额达到 10 万亿韩元；
2014.03　长荣海运加入 CKYH 组建成 CKYHE；
2014.04　赵亮镐当选为董事长和首席执行官；
2015.03　联合现代商船和阳明海运推出新的远东至南美洲服务航线；
2015.10　韩进海运弃散攻集。出售其所持 H-Line 22.2% 的股权，H-Line 业务为散货及 LNG 运输，韩进海运将其股权全部出售，意味着韩进海运决定撤离散货和 LNG 运输领域，将主攻集运业务；
2016.05　与赫伯罗特、日本邮船、商船三井、川崎汽船、阳明海运宣布组建新联盟"THE ALLIANCE"；
2016.08　申请破产保护。

附录 4：母公司韩进集团

韩进集团成立于 1945 年，是世界物流界巨头之一，世界 500 强企业之一，拥有遍布世界各大主要港口的集装箱船舶、航线和先进的物流网络。提供海、陆、空的各种运输业务，运输部占营运额的 70% 以上，并不断扩展其全球业务，以物流为主业向多元化发展。韩进集团主要通过旗下的三大子公司：韩进陆路运输公司、韩进海运公司和大韩航空公司，形成了海、陆、空多式联运的规模效应，并为客户提供全方位的物流服务，拥有 2.5 万名职员。

三大集团战略业务群如下表所示。

三大集团战略业务群比较表

集团	战略业务群
韩进集团	✓ 韩进海运公司 ✓ 大韩航空公司 ✓ 韩进陆路运输公司 ✓ 机场管理服务公司 ✓ TOPAS 大韩酒店 ✓ IT 公司（包括 Information & Communication，Hanjin Information Systems and Telecommunications，CyberSky，Uniconverse 等公司），货物跟踪公司（TRAXON KOREA） ✓ 韩进重工（全球排名第十，2015 年销售收入 25 亿美元）

续表

集团	战略业务群
中国远洋海运集团公司的6+1战略	✓ 航运产业集群（集装箱运输、码头投资经营、油轮运输、液化天然气运输、干散货运输和客轮运输业务） ✓ 物流产业集群（包括工程物流、货运代理、仓储网络、多式联运、船舶代理等业务） ✓ 航运金融产业集群（包括船舶租赁、航运保险、供应链金融、物流园区投资、股权投资和以"一带一路"基础设施投资为主的资产投资） ✓ 装备制造产业集群（包括船舶制造、海洋工程制造、船舶维修和集装箱制造等业务） ✓ 航运服务产业集群（包括船舶管理、船员管理、船舶备件采购、通导技术管理和燃料、物料供应等业务） ✓ 社会化产业集群（包括地产资源开发，酒店管理，医院，学校等社会化服务业务） ✓ 互联网+相关业务（基于商业模式创新的互联网+相关业务将以大数据的高品质服务新业态）
马士基集团（2017年8月31日前）	✓ 航运 ✓ 港口 ✓ 钻井平台 ✓ 石油勘探

资料来源：作者根据官方网站资料整理而成。

附录5：韩进海运的具体业务

（1）集装箱服务。

美洲线服务。为了扩大在跨太平洋贸易方面的服务网络，为了加大舱位来满足市场的需要，韩进海运非常自豪地在美国地区引进先进的和多样化的服务。

欧洲和美欧航线服务。在固定的时间表下，韩进的新航线更频繁地加强了远东和欧洲地区的联系，同时覆盖了中欧、东欧和地中海地区。另外，韩进还在每周分别提供到亚洲、中东和欧洲地区的航线。

东南亚和澳大利亚航线服务。为满足快速并稳步增长的内港客户需要，韩进提供更广泛的服务。

冷冻箱服务。韩进海运为客户提供冷藏集装箱服务以表示我们对客户最诚挚的服务。持续不断的冷藏集装箱运输确保货物的新鲜，在最好的条件下到达目的地。韩进的计算机控制系统也提供给客户快捷、方便、安全、低成本的运输保障。

（2）散货服务。

韩进散货销售与市场中心由五个部门组成，分别是散货计划部、贸易部、干箱散货贸易部1、干箱散货贸易部2以及罐装箱贸易部。韩进海运正在平稳持续地发展，将会为客户提供更多不同且优良的散货服务。在原有的干箱基础上，韩进海运湿箱散货业务包括液体货，诸如LPG、LNG、天然液化气和其他的原油产品。韩进海运积极地平衡集装箱和散货业务（目前集装箱业务占总量的80%）。

为了更好地平衡和扩展服务范围，韩进海运会不断地用最新的干货船来替换原有旧船，从而提高吨位。同时，韩进海运通过一家新的合资公司开始投身于欧洲散货市场。韩进欧洲散货有限公司从2004年6月1日起开始和Wigham-Richardson实施合作，良好的开端有利于扩张其在欧洲以及全球各个范围的散货业务。

（3）物流商务。

韩进海运是当时世界最大的物流公司之一，主要经营集装箱港口、集装箱堆场和美国境内运输服务。全球性的并配有现代化设备的韩进海运，为客户提供可信赖的优质服务。

（4）电子服务。

电子服务是韩进海运为客户可以在线处理属于自己的海运事务而提供的在线平台。只需简单的点击，客户就能够享受到全年 7 天 24 小时的各种海运服务。并直接运用韩进海运特有的全球网络系统"NIS（新信息系统）"提供即时的海运信息。

附录 6：全球能源消耗结构变化图

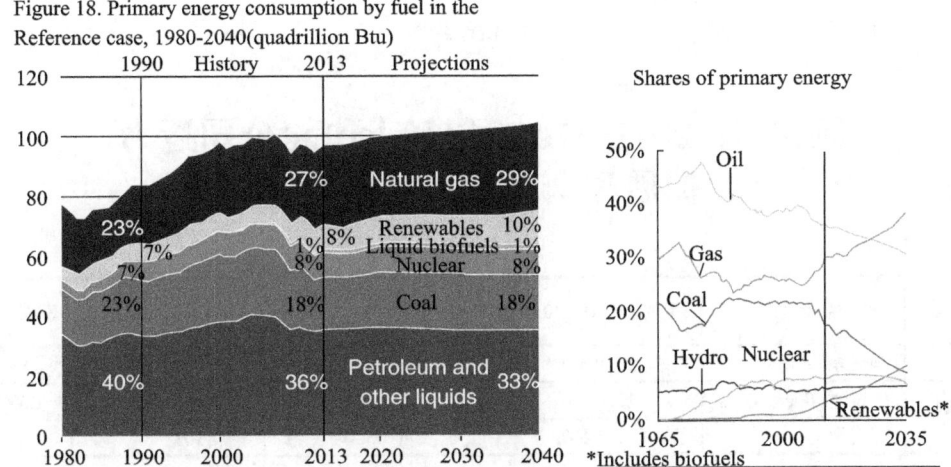

Source: The U.S. Energy Information Administration (EIA) presents energy forecasts for a range of cases in its Annual Energy Outlook.

附录 7：世界散货运价指数（BDI）

波罗的海航交所是世界第一个也是历史最悠久的航运市场。1744 年诞生于伦敦一条名为 Therad Needle 的街上，一家名叫维珍尼亚—马里兰的咖啡馆。目前是设在英国伦敦的世界著名的航运交易所，全球 46 个国家的 656 家公司都是波罗的海航交所的会员。为了满足客户的需要，波罗的海航交所于 1985 年开始发布日运价指数—— BFI，该指数是由若干条传统的干散货船航线的运价，按照各自在航运市场上的重要程度和所占比重构成的综合性指数。1999 年，国际波罗的海综合运费指数（BDI）取代了 BFI，成为代表国际干散货运输市场走势的晴雨表。

波罗的海指数（BDI 指数）是由几条主要航线的即期运费加权计算而成，反映的是即期市场的行情。BDI 指数一向是散装原物料的运费指数，散装船运以运输钢材、纸浆、谷物、煤、矿砂、磷矿石、铝矾土等民生物资及工业原料为主。散装航运业营运状况与全球经济景气荣枯、原物料行情高低息息相关。故波罗的海指数可视为经济领先指标。

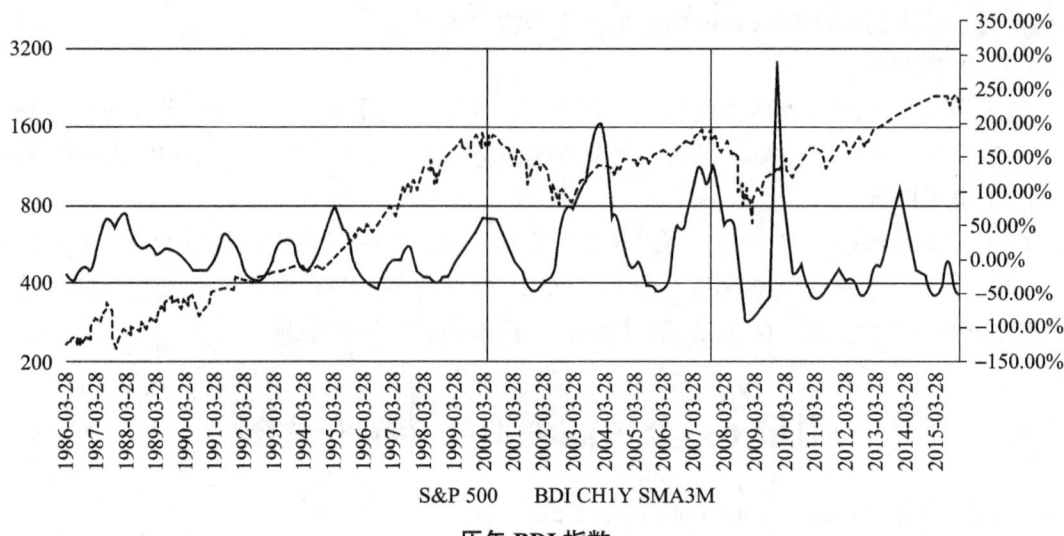

历年 BDI 指数

附录 8：2011—2016 年三大班轮公司运力扩展和全球运力供需对比

全球排名	船公司	运力（TEU）2011 年	运力（TEU）2016 年	船舶（Ships）	份额/%
1	马士基班轮	2500000	3005510	583	14.8%
4	中国远洋海运集团	1226900	1555309	286	7.6%
7	韩进海运	511200	616800	101	3.0%

资料来源：Alphaliner 于 2016 年 3 月 5 日发布数据。

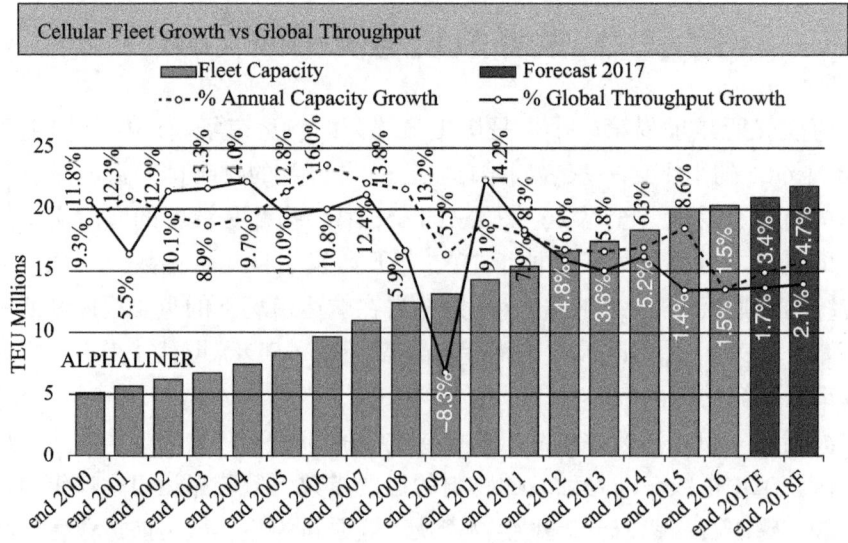

数据来源：Alphaliner。

附录 9：四大班轮公司 2009—2017 年盈利比较

	2009	2010	2011	2012	2013	2014	2015	2016	2017
马士基班轮	−21	26	−5.53	4.61	15	23	13	−3.84	5.41
马士基集团	−10.2	106	33.77	40	37.7	52	9.25	7.11	11.6
韩进海运	−4.25	6.25	−6.94	−5.67	−4.41	−3.86	−6.20	−4.23	−
韩进集团	−	−	−	−	−3.69	22.1	9.624		
现代商船	−4.89	5.80	−4.61	−9.21	−6.73	0.21	−5.25	−7.36	−11
中运集运	−12.3	6.85	−9.91	−3.72	−5.03	0.56	−	20	2.05
中海集运	−10.6	6.85	−4.47	0.85	−4.07	1.63	−		
中国远洋（*ST 远洋）	−12.3	13.1	−17.1	−15.6	0.36	0.56	−		5.41

资料来源：各公司财务报表。
注：负号表示亏损。

附录 10：世界班轮运价波动性分析

集装箱班轮市场作为定期船市场，其运价水平与波动情况相对稳定，随着国际集装箱运输市场的快速发展和市场环境的不断变化，国际集装箱班轮运价的波动开始变得频繁剧烈。根据对中国出口集装箱运价指数（CCFI）历史数据的分析，近年来国际集装箱运价变化呈现出波动周期缩小、波动幅度增大、波动益趋剧烈的特征。

（1）运价波动周期逐渐缩短。

市场竞争程度加剧，运价波动周期缩短。从运价指数完成自低谷到波峰再到低谷的时间周期来看，国际集装箱运输市场的运价波动周期呈现不断缩短的趋势。CCFI 从 1998 年至 2002 年、2002 年至 2006 年，运价波动完成一个周期分别为 45 个月、50 个月的时间；2006 年之后，运价波动周期分别缩短至 39 个月、30 个月、22 个月的时间。

（2）运价波动幅度不断扩大。

从运价指数在各个周期内的波峰、波谷的振荡幅度来看，国际集装箱运输市场的运价波动幅度呈现不断扩大的趋势。分波动周期来看，从 1998 年至 2007 年，运价指数的波峰与波谷的最大振幅基本在 300 点左右；2007 年后运价波动振幅明显扩大，2007 年至 2009 年最大振幅约为 400 点，2009 年至 2010 年最大振幅超过 450 点，2011 年至 2012 年的最大振幅约为 500 点。

（3）运价波动频繁剧烈。

从历年运价周平均波动幅度和最大波动幅度来分析，同为运价变化周期的低谷期，2002 年，CCFI 年平均波动值 0.69%，年内最大波动值为 2.69%；2006 年，平均波动值 0.96%，年内最大波动值为 3.86%；到了 2009 年，平均波动值达到 1.07%，年内最大波动值为 6.14%。在不同运价周期的低谷期，平均波动值、最大波动值呈扩大态势，表明运价的波动趋于频繁剧烈。

从历年运价水平的极差和标准差来分析，同为运价周期变化的高峰期，1999 年、2000 年的单位均值极差、单位均值标准差均分别 0.08 和 0.02。而 2004 年的单位均值极差、单位均值标准差分别为 0.14 和 0.04。2010 年运价高峰期，单位均值极差、单位均值标准差分别为 0.19 和 0.05。在不同运价周期的高峰期，运价极差、标准差呈扩大态势，表明运价稳定性降低。

附录 11：运费指数（CCFI 历史数据）和不同箱量集装箱船运费

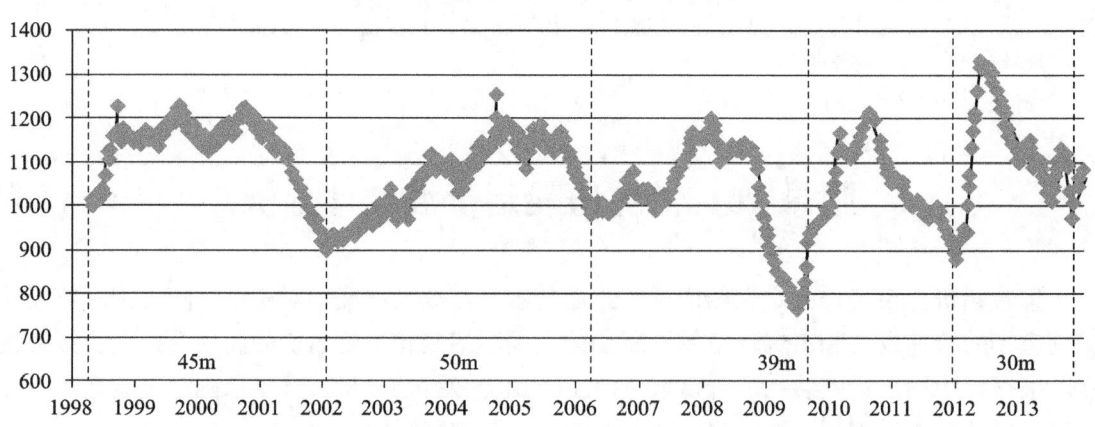

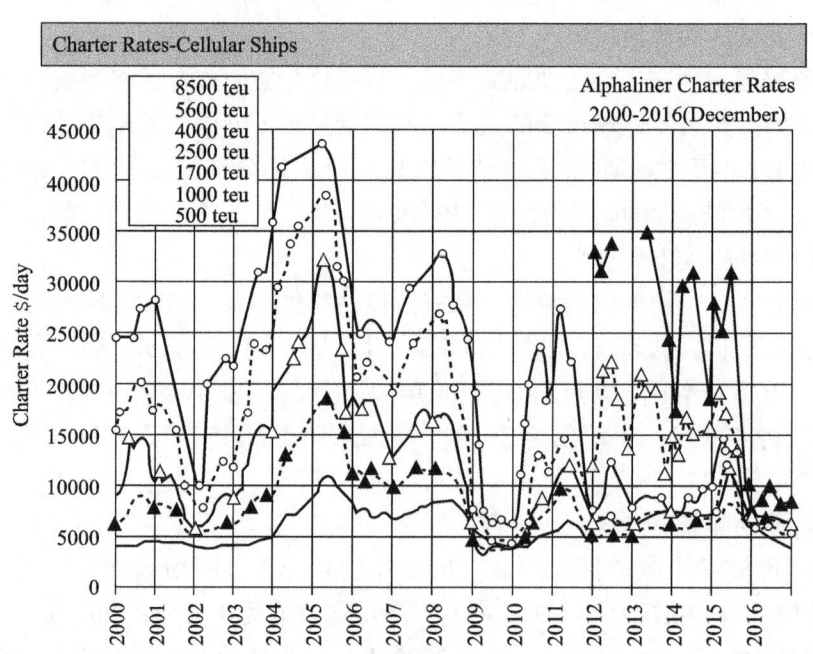

数据来源：Alphaliner。

附录 12：上海港航物流价值链与生态圈

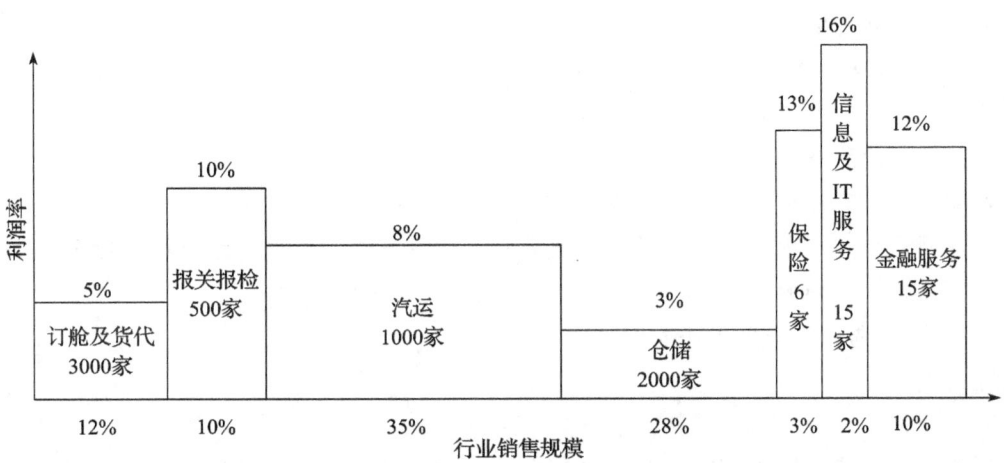

附录 13：韩进海运历年短期、长期负债以及资产负债率表

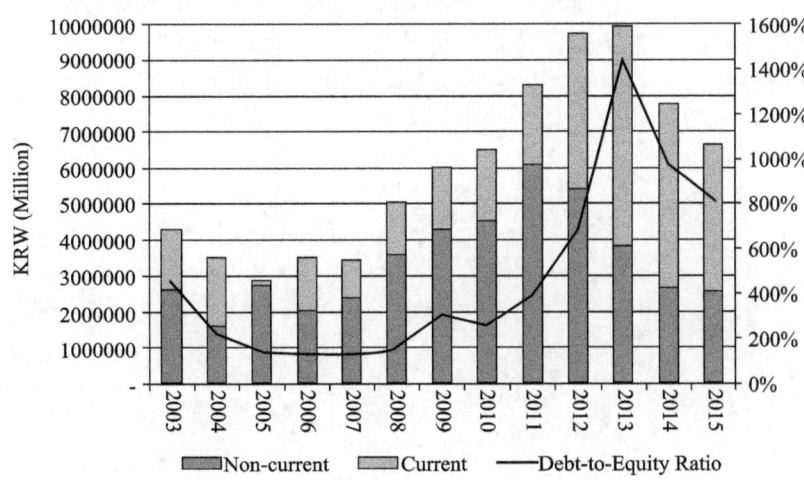

资料来源：Jonna Pauli, Mathias Wolf. Hanjin Shipping: Slow-Steaming into Bankrupcy Cause and Effects [D]. University of Gothenburg, School of Business, Economics and Law, 2017.

复习、理解与应用

本章关键概念

1. 战略先导
2. 基业长青
3. 全战略框架
4. 业务层

5. 企业层
6. 产业层
7. 全球化
8. 竞争分析
9. 升级分析
10. 情景规划
11. 小心选择卓越
12. 愿景

阅读理解

1. 阐述航运服务全战略框架的五个统一。
2. 解释竞争理论中的一般竞争战略。
3. 说明升级分析中的两类市场、两类竞争、两种战略、两种能力分别是什么。
4. 描述情境规划的 18 个步骤。
5. 理解 10 倍速企业的五个特征。

拓展应用

1. 请拓展阅读《战略管理》相关书籍与文献，总结归纳出组织战略规划应该包括的所有内容，包括层次、对象、内容、周期、产生过程、方法、效果等。
2. 随着大众对企业社会责任意识的增强，航运服务企业如何平衡好市场战略与非市场战略之间的关系？
3. 继续阅读马士基集团战略规划的最新文献，请指出马士基的最新发展轨迹是否符合服务全战略框架体系。如果不是，请说明为什么？
4. 请用本章所学知识和思路，分析韩进海运破产的根本原因是什么。

第六章 航运服务组织结构与设计管理

第一节 区域制还是扁平化

组织结构的定义包含 3 个方面的关键要素：一是组织结构决定了组织中的正式报告关系，包括职权层级的数目和主管人员的管理幅度；二是组织结构确定了将个体组合成部门、部门再组合成整个组织的方式；三是组织结构包含了确保跨部门沟通、协作与力量整合的制度设计。上述 3 个要素涉及了组织的纵、横方向。具体地说，前两个要素规定了组织的结构框架，也即纵向的层级，第三个要素则是关于组织成员之间的相互作用关系。一个理想的组织结构应该鼓励成员在必要的时间和地点通过横向联系提供共享的信息和协调。

现有理论成熟的是 7 种基本的结构设计，包括职能型结构、事业部型结构、区域型结构、矩阵型结构、横向型结构、虚拟网络型结构、混合型结构[①]。

在组织结构设计中，两个不同的信息联系方式决定着组织结构的目标：一是以效率为中心的纵向联系型结构，二是以学习为中心的横向联系型结构设计，如图 6-1 所示。其中纵向信息联系型是指用于协调高层和基层间活动的纵向联系，主要是为了组织的控制目的而设计的，它主要通过层级安排、规则与计划纵向信息系统等手段来实现。而横向联系指的就是组织中跨部门横向沟通和协调的程度。它主要通过信息系统、直接接触、任务小组、专职整合人员、团队等方式来实现。

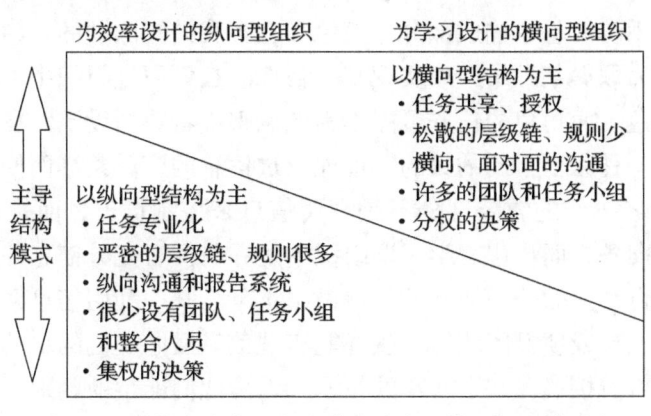

图 6-1 以效率为中心和以学习为中心的组织设计对比

---

① （美）达夫特：《组织理论与设计（第 10 版）》，王凤彬，等译，清华大学出版社，2011 年版。

古典管理思想着眼于使组织像机器般高效、顺畅地运行，因而带来了层级制组织或行政式组织的设立。20世纪80年代之后，随着霍桑试验带来的组织理论的重大转变，善待员工、人员精干、对顾客快速反应和员工激励、关注顾客和高质量的产品受到了重视。从21世纪开始，权变理论开始影响了整个组织设计，也就是说有效的组织必须在其结构和外部的环境条件之间找到一种"最佳状态"。

当前的组织可以看作是正经历着一种从机械式系统向自然生物系统的思想转变。因此，组织的设计原则也开始从关注高效率，向关注解决问题的方向转变。然而，即使是这样的两种原则，在实践中也总是相辅相成的。

一、高效率的区域制

区域制多以纵向型结构为主，是按照工作的相似性而将组织所要进行的活动加以归并和分组的。从促进高效率的生产和技能的纵深发展角度看，这种结构可能是相当有效的。职权层级链为大型组织中的监督和控制提供了一种有力的手段。在以高效率为目标的区域制结构中，职务是分配给一个人的范围狭小的工作，员工被要求照命令做事。基于这种强有力的控制，组织的信息也是垂直逐层传递与分享，高层领导与技术核心层工人们的距离拉大了，从而常常需要设立正式的系统来处理日益增多的庞杂信息，并鉴别出实际成绩与既定标准和目标的偏差。在为高效率的绩效目标而设计的传统组织中，战略是由高层管理者制定，而后在整个组织中推行的；高层经理人员动脑思考组织如何面对竞争而做出最好的反应，如何有效地使用资源和应对环境的变化。以高效率为导向的区域制，容易导致一种僵硬式的思维，以至于组织不能很好地适应外部环境变化。

二、创新性的扁平化

以创新和解决问题为主要目标的学习型组织摒弃了造成组织高层管理者与技术核心层工人间巨大隔离的纵向结构。它是围绕横向的流程或过程，而不是职能部门来创设新的结构。自我管理团队成为学习型组织的基本工作单位。团队包含了来自各职能领域的人员，因此，职能界限实际上消失了。有些时候，组织还取消了部门设置。在学习型组织中，角色则是动态的社会系统的基本构成部分。角色具有自我处置问题的权力和责任，允许员工运用其自主权和能力取得某种结果或实现某一目标。在学习型组织中，员工就在团队或部门中扮演了一个角色，而角色的任务可能不断地调整或者重新设定。在学习型组织中，信息则是服务于另外一种完全不同的目的，也即通过信息的广泛共享而使组织保持一种最佳的运行状态。管理者工作的重要部分不是利用信息来控制员工，而是设法开通沟通的渠道，使各种思想能向各方面传递。学习型组织中是那些拥有充分信息并得到充分授权的员工以其日积月累的行动在为公司战略的发展做出贡献。其中利用信息系统、直接接触、任务小组、专职整合人员或项目团队等手段都能实现信息横向交流的目的。由于所有员工都与顾客、供应商保持着接触，并了解新的技术，因而他们能帮助鉴别顾客的需要并找出解决方案，这样也就能参与战略的制定。而学习型组织中的文化提倡开放、平等、持续的改进和变革。

第二节 航运服务组织结构设计

一、航运运输服务企业

根据对全球排名前 20 的大班轮公司的实例分析及分类汇总，可总结出班轮公司最常见的组织架构，如图 6-2 所示。因此，在航运运输服务企业的组织结构中区域制是其主要设计思路。区域营运中心是班轮公司内部多层管控体系中的一层组织，是班轮公司为适应其国际化、规模化特征而设立的一层组织，以对其区域内的资源进行配置及制定决策。

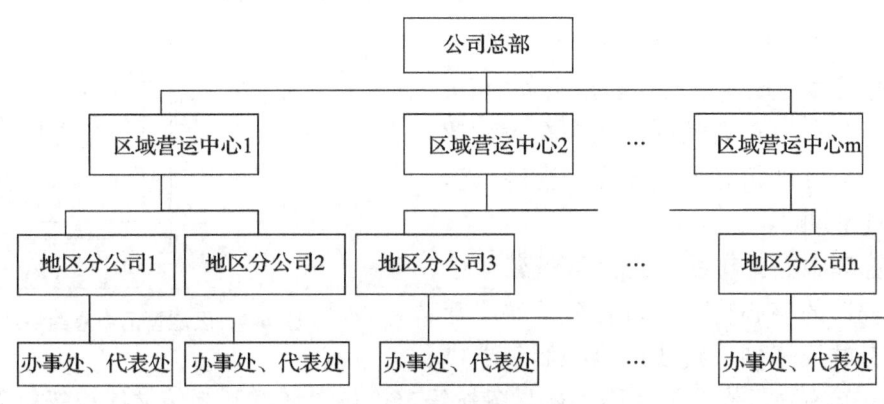

图 6-2 班轮公司组织架构

（一）公司总部

马士基集团主要集中在航运与能源两大领域，有一系列的公司组成，它有四个核心业务，即马士基班轮、APM 码头、马士基石油和马士基石油开采。整个集团雇佣 121000 人，在 2012 年财年收入 590 亿美元。

班轮公司总部或集团总部一般具有五大职能。一是领导，包括制定集团战略方向，公司经营管理业务组合，确定并实施船舶投融资等重要的投资并购活动等；二是绩效获取，包括审核批准区域营运中心的战略目标，监督和管理各中心的运费收取、财务状况，监控集团的运营风险等；三是资源调配与整合，包括制定和实施区域营运中心之间的资源共享机制，整合船舶、资金管理、销售渠道和供应链，核心人才和能力的培养；四是一些关键的公司活动，包括股东关系管理、公共关系管理、集团危机管理等；五是提供服务和专家支持，包括信息技术支持、保险、人事财务处理、政策咨询等。可以说，班轮公司总部与一般的企业总部所具有的基本功能并无大的区别，仅仅需要指出的是，部分航运企业仅涉足班轮运输业务，班轮公司总部的管理范围仅仅在集装箱业务上，如地中海航运、太平船务等；而大部分航运企业则采取多元化经营的形式，企业集团总部兼具班轮总部的部分功能特征，如中远、中海、川崎、日邮等。

（二）区域营运中心

设立区域营运中心是班轮运输业所具有的特色，班轮公司因其运输网络庞大而复杂，基本上都采取了区域营运中心的管控模式，实现区域内的集中管理。通过对班轮公司区域营运中心的比较研究，其核心的功能可归纳为对其区域内的资源进行配置及制定决策。

从图6-3可知，班轮航运公司区域营运中心的组织结构主要是职能结构与区域结构的混合体。

区域营运中心通常应具备航线管理、船舶操作管理、财务结算、客户服务、单证处理和信息化等一种乃至多种的功能。其中，航线管理中心和财务（结算）中心为区域营运中心的核心功能。操作中心、客户服务中心、单证中心、信息中心则既可以融合在区域营运中心内，也可以相对独立设点，受区域营运中心控制和调配。

航线管理中心：航线管理是区域营运中心最具代表性的核心功能。班轮公司航线管理中心具有航线规划、航线舱位控制、港口

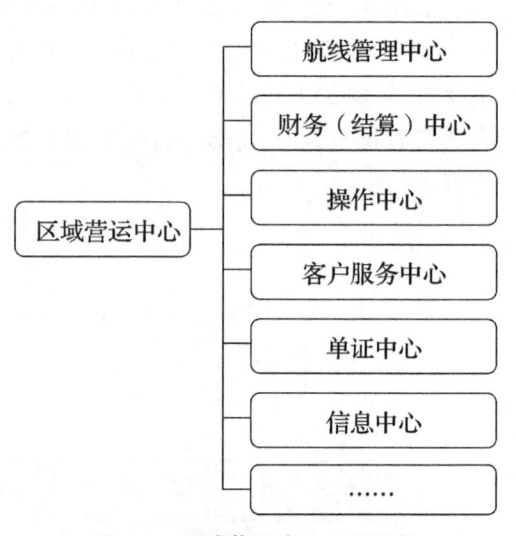

图6-3 区域营运中心组织结构

挂靠管理、市场分析等功能，同时还具备航线定价权，增派及撤销航线权等权限。可以说，拥有了航线管理的功能，就初步具备了成立区域营运中心的潜质。

（三）地区分公司、代表处

地区分公司、代表处的设定根据班轮公司的航线挂靠和业务范围确定，其基本功能是负责本地区的营销和操作业务。

案例：马士基航运组织结构。

1. 马士基航运的结构层次[①]

马士基总部设在丹麦的哥本哈根，其区域营运中心总共有3个，分别是欧洲分部的哥本哈根、美洲分部的新泽西和亚洲分部的新加坡。这三个区域营运中心是马士基航运组织架构中真正的控制实体，负责对区域内的分公司和办事处制定具体目标，这些目标包括船舶营运、箱子管理、运力控制、市场营销及日常事务管理，同时根据各办事处上报的营销计划制定预算等。

2. 马士基航运总部职能

马士基航运组织架构的三个层次担负着不同的职责，有着不同的工作分工。总部负责制订重大的决策和策略，但不涉及日常的船舶营运、市场营销等具体事务。其组织形式是总裁直接领导4个专职经理，即航线管理中心经理、商务及后勤经理、财务经理和系统管

---

① 钱大成、殷敏力、洪众：《马士基航运的组织架构》，《水运管理》，1999年4月。

理经理。与航运有关的机构除了航线管理中心外，主要有三个机构，即业务发展理事会、全球营销委员会和班轮调度委员会。业务发展理事会由总裁领导，财务经理、系统管理经理和三个地区分部经理为成员，主要负责开展和审核各项策略，主管开发各项重大项目和审核各项业务发展机会。全球销售委员会的成员是商务经理、总部的全球市场营销部经理和三个地区分部的市场营销部经理，其主要职能是与主要的大客户建立长期盈利的业务关系，满足大客户的不同要求，加强和巩固马士基及其相关公司所拥有服务网络的作用。班轮调度委员会由总部的航线管理中心经理负责，财务经理和三个分部的航线经理为成员，主要负责确保航线盈利，发展、审核舱位、船期和调度部署业务，核查业绩，拟定改进措施，此外还代表总部利益进行其他活动。

3. 地区分部是营销重点

地区分部作为一个中间层次，除了贯彻执行总部的政策、决定，负责所属区域运力、箱子、营销及日常事务外，还负责管理所属的地区办事处，是一个真正的营销实体。分部除了负责地区办事处的预算外，还控制和指导各项运价工作。它根据航线、当前的市场费率和营运成本并考虑到设备损耗、租船费及代理费等因素，规定收入的底线，以此作为下属各个办事处执行的标准。马士基航运把地区分部作为市场营销的重点。

4. 发挥办事处的营销作用

马士基航运的方针是，只要有可能，就争取建立自己的办事处。这些办事处除了第三方代理外，都纳入以卫星通信为基础的 EDP（电子数据处理）系统。该系统昼夜不间断地通过预订舱位、跟踪货物和发布有关运输资料为客户提供从询价到发货的全方位集成服务。马士基航运在运价上给予地区办事处较大的决定权。如果客户的要求超出了分部对本地区办事处规定的框架，运价员可以经由马士基通信系统立即向分部有关部门请示。

5. 地区分部与办事处间的协调

马士基航运组织架构的三个层次、两级管理的形式是其内部管理的特色，也是通过不断地实践、改进与提高逐渐形成的。为了防止各个地区分部和众多的地区办事处因各自相对独立出现彼此之间信息不沟通、工作不了解，甚至产生本位主义等现象，马士基航运总部的全球市场营销部专门负责对此进行协调。为了避免出现为谋求局部利益而损害整体利益的情况，总部全球市场营销部有权在必要时可以不顾地区部分、地区办事处等方面的不同意见，向客户提出具有竞争力的运价。

图 6-4 是马士基中国业务框架，主要分成马士基中国有限公司（包括集装箱工业公司和航运有限公司）、马士基全球物流和码头中国有限公司。

二、国际航运公会组织

波罗的海国际航运公会（以下简称 BIMCO）的组织结构如图 6-5 所示。其中 BIMCO 会员大会、董事会及执行委员会是最高决策单位，BIMCO 会员大会每两年举行一次，会议地点由董事会决定，会议选举产生董事会和执行委员会主席及其成员，董事会成员在 10～20 人之间，BIMCO 管理层每年两次向董事会汇报 BIMCO 在行业各个主题中的立场，执行委员会主席兼任文件、海事、海事安全委员会主席，执行委员会负责 BIMCO 各种文件、报告的起草、修改等活动。

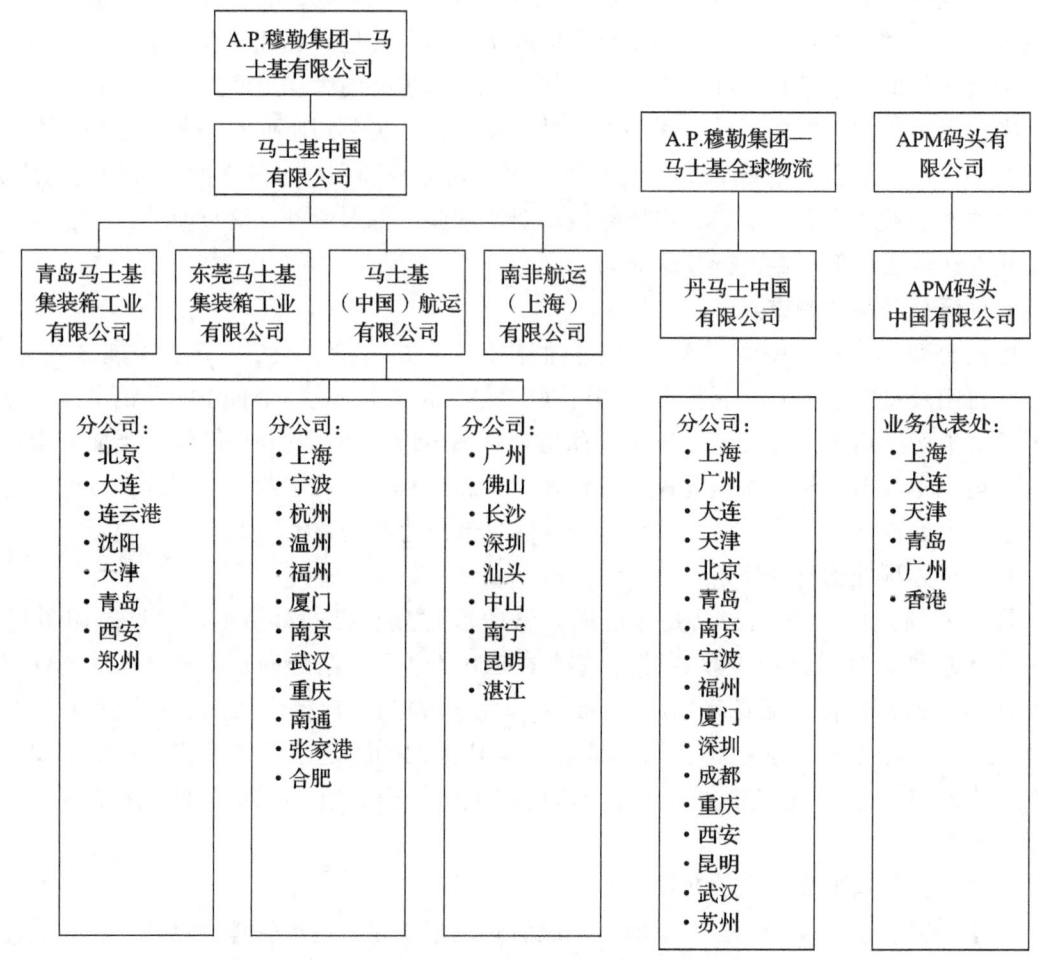

图 6-4　马士基中国业务框架

BIMCO 修改或制定新法律的主要来源在于文件事务部，该部门在收集整理行业内各种需求之后提出建议，并交给 BIMCO 的文件委员会来决定，如有必要文件委员会成立分委会或工作小组专门从事某一文件的起草或修改，而具体的法律文字组织都由文件事务部负责。国际事务部主要负责 BIMCO 与美洲和欧洲事务对接，亚洲事务部则主要针对亚洲事务，新加坡代表处和中国地区代表处是 BIMCO 在丹麦外的仅有的两个办事处，负责亚洲具体事务。经过 2009 年改革后，前台办公室是 BIMCO 会员服务的唯一对外接口，它本身包括航海分部和商业分部，有冰区航行专家、滞期费计算专家等。每天的会员咨询信息都由前台办公室统一分类，然后分派到其他各个部门解决。如需多部门协同解决，在大家协调完之后，由前台办公室统一对外提供信息与方案。海事部主要负责所有与 IMO 立法有关的海事技术内容以及货物属性的咨询服务，同时负责会员资格审查、监控工作，提供航运业人力资源报告服务等。海事安全部门重点负责毒品走私、海盗、偷渡、SOLAS

（ISPS）条款四方面的工作。财务和行政管理部门主要负责组织财务管理，会员会费及 BIMCO 小屋里的日常行政工作。BIMCO 信息技术公司专门用来开展各种盈利性项目，各种其他收入都通过该公司进行账目往来。该公司包括教育、各种 BIMCO 产品、商业开发和支持性系统。

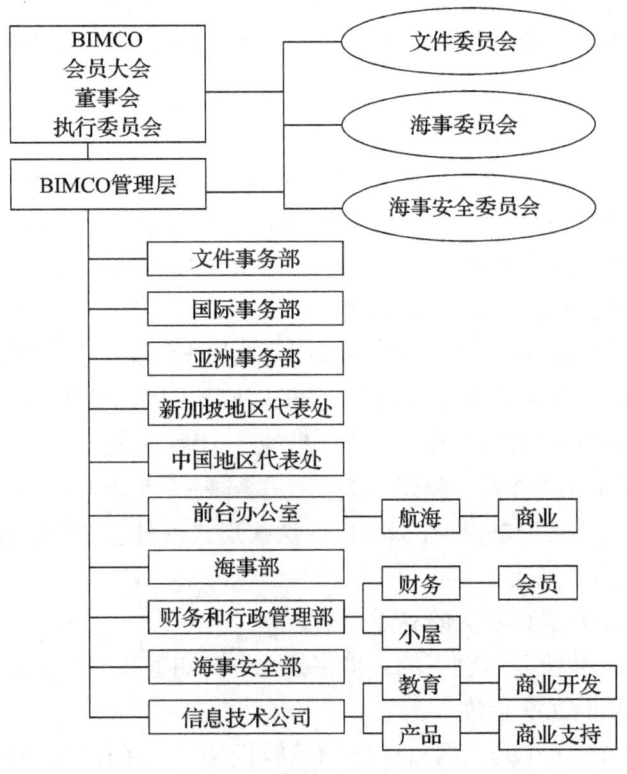

图 6-5　BIMCO 组织结构

　　BIMCO 各部门的工作内容有很多是互相重叠的，这由航运业是一个系统所决定。任何人想了解航运业，决不能单从部门的角度，而需要从航运系统的角度来看问题，因此，这种重叠是正常的也是必要的。透过重叠，我们还是能理出 BIMCO 设置部门的四个根据：一是根据 IMO 和 ILO，如国际事务部、海事部、海事安全部等都涉及 IMO 和 ILO；二是根据会员，如技术部门的 Idea、自动航次安全评估系统（Automatic Voyage Risk Assessment，AVRA）、教育部门的课程培训、前台办公室的商业法规解释、会员干预、冰区报告、各种会员询问回答、人力资源报告以及亚洲事务部的 BDP、国际事务部的航运分析等内容；三是根据商业合同，如文件事务部、海事部、前台办公室、国际事务部等涉及所有标准合同的修改与制定；四是根据地区，如国际事务部主要针对欧盟和美国，而亚洲事务部和新加坡代表处针对亚洲。BIMCO 领导人的思路非常清晰，主要的焦点就是：IMO、会员、合同、地区。实际上，这四个部门划分依据也是 BIMCO 的四大战略目标[①]。

---

① Yu Jun：《My BIMCO Experience》，《BIMCO BULLETIN》，2010 年 6 月。

文件事务部

修改文件（主要是指标准合同条款）或制定新文件的需求由文件事务部或文件委员会提出，然后由文件委员会决定是否需要修改或制定新文件。文件委员会讨论和评论由文件事务部起草的文件，在接收到被修改过的草案后，再与分委员会或工作组一起进行细节修改。收到来自文件委员会的评论之后，文件事务部继续组织文字然后提供第二次修改稿给文件委员会。在相互交流互动中，现有文件的修改或新文件的创立，需要 2～3 年的时间。

国际事务部

BIMCO 是 IMO 或国际劳工组织（International Labor Organization，ILO）等具有法律制定和强制执行权的联合国组织与会员联系的中介桥梁。从某种意义上来说，IMO 与 BIMCO 是一种立法权威与协调权威的关系。BIMCO 没有执法权，不能强迫其他国家或船东去做任何事情，但是他们的报告和建议对 IMO 决策具有重大影响力，对行业权益的协调具有强大作用力。BIMCO 推动 IMO、ILO 制定的新法规在各主要国家的接受与批准，监督各国对 IMO、ILO 所制定法规在各国批准与执行，提出修改法规的建议，通过 IMO 督促港口国监控（PSC）改善港口服务条件，监督、提议、发起、纠正港口国对船员的不公正待遇等。BIMCO 通过监督、建议、起草、争辩等代表全世界会员的利益，它的地位与作用全世界无可替代，尤其体现在以确定的法律形式保护会员的利益。

国际事务部的主要工作是：

（1）在 EU 和 US 组织高层次的 GHG 会议。

（2）让 DG Envi（欧盟委员会下的环境保护总局）知道我们在法律条款上的努力。

（3）积极组织参加 COP 会议。

（4）商业实践的国际和谐，港口国废物回收设施，在 BIMCO 航运分析、可持续性、可见性、网络、会员卷入和总部法律工作灯中建立新的功能。

（5）支持 IMO 和 ILO 法律法规。

（6）海员不公正待遇等。

这一切都是为了让高层次的领导听到 BIMCO 所代表的船东的声音，影响他们的决策与立法。

亚洲事务部

亚洲事务部负责促进 BIMCO 在远东地区的活动和商业发展，他们致力于加强 BIMCO 在亚洲作为航运和会员组织领导者的地位，同时积极发展新的产品或服务以给 BIMCO 会员带来附加值，也以此来吸引更多的新会员。亚洲事务部与 BIMCO 小屋中的其他部门互相配合，共同努力。

前台办公室

经过 2009 年的改革，BIMCO 现在有一个较好的对外会员服务接口，现在有一个前台办公室（Front Office）就是对外的唯一接口，它本身有几个冰区航行专家、滞期费计算专家，如果需要其他部门协调解决的，那么就由这个部门分配下去，如果需要多个部门协同解决的，那么就在大家协调完之后，由 Front Office 统一对外提供信息与方案。Front

Office Department（FOD）是会员与 BIMCO 沟通的统一入口，由 Front Office 的 Reception 收到会员请求之后，再转发或转接到其他部门，而相关部门再直接答复会员。现在 FOD 内部分两个小组一个是航海（Nautical），一个是商务（Commercial）。

航海（Nautical）的主要工作是优化海事网站、跟踪 IMO 发展、电子海图，沿海国港口质量（Quality Coastal State，QCS），会员船舶报告系统（BIMCO Ship Reporting System，BLM SRS）、危机管理（Crises Management，CM），其中 QCS、BIMCO SRS 和 CM 是 Nicholas 最近要强化的。QCS 主要是强化对港口各种便于船舶高效绿色运营的设施和条件的监督，会员船舶报告系统则是 BIMCO 如发现某一港口有贪污等行为，通过向会员船舶发出问卷调查（由会员公司直接转交给相关船舶的船长），收回问卷后分析最后确认是否需要在 BIMCO 的网站上进行通报。危机管理主要是涉及对信息的统计分析，实际上 BIMCO 目前大量的关于船舶 Casualty 的资料都是来自 Lloyd's MIU，如果仅仅是把 BIMCO 主管这方面的领导人认为会员可能会感兴趣或者有价值的信息放到网站上去，那么就体现不出 BIMCO 的价值，而对于会员来说，他们也不需要知道 Lloyd's MIU 所公布的海量的事故通报，他们关心的是会员船舶和非会员船舶各自哪些类别的事故在哪些地方，什么时候发生的最频繁或各自的频率有多高，以此让船长加强那方面的工作。这样，BIMCO 的危机管理就是把这些所有的信息进行统计分类，并写出统计报告发表在网站上供会员参考。除此之外，FOD 还负责如何收集、评估客户反馈、服务需求信息，内部服务监督、内部各部门工作的协调等工作。

商务（Commercial）负责三块内容，一是法律条款解释（Interpretation），如滞期费的计算等。二是干涉（Intervention），指当会员的钱收不回来，而对方明显不守信誉的情况下，BIMCO 出来干涉，如果对方还是不付钱，那么 BIMCO 的最后手段就是把该公司名字公布在自己的网站上。而很多时候，船公司等被公布黑名单之后，才打电话过来问什么被公布了，也就是说他们根本就不看（或没有看过）BIMCO 发给他们的信件。三是其他，如公司信息、敲诈勒索和欺诈记录和冰区报告等。

海事部

海事部（Marine Department）的主要内容是负责 IMO 规则的技术问题、货物属性（Cargo）、海运人力资源调查和统计、会员质量控制等方面的内容。这里的工作内容就有与 Nautical 重叠的地方。

海事安全部

海事安全部门（MSD）的主要工作包括四个方面的内容：

一是毒品走私（Drug Smuggling）。针对毒品走私，船舶的任何一个地方都可以成为隐藏毒品的目标，如 Rudder Post, Bilge Keel, bow thrusters' cage, hull, cargo, machinery, store, cabin, container, car, freight vehicles, coaches, package, baggage, funnel。还有偷渡者也是无所不用其极，藏在烟囱或舵机房会有很大的生命危险，甚至是在用当地话警告他们货舱会进行熏舱的情况下，他们都不出来。二是海盗（Piracy）。三是偷渡（Stowaway）。四是 SOLAS（ISPS）条款（Convention on Safety of life At Sea, International Security of Port and Ship-owner）。BIMCO 在深入做完这些事情之后，开发了一个 Automatic Voyage Risk

Assessment（AVRA）系统，在网上供会员公司进行自我评估。

从 BIMCO 的组织结构图中可以发现，BIMCO 的组织结构是典型的混合型扁平化组织，扁平的程度只有三级，而混合的程度是区域、项目、职能、事业部等多种混合的结构。而实际上，BIMCO 内部的权力结构以及组织内部的交往结构都如图 6-5 所示，没有其他更多的复杂关系。

这给我们很多启示，实际上，任何一家优秀的企业，一定是根据自己所处的产业特点、自己的竞争优势来决定组织工作的重点，以及组织结构的类型。因此，也没有任何一种固定不变的组织结构形式，关键是要适合组织追求卓越的根本要求。

BIMCO 是一个非常值得尊敬的组织，即使作者在 BIMCO 内部学习，在没有完整地到各个部门学习完之前，一直被各种问题所困扰，如各部门职能和工作内容的重叠。直到系统了解了每个部门的工作内容之后，作者才感到，航运业是一个系统，任何一个人想了解航运业，决不能单从自己部门的角度来看，需要系统地看问题，也因此导致部门工作的重叠。

对以上两个以国际航运全球视野导向的班轮公司和航运公会来说，区域制一定是其组织结构设计中最主要的设计原则。

当然，在目前的航运组织中，还不存在更加复杂的跨国模式，这种模式对组织全球子公司、资源和市场需求的控制与掌握更加强有力。因此，跨国模式是目前最先进的全球性企业组织结构模式。它反映出了全球性企业发展中遇到的一个难题：一方面随着企业内部各种类型的商业单元的增加，组织结构变得极端复杂；另一方面，组织又迫切需要各种协调机制来整合组织中的各个部分。对大型的在许多国家拥有分支机构的全球性企业来说，跨国模式能帮助它们挖掘全球和本地优势、推动技术进步、带来更多创新及更大程度的全球知识共享。跨国模式不但能帮助全球性企业构建服务于某一地区的特定能力，而且还能帮助它们同时提高全球效率、国别响应性及全球的知识共享程度。

跨国模式的特征[1]：

（1）企业分散在世界各地的资产和资源形成高度专业化的商业单位，彼此之间通过相互依赖的关系网络连接起来。

（2）灵活和不断变化的组织结构（总部可能对某一个国家的某些职能实施集权，对另外一些国家的另外一些职能实施集权，又或者对别的地区的另外一些职能实施分权。研发中心可能在总部，采购中心在其他国家，财会职能则分散到不同国家的不同分支）。

（3）基层经理是公司战略和创新的最先发起人，然后再推广到全公司（传统组织结构中，基层经理只担任本部门的战略角色。在跨国模式中，全球性企业遍布世界的各种中心和分支机构在响应当地市场的特殊需求的过程中，发展出各种实用的响应方式和创新的项目并把这些创新传播到公司其他地区的分支机构中，也就是自下而上的战略和创新模式）。

（4）跨国模式中的全球性企业各部分的一致和协调主要通过企业文化、共享的愿景和价值观及管理风格来达到，而不是通过正式的结构和系统来实现（跨国模式本质上是一种水平结构，这种结构的特点是具有多样性和延伸性，因而比那些以层级组织、标准程序和

---

[1] 达夫特：《组织理论与设计（第 10 版）》，王凤彬，等译，清华大学出版社，2011 年版。

严格监控为特征的组织模式更适用于起伏不定的国际环境。在一个员工来自不同的国家、不同的地区、不同的地理区域和不同的文化规范的全球性企业中，共享的愿景比正式的系统更能实现企业统一和协调的目标）。

与以前那些要么强调完全的事业部独立性，要么强调总部对事业部的控制的结构模式不同，跨国模式内在的管理哲学是组织各部分应该建立在相互依赖的基础上。它绝不仅仅是用一张组织结构图能表示的，而是一种全球性学习系统能够运转所需的思维、一套价值观念、一种共享的愿望。

三、内河航运服务组织

长江发源于青藏高原，流经青海、西藏、四川、重庆、云南、湖北、湖南、江西、安徽、江苏、上海11个省、市、自治区，至上海崇明岛注入东海，全长6300千米，是我国最长的河流。长江干线是我国内陆最重要的水上交通动脉，三级航道通航里程2800多千米，担负着长江流域各地与国内、国际的客货运输，在长江流域的经济建设中起着举足轻重的作用。

长江下游南京至浏河段（以下简称宁浏段）自苏皖交界的慈湖河口起，下至苏沪交界的浏河口，主航道全长360余千米，位于北纬31°至32.5°、东经118°至121.5°之间，基本呈东南偏东走向。宁浏航段地处我国经济非常发达的江苏境内，长江航运的外贸业务几乎都集中于此，是整个长江航运的重中之重。宁浏航段沿线有南京、扬州、镇江、泰州、常州、江阴、靖江、张家港、如皋、南通、常熟、太仓12个主要港口，计约400余个码头泊位。相应地，长江引航中心在宁浏航段设有9个引航站，另外设置2个交接基地，分别承接上海段和长江段引航交接。

1. 原有组织机构

目前，长江引航中心的组织构架如图6-6所示。

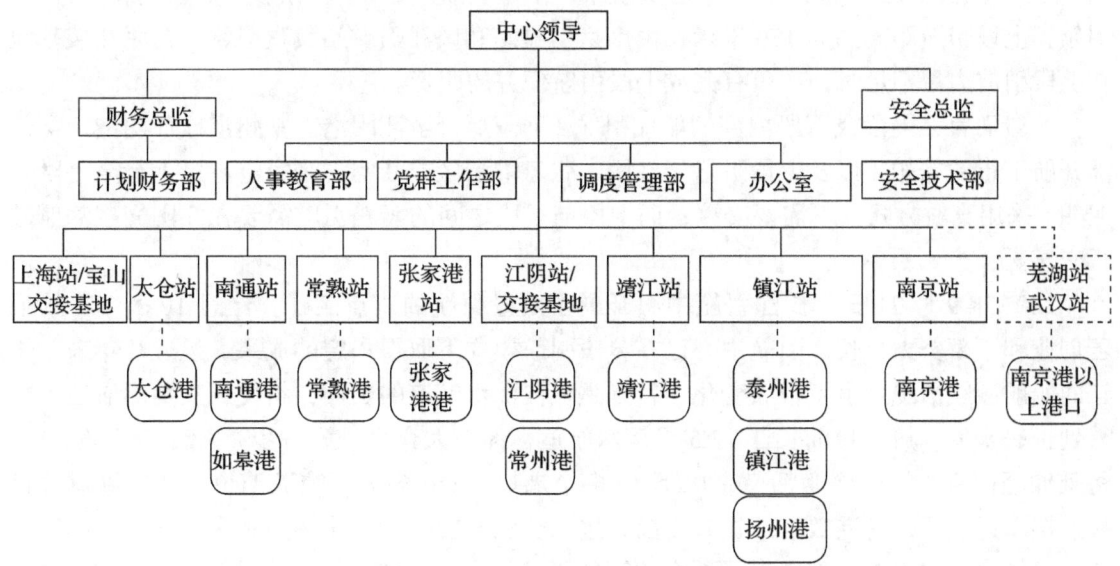

图6-6 长江引航中心原有组织机构

位于江阴的中心总部内设办公室、党群工作部、计划财务部、人事教育部、安全技术部、调度管理部6个部室。此外，在云南水富至上海的长江沿线还设有武汉、芜湖、南京、镇江、江阴、靖江、张家港、南通、太仓、常熟、上海11个引航站，以及宝山、江阴2个引航交接基地。在宁浏航段共有9个引航站和2个交接基地，为沿线12个港口提供船舶引航服务，引航距离330多千米。宝山交接基地负责与上海引航站之间进行外部交接，江阴交接基地负责辖区内部的引航交接。

从管理体制上看，长江引航中心实施的是统一、垂直管理，中心负责引航管理的决策，对长江全线引航力量进行宏观调控；各引航站/基地具体负责各辖区内船舶引航工作的实施。

2. 站点布局

现行的分段引航模式为两段引航，各个引航站与引航基地的布局如图6-7所示。

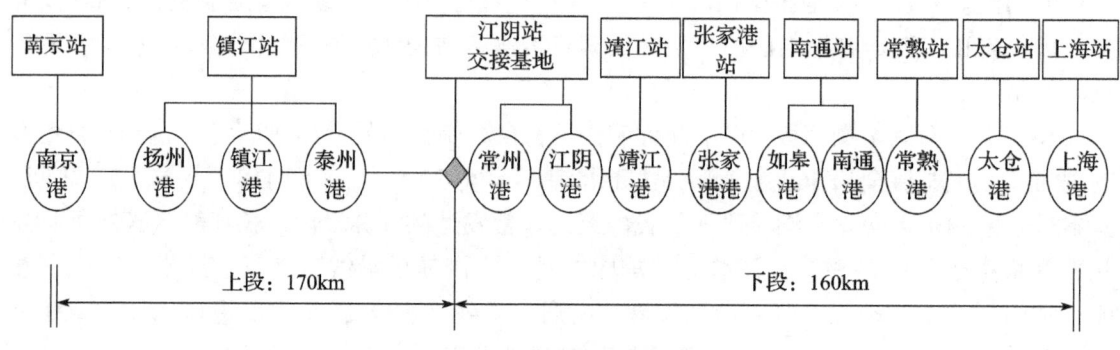

图 6-7 分段引航示意图

图中可见，江阴交接基地基本上位于宁浏航段的中点，以此为界将宁浏航段分为上下两段：宝山至江阴段为下段，江阴以上为上段。下段引航距离约为160千米，由江阴引航站/交接基地、靖江引航站、张家港引航站、南通引航站、常熟引航站和太仓引航站负责引领；上段引航距离约为170千米，由南京引航站和镇江引航站负责引领。江阴交接基地在上段引航力量不足时，还负有完成上段引航任务的职责。

一般而言，上段或下段内部的船舶引航（下段上行至江阴港、常州港或江阴港、常州港开航下行的船舶，以及上段下行至江阴、张家港港区或江阴、张家港港区上行至上段的船舶）采用直航方式，不需要交接；而上段与下段之间的船舶引航需要在江阴交接基地进行交接。

2001年9月21日，长江引航中心开展了两段引航的试点工作，经过10多年来的艰苦创业和不懈努力，长江引航中心已在分段引航模式下取得一定的成果。最近几年来，长江的船舶通航情况发生了很大变化，特别是长江深水航道的延伸，将使长三角的航运潜能得到进一步的释放。目前长江12.5米深水航道延伸至太仓只是第一步，"十二五"期内还将延伸至南京。届时将激活南京以下10多个港口、250多个万吨级泊位，两岸港口可直接连接海运航线，海港效应凸显。目前，进入长江船舶的大型化趋势和全潮性进出已经对长江引航中心的引航管理提出了更高的管理要求。为此，在这种新情况下，探索和完善新时期的分段引航模式具有高度的迫切性和必要性。

3. 分段引航设计目标

为了达到分段引航的目标并最大程度减少投入，新模式中的站点布局应遵循以下原则：第一，前瞻性原则；第二，优化原则；第三，平衡原则；第四，安全原则；第五，人本原则。设计目标是：

（1）引航作业距离相等。新引航模式的设计原则之一是引航作业距离相等。宝山至南京段的全程引航距离约为320千米，按照安全的原则，将整个320千米长距离引航区段分成四段大致等距离的引航分段。

（2）引航作业时间相近。按照前述80千米设置交接站点的原则，按照平均20千米/小时的航行速度，基本上每段引航作业时间在4小时。考虑到上水和下水对航行速度的影响，基本上每段航行时间也会控制在3～5小时左右。

（3）引航工作负荷相当。以前的一点两段模式就是因为引航员的工作负荷大，容易造成疲劳引航，从而影响引航安全。新引航模式设计一定不能导致引航员的工作负荷加大，所以单次引航时间控制在4小时左右较为合适（适当考虑路上交通时间），并且相邻两次引航之间要保证足够的休息时间。

4. 长江宁浏航段新引航模式的设计方案

为了满足长江引航的发展要求，结合宁浏航段的地理特点，新引航模式是在现有的两段引航的基础上进一步分段，形成三点（交接点）四段（航段）的模式，如图6-8所示。

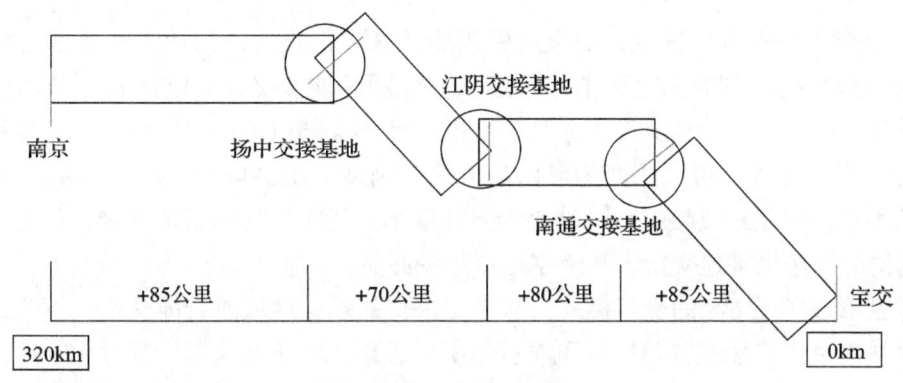

图6-8 三点四段布局

（1）设立三个交接点。

按照引航模式的设计原则，考虑到宝山至南京段的全程距离约为320千米，按照80千米设置交接站点的基本原则，需要设立三个交接点。目前的江阴交接基地基本处于中间航段，因此可以选择在江阴的上下游各设置一个交接点，距离和引航作业量基本相近。即在宝山至江阴、江阴至南京航段各增加一个交接点，考虑到引航距离和交接便利，这两个交接点应基本上位于各航段的中间位置，水域相对开阔，而且靠近当地引航站。经多方讨论和验证，这两个交接点可设在南通和扬中。

南通基地距离宝交85千米，距离江阴基地80千米。扬中基地距离江阴基地约70千米，距离南京约 85 千米。两个基地都有着相对宽阔的交接水域，以平均航速 20 千米/小时计算，在分段内引航员连续引航时间均不超过 5 个小时，是较为理想的交接基地的选址。

（2）分为四段进行引航。

设置交接点后，表明宝山至南京往返的船舶引航作业将分为四段引航。原则上船舶不过交接基地所在港区不交接，超过交接基地所在港区则需要交接（具体交接模式如图 6-9 所示）。

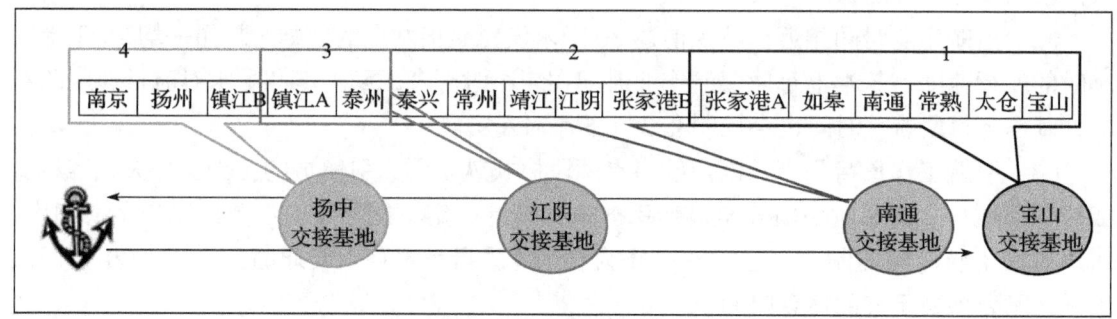

图 6-9　三点四段的交接模式

注：张家港 A 指福南水道下游的张家港港区泊位；张家港 B 指福南水道内和上游的张家港港区泊位；镇江 A 指尹公洲水道下游的镇江港区泊位；镇江 B 指尹公洲水道内和上游的镇江港区泊位。泰兴港区虽属泰州港，但由于泰州港区范围太广，将泰兴港区单独列出。

从以上交接原则可以发现，如果所引领船舶从宝山进口，到达张家港 B 区域泊位应该在南通基地交接，到泰兴港区泊位也应该在江阴基地交接，到镇江 B 区域泊位不应该在扬中基地交接。然而考虑到航道条件、引航时间不会超过 6 小时等因素，从尽量减少交接次数的角度上考虑，可采用较为灵活的方式，则从宝山进口目的港为张家港 A 区域泊位的船舶不在南通基地交接，目的港为泰兴港区泊位的不在江阴基地交接，目的港为镇江 B 区域泊位的在扬中基地交接。从南京出口船舶亦然。

这样就形成了图 6-8 的交接模式，从宝山进口船舶跨区域航行即交接，不跨区域航行不交接。从南京出口船舶亦然。区段航行情况下，以 120 千米为限，超过 120 千米的即在通过的交接基地交接，不超过 120 千米的，即使通过交接基地也不交接。

5. 长江引航中心组织机构理论上的设计

根据分段引航业务模式的需求，长江引航中心根据自身的特点，结合以上 7 种组织结构设计类型以及两个设计方向，未来长江引航中心的组织结构图将是职能型、区域型和矩阵型三种组织结构的混合型，如图 6-10 所示。

职能纵深型能够保证引航中心集中职能、技能专业深度和优势，为各基地和引航站服务。安全技术部、人事教育部、党群工作部、调度管理部、计划财务部等集中利用各自专业优势，为引航中心全面发展提供职能支撑。

区域型有利于高效快速获取引航信息、统一合理安排引航任务，统一对外形象，保持引航系统安全、高效、服务的理念；在新组织架构下，各引航站接受引航申请，但由基地统一安排引航任务，基地在自己所管辖的区域内统一分配引航任务。

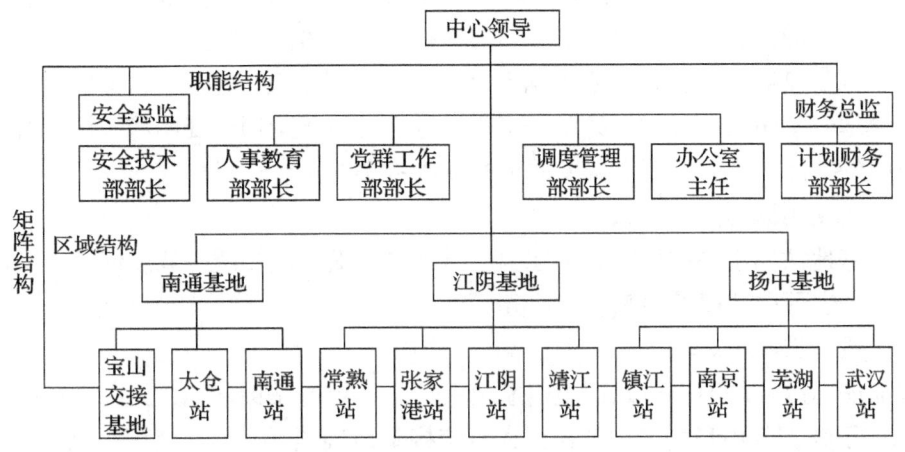

图 6-10　长江引航中心混合型组织结构

矩阵型则是在保证引航中心业务运作安全、高效的基础上，保证整个长江引航系统能够在行政管理方面采用学习型组织的模式，用更加扁平的方式，既能减少行政沟通层级，又能保证各引航站能够在互相合作的基础上不断学习、创新、求变。在新组织架构下，引航员除了受各个基地的统一调配之外，还受引航中心的临时调配。尤其是目前，引航中心存在以下三种苦难的情况下，总调更能显示出其统一调配的作用。第一，引航员紧张，业务忙之间的矛盾造成的。调派没有按要求做（如超过175米的要2位适任引航员，由于人员不够，通常就是一个适任引航员外加一个实习助理，还有不能连续超过6小时引航的规定）。第二，引航员休息不能得到保证。尤其是压港、大雾、大风进出不了港口，一旦天气变好，那么大家一起出港的工作量就会非常大。第三，调度队伍。总共50人的调度人员。最好是引航出身，这样安排工作就比较令人信服。而各个引航站的干部依旧统一受引航中心领导，仅仅在业务上分属各个基地管理。

利益相关者就是与组织的绩效有利害关系的组织内部和外部的任何群体。它包括了如雇员、客户、债权人、管理、政府、工会、社区、供应商、所有人和股东等。而实际上，任何一个群体的满意度水平都可以作为组织的绩效和效果的指标来加以评估。

长江引航中心三点四段引航模式的实行，侧重于减少航员单船持续引航时间，减少引航员引航疲劳程度，提高客户（船舶）引航安全性和效率，增加社会福利。因此，组织管理模式设计以引航员、安全、客户等三个群体的满意水平作为组织的绩效和效果指标来加以评估。针对这些目标群体，引航站组织管理模式设计的终点，也就落实在引航安全、引航员、中心的职责、调度的职责等有效构建上。

6. 长江引航中心组织结构实际的设计

根据各种生产组织模式的优缺点，结合现行长江引航中心的管理模式，在兼顾现行模式和各种原则的基础上，可设计以下三点四段下的生产组织方案。

（1）结构一：职能纵深型，如图 6-11 所示。

①原有引航中心管理的职能型结构和模式维持原有结构，中心领导下辖财务部基建装备部、人事教育部、党群部、调度室、办公室和安全技术部。

②就长江宁浏航段来说，中心下辖 8 个引航站和三个交接基地（除宝山交接基地外）。南通交接基地、江阴交接基地和扬中交接基地分别隶属于南通、江阴和镇江引航站。这是从引航员引领技能的全面发展和调度便利方面所考虑的。

③引航员使用原则。

由于是基地隶属于站的模式，基地引航员和站引航员由站统一调度使用，既可以从事交接引领业务也可以从事站船舶引领业务。

④引航员指派原则。

进口船舶：以目的港引航站派遣引航员引领。如经过交接基地，先由交接基地所在站（基地）派人引领，再由目的港引航站派人从交接基地接领。

出口船舶：由始发港引航站指派引航员引领，经过交接基地所在站（基地）派人接领。

区间引航：由始发港指派引航员引领，原则同出口船舶。

移泊船舶：由本港引航员引领。

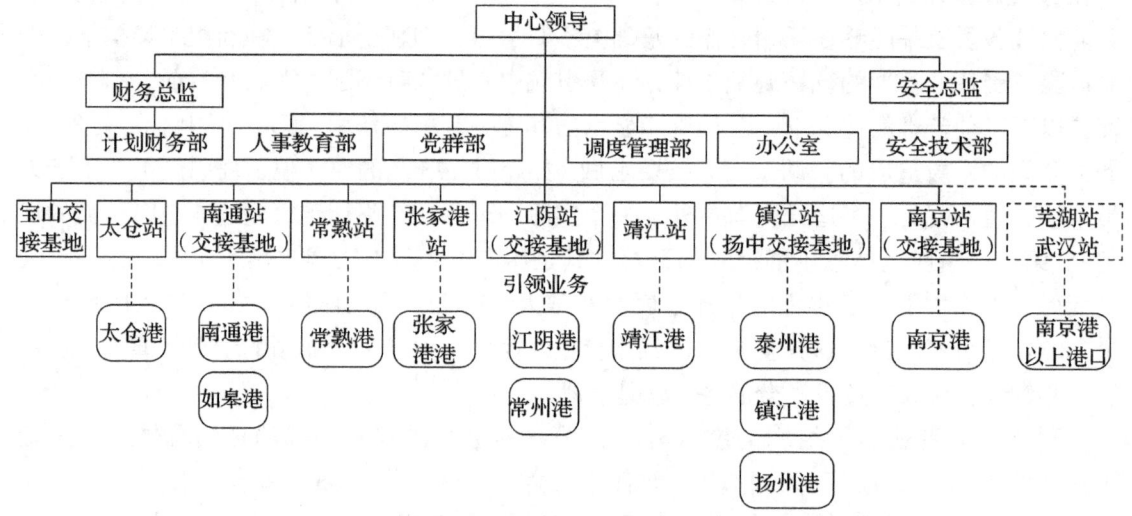

图 6-11 三点四段引航管理模式之职能纵深型

（2）模式二：职能矩阵型，如图 6-12 所示。

①原有引航中心管理的职能型结构和模式维持原有结构，中心领导下辖财务部基建装备部、人事教育部、党群部、调度室、办公室和安全技术部。

②就长江宁浏航段来说，中心下辖 8 个引航站和三个交接基地（除宝山交接基地外）。南通交接基地、江阴交接基地和扬中交接基地与各引航站一样，是相对独立的实体，分别负责站内引航和交接业务的调度实施。

③引航员使用原则。

由于是站隶属于基地的模式，基地引航员和站引航员由基地统一调度使用，既可以从事交接引领业务也可以从事站船舶引领业务。

④引航员指派原则。

进口船舶：以目的港引航站派遣引航员引领。如经过交接基地，先由基地派人引领，再由目的港引航站派人从交接基地接领。

出口船舶：由始发港引航站指派引航员引领，如经交接基地由基地派人接领至下一交接基地，再由目的港引航站派人从交接基地接领。

区间引航：由始发港指派引航员引领，原则同进出口船舶。

移泊船舶：由本港引航员引领。

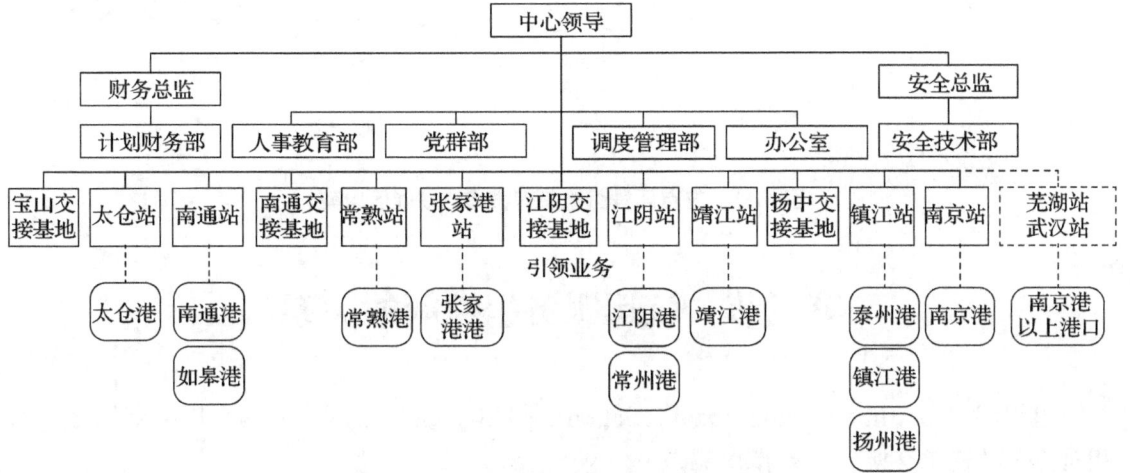

图 6-12 三点四段引航管理模式之职能矩阵型

（3）模式三：职能区域型，如图 6-13 所示。

①原有引航中心管理的职能型结构和模式维持原有结构，中心领导下辖财务部基建装备部、人事教育部、党群部、调度室、办公室和安全技术部。

②就长江宁浏航段来说，中心下辖 8 个引航站和三个交接基地。其中太仓站、常熟站和南通站的生产调度组织由南通交接基地实施；张家港站、江阴站和靖江站的生产调度组织由江阴交接基地实施；镇江站和南京站的生产调度组织由扬中交接基地实施。各基地对相关引航站的站内船舶引领和交接业务实施统一的调度管理。

③引航员使用原则。

在该种管理模式下，各站引航员从事所辖港口的船舶进出港引领业务和船舶交接引领业务，引航员统一由所在区域的交接基地进行调派。

④引航员指派原则。

进口船舶：以目的港引航站所在区域的交接基地派遣引航员引领。如船舶跨交接基地，先由交船基地派人引领，再由目的港引航站所在区域交接基地派人从接领。

出口船舶：由始发港引航站指派引航员引领，经过交接基地派人接领。

区间引航：由始发港指派引航员引领，原则同出口船舶。

移泊船舶：由本港引航员引领。

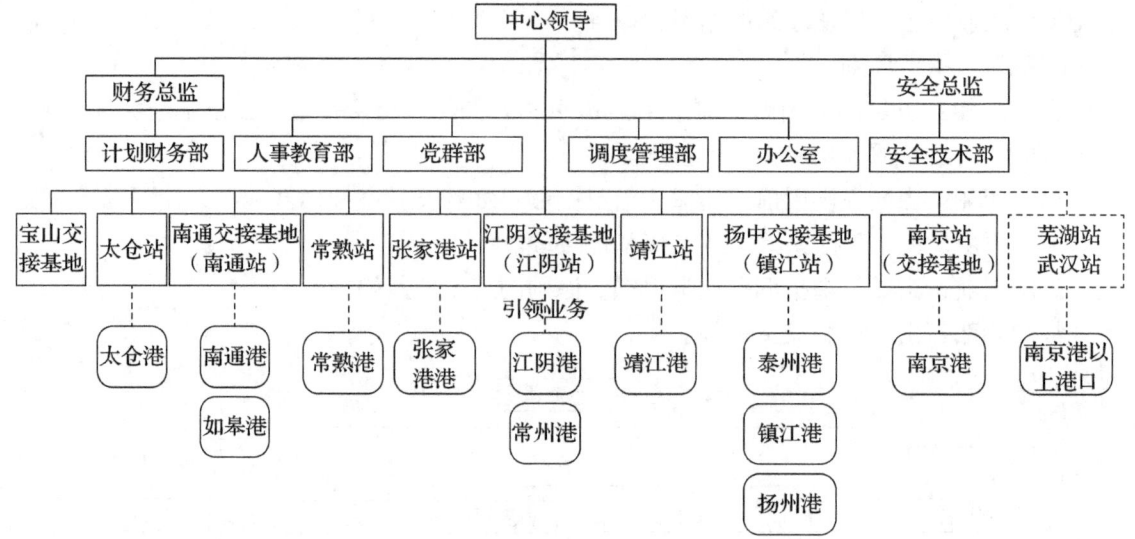

图 6-13　三点四段引航管理模式之职能区域型

第三节　航运服务组织间的关系

组织间关系（Interorganizational Relationship）是指发生在两个或两个以上组织之间的相对持久的资源交换、流动和联系[1]。

现在的组织正在向商界的生态系统演进。组织生态系统（Organization Ecosystem）是指由组织的共同体与环境相互作用而形成的系统，它常常跨越传统的行业界限。组织生态系统超越了传统的行业界限[2]。

组织生态系统的表现之一就是，当代的企业需要与生态系统中的其他企业共同进化，才能使每个企业都变得更加强壮。试想一下狼与驯鹿的关系。狼猎食弱小的驯鹿，这迫使鹿群必须强壮起来。鹿强壮了，这意味着狼本身也必须变得更加强壮。通过共同进化，整个生态系统的动物都变得更强壮了。同样，企业通过相互间的交流，拥有共同的愿景，建立联盟以及处理相互之间的复杂关系，这使得各方都得到共同发展。

在一个组织生态系统中，冲突和合作往往并存。相互的依赖和合作已经变成了生态系统的一种现实。竞争没有消失，公司利用其力量获取某次冲突或谈判的筹码，但是最终它们现有的关系还是以合作为主导。

在企业生态系统中，管理者必须逐渐学会从传统的制定公司战略、设计层级结构和控制系统的职责中解脱出来。如果高层管理者只是设法强化秩序和一致性，公司就会失去建立新型的、正处于演进中的外部关系的机会。在这个新时代，管理者需要考虑的重点是横向的流程，而不是纵向的结果。重大的创新并不是自上而下取得的，而是在突破将各组织

---

[1] Christine Oliver. Determinants of Interorganizational Relationships: Intergration and Future Directions[J]. Academy of Management Review, 1990, 15: 241-265.

[2] 达夫特：《组织理论与设计（第 10 版）》，王凤彬，等译，清华大学出版社，2011 年版。

单位分割开来的边界中实现的。

一、组织间关系的分析框架

对于组织间的关系，可以从两个特征来分析：各组织是同类的还是不同类的；其关系是竞争性的还是合作性的。通过这些各种角度的分析，管理者可以对企业的环境做出评价，并采取符合需要的战略。图 6-14 中的第一种观点称作资源依赖理论，主张组织以理性的方式处理与其他组织的关系以减少对环境的依赖性；第二种观点是合作网络理论，它说明组织有意让自己依靠其他组织以提升双方的价值和生产率；第三种观点是组织生态学理论，它考察新型组织如何在现有组织所留下的生存空间中占有自己的领地，以及多种多样的新型组织会如何有利于社会；最后一种观点是制度理论，它解释了组织为什么及如何使自己在其大环境中合法化，并参照其他组织的模式来设计自己的结构。

		组织类型	
组织间关系		不同类	同类
	竞争性	资源依赖理论（合同）	组织生态学理论（新形态）
	合作性	合作网络理论（信任）	制度理论（合法性）

图 6-14 组织间关系分析框架

二、航运服务组织间关系的例证与分析

班轮运输公司间的关系尽管没有频繁地以新公司名称命名的新组织形态出现，来抢夺班轮运输市场的份额，但是，处于领导地位的班轮公司常常是通过以直接命中细分市场的形式来适应世界航运需求的变化。如马士基专门针对印度香蕉的 Starcare、印度到西非的腰果专线等。与此相反，作为跟随者的班轮公司则以模仿跟随为主，如制度理论中所说的，为了增加自己的经营的合法性，这些跟随者通常都会慢慢模仿。

除此之外，在航运服务组织间关系中，还有一个既非简单的资源依赖型，或网络合作型，也非生态组织学理论，或制度理论所规定的形式，从某种意义上来说，航运服务组织间的关系，既兼具了以上四种理论所具有的特征，又超越了以上四种类型。在竞争、合作、变异、选择、保留，合同与合法性的背后，还有一个很多国家默认的联合体，这就是班轮公会。尽管班轮公会已经在很多国家禁止，但是，实际上这种公会性质的联盟从来都没有离开过这个行业。这不是合法与非法两分法能够简单地划分清楚的，这是国家航运战略利益所决定的。它表面上不合法，但是在实际操作上大家却心照不宣。

（一）班轮公会

班轮公会作为一种航运垄断组织，已有百余年的发展历史。不可否认，它们在防止航运市场过度的恶性竞争，保证航运市场健康发展方面，起到了一定的作用。对此，欧洲以及美国、日本等传统海运国家，为了保护国内班轮运输业的发展，在国内制定《反垄断法》(也称《反托拉斯法》)，赋予了班轮公会以反垄断豁免权，即不将班轮公会的有关行为视为垄断行为。然而，班轮公会所采用的运价协议、公摊协议、忠诚信约、延期回扣等手段，在客观上产生了限制和排除外来合理竞争的后果，并屡屡在各国受到涉嫌垄断的诟病和非难。欧盟于 2006 年 9 月宣布，将从 2008 年 10 月 18 日起取消对班轮公会的反垄断豁免权。与此同时，美国联邦海事委员会（FMC）、亚洲货主协会（ASC）都呼吁国家政府废除船轮公司的反垄断豁免权。

然而，距离 2008 年 10 月欧盟解散班轮公会已有多年，各国对班轮公司的"严格监视"并未因为班轮公会的废除而放松，班轮运输业仍然"换汤不换药"。

国际班轮运输具有不可替代性的特点。首先，"时间"的不可替代性。即使同一条航线上的两个以上的班轮公司所提供的运输服务是相同的，它们也不能相互替代。因为班轮公司是按照各自的船期表运营船舶，虽然不同的班轮公司提供了相同的运输服务，但是其船期表所载明的时间是不同的。其次，国际班轮市场的地域在"空间"上具有不可替代性。国际班轮运输的"相关地域市场"，只能是班轮公司公布的船期表中载明的特定装货港和特定卸货港。由此可见，班轮定点、定时、挂靠港口时间的不可替代性导致一条环线需要很多艘班轮来实现。根据设定船期表的不同，目前亚欧航线上仅一条环线上配备的班轮往往就达 70 艘或 77 艘。因此，与散货船和油轮船队不同，由于班轮运输的特殊性，货主没有办法自建或自营船队，只能高度依赖现有的各大班轮公司来运输货物。

另外，与散货船、油轮运输区别最大的地方在于，国际班轮运输的集中化程度很高。全球 20 家大型班轮公司就掌控着全球 83.9% 的运力。要成为在亚欧、跨太平洋和大西洋三大主干航线上都有存在，或至少在其中的两个航线上有存在的所谓"全球承运人"，班轮公司必须是大公司，小型的班轮公司根本无法存活。运力的高度集中就容易导致形成寡头垄断、操纵运价、形成同盟。

然而，国际班轮运输屡遭调查最重要的原因在于其有一个强大的对手——托运人协会。欧洲、北美货主们都拥有自己的托运人协会。在亚洲，中国香港的货主们也有自己的托运人协会。作为班轮公司主要顾客的代言人托运人协会的立场和班轮公司针锋相对。班轮公司频繁遭到"调查"主要源于货主与班轮公司之间的经济利益博弈。尽管如此，各国政府在制定本国班轮运输竞争政策和立法时还会充分考虑本国航运业的利益，并不会完全偏听货主意见一味地打压和限制班轮运输业。欧盟之所以废除班轮公会是因为全球前三大班轮公司的总部都在设欧洲，其市场份额及优势地位都较高，所以从某种程度上来说，取消班轮公会豁免能在一定程度上维护这些企业的竞争优势。但欧盟立法的改变并没有立即带来各国班轮反垄断政策和立法的跟随。日本作为海岛国家，充分认识到海运业和本国商船队对国家的重要影响，海运政策奉行以自由主义为明、为主，以保护主义为暗、为辅的走向，因此航运反垄断豁免制度仍然将在相当长的时期内予以保留。新加坡在 2006 年决定班轮运输反垄断豁免时也认为，过于严格的竞争规则可能使货物和船舶流向周边其他保持豁免或者没有竞争法规的国家，进而背离新加坡建立国际航运中心的目标。各国政府通常都在有利于提升自身航运业竞争力和整个国民经济的情况下制定相关立法。在各国反垄断豁免政策松紧不一的状况下，各国政府既要坚守自己的航运政策，又要维护货主的切身利益，不得不时常"敲打"班轮运输业，将其行为尽可能地限定在游戏规则以内，因此，国际班轮公司屡遭"调查"的现象便不难解释了[①]。

(二) 联盟合作

继 G6 和 CKYH 等联盟之后,马士基航运公司(Maersk Line)、地中海航运有限公司(MSC)、法国达飞海运集团(CMA CGM)达成协议,将在东西向航线上组建名为 P3 网络的长期运营联盟,旨在更好地优化运营及航线服务[②]。

P3 网络将在亚欧航线、跨太平洋航线和跨大西洋航线上部署 260 万标箱的运力(初步计划在 29 条航线上投放 255 艘集装箱船),将由一个联合船舶操作中心进行独立运营,三家航运公司在销售、市场及客户服务等业务方面仍将独立运作。

1. 提供更多周班航线

P3 网络致力于为客户提供更为可靠、频繁和灵活的服务。通过联合运营网络,每一家航运公司能够比独立运营时为客户提供更多的周班航线,如在亚洲—北欧航线上,P3 网络可以提供 8 条周班航线。此外,P3 网络还可以提供更多港口的直接挂靠。改善的航线网络可以减少因为航线取消为客户带来的不便。为了给客户提供跨网协调一致的服务,三方将成立一个独立的联合船舶操作中心来进行运营。利用 P3 网络,三家航运公司预期能够通过更好地配置船舶运力来提高效率。

2. 优化配置船舶运力

P3 网络将在三方现有运力基础上组建,组建初期运力将达 260 万标箱(255 艘集装箱船)。马士基航运将贡献 42% 的运力,约为 110 万标箱(其中包括新的 3E 级船舶)。对于有需要的客户,马士基航运将继续提供"天天马士基"服务。地中海将贡献 34% 的运力,约为 90 万标箱;达飞将贡献 24% 的运力,约为 60 万标箱。P3 网络中所有的船舶仍将由三家航运公司拥有/租赁。这种联盟与航空联盟有很多相似之处,他们是相类似公司之间的制度性合作,是以网络合作加制度联盟的形式,使组织间的关系更加综合、复杂。但也意味着各方班轮时间资源共享、班轮运输共享,但并不意味着各方在全部物流上的共享。

复习、理解与应用

本章关键概念

1. 区域制
2. 扁平化
3. 职能型结构
4. 事业部型结构
5. 区域型结构
6. 矩阵型结构
7. 横向型结构
8. 虚拟网络型结构
9. 混合型结构
10. 班轮公司组织架构

---

① 胥苗苗:《班轮公司缘何官司不断》,《中国船检》,2013 年 4 月。
② 王沛:《马士基航运、地中海、达飞将组建运营联盟》,《进出口经理人》,2013 年 7 月。

11. 国际航运公会组织架构
12. 内河航运服务组织架构
13. 组织间关系

阅读理解

1. 解释组织结构设计中的 7 种主要结构的各自内容与区别。
2. 班轮公司组织结构设计的主要依据是什么？
3. 国际航运机构组织机构设计主要是哪种类型？其设计的背后利益关注点是什么？
4. 内河航运组织结构设计的关注点是什么？

拓展应用

1. 拓展阅读《组织理论与设计》等相关书籍与文献，并说明组织结构设计在航运服务管理中的重要性。并详细解释组织结构设计牵涉到哪些方面的管理？
2. 详细调查中远集团或中海集团现有组织结构模式，结合组织结构设计原理及最新组织结构设计实践，给中远集团或中海集团做一个理想的组织结构设计，并说明理由。

第七章 航运服务营销管理

第一节 顾客至上

如果用一句话来概括营销管理的本质,每个人都会有自己的总结。不管怎样总结,有四个关键词一定不会少:了解顾客需求,找准目标市场,说服传递价值,出售获得利润。

这个过程,就是企业为了从顾客身上获得利益回报,创造顾客价值和建立牢固顾客关系的过程。在了解顾客需求阶段包括了市场调研、让顾客参与设计与定价、产品定位等内容;寻找目标市场阶段包括了收集信息、扫描营销环境、消费者行为分析、市场细分等;在找到目标市场之后的满足顾客需求,包括产品线与品牌管理、物流配送、渠道管理、销售队伍管理、售后服务等;在说服阶段包括广告、人员推销、销售推广、直接营销和公共关系等传播方式;在获利阶段是顾客满意,企业获得利润。市场营销管理理论整合框架如图 7-1 所示。

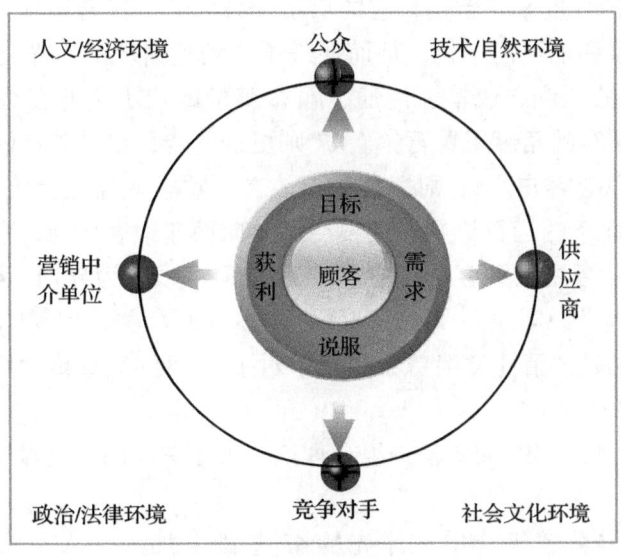

图 7-1 市场营销管理理论整合框架

当然，在组织营销管理的周围还有很多公众、供应商、竞争对手、营销中介单位等利益相关者，在最外面的一圈是整个社会的人文／经济、技术／自然、社会文化以及政治／法律环境等宏观环境影响着营销管理。

显而易见，处于整个理论框架中心位置的是"顾客"，离开了顾客，也就没有了营销管理理论的出现。因此，可以这么说，顾客是营销管理的核心。

以顾客为中心的市场营销理论演变可以从图 7-2 中看出。

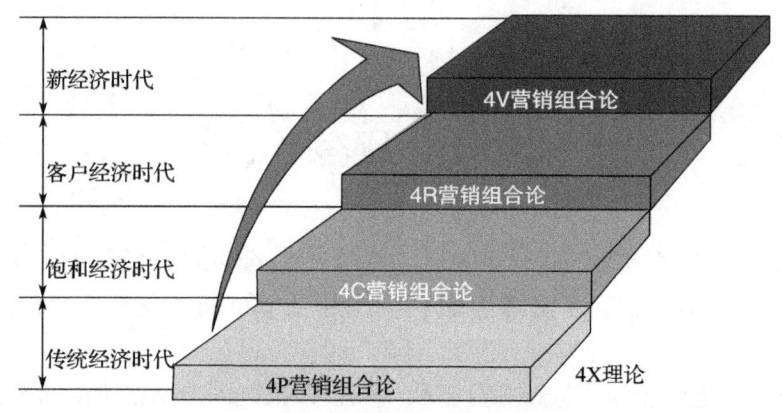

图 7-2　市场营销理论演进过程

4P 分别指代 Product（产品）、Price（价格）、Place（渠道）、Promotion（促销）；

4C 分别指代 Customer（顾客）、Cost（成本）、Convenience（便利）和 Communication（沟通）；

4R 分别指代 Relevance（关联）、Reaction（反应）、Relationship（关系）和 Reward（回报）；

4V 是指 Variation（差异化）、Versatility（功能化）、Value（附加价值）、Vibration（共鸣）。

4P 是站在企业的角度来看营销，它的出现一方面使市场营销理论有了体系感，另一方面它使复杂的现象和理论简单化，从而促进了市场营销理论的普及和应用。4C 理论以顾客为导向，4C 中的便利、成本、沟通、顾客直接影响了企业在终端的出货，决定企业的未来，是站在顾客的角度来看营销。4R 则更进一步，也是站在顾客的角度看营销同时注意与竞争对手争夺客户。4V 则把关注点放在了顾客差异化价值方向。从导向来看，4P 理论提出是由上而下的运行原则，重视产品导向而非顾客导向，它宣传的是"顾客请注意"；4C 理论以"请注意顾客"为座右铭，强调以顾客为导向。4R 也是以顾客为导向，"便利"与"节省"，"沟通"与"关联"，虽然紧密相关，但 4R 较之 4C 更明确地立足于顾客，它宣传的是"请注意消费者和竞争对手"。而 4V 宣传的则是"请注意顾客的价值"。

总而言之，4P、4C、4R、4V 营销组合理论，大家关注的都是顾客，顾客是营销中的核心。

即使服务的扩展营销组合中在原先的 4P 基础上加入了人员（People）、有形展示（Physical evidence）、过程（Process）这三个 P，也仅仅是根据服务特性如何影响顾客消费体验而增加的三个重要内容，其核心还是顾客。

案例：天天马士基——以顾客需求为核心的班轮运输服务营销

2011年10月11日，马士基航运公司（Maersk Line）在亚欧航线上推出了名为"天天马士基"（Daily Maersk）的新服务，"天天马士基"的具体服务相当简单，犹如快递公司，从亚洲宁波、上海、盐田、丹戎帕拉帕斯四个主港口，将货物运往欧洲的菲力克斯托、鹿特丹、不来梅港3个主港，共有12条航线，每周7天都设有截关/截港时间；每次订舱时，只要根据预计交货截关/截港日期，便能推算目的地可提货的时间，同时获得该公司承诺的逾时赔款。

在今天的航运业里，客户普遍质疑货物能否被准时送达，这种不确定性迫使它们不得不调整生产进度和供应链以适应航运公司的低准班率。说明会现场为让客户体验天天结关的省时与便利性，马士基航运公司特别将客人分组，以玩具小火车象征船班进行分组比赛，在等距的运行轨道上放行单班与多班的小火车载运积木，较快将所有积木运抵终点组装者获胜。多班次的小组轻松击败对手，天天马士基的成效轻易彰显。

"天天马士基"项目在亚欧航线共营运70艘船舶，亚洲4个主线港每天提供交货截关/截港服务，这意味着货物一旦生产出来，就可以立刻进行海运运输，无须仓储。天天马士基同时承诺货物运抵欧洲主线港后就能够按照预先承诺的时间提货。马士基航运宣告如不能在承诺运输时间内将客户的货物运达，马士基将对客户做出赔偿，逾时1～3天赔偿金额为100美元，4天以上赔偿300美元。这是业界第一个此类承诺。延滞费从承诺提货日起算的，对于提早到达的货柜，客户可以决定提早提货或利用这段时间作为免费临时仓库，节省仓储成本。

马士基运输的每个集装箱的二氧化碳排放量较业内平均水准低约10%，到2020年，马士基航运公司更是旨在减排25%（以2007年的资料为基础）。"天天马士基"将为实现这一目标贡献力量。事实上，在亚洲/北欧贸易航线上，"天天马士基"运送的每个集装箱的二氧化碳排放量较业内平均水准低13%。马士基航运公司未来对20艘"三E"级船舶的投资将使亚洲—北欧航线成为全球最节能的贸易航线之一，与业内水准相比，能将每二十尺集装箱（标准箱）的二氧化碳排放量减少50%。

"天天马士基"的推出在营销上的影响要远远大于实际营运收入上的影响，更显示出航运组织营销向零售终端消费者营销模式逐步过渡、融合的趋势。

一、顾客定义与类型

《辞海》和《现代汉语词典》中：顾客的"顾"是拜访、光顾的意思，"客"是指来宾、客人，还有以客礼相待的意思。

国际标准化组织（ISO）将顾客定义为：接受产品或服务的组织或个人。

那么，对于航运服务业中的组织来说，谁是他们的顾客呢？

先来看图7-3。在这张图中，以某一整合的企业为例，它的顾客包括了：

第一，直接消费者；

第二，供应链上下游关联者；

第三，企业内部员工；

第四，其他利益相关者。

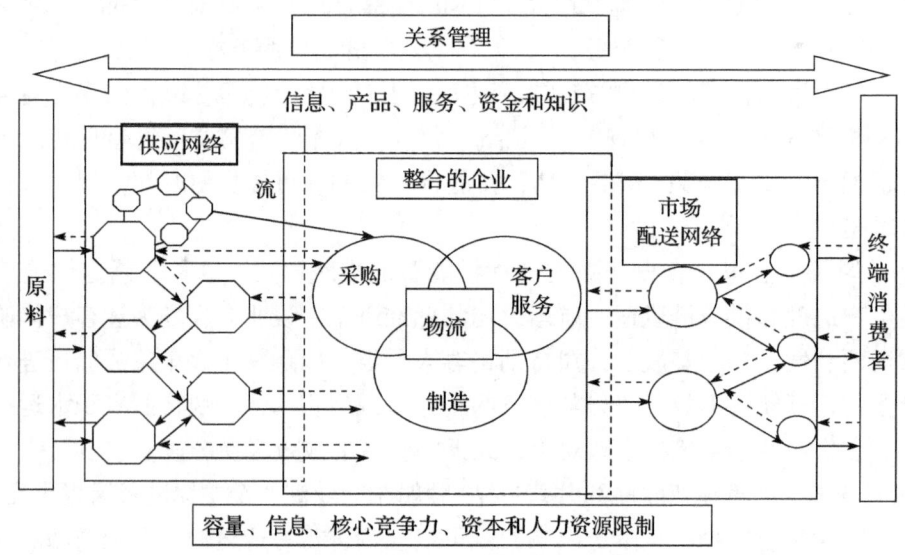

图 7-3 整合的供应链管理框架

资料来源：鲍尔索克斯，克劳斯，库伯：《供应链物流管理》，马士华，译，机械工业出版社，2007 年版。

营销概念的范围与顾客概念的广泛性是同步的，顾客意识就是服务意识，他发生在所有与我们有人际往来的人之间。服务就是生活，服务就是营销。这种"大顾客"概念的建立，有利于员工在工作中发挥自己的优势能力，在工作中实现个人幸福。

二、顾客需求

（一）顾客需求层次

正如叔本华所说，"我们的任务并不是看到人们没有看到的东西，而是想到人们没有想到但每个人都看到的东西"。

顾客需求的层次可以分为呐喊的需求、朦胧的需求和无意识的需求三个层次[①]。

（1）呐喊的需求，是指那些所有顾客感到麻烦、痛苦、不便、危险的环节，这些需求都是创造顾客需求的地方，是顾客明确表达出来的需求。

（2）朦胧的需求，是指顾客意识到是好产品或服务，但是还没有打动他们的需求。因此，关键在于核心利益点的激发力，要从好产品到有魔力的产品，从优秀的服务到能产生共鸣的服务。

（3）无意识的需求，是指顾客还没有意识到的需求，需要靠我们的完美构思与想象。

（二）顾客需求类型

不管是来自产品还是服务，顾客需求包含了丰富的内涵，如表 7-1 所示，包含了功

---

① 亚德里安·斯莱沃斯基，卡尔·韦伯：《需求——缔造伟大商业传奇的根本力量》，黄昕，编，龙志勇，魏薇，译，浙江人民出版社，2013 年版。

用、质量、信息、情感、联系、认知、新奇、怀旧和乌托邦的各种需求[①]。在直接体验基础上，顾客还有反思体验的需求，即领悟的需求，这里的领悟包括了对宇宙的秩序、人世的秩序和心灵的秩序的领悟。最后获得的是提高认识能力、强化或改变自我概念和行为。

表 7-1　顾客全面需求表

体验获得	提高认识能力，强化或改变自我概念和行为								
领会内容	宇宙的秩序、人世的秩序、心灵的秩序								
体验需求	超越顾客认知与想象力极限								
	功用	质量	信息	情感	联系	认知	新奇	怀旧	乌托邦

（三）顾客需求特征

航运服务业是一个产业市场，产业市场是由所有购买商品和劳务，并将这些商品和劳务用于进一步生产其他商品和劳务，以提供销售、租赁或供应给他人的组织构成。

1. 购买者相对较少

与终端消费者市场相比，产业市场购买者相对较少。例如，马士基航运公司的客户主要由 200 多家世界 500 强的企业组成的大客户和 6 万家小货主组成。

2. 购买量较大且市场较集中

少数大客户购买了绝大部分商品的高度集中的特点。由于各国的产业布局与自然资源、地理环境、能源供应和交通条件密切相关，一种行业的产业总是集中在几个城市或地区。例如，美国的制造业就主要集中在美国东北部的几个州。

3. 供求关系密切

客户要求供应者能按照自己在数量、品种、规格方面的交货条件及时提供产品，因而越能与客户充分合作的供应商越有希望拿到订单。因此，工业销售中的厂商信誉比一般消费品的品牌信誉更为重要。

4. 衍生需求

产业市场需求是由消费者市场的最终需求衍生而来的，消费者市场需求的变化会对产业市场需求产生连锁反应，因此，产业市场营销人员始终关注着最终消费者的市场需求状况，如顾客对环保需求的增加就会增加服务企业对环保材料、环保技术的需求。

5. 无弹性需求

在一段航运景气或不景气周期内，航运服务业的商品和劳务的需求和市场价格变化没有紧密的关联性，除非有替代品出现。比如价格的涨跌，不一定会引起造船厂对钢铁需求的减少或增加，除非制造船厂能够找到满意的钢铁代用品。

6. 波动需求

产业市场商品和劳务需求比消费者市场的需求更容易产生波动，假设消费品需求增加一定的百分比，那么反映在产业市场上，对原材料和机器等生产要素的需求就可能成倍增长。比如消费品需求仅增长 10%，产业市场的需求就可能以 200% 的速度增长。从而导致

---

① 於军：《体悟管理——赢得顾客忠诚的管理艺术》，科学出版社，2012 年版。

航运物流服务业周期性的大波动。

7. 专业化购买

一般属于专家购买。具有较强技术分析和市场判断能力的专业化购买，才使采购行为更趋合理有效。专业化采购往往由技术专家和高级主管组成的采购委员会来执行。

三、顾客态度的形成

态度是对人（包括我们自己）、客户、广告或出版物的一种持久的概括性评价。态度有三种成分分别是认知、情感和行为，如图7-4所示。

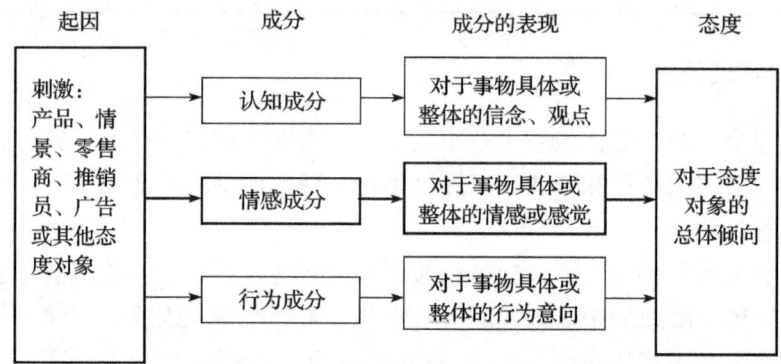

图 7-4 态度的组成成分及其表现

资料来源：所罗门，卢泰宏，杨晓燕：《消费者行为学》，中国人民大学出版社，2009年版。

在态度的形成过程中，这三个成分，是互相平行的还是有先后之分？如果有，哪个成分在前，哪个成分在后？它们有什么规律？

图7-5很好地解释了态度形成过程的不同类型。

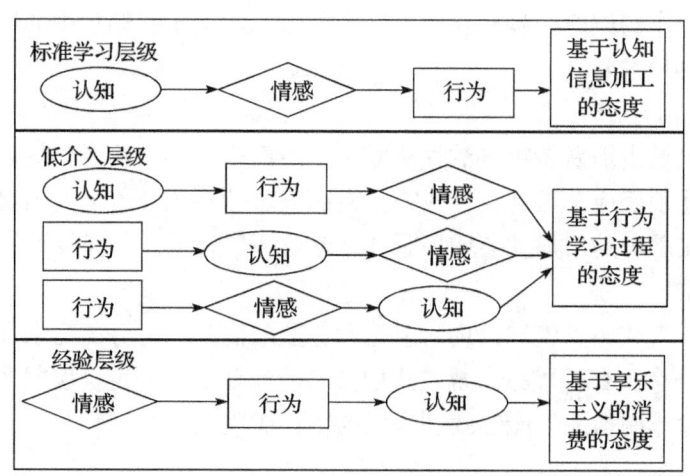

图 7-5 态度形成过程中的五种作用顺序

（一）标准学习层级

消费者对其产品的决策过程像解答问题的过程一样。首先，消费者通过积累有关产品的知识来形成自己的认知。其次，他评价这些认知并对产品形成一种感觉（情感）。最后，根据这些评价，消费者开始参与相关的行为。标准学习层级假设消费者对购买决策是高度参与的。他们会被激励去收集大量的信息，仔细权衡利弊，最后慎重作出决策。在标准学习层级，认知以及产品或服务的信息非常重要，在消费者高度介入、高度参与的情况下，好的信息也是一种体验价值源。

（二）低介入层级

有限认知。在这个过程中，消费者最初并没有对任何品牌有一种特别强烈的偏好，而是在信息有限的情况下进行购买，在这种产品的购买或者使用后才对其形成一种评价。态度的形成可能通过行为学习产生，从中获得的好或差的体验都会强化最初的选择。从行动到情绪（身体行动导致情绪）。这是《正能量》这本书所真正要告诉我们的：是我们的身体行为、行动决定了我们的情绪，而非情绪决定了行为。所以，现在很多服务企业提倡每天早上训话、喊口号，要求服务员露出八颗牙微笑，大踏步地走路去迎接顾客到来，动作流畅地跟顾客握手，面对愤怒的顾客必须保持同情和宁静以便更好地安抚顾客，与顾客面对面是身体往前倾一些，在不经意的时候用手触碰一下异性顾客的手，制造令顾客激动、运动和心情紧张的气氛，以便让消费者把这种紧张、心跳加速解释成是对服务人员和服务企业的吸引力而导致的，从而增进顾客对企业或服务人员的忠诚度，等等。

（三）经验层级

强调这样的观点：产品包装设计等无形属性和消费者对伴随刺激如广告、品牌名称和经历发生的背景环境等所产生的反应，都强烈地影响消费者的态度。情感传染（信息传播者与消费者的积极情绪都会影响消费者的购买行为），信息传播者快乐的样子也会增强我们对该产品的态度。反过来，无数研究表明，面对一则营销广告，消费者当时的心境影响他对这则广告、产品或服务的接受程度、记住所出现的信息的可能性，以及未来对该广告和相关产品的感觉。

（四）认知与情感的独立性之争

一方面，认知—感情模型认为，在认知过程中，感情判断是最后一步。前面几步包括对刺激的感受和从记忆中提取有意义的信息，以便对接受的刺激进行归类。而另一方面，独立性假说则认为，感情和认知包括两个相互分离且部分独立的系统：情感反应并不都需要先前已有的认知。

中国每年都有年度音乐单曲排行榜（Billboard），排在最佳音乐20首的第一位的歌曲也许与其他歌曲有相同之处（如低音吉他为主音，强劲刺激的音乐、均匀的节拍），但是对这些属性的了解并不能解释为什么只有一首歌成为经典而其他具有同样属性的歌曲最终沦落为地方音像店的便宜货。独立性假说并没有抹杀认知在经验中的作用，它只是平衡了传统和理性购买决策，消费者更关注审美和主观经验的影响。当人们感觉产品更具有表现力或者提供感官愉悦，而非实用的利益时，这种整体信息加工方式就更有可能出现。

标准学习层级和低介入层级属于理性决策主导的消费者态度形成过程，而经验层级则是感性引导的决策导致消费者态度形成。这两个态度形成逻辑在今天同时并存。

赫伯特·A.西蒙因为有限理性理论的发现获得了1978年诺贝尔经济学奖，时隔24年，2002年，丹尼尔·卡尼曼因为发现了感性人存在，为经济学研究打开了感性人的窗口而获得了诺贝尔经济学奖。

第二节　满意与忠诚

一、航运客户满意态度

航运客户满意的态度是基于期望与实际得到的服务水平的比较得到的，如图7-6所示。当顾客期望很高，得到的服务水平很低，那么顾客就会不满意；反之，得到的服务水平很高，而顾客期望很低，顾客就会很满意。

因此，要使顾客满意实际上可以从两个方面来进行管理，一是对顾客的期望进行管理，二是对实际服务水平进行管理。

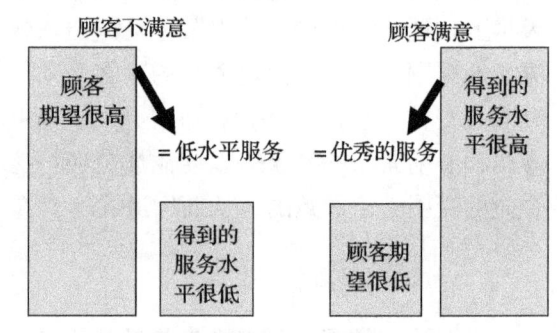

图7-6　航运客户满意态度形成的原因

（一）管理顾客期望

1. 阶梯形顾客期望

根据顾客期望的高低，可以分为最低容忍度期望、可接受的期望、基于经验的服务期望、规范化服务期望和完美的服务期望，如图7-7所示。

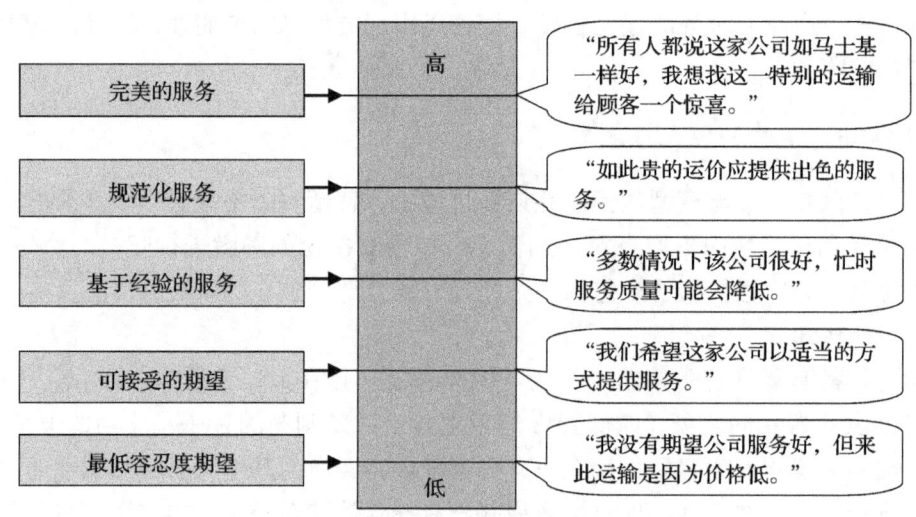

图7-7　顾客满意：顾客期望的两个水平

资料来源：L L Berry, A Parasuraman, V A Zeithaml. Ten Lessons for Improving Service Quality [J]. Marketing Science Institute, 1993: 93-104.

最高水平被称为理想服务，定义为顾客想得到的服务水平——希望的绩效水平。理想服务是顾客认为"可能是"与"应该是"的结合物。但是，现实情况限制了顾客理想服务的实现，一般说来，顾客希望达到其服务期望但又常常承认这是不可能的。因为这个原因，他们对可接受服务的门槛有另一个低水平的服务期望，这个低水平的期望被命名为适当服务——顾客可接受的服务。

2. 顾客期望容忍域

服务具有异质性。不同的服务提供商，同一服务提供商的不同服务人员，甚至相同的服务人员，服务绩效都会产生差别。顾客承认并愿意接受该差异的范围叫作容忍域，如图 7-8 所示。

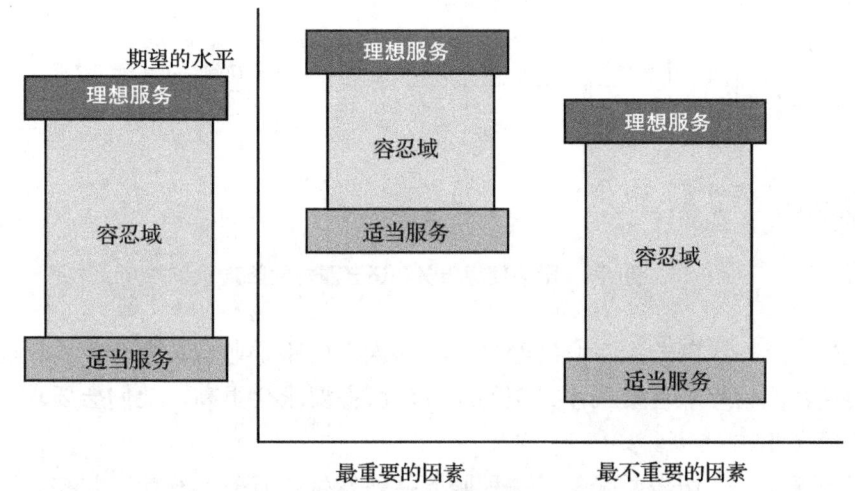

图 7-8　不同顾客、服务维度的容忍域

假如服务降到适当服务水平之下——被认为可接受的最低水平，顾客将感受到挫折并对公司的满意度降低。假如服务绩效超过了容忍域的上限——绩效超过理想服务水平，顾客会非常高兴并可能非常吃惊。你可以认为容忍域是这样一个范围或窗口，在这里顾客并不特别注意服务绩效，但在区域外（非常低或者非常高），该项服务就以积极或消极的方式引起了顾客的注意。伟大的服务企业与平庸的服务企业具有共同的特点，他们都在挑战顾客的容忍域极限，只不过前者挑战的是理想极限，而后者挑战的是最低可接受极限。

不同的顾客具有不同的容忍域，单个顾客容忍域的变化更多的是因为适当服务水平的改变，这种改变由于环境的影响而上下波动，如时间紧迫的顾客、服务的价格等，而理想服务水平受积累经验的影响逐渐向上移动。

3. 影响顾客期望的因素

影响顾客理想期望的因素有持久服务强化和个人需求，影响顾客适当服务期望的因素有暂时服务强化、可感知的服务替代物、自我感知的服务角色和环境因素。同时影响顾客理想服务期望和适当服务期望的因素有明确的服务承诺、含蓄的服务承诺、口头交流、过去的经历和服务预测，如图 7-9 所示。

持久服务强化：派生服务期望（受其他人的期望的影响）；个人服务理念（在服务部门

工作过的人对服务尤其敏感)。

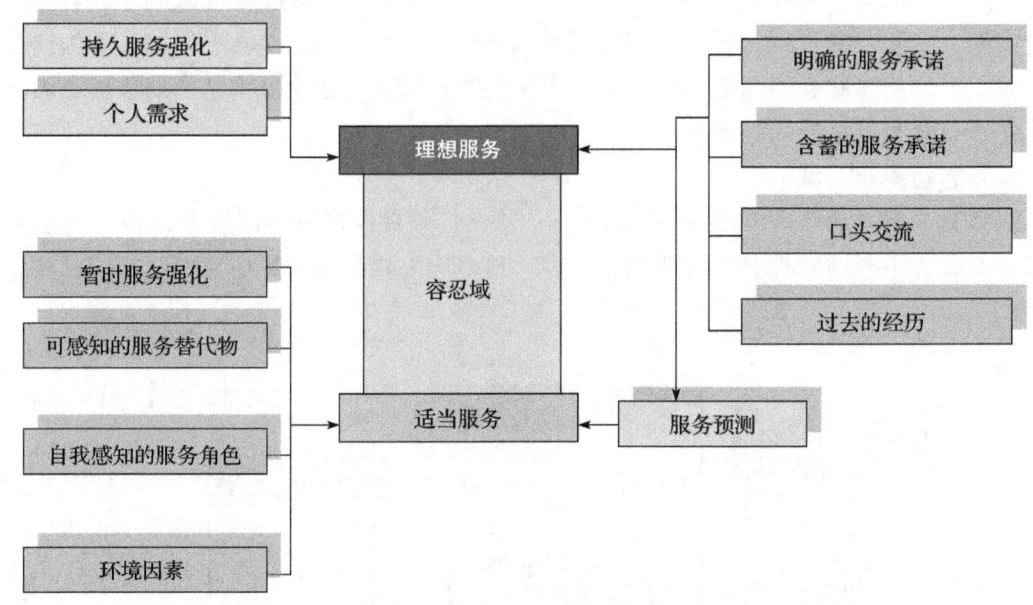

图 7-9　影响理想服务和适当服务的因素

个人需求：第一次来的顾客跟已经来了很多次，或跟企业有长期合作协议的顾客，这三种类型的顾客比较起来，第三种类型的顾客对服务要求会更高，他们会要求你们提供更多的额外免费服务。

暂时服务强化：迫切需要服务，这种服务往往发生在服务高峰期；与初始服务有关的问题也会导致更高的期望，如第一次服务失败后，顾客的适当服务水平会提高，会更紧张。

可感知的服务替换物：替代物越多，容忍域就越窄。

自我感知的服务角色：在接受服务过程中，如果客户已经明确提出了自己的服务需求，而服务组织在这个过程中却偏偏出了差错，那么顾客就不会容忍这种失误。因为他感觉自己已经尽到了顾客的角色。

环境因素：如巨大的灾难、国家的政策调整等因素的出现，不是服务提供商所能控制的因素。世贸中心灾难发生后的几天里，人们对电话、网络，甚至保险公司的服务的低水平服务能够理解，因为大家都了解问题产生的根源。

服务预测：码头靠泊淡季，同样的装卸服务，船公司可能会有装卸更快的服务预期等。

(二) 管理实际服务水平

如果顾客期望不变，顾客满意态度是由客服人员决定的吗？

1. 问题出在员工上，根子却在管理上

在现实服务中，顾客经常抱怨和服务员工常见的十大问题是：

(1) 小媳妇心态，老婆婆仪态。

(2) 听到了声音，听不到笑容。

（3）口气比力气大，承诺比兑现多。
（4）口号压倒问号，经验驱逐专业。
（5）有以貌取人，没有一视同仁。
（6）有自我服务，没有全面服务。
（7）有 Copy 不走样，没有我行我 Show。
（8）有铁人三项，没有团体接力。
（9）写在纸上挂在墙上，做的却是另一套。
（10）处在景中排在队中，感受的只有失望。

当我们明白了服务质量模型，我们就不会把所有的服务失败归罪于客户服务人员，这些问题最终是表现在员工上，但是根子却在管理上。

2. 服务质量模型

在服务管理中，我们有一个经典的服务质量模型（Parasuraman、Zeithaml、Berry，1985）。帕拉苏曼、泽撒姆和贝里相信消费者对服务质量的评估，取决于其对服务的期望与实际服务认知间差异的大小及方向，将服务质量定义为"顾客对企业所提供服务的实际感受与顾客对于该类服务期望间的差距"，并由此提出了顾客感知服务质量的五项缺口，如图7-10所示。

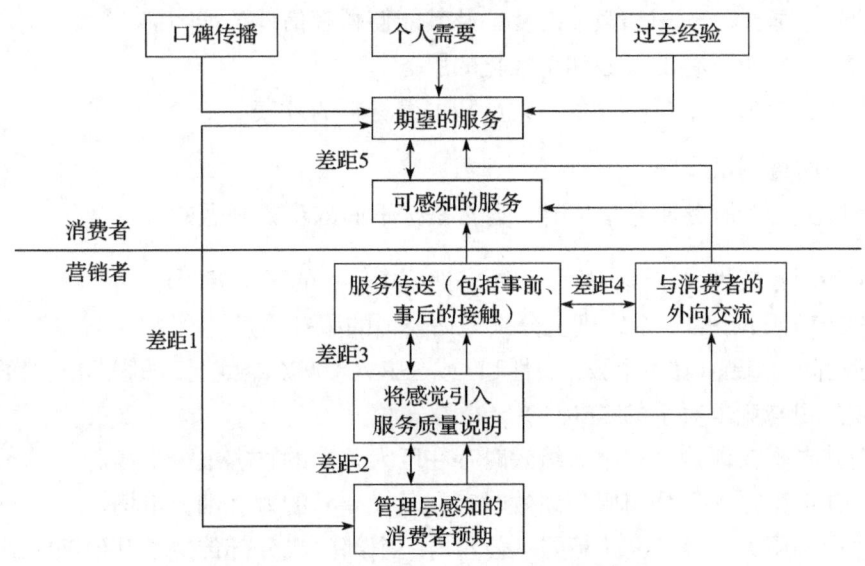

图 7-10 帕拉苏曼等人的服务质量差距模型

资料来源：Parasuraman A, Zeithaml V A, Berry L L. A Conceptual Model of Service Quality and Its. Implications for Future Research[J]. Journal of Marketing, 1985: 198-212.

差距1：顾客期望与管理者对顾客期望的缺口。此缺口起因于管理者或员工不能真正了解顾客对服务的真正期望，因此也就无法满足顾客的需求。

差距2：管理者对顾客期望的知觉转换为服务质量规格之间的缺口。此缺口起因于即使管理者或员工真正了解了顾客的需求，但受限于市场环境或资源条件，而无法提供顾客真正所需的服务规格及标准。

差距3：服务质量规格与实际提供的服务之间的缺口。此缺口起因于即使管理者对服务有标准化的规范，但员工所提供的服务表现无法标准化地维持在一定的水准之上。

差距4：实际提供的服务与外部沟通之间的缺口。此缺口起因于运用媒体广告及其他外部沟通工具时过于夸大，造成实际提供的服务比宣称的少，也由于媒体广告及其他外部沟通工具会影响顾客对实际服务的认知，因而降低顾客认知的服务质量。

差距5：顾客期望的服务质量与感知的服务质量之间的缺口。此缺口即是前述定义的服务质量、顾客期望的服务质量及实际接受服务后所产生的认知差异。

3. 服务质量评价

基于以上的5个"期望—感受"差距，帕拉苏曼三人随后提出了"感受—期望"评估框架，经过不断地修正，最终确立了影响服务质量的5个评价维度，即可感知性、可靠性、反应性、保证性和移情性，构建了22个评价指标来设置问题，将概念性的差距转化为数值表示工具，形成用来对服务质量的评价模型，即SERVQUAL评价体系。

（1）服务质量指标。

通常情况下，服务质量的评价指标由以下五个方面组成[①]。

- ✓ 可靠性：准确可靠地执行所承诺的能力。
- ✓ 响应性：帮助顾客及提供便捷服务的自发性。
- ✓ 安全性：雇员的知识和谦恭态度，及其能使顾客信任的能力。
- ✓ 移情性：给予顾客的关心和个性化的服务。
- ✓ 有形性：有形的工具、设备、人员和书面材料的外表。

（2）服务质量测量步骤。

在测量以上五个服务质量指标时，通常是按下面的步骤来做的。

- ✓ 确定各服务属性（在顾客感知和顾客期望之间）的平均差距分。
- ✓ 在SERVQUAL的5个维度上分别评估公司的服务质量。
- ✓ 一段时间内追踪（在单个服务属性和／或SERVQUAL5维度上）顾客期望和感知的变化。
- ✓ 比较公司与竞争对手的SERVQUAL得分。
- ✓ 识别并考察在评价公司服务绩效时存在巨大差异的顾客细分市场。
- ✓ 评估并考察在评价公司服务绩效时存在巨大差异的顾客细分市场。
- ✓ 评估内部服务质量（也就是同一公司内一个部门或分部传递给其他部门或分部的服务质量）。

（3）服务质量测量指标。

每个测量指标根据从强烈支持到强烈反对1-7的分值进行评分。

在可靠性维度上的感知状态

XYZ公司在某时承诺做某事后，它确实这样做了；

- ✓ 当你遇到问题时，XYZ公司忠诚地为你解决问题。

[①] Parasuraman A, Zeithaml V A, Berry L L. A Conceptual Model of Service Quality and Its. Implications for Future Research[J]. Journal of Marketing, 1985: 198-212.

- ✓ XYZ 公司执行服务一次成功。
- ✓ XYZ 公司在其承诺的时间提供服务。
- ✓ XYZ 公司在服务执行前会通知顾客。

在响应性维度上的感知状态

- ✓ XYZ 公司的员工总能通知顾客什么时候服务能够进行。
- ✓ XYZ 公司的员工给予你快速的服务。
- ✓ XYZ 公司的员工总是乐于帮助你。
- ✓ XYZ 公司的员工从未因太忙而不能对你的要求做出反应。

在安全性维度上的感知状态

- ✓ XYZ 公司员工的行为使你满怀信心。
- ✓ 你对与 XYZ 公司的交易感到安全。
- ✓ XYZ 公司的员工对你一直礼貌相待。
- ✓ XYZ 公司的员工拥有回答你问题的知识。

在移情性维度上的感知状态

- ✓ XYZ 公司给予你个别照顾。
- ✓ XYZ 公司的员工给予你个别照顾。
- ✓ XYZ 公司时刻牢记你的利益。
- ✓ XYZ 公司的员工理解你的特定需求。

在有形性维度上的感知状态

- ✓ XYZ 公司拥有现代化的设施。
- ✓ XYZ 公司的有形设施实际上很有吸引力。
- ✓ XYZ 公司的员工看起来很整洁。
- ✓ XYZ 公司与服务有关的材料（如手册和声音）很有吸引力。
- ✓ XYZ 公司的营业时间很方便。

4. 马士基班轮运营服务标准

服务标准化的三种方式：人员服务的技术替代，工作方法的改进，前两种方法的结合。顾客定义的服务标准类型分为硬标准和软标准。即那些能够通过计数、计时或观测得到的硬性标准，和建立在意见的基础之上，无法观测到，必须通过顾客、员工或其他人的交谈才能搜集到确切信息的软性标准，如图 7-11 所示。

在过去三年里，马士基航运公司致力于为客户提供便捷的业务体验。通过调查反馈，客户建议我们将互动服务也纳入"可靠性"的评判指标之中。马士基航运现已着手制定一份"客户章程"，以此明确服务品质准则，确保我们的客户都能够从中受益。因此，我们已在《客户章程》中为与客户的每一次互动都确定了极富前瞻性的执行目标。

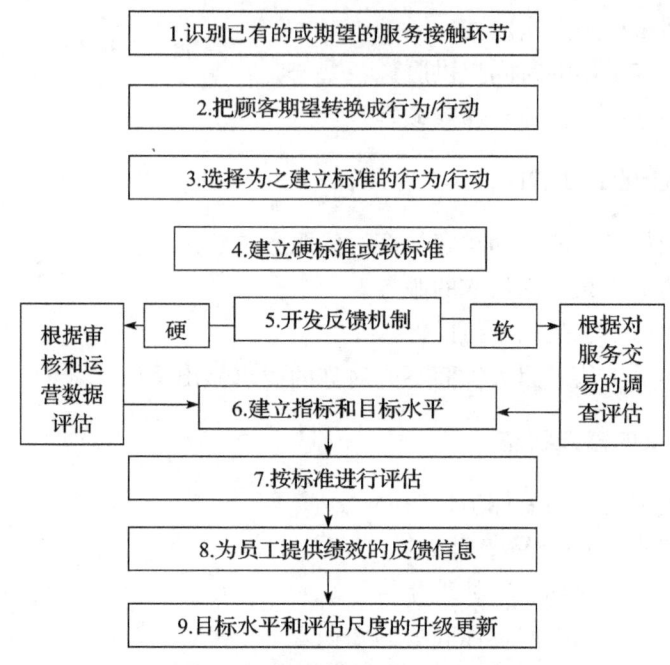

图 7-11 服务质量标准建立的过程

马士基航运公司在 2013 年 3 月 4 日举行的 TPM 跨太平洋会议上宣布推出《客户章程》。该章程包含一套完整的前瞻目标,客户从中可了解其所关心的关键客户互动服务的前景及已取得的成绩。公布在互联网上的《客户章程》会明确许多关键准则,例如单据的"准确性和周转时间""抵达前通知"的时效性、"订舱周转时间"和"发票争议处理时间"。

基于这些标准,客户可切实感受到马士基航运公司每月环比的进步。"在与一些北欧客户开展业务时,我们已贯彻《客户章程》的理念,反馈结果十分乐观。"同时,马士基航运公司也强调:"很明显,客户不会太关注我们的整体业务情况,他们更关心我们对其提供的更有针对性的具体服务。不过,《客户章程》为让客户深入了解我们的服务品质开了个好头。"《客户章程》如表 7-2 所示。

表 7-2 《客户章程》:马士基服务运营标准

目标	客户体验
订舱周转时间	两个工作小时内完成包括设备和空间在内的标准干货订舱(商定的承诺水平)
单据(准确性和周转时间)	八小时工作时间内完成准确及时的提单
单据(修改周转时间)	一小时内完成准确及时的修改
抵达前通知的时效性	准确及时的抵达前通知(预计到达时间前 24 小时)
发票的准确性	七个工作日内提供准确的货票并解决发票争议
与我们服务代表沟通的顺畅度	互动语音回应后的 30 秒内接听服务电话
问题的解决	客户向马士基航运提出问题后 12 个工作小时内解决问题,或就已制定的解决方案与客户进行沟通
班期可靠性	业界最佳的班期可靠性

资料来源:马士基官方网站。

对这些差距和服务质量指标的管理，可能体现在管理理念上，可能体现在流程设计上，也可能体现在组织结构上等。实际上，是企业文化塑造着组织的实际服务表现水平。

5. 企业文化决定实际服务水平

员工表现和背后的服务流程、组织结构等，这些看得到的东西，仅仅是组织文化最表层的人工饰物，还有员工信奉的信念和价值观，以及基本假设都深深地影响着整个组织的服务表现，如图 7-12 所示。

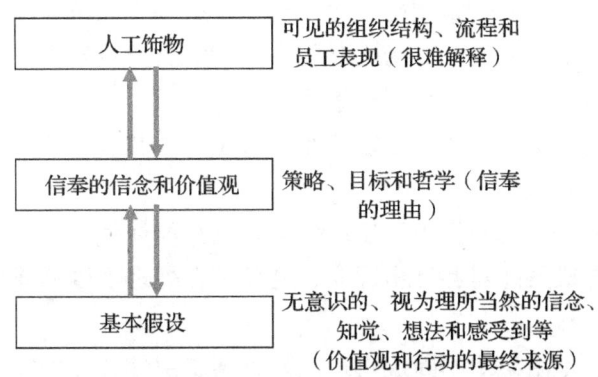

图 7-12 企业文化的层次

资料来源：埃德加·沙因：《组织文化与领导力——如何以最有效的方式认识和打造组织》，马红宇，王斌，等译，中国人民大学出版社，2011 年版。

（1）人工饰物。包括团体中的可视产品，如物理环境的建筑结构、语言、技术和产品、艺术创作、（从着装、处事、情绪表达方式以及组织传奇和故事中体现出的）团体风格、出版的价值观明细表、可观察到的礼仪和庆典等。

（2）信奉的信念和价值观。这是某些个人、领导者，他们对于事物应该是什么样的理解与事物实际是什么样的截然不同的想法。但是在团体采取联合行动，并一起观察到这个行动的结果之前，都不能说他们已经拥有了判断领导的想法是否有效的共识。也就是说也没有行动这样的基本假设。因此，要想让服务意识成为我们每一位员工共享的成功经历的结果。领导人必须用实际行动来强化这种意识，来把这些顾客意识落地到具体实际的业务操作中去，并以不断取得有效的行动为结果。

因此，这种顾客意识对外适应和生存的阶段体现在：

①使命和策略。对核心使命、首要任务、外显和内在功能达成共享理解。

②目标。达成起源于核心使命的目标一致。

③方式。达成用于实现目标的方式一致，如组织建构、劳动分工、奖赏体系和权职制度。

④测量。达成用于衡量组织完成目标（如信息和控制系统）的程度的标准一致。这一阶段还包括获取信息、在组织内合适的位置获取信息以及将信息融会贯通的整个周期，通过这些过程来促成采取恰当的、正确的行动。

⑤纠正。如果没有达到目标，达成对其进行适当补救或修正的一致策略。

因此，这种顾客意识对内内部整合的假设体现在：

①创建一种共同的语言和概念范畴。如果员工不能与其他人沟通和交流，那么就难以定义为一个群体。

②定义群体边界及内涵和外延的标准。群体必须能定义其自身，定义包括谁在团体中，谁在团体外以及通过什么标准确定成员资格。

③分配权力和职位。每个群体都必须制定权势等级、成员如何获取、维持和丧失权力的规则和标准。在这些方面达成一致对于帮助成员应对焦虑和攻击情绪是至关重要的。

④形成亲密关系、友谊和爱情规范。每个群体都必须为同事关系、性别之间的关系以及在管理组织任务的背景下处理开放与隐私的方法制定出游戏规则。在这些方面达成共识对于帮助成员管理友情和爱情的感受至关重要。

⑤界定和分配奖惩。每个群体都必须清楚什么是高尚和罪恶的行为，必须在什么是奖赏、什么是惩罚上达成共识。

⑥解释难以解释的——思想意识和宗教信仰。一个群体就像一个社会，要对难以解释的事件赋予意义，以便成员能对此做出回应，避免其在处理不可解释和不可控制的事情时产生焦虑。

（3）基本假设。它是由组织不断成功地激发，逐步由信念和价值观转变而来的。最核心的假设，也是组织持续获得成功的根本思维。共享的成功经历越多、越大、越久，组织由此凝结的信念、假设的文化层次越深，越被认为是理所应当的。

因此，改变组织实际服务水平是一个系统的工程，是对整个组织文化的三个层次的系统改造。

二、航运客户满意态度与行为

顾客满意的态度是否导致顾客行为忠诚？如果不是，其中的缘由是什么？

除了从态度到行为转变的 5 个条件变量之外，还有其他原因在起作用。

如今的客户与以前大不一样，他们的选择更加广泛，需求更加迫切，标准更加苛刻。他们希望所有企业的服务都能够像联邦快递那么迅捷，像亚马逊那么方便，像迪士尼那么友好，像西南航空那么便宜。事实上，你会发现那些声称对你满意的客户中有 85% 会放弃你而选择你的竞争对手。因此，满意的客户与忠诚的客户完全是两码事，不管是对企业还是客户来说，满意已经成为最低可接受标准。让我们来看一看客户服务阶梯模型[①]，如图 7-13 所示，这个模型最大的特点就是让你认清满意客户与忠诚客户的区别。

顾客对服务的评价可分为两类，第一类是人们在接受服务时认为消费体验是美好的或糟糕的，第二类是当人们谈到过去接受某项服务时，他们的评价超越了对具体实物的视见，伴随评价的表述常常是"它让（帮助）我感觉（意识）到自己……"等。我们相信，个体具有直接体验与反思体验（对体验的体验）的双重需求，而双重体验令主体产生对客体和自我的感觉。我们也相信，总是存在与自我有关的特定情感——自我满足或不满，即自我价值感和自我效能感。人类同时具有体验积极情感，避免消极情感的原始动力，即人们具有寻找高（或良好）自我感觉的动机。我们把这种动机称为自我满意动机。顾客自我

---

① 杰佛瑞·基特玛：《客户圣经》，何心瑜，译，商周出版社，1998 年版。

满意是指顾客由于服务环境、过程等关键时刻的触发而反躬自省时,随自我价值感和自我效能感增强而导致的自我满意、满足等良好的自我感觉状态(於军,2012)。换句话说,"顾客就是商品",满足顾客改变自己的心理需求也是一种服务。顾客深度体验要达到的目的是强化与改变,让顾客在强化与改变自己中得到心灵上的满足,正如健身锻炼不仅仅可以改变体形与肌肉,还可以使它们保持完美。

		向谁说?	介绍?	再次购买?
顶阶层	忠诚的	告诉大家	自动介绍给你	总是会回来
中间层	非常满意的	告诉几个人	介绍一些给你	有时候会回来
最底层	满意的	被问起时,也许会说	也许会介绍	如果方便的话
		客户服务阶梯模型		
地下层	无动于衷	不向任何人说	大概不会	也许会
	不悦	至少向10人说	肯定不会	数年后,也许
	做错事	至少向25人说	铁定不会介绍	除非被迫
	生气	告诉任何想听的人	你开什么玩笑	不可能
	告状	向全市张扬	逆向介绍	绝不可能

图 7-13 客户服务阶梯模型

由此,顾客满意包含了主体对客体的满意(对外满意)和主体因感受到高自我价值感和自我效能感而产生的自我满意(对内满意)两种成分。因为,在这里,顾客可以成为更好的自己。

总而言之,顾客深度体验的需求来源于其希望通过服务体验带来精神境界的提升、自身素质与智慧的提高以及获得宁静与快适的感受,并由此达到自我满意。而组织能够通过有效管理实现顾客需求与企业利润的双重实现。

图 7-14 总结了我们提出的体验价值、双重满意和顾客忠诚之间的联系(於军,2012)。

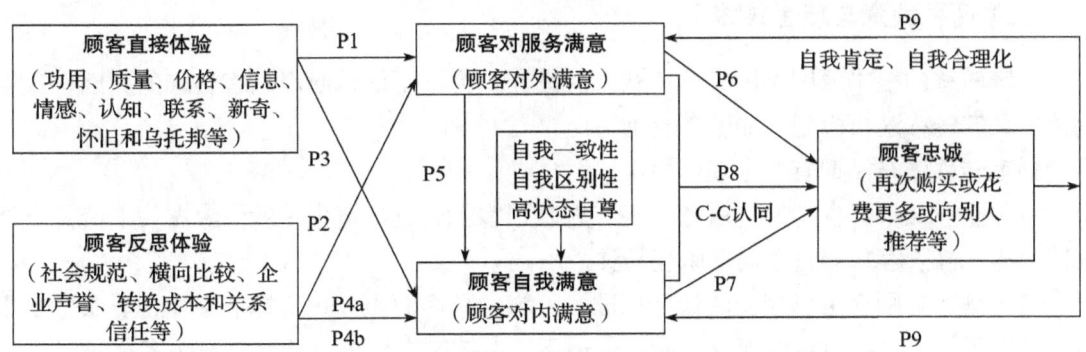

图 7-14 体验价值、双重满意和顾客忠诚之间的联系

(一)关系的四种类型

相互依赖理论认为,每个人对与他人关系的满意与否取决于他本人的比较水平,即我们认为在与他人的交往中应得结果的价值。而满意度不是唯一,甚至不是决定我们关系持久与否的主要因素,而是取决于替代选择的比较水平,即如果脱离目前的关系,转向可以得到的、最好的、作为替代的伴侣关系或者环境而得到的结果(Kelley、Thibaut,1978)。通俗地讲,对关系的满意取决于结果与个人期望的比较,而对关系的依赖却取决于结果与是否认为还有更好选择的比较。

我们把相互依赖理论中影响依赖程度的替代选择的范围扩大到自我要求(包括了顾客心中理想的替代选择),那么不管这种替代选择是否真实存在,只要顾客认为存在,这种想法就会影响他的决策与判断。于是,我们可以根据实际体验结果与顾客期望(CA),顾客的理想期望(CIA)三者之间的比较,产生顾客与企业之间关系的四种类型,如图7-15所示。

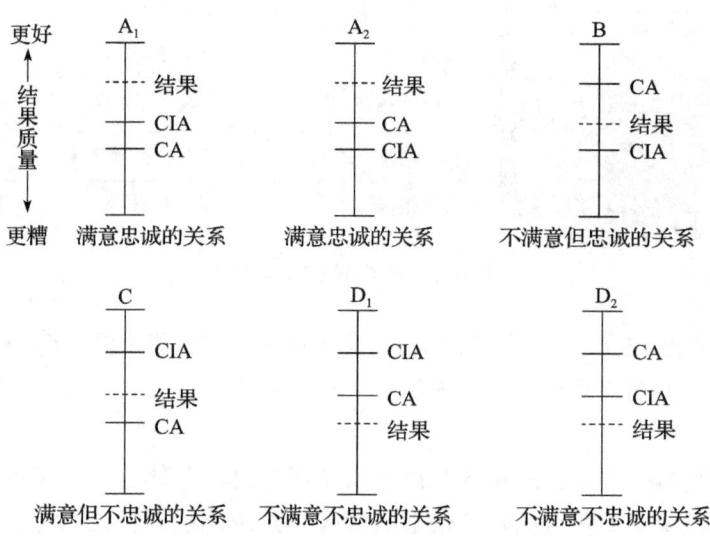

图 7-15 顾客与企业关系的四种类型

(二)两种满意与顾客转移

顾客转移的根本原因是顾客体悟状态的改变。为了更好地解释顾客转移的原因,我们构建了顾客转移瀑布模型,如图7-16所示。

顾客转移瀑布模型有八个基本规律:

(1)企业如果只保持原有服务水平,忠诚顾客就会逐渐流失,就像瀑布往下流是自然规律一样,高阶客户会自动向低阶层转移。

(2)满意是顾客可以接受的最低标准,因为,顾客的服务评价标准会随企业服务水平的提升而不断提高。对企业而言,满意远远不够,控制点应该上移到忠诚顾客这一层。

(3)瀑布能流多久,关键看水源(信仰的蓄水池)有多大;忠诚客户的多少取决于企业控制水源的能力。

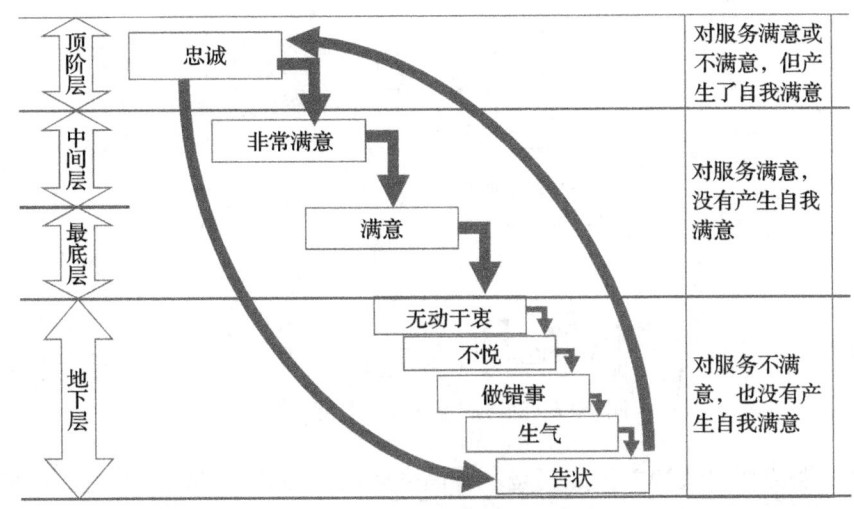

图 7-16　顾客转移瀑布模型

（4）企业往上提的力量必须加倍才能拾级而上（一是增加黏着度，消除自然往下落的力量；二是增加上升力，提升阶层）。

（5）在瀑布下落过程中，只要风一吹，就会把水花吹到别的地方；在忠诚顾客向地下层转移的过程中，竞争对手很容易把他们吸引走。

（6）在特殊情况下，瀑布不一定是逐级下落，而是飞流直下；忠诚客户、满意客户可能因为企业某些行为而直接下降到生气、告状阶段。

（7）瀑布下落到水潭里的水可以通过蒸发、降雨重新成为瀑布的水源；企业可以通过服务补救、服务抱怨处理等手段，把不满意、生气和告状阶段的客户重新提升到忠诚阶段。

（8）客户服务瀑布模型是一个闭环的价值循环，它的边界就是这个闭环形成过程中与外界发生交互作用的节点。

从图 7-16 中可见，顶阶层是企业追求的忠诚顾客，中间层是对服务可以接受的满意和非常满意的顾客，地下层是对服务无动于衷、不悦、对其做错事、生气和告状的顾客。处于这些不同阶层的顾客状态会互相转换，而转移变化的根本动因是顾客在服务体验中或之后是否产生对外满意和自我满意。地下层顾客是对服务不满意，也没有产生自我满意的顾客；中间层顾客是对服务满意，没有产生自我满意；顶阶层的忠诚顾客是不管对服务是否满意，都因为在服务中受到尊重、欣赏或教育所导致自我强化和改变从而获得自我认同或发现理想自我后的自我满意顾客。

第三节　营销策略

航运客户服务营销策略一定是基于消费者行为学特征与消费者具体需求特征做出的。因此，针对特定的客户可以有两种营销影响策略：一是中心路线，就是改变客户的认知；二是外围路线，就是改变客户的情感。从而达到改变客户行为的目的，如图 7-17 所示。

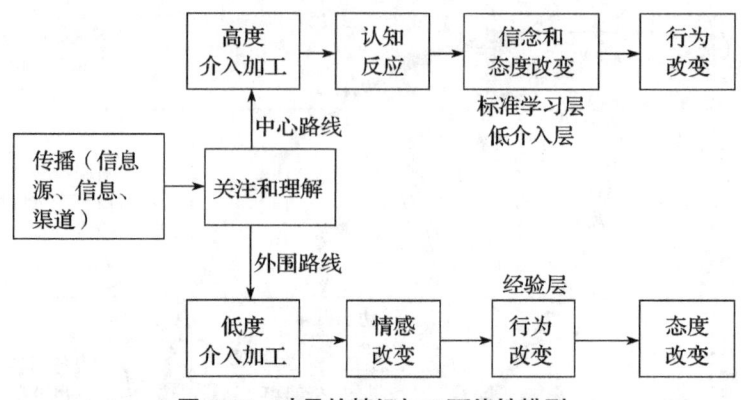

图 7-17 劝导的精细加工可能性模型

中心路线强调客户认知关注点,是一种高介入度学习的影响改变策略。而外围路线是在人们没有动机去认真思考所提供的论述时采取的路线。消费者很可能会使用广告中的外围因素来决定这条信息的适宜性。这些外围因素可能包括产品的包装、信息源的吸引力或者呈现信息的背景。这些与真实的信息内容无直接关联的信息被称作外围因素,因为它们源自真实信息的外围。当消费者不关心产品本身时,与产品相联结的激励就更重要了。也就是说,人们可能主要是因为营销者设计的"迷人"包装、选择的受欢迎的代言人,或者可能仅仅创造了一个令人舒适的购物环境,而购买低度介入的产品。

一、改变顾客认知的营销策略

改变认识成分的方法可以是:

✓ 改变信念(用事实数据)。
✓ 改变产品属性权重。
✓ 增加产品属性新信念。
✓ 改变理想点。

我们以改变信念为例进行说明。

传统的基于成本的定价顺序是:产品→成本→价格→价值→客户。

而基于价值的定价顺序是:客户→价值→价格→成本→产品[①]。

现在这样的改变必须从精确定义和计算经济价值这个环节开始。

一个产品的总经济价值是客户最优替代品的价格(参考价值)加上所有使得这个产品区别于替代品的特性的经济价值(差异化价值),如图 7-17 所示。

不要假设价值增加百分比与产品有效性增加百分比成比例。有效性的增加可能影响许多额外因素:尽管你的零部件耐用期是竞争产品的两倍,你的药物有效性是竞争产品的两倍,你的电脑芯片速度是竞争产品的两倍,但这并不意味着你的产品的价值只增加了两倍。"不必像从前一样频繁替换零部件"比单个零部件本身具有更大的价值,对停工成本、

---

① 纳格、霍根、王佳茜:《定价战略与战术》,龚强,译,华夏出版社,2008 年版。

劳动力成本和其他费用的节省都增加了高质量零部件的价值。使用一种两倍有效的药物带来的价值远超过两倍的价格，因为它减少了相关医疗开销并且减轻了病人的痛苦。一个高速电脑芯片也许可以完成两个低速芯片也无法完成的计算。

我们来看个例子：

一个名为"Dyna-Test"的GenetiCorp产品可以从现存DNA样本中合成互补的DNA链，从而大大降低DNA分子的退化速度并且提高DNA分析的精确性。Dyna-Test保留样本完

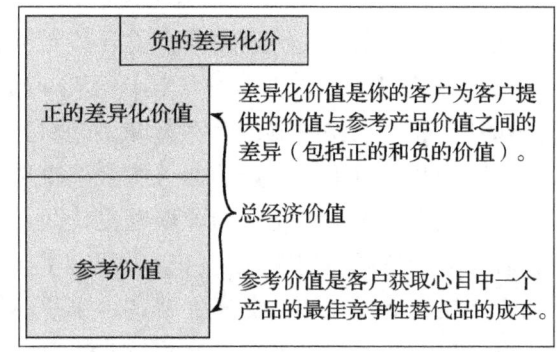

图7-18 经济价值估算（Economic Value Estimation）

整性的时间比主要的竞争对手EnSyn长得多，从而在很多不同的应用中提高了DNA测试的收益和准确性。

例如，犯罪调查人员可以利用DNA来匹配头发、血液或其他人体取样；医院和医学院专家利用DNA来诊断疾病，制药生产商利用DNA分析来定位易受到新药物治疗影响的基因。在所有的应用当中，测试失败的成本都非常大：犯罪调查中一个"失真的图像"也许会产生一个假阴性的错误测试结果，随之而来的重新测试可能长达数周；类似地，对于制药公司来说，分析DNA链时一个失真的画面可能导致药物研究者错过真正的目标——被怀疑引发一种疾病的DNA基因片段。

计算的结果如图7-19所示。

这大大超出了我们的直觉，但是，这就是基于价值定价的关键所在。

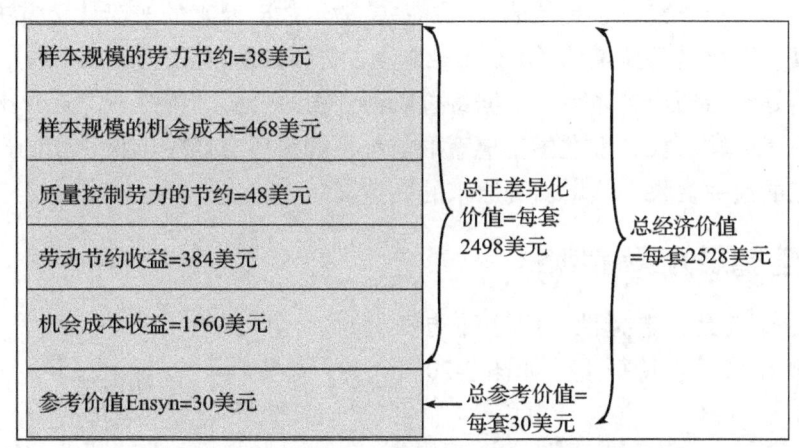

图7-19 GenetiCorp产品的价值与价格计算全图

基于价值的海上通行费定价

基于价值的定价计量，其有史可查的第一次使用是在几个世纪以前，这为后来以价值为基础的定价播下了种子。故事发生在15世纪，在斯堪的纳维亚联合王国国王波美拉尼亚的埃里克（Erik of Pomerania）的召集下，大批当时在北欧贸易中占统治地位的德国汉莎

同盟的商人聚集到了哥本哈根。国王向这些商人宣布了一条新的税收条例：任何想要经过埃尔西诺（Elsinore）的船只，无论是进入还是离开波罗的海，都必须降旗，收好上桅帆，并且抛锚停泊，以便船长上岸向海关官员支付1金币的通行费。

没人对斯堪的纳维亚联合王国国王收取通关费的权利提出挑战，毕竟在莱茵河、多瑙河和其他欧洲主要河道边上拥有城堡的那些男爵们，强制征收的通关费已达几个世纪之久。尽管如此，由于埃里克的通关费税率较重，再加上在埃尔西诺抛锚上岸交税的苛刻规定，这一规定变得很不受欢迎。埃里克认为，如果他在埃尔西诺建立一个城镇，那些付完税收后等待合适风向的船长们将会乐意有机会在城镇里补充淡水、酒、肉、蔬菜和其他所需物资。换句话说，即使交通关费这件事是不得已而为之，埃尔西诺本身还是具有吸引力的，埃里克的任务就是去提供这些创造吸引力的东西。

埃尔西诺的命运随着25岁的弗雷德里克二世（Frederik II）在1559年的即位而发生变化。他年轻、有野心、想要实现自己重新征服瑞典并恢复北欧联盟的帝国梦想。为此他发动了长达7年的战争。像所有的战争一样，这场战争耗尽了丹麦的经济实力。到1566年，情况恶化到几乎不可收拾，弗雷德里克二世和议员们只好决定向有特殊才能的彼得·奥克斯（Peder Oxe）求助。奥克斯是个公认的财务奇才，这也是弗雷德里克所需要的。

长期以来，船长和船主们都认为埃里克对每艘船征收1金币的通关费制度很不公平。毕竟大小不同的船只装载的货物不同，况且存在不同国家的不同利益关系。另外，该系统在丹麦国王看来也存在诸多缺陷。埃里克之后的四五位国王都尝试对该制度进行修正，这又需要做出些让步，有些国家的船被免税，有些国家的船在某些方面得到优惠待遇等。

到弗雷德里克二世的时候，每艘船应当缴纳的通关费已经从1金币涨到了3金币，但是这仍然不是一个令人满意的收费系统。彼得·奥克斯意识到，对收费计量方法进行彻底改革才是唯一的解决方案。于是他建议，通关费缴纳放弃原来的按船计费方法，改为按运载货物量计费。开始是每拉斯物（1 Last=2吨）2个利克斯银元（rix-dollars），不久又演变为一种更加巧妙灵活的计量体系：根据每拉斯物货物的价值，按照一定百分比收费。

国王拥有优先购买权，即在国王愿意的前提下购买所有通关申报货物的选择权。短短几年内，国王的通关费收入就增加到原来的三倍。

二、改变顾客情感的营销策略

消费者的知觉具有选择性，而这种选择性主要体现在格式塔特征上，如图7-20所示。

（一）初始（首因）效应

所罗门·阿希（Solomon Asch）于1946年发表了关于情境依赖性的一个经典研究。在这个实验中，阿希要求被试描述他们对一个人的印象。一半的被试所需要描述的

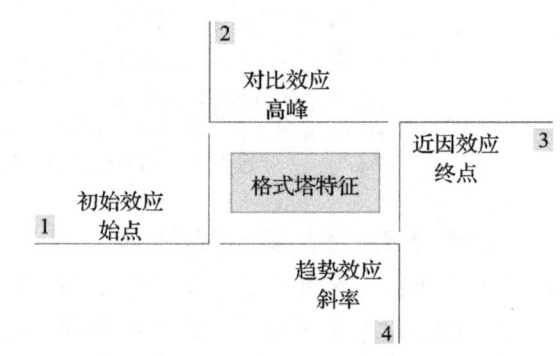

图7-20　消费者的格式塔特征

对象是一个"嫉妒心强、顽固、挑剔、冲动,但勤勉、聪明"的人;另外一半的被试要描述的对象是一个具有相同特征的人,但这些特征的描述顺序改为"聪明、勤勉,但冲动、挑剔、顽固,而且嫉妒心强"。

阿希发现,在这些描述特征中,顺序靠前的特征比顺序靠后的特征对人们印象形成的影响更大一些。这种情况被称为"初始效应"。事实上,初始效应是有关进入位置及其对判断的影响的一个总体描述。也就是说,第一印象固然是最重要的印象,第二和第三印象也同样显示出很大的初始效应。

(二) 对比效应

顾客体验有一个情境依赖的特征,它是指顾客对服务体验价值的感知是基于一定的情境,依据个人的偏好,不同人对于服务所具有的价值的评价会有显著的差异。尤其是当顾客连续经历不同的服务时,前一个环境下的消费氛围会直接影响他对紧接着的另一个服务消费过程感知价值的评价,前后服务价值比较就会非常明显。哈维·汤姆森用一个酒店消费和银行服务的例子说明了顾客体验的情境依赖性。当一个顾客经过长途跋涉后将车开到酒店门口时,酒店的服务员立即引导顾客安全地停好车,当他进入酒店大堂时,服务经理已经等候其光临,酒店已经为他登记好入住手续,行李也已经帮他拿到房间,这一切服务都令顾客有回家的感觉,这时顾客对酒店服务的体验价值会有较高的感知。尤其是在极度疲劳的状况下,更会有这样的感觉。经过一段时间的洗漱之后,这位顾客突然想起需要到银行取一些现金,以备消费使用,他就去了附近的银行。这时他对银行服务的期望一定不会低于酒店服务的标准,如果这时的银行服务水平表现得跟酒店服务水平相当,顾客就只会感到"理所当然"而已;但是,这时银行的服务如果表现得稍微差一些,那么,顾客对银行服务的价值评价就会很低。当然,顾客体验价值的情境依赖性还取决于个人不同的主观判断,因此,体验情境依赖性既有客观的成分,也有主观的成分。不管主观的成分比重占多少,只要顾客连续经历的服务过程中有不同服务提供者参与,那么,当中服务最好的提供者就会成为其体验价值感知的基准线。

在哈维·汤姆森的案例中,作者只是假定了前后连续衔接的服务,因为这样顾客对前后不同的服务水平有一个最直接的比较,所取得的效果自然是最明显的。而实际上,人们对于好的服务的记忆比人们想象的还要持久:去过迪士尼乐园的人们不会忘记迪士尼的干净、热情和快乐,更不会轻易地抹去迪士尼给他带来幸福的感觉;接受过新加坡航空公司服务的人们,不会忘记空姐的亲切,服务的周到;接受过 UPS 服务的人们,不会忘记它的快捷与方便。也就是说人们对于体验价值高的服务提供商的怀念在时间上更持久。同样,好的服务已经不再具有空间阻隔的限制。这也是顾客"曾经沧海难为水,除却巫山不是云"的真实心理的写照。因此,这就对全世界的服务企业提出了新的挑战。

随着服务竞争的加剧,顾客体验价值的感知肯定是在与竞争对手比较,与顾客自己服务经历的比较中产生的。因此,我们引入"顾客价值体验峰值"的概念,如图 7-20 所示,顾客价值体验峰值是指顾客在所有的产品或服务体验中的最高值。这种峰值体验不管是由同行业竞争对手,还是由他业服务企业通过某一特定的服务提供的,都会深刻地烙印在顾客心灵深处，在潜意识层面影响着顾客对现有服务的评价。

（三）峰—终定律

2002 年诺贝尔经济学奖得主、心理学家丹尼尔·卡尼曼（Daniel Kahneman）经过深入研究提出了"峰—终定律"（peak-end rule）。其观点认为人类主动自愿的行为受获得愉悦体验或避免痛苦体验的愿望的激励。根据峰—终定律，顾客评判过去体验时，完全基于在高峰时

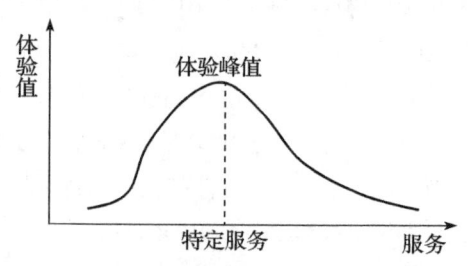

图 7-21　顾客价值体验峰值与特定服务关系

的体验（愉快或不愉快）及终点的体验，即高峰时与终结时的感觉。峰—终定律发现人们一般通过潜意识来总结体验，之后依靠这些总结去提醒自己当时体验的感觉。这些总结影响了顾客是否再去尝试某种体验的决定，而在过程中好与不好体验的比重，对记忆几乎没有影响，顾客能记住的只是在峰与终时的体验。也就是说，如果在一段体验的高峰和结尾，顾客的体验是愉悦的，那么顾客对整个体验的感受就是愉悦的，即使这次体验中某些部分会给顾客带来不快的感受。

经济学假设人是理性的，而"峰—终定律"认为人是感性的，它为经济学打开了另一扇假设之窗，也为服务管理者开启了一扇新窗户——重点管理顾客的"峰—终体验"。而这里的"峰"点与"终"点则是服务体验过程"关键时刻（MOT）"中的关键时刻。

（四）趋势效应

体验的总结性评估的一个主流结论是：人们并不简单地加总随事件展开而得到的瞬态体验。相反，反映瞬态成分随时间的变化，即体验的趋势主宰了整个内省式评估（Dan & Carmon，2000）。总结性评估体验的目的是为了通过帮助预测未来状态而促进有效决策，即获得推论目的。因此，一个连续不断变好的体验趋势能够传递很多关于未来状态的信息。此外，不断改善的趋势通过增加期望或减少恐惧而提高瞬态体验本身的价值。

由此可见，消费者服务体验过程中，他们接触的第一、第二、第三个服务接触点对他们的整体体验影响非常大，好的、舒服的初始效应能够给顾客留下"难忘"的体验印象。而趋势效应告诉我们，体验效果向上的趋势，才是企业所期望的趋势。反过来说，如果顾客在一开始就获得了高峰体验，那么根据趋势原理，随后的所有关键时刻点的体验都必须是高峰体验，时间短的服务体验能够实现，但是时间长的服务体验，从头到尾都要是高峰体验，这种体验既不讨好，又很费财力，因为这样的体验设计顾客身体受不了。因此，根据我们在初始效应中讲的，服务体验设计时，最初的几个关键时刻点的体验设计很重要。再结合我们趋势效应的原理，我们要再加入一句，开始的体验设计要做到让顾客舒适、能够接受就行，但不能一开始就达到高峰，这样会破坏整个顾客体验的效果。

基于以上理论讨论，初始点、高峰点、趋势效应、终点等的有效结合，我们能够从理论上设计出一个理想的 W 型顾客体验关键时刻连接关系图。或者说由大 W 套很多小 W 型的体验关系图，需要强调的是，最初的 W 开端不要达到高峰。

三、同时改变顾客认知与情感的营销策略

能够同时改变客户的情感与认知的营销策略，一定是基于 4V 理论的差异化、功能化、附加值和共鸣组合的策略。在航运业最明显，也最能快速起效的两种营销策略是：绿色营销与工厂营销。

（一）绿色营销

尽管现在还有不少声音在传递"低碳阴谋"这样的信息，但是"绿色环保"已经成了当今最受关注的话题，对于航运业来说，绿色环保带来的不仅仅是口号，可能是根本性的变革。

航运业针对低碳、绿色主题展开的实践与研究多种多样，涉及的范围更是无所不包：二氧化碳、空气减排、船舶主机推进效率、油漆摩擦系数、新能源、燃油标准、船舶运营操作、船舶回收（涉及拆船业）、船员配备、教育和船员训练、鹿特丹规则、IMO 审计框架、压载水管理、沿海国港口质量、码头操作、船舶产生的垃圾和废物、国家规则的支持、航海事件、极地航行、运输能力短缺（主要指港口处理能力）美国的 100% 集装箱扫描、集装箱空箱安全等。

对于航运产业中的组织来说，积极开展低碳、绿色、环保价值创造和传递，具有如下无形价值、收益、风险和成本。

无形价值

- ✓ 培育公司信誉和可信的品牌。
- ✓ 设计和营销出色表现，满足顾客需求。
- ✓ 宣传环保形象提升无形品牌价值。

收益

- ✓ 环保设计：满足顾客的环保需求。
- ✓ 环保销售和营销：在环保属性方面形成产品定位和顾客忠诚度。
- ✓ 以环保界定新市场：推进价值创新，开发突破性产品。

风险

- ✓ 控制环保风险，管理由环境问题带来的商业风险。

成本

- ✓ 环保收益：提高资源生产力。
- ✓ 降低环保费用：减少环保成本和监管压力。
- ✓ 价值链环保效益：降低上下游成本。

我们以 A.P.Møller 马士基为例。世界 500 强企业有 200 家是它的大客户，而它却能收取比其他船公司更高的运输增值费。当大家都仅仅关注安全、准时、低价竞争时，马士基

已经把增值服务的重点放在了"绿色、低碳、环保"等对人类精神与物质造成直接影响的高端竞争上去了。马士基专门成立的可持续发展部门实际上就是集团的战略发展部门。它的目的是要把马士基集团所有的活动跟碳足迹联系起来，并且每年定期把他们的碳排放做成精美的手册，分发给自己的客户，里面涉及的内容非常详细。

这种低碳活动还体现在很多地方，如外高桥由上港集团与马士基合资管理的四期码头，马士基在危险品集装箱冷却水的回收再利用，船舶靠岸后准备直接让船舶接岸电、桥吊夜间作业时自动感应移动部分的位置准确开关各种照明等，柴油驱动的装卸设备改造成电驱动等，一系列新的可持续发展创新工作，为企业在节约能源消耗，提高能源利用效率，减少废气排放、有毒物体排放等可持续发展战略的具体落地上提供了新的榜样。

（二）工厂营销[①]

很多企业在市场营销中忽略了工厂资源的利用，即使是把工厂当作旅游资源来运作的企业，也还有很多把游客参观工厂当作是一项企业社会责任、一种义务，甚至是一种负担来看待，以至于最后把所有游客参观的组织工作都交给了旅行社，然后在旅行社仅有的一点儿利润中分得一份羹聊以自慰。企业没有意识到自己为了拉近与顾客的距离而花费的成千上万，甚至上亿的营销费用，却由于旅行社这个实际上多余的中介，将企业与顾客的距离再次拉远。企业必须反思：当自己用广告费猛踩品牌发展的油门时，为何让旅行社全权代理工厂参观来踩住了自身品牌发展的刹车？

随着企业在零售终端营销难度的加大及对营销创新的迫切需求，新型的营销模式——工厂营销显得日益活跃。**工厂营销就是指企业利用工厂资源积极吸引顾客或潜在顾客到工厂现场，对一系列能反映企业竞争优势的项目进行参观考察，使其产生双重满意，从而达到保持、获取企业忠诚顾客的目的。**

1. 家庭作坊——工厂营销的起源

在英国伍斯特郡群山环绕的小村庄莫尔文·林克有世界上最古老的汽车制造厂之一。摩根汽车公司建于1909年，多年来一直手工制造汽车。在最近摩根改变其制造过程之前，那些热衷摩根车的买家通常要等7年之久才能等到交货，这主要是由于摩根车的需求太大，并且供应有限。一个有趣的问题是，为什么人们愿意花那么多钱和那么长的时间等一辆从理性角度来说完全过时的车呢？答案很简单——体验。其他的体育赛车不会允许你未经陪同就在工厂四处走动；和正在手工加工你的车外板的工艺师交谈（你知道那是你的车，因为所有关于你的情况都记录在车底盘上）；和正在缝你车上皮质坐垫的女士聊天。更不用说当你的车在三个月之后终于完成时，由查尔斯·摩根——摩根家族的第三代传人亲自将车交到你手上，并交给你车子制造过程中每一时期照片记录的感受了。拥有一辆摩根车更多的是给你作为车主的体验，而不仅仅是产品本身，驾驶现代体育赛车的人恐怕难以理解这种体验。

在这整个过程中顾客能充分纵容自己体验、享受过程。店家和顾客也有全程的互动。因为，感官体验有趣，享受娱乐性、健康、价值卓越。

[①] 於军：《体悟管理：赢得顾客忠诚的管理艺术》，科学出版社，2012年版。

2. 顾客意识——工厂营销的关键

作者有次带领学生考察一家知名日资企业在上海金桥的制造基地，迎接我们的是礼仪小姐，很有礼貌。她带领大家先到样品展区介绍该企业生产的冰箱、洗衣机、空调等电器，但解说却是蜻蜓点水，这是什么，那是什么，这是哪里生产的，那是哪里生产的，仅此而已。在随后的一楼冰箱生产流水线参观中，里面的生产车间环境、工人工作精神面貌、生产自动化程度等没有学生想象的或在电视上看到的那样好、那么高。负责人还告诉我们：为了保护核心技术，只能给你们看最基础流水线。考察完之后，作者问同学们有什么感受？答案几乎都是负面的。当问同学们在家里采购电器时是否具有决策权时，一半以上（总共 165 位）的同学举了手。再问这次考察对你购买该品牌产品的影响程度有多大？几乎 1/3 的答案是负向的，也就是说，参观考察完这家工厂之后，他们决定再也不去购买这家企业生产的任何产品。在以后多次带领学生参观中国知名企业的生产基地时，作者也遇到了同样的问题。

我们必须反思这种现象，这是一种群体性特征，而非某家制造企业特有的表现，很多企业没有利用好这样的机会来开展工厂营销。很多时候，当企业需要寻找顾客时，这些人是顾客；但是当这些人不是在企业寻找顾客的时候到来时，企业就忘记了他们也是潜在的顾客。

对生产耐用消费品的企业来说，大学生是一个最容易被忽视的群体，但也是尤其需要重视的群体。最容易被忽视是因为他们普遍经济上不独立，没有金钱支配权。但反过来看，就是因为他们还没有完全独立，还和父母住在一起，由于他们相对于其父母拥有更丰富的知识，具有更敏锐的时尚意识等特点，在家庭购买耐用消费品决策之时有着举足轻重的地位。往往是他们决策购买哪个品牌的电视、冰箱、空调，甚至是汽车等耐用消费品。

到今天为止，很多先进的制造企业利用准时制生产、定制化生产等手段，基本上实现了基于顾客需求的反应式生产。但是，从根本上来讲，制造与营销的脱节还是没有解决，顾客需求与工厂生产产品不符仅仅是脱节这一个方面，更重要的方面是工厂与营销部门顾客意识的脱节。我们可以简单地设计一下参观过程，企业应该先解释公司的发展历程和现状，然后说明考察时的注意事项，再带领大家进入流水生产线考察，把最先进的那部分展示出来（不存在泄漏核心技术的问题），最后带领大家参观生产出来的产成品。这样，生产过程能让顾客获得干净、整齐、现代、专业、高效的体验，产品设计让能顾客感受到审美愉悦的体验，向导接待能让顾客体验到正规、职业等，有了这样的积累，参观者才会对企业生产的产品产生新的积极的认知。

从整个考察的组织过程看，这是工厂对顾客意识、营销意识、体验管理意识缺失的表现。因为，今天的顾客即使对工厂的生产车间也要求有快乐有趣、审美愉悦和自我尊重的感受与体会。

3. 产销同一——工厂营销的实质

工厂营销的实质是制造与营销的同一。要做好工厂营销，企业必须抛弃传统的产品流出观，或产品接受观两者简单的分立与分离。产品流出观是企业自我技术、产品导向的结果，而产品接受观则是被动的顾客需求导向的体现。在工厂营销中，两种产品生产观不应该是传统意义上的孤立与对立,而应该回归到两者的统一中来。使制造与营销彼此成为对方的映像,是同一体的不同表现方式。**把营销整合到制造中,把制造嵌入营销服务中,彼此融为一体,才是工厂营销的本质。因为**,产品的性能借助于生产流程能够更好地得到证实,生产技术只有通过营销才能显示出其独特的魅力,而营销只有通过生产流程才有坚实的支撑,营销的创新本质在尖端的生产技术中得到了自身的存在与延续。两者只有把自己的使命精确地定义为彼此在对方中连续自身,才是真正的工厂营销,才会有两者融合中的创造性飞跃。

制造与营销的同一化,与其说是对传统劳动分工理论的一种突破,还不如说是一种对生产与消费同一的回归。由制造与营销同一化概念引申出服务后台与前台的问题,服务的后台与前台相当于服务的制造与服务的销售环节。从理论上讲,产品与服务有一个本质上的区别,即产品是有形的,而服务是无形的,但是,这两者的同一也是服务创新的一个趋势。服务主要靠消费者根据服务前台的服务来体验,前台的体验与后台的体验内容具有天壤之别,所以并不是所有的服务后台操作都可以向顾客开放,而是要有选择性的开放。譬如,在迪士尼着重于台前区与幕后区的分离时,具有讽刺意味的是,游客开始有强烈的好奇想要参观幕后区。迪士尼于是提供了12次的幕后游览,当然这一游览是按游乐的原则设计的,即是有选择性的幕后游览。大众在大众的汽车销售广场的最重要设计元素就是从销售区到服务区的入口。通过这种方式,新的购买者看到了商品特许经营的服务区,并且看到新车是如何在运输前被包装起来的。当顾客购买汽车时,他们也游览了服务制造区,并接受服务制造区顾问的讲解。

制造与营销结合得如此巧妙,我们不得不说,工厂营销一直存在,只不过一直没有被凝练出来而被大多数管理者和管理学家所忽略了而已。

4. 中介桥梁——工厂营销的价值

工厂营销既是工厂与营销的中间桥梁,是价值链营销的中间桥梁,又是产品营销与企业营销的中间桥梁。工厂营销最大的价值在于揭示了全岗全员营销的本质,如图7-22所示。

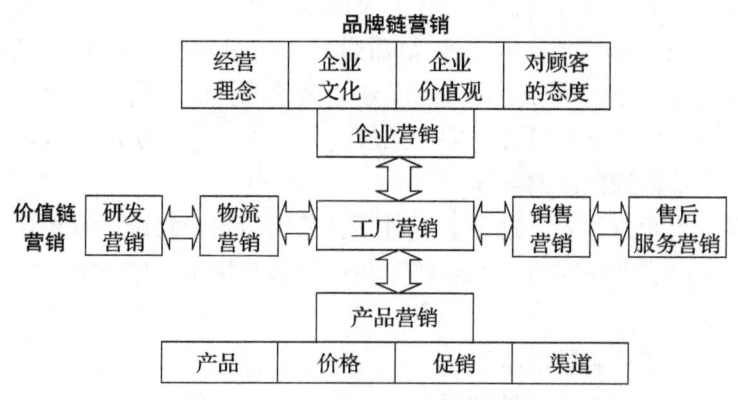

图 7-22　中介桥梁:工厂营销价值

从横向看,工厂营销的价值体现在:第一是制造与营销的同一,第二是同一的拓展——开阔了价值链营销的视野。产销同一已做了介绍，下面来看价值链营销。在由美国哈佛学院著名战略学家迈克尔·波特提出的"价值链分析法"中，企业内外价值增加的活动分为基本活动和支持性活动，基本活动涉及企业生产、销售、进料后勤、发货后勤、售后服务。支持性活动涉及人事、财务、计划、研究与开发、采购等，基本活动和支持性活动构成了企业的价值链。简要地说，一个完整的价值链应该包括研发与设计、计划与财务、生产、物流与采购、营销、技术服务等六大内容。因此，工厂营销包括了研发与设计营销、计划与财务营销、生产营销、物流与采购营销、技术服务营销等价值链的系列营销内容。**我们把价值链营销定义为企业让顾客体悟产品或服务价值创造整个过程的营销方式。**这些大都涉及企业核心机密的领域，原先都是企业的禁地。现在，企业开始有意识、有选择性地开放原先的"禁地"，让顾客感受神秘、神圣和神奇。游客们在威尼斯观看吹玻璃表演，这实际上就是商家的一种促销措施。顾客们站在奥地利里德尔玻璃器皿公司的参观桥上观看玻璃器皿的制作过程时，这已经是该公司市场营销的一个组成部分了。在迪士尼乐园里，游客们可以隔着玻璃墙观看动画创作人们的工作，亲眼看见动画人物是怎样在他们的手下一笔一画诞生的。在参观华盛顿的美国联邦调查局时，一个隐藏的墙壁徐徐打开，游客们可以看到工作人员如何在实验室里分析犯罪现场留下的蛛丝马迹。

　　从纵向看，工厂营销的价值体现在产品营销与企业营销的同一上。**在产品营销、工厂营销和企业营销这个品牌链营销上，产品品牌与企业品牌的传达实现了顺畅的过渡。**产品与企业形象的营销本身是同一的，由于专业细分、职能部门的专门化导致两者的分离。产品的性能、质量、形象等与企业的文化、理念、社会责任等（即企业的竞争力与感召力）往往也同时分离了。在工厂营销中，这两者能够得到同一。产品就是企业，服务就是企业。在这里两者的相关性、一致性更强，顾客的体验更加真实、可信。

　　把工厂营销的理念应用到组织营销中去，就成了全岗全员营销。不分前台后台，不分营销部分与生产部门，每个部分都具有营销意识，每个部门都具有营销能力。

　　5. 虚拟生产——工厂营销的延伸

　　工业革命之前，任何人都可以直接看到产品的生产过程。人们可以看到，鞋匠如何修鞋、手工工匠如何制作产品。这种亲身体验的经历可以产生信任感和亲切感，并且能令人始终保持购买或接受服务的需求。后来，工厂的生产过程被封闭了起来，对于新产品的渴望只能通过刚刚制作的广告得到满足。另外，对于生产过程的亲切感、信任感和产品的说服力也同时失去了。如今，大型企业通过长期展览承担了这些功能：这便是品牌体验中心，一种全新的体验世界。品牌体验中心是指企业为了宣传品牌而建立一个独特的建筑物，在里面长期展览品牌的展示地。品牌体验中心有两个主要的功能，一是解释、理解功能，二是品牌宣传功能。许多品牌体验旗舰店还竭力成为该公司或品牌在所在城市的信息楼或代表，成为一种在市民的日常生活领域占据一席之地的场所。

　　我们可以将虚拟生产根据表现方式的不同分为以下四类：

- ✓ 互动生产或学习；
- ✓ 虚拟工厂（流程性的图片展示，录像篇）；
- ✓ 戏剧化表现制造过程；

✓ 再造模拟环境（再次延伸）。

6. 服务体验——工厂营销的拓展

单纯的工厂营销并不直接产生效益，从某种意义上讲，工厂营销只是另一种广告宣传方式。但是，当单纯的工厂生产方式与顾客服务体验巧妙结合时，工厂生产与产品销售的目的就能同时实现。小熊制造工厂就是其中典型的一例（特里和黛安娜，2003）。

这里放着一排圆桶，个个都有孩子那么高，里面盛满了各种动物样子的套子，这些各式各样软绵绵的东西正期待小朋友的选中，小朋友还可以为小熊选择自己喜爱的颜色。接着来到一台黄色的、看上去有点像一台巨型的爆米花机的填充机器前，机器不断地搅动着里面的聚酯纤维填充料。操纵这台机器的"小熊制造能手"和蔼可亲地向每个小朋友询问他们的名字，耐心地解释着制造小熊的每道工序。小朋友只要踩上地面上的踏板，聚酯纤维填充料就会填满套子。再接着一张会发声的磁盘被植入到填充料里，以后只要小朋友轻轻按一下玩具熊的爪子，这个小东西便会发出"我爱你"的声音，接下来会加入更多的填充料。

小熊制造能手递给每个小朋友一个用红色缎子做成的心，并对他们说："这是你的小熊的心脏，现在，合上你们的手，带给它温暖吧！像这样……"他一边演示，一边鼓励着孩子们跟着做，"好了，现在向你们的手吹气吧！许下你们的愿望。"每个小孩子都按照他说的做，眼睛闭得紧紧的，许下各自的愿望，传给那颗心。孩子们做得很认真，受到了称赞后，他们把这珍贵的"心脏"递给小熊制造能手，让他在里面加盖印章。小熊生产出来了，小朋友们给小熊起一个名字，然后由小熊制造能手在小熊身体上加上小熊的名字和条形码。这样如果日后孩子们把小熊弄丢了，被好心人送还到商店里，他们就可以据此找回自己的小熊，如果小朋友还想再做一个一模一样的小熊，工厂就能根据条形码中的信息很快做好。在服饰和配件陈列摆设处，小朋友可以为小熊设计好着装。在最后结账交纳款项时，每位顾客都可以在收银台领取一份小熊出生证明，还会得到"小熊公寓"——一个可以随身携带的、精致的小箱子，外表看上去就像一幢真正的房子。

在小熊制造工厂，制造、体验、营销、销售等要素完全整合，在那里，工厂等同于顾客体验，也等同于企业营销，更等同于产品销售，工厂营销在此有了新的拓展空间和内涵。

7. SEIS 组合——工厂营销的策略

20 世纪 60 年代盛行的 4P 营销组合，被 80 年代的 4C 所取代，随后，90 年代 4R 理论流行一时，到了 2001 年 4V 营销组合又成了新宠。这些传统的营销组合理论对工厂营销或多或少适用，但由于工厂营销结合了制造与服务、生产与体验的双重功能，因此，它还有自己独特的营销组合模式——SEIS 组合，即安全（Safety）、情感（Emotion）、智力（Intelligence）、精神（Spirit）的组合。

（1）**安全（Safety）**。工厂营销首要策略是安全，包括工厂设施安全、车间作业安全、产品安全、环境安全、顾客人身安全等。

（2）**情感（Emotion）**。通过包装后的工厂有形资源要对顾客的视觉、听觉、嗅觉、触觉，甚至是味觉造成一定影响，从而使顾客产生良好的情感体验。

（3）**智力**（Intelligence）。在工厂营销过程中要让顾客更深刻地理解品质、控制、可靠、稳定、效率等概念，并在这个过程中让其获得知识。

（4）**精神**（Spirit）。在工厂营销中要让顾客满足尊重、信任、社会责任心等精神需求。

作为一个完整的工厂营销，企业还应该在最后接受顾客的反馈信息和建议，适当地发放优惠券、打折卡，甚至能够当场处理顾客的订单，提供客户服务电话等原本属于市场营销部门做的工作。

8. 邮轮旅游服务内部整合——工厂营销的应用

对营销禁地的逐渐开放与开发是未来体验营销的一个重要趋势。以邮轮服务为例，原先的邮轮机舱是禁地，现在可以成为游客体验的项目之一；原先航行转向只是船员的工作内容之一，现在同样可以成为游客的体验内容；原先的……

生产知识本身就可以成为工厂营销的内容之一。如生产安全管理、现场管理、品质管理、采购与物料管理、监督管理、成本管理、精益生产、环境管理、人事管理、5S 管理等都可以成为工厂营销的材料。

还是以邮轮服务为例，水手工艺（打绳结、撇缆绳、编绳结等）、救生艇维护与保养、消防用具演示、手旗训练、莫尔斯电报、六分仪定位、雷达定位、GPS 定位、海图作业、航线设计、模拟操纵仪器模拟驾驶航行、主机吊缸处理、货物配积载模拟、弦外油漆模拟（结合架板结，如攀岩性质）等内容都是顾客体验的内容，这些体验内容只要在模拟场景内做得具有足够的娱乐性，顾客将会在愉快的环境中获得实实在在的收获，因为，这些生存技巧即使在现实社会中也能用得到。

邮轮在环保方面的禁区营销，把安全记录拿出来让大众监督。法律法规的建设。建立完善的监控制度和法律法规。如美国环境保护局（U. S. Environmental Protection Agency）出台了"邮船白皮书""邮轮排放评估报告"等法规，来约束邮轮的环境管理。国际海事组织 IMO 的"有关油污责任的海运协定"MARPOL 公约（Maritime Agreement Regarding oil Pollution of Liability）中也明确规定了《机器处所油类记录簿记载细目》，其内容包括：油舱排放压载水或洗舱水，排油监控系统的状况，残油（油泥）的收集和处理等。船长应从驳船和槽车等接收设备的作业人员处得到一份详细说明转驳的洗舱水、污压舱水、残油或油性混合物数量及转驳日期和时间的收据或证明，这样的收据或证明附于《油类记录簿》，可帮助船长证明其船舶不卷入被指控的污染事故之中，该收据或证明应与《油类记录簿》一并妥为保存。一旦违反上述管理程序，废物污染事件便有可能发生。

邮轮加强环境管理的主要作用点有：

邮轮本身的环境管理

- ✓ 遵守靠岸国的相关环境保护法律。
- ✓ 供应链管理。使供应商提供更加环境友好型和可再利用的产品。
- ✓ 安装环保设施。使物质回收成为可能。能够分类和回收包装物、玻璃和塑料，从而减少焚烧灰的产生，回收洗衣用水。能够对污水进行处理。

- ✓ 控制有毒废弃物的处置。如冲洗照片过程中的银、加氯的衣物干洗剂的废液、有害的可挥发的有机物（VOCs）等。
- ✓ 公司环境报告。这种公司环境报告，有印刷品的同时也登在网上。内容有公司的环境策略和目标及采取的措施，向社会披露公司的环境绩效。例如，P&O 邮轮集团的环境报告中包括的内容有：废物产生的总数和已回收物所占的比重、油的消耗量、导致温室效应的二氧化碳的排放量、对空气污染的氧化硫的排放量、对海水污染的油的泄漏以及资源利用（水等）的数字。

船体涂料

航运业的船体涂料的改进为了防止海水腐蚀，船体要上一层涂料，涂料中含有重金属和有机物。这些对内分泌有干扰的化学品对海洋生物有着负面的影响。所以国际海事组织（IMO，International Maritime Organization）已经制订计划，到 2008 年所有的船只都要使用不含 TBT（tribuyltin）的防腐涂料。

技术改进

以燃气轮机或柴油机驱动发电设备的电力推进系统已应用于不同类型和配置的船舶。全方位推进器和吊舱式推进装置的推出，使推进系统具备推进、操纵和控位的功能，从而提高邮船操作的灵活性、高可靠性及燃油效率。燃气轮机可降低噪声并且能够减少 90% 的废气排放。

对游客好的环境意识的奖励

对游客好的环境意识的奖励鼓励游客对邮轮的环境行为加以监督，并对游客好的环境意识和行为加以奖励。例如，王子邮轮提出如果游客发现邮轮向海洋倾倒塑料废物袋子并进行录像取证，将会得到 250000 美元的奖励。

总而言之，在邮轮旅游服务体验中，不仅是由邮轮提供的体验，而且连邮轮本身都是体验的主题。航海知识，本身就是一个令人感到神秘而向往的话题，通过工厂营销，邮轮可以把体验做得更上一层楼。

在工厂营销中，更为重要的是企业要把原理、功能、管理等内容通过故事的形式讲出来，即把专业知识故事化，才能更好地吸引顾客。

在工厂营销中，创始人传奇、品牌故事、企业文化、社会责任、渠道分布、与媒体的关系、员工待遇、顾客评价、与政府的合作、社区、社会上层的意见等都是可以选择的题材。

工厂营销的开展使拥有有形制造设备的制造企业相对于靠虚拟整合的企业而言，重新获得了竞争优势。与此同时，工厂营销的挖掘使企业核心竞争力展示逐步向产业链上游转移，保密与营销保密内容也就成为企业竞争优势获取的新的权衡。

由制造与营销同一性所带来的企业竞争优势向产业链上游推移转化时，同一性所带来的企业竞争优势思维革命更在于一种生态圈竞争优势。商业与生态不应该彼此分割、孤立，商业应该成为生态圈中的一个组成部分，生态圈就在商业经营中。这一点可以在今天日渐深入人心的观念——谁的公共空间营造得多，谁的生意就更好中可见一斑。同一性带给商业的思考是自然与人类文明的彼此渗透，互为条件，融为一体。

复习、理解与应用

本章关键概念

1. 4P
2. 4C
3. 4R
4. 4V
5. 顾客定义
6. 顾客需求层次
7. 顾客需求类型
8. 态度形成
9. 顾客满意
10. 顾客期望
11. 容忍域
12. 服务质量模型
13. 客户服务阶梯模型
14. 客户服务瀑布模型
15. 两种满意与顾客转移
16. 营销策略
17. 战略定价
18. 峰终定律
19. 绿色营销
20. 工厂营销

阅读理解

1. 顾客需求的层次与类型。
2. 阐述服务质量差异模型的内涵。
3. 解释顾客双期望模型以及容忍域的意义。
4. 解释顾客体验、顾客满意和顾客忠诚三者的关系。
5. 阐述客户服务瀑布模型的含义。
6. 理解战略定价与战术定价的区别。
7. 解释如何利用顾客知觉的格式塔特征进行体验设计。
8. 解释工厂营销的含义、本质、理论价值、方法以及其在航运服务管理中的应用。

拓展应用

1. 阅读《整合营销》和《危机管理》等相关书籍和文献，详细说明航运组织如何在危机管理中处理好与公众的关系。
2. 调查中国航运组织市场营销现状和存在的问题，挖掘背后原因，结合课本所学知识，提出一个系统的营销方案。

第八章 航运服务人力资源管理

第一节 战略性人力资源管理框架

Wrightctal（2001）认为战略性人力资源管理由以下三部分构成：一是人力资源管理实践系统，包括构建员工队伍与工作设计、培训与参与、薪酬与认可、沟通与评价，这实质上包含了人力资源管理实务中的所有活动，同时又强调这些实践活动与组织战略、企业文化及其他相关实践活动的匹配，即强调了系统性。二是人力资本存量，包括组织运作所需的知识、技能和能力，这些知识、技能和能力必须符合战略目标。三是组织成员关系和行为，包括心理契约、组织公民身份（Organizational Citizenship），它不同于人力资本存量所强调的技能、知识和能力，而是强调人的自由意愿、认知和感情，它是人力资源实践系统和人力资本存量共同作用的结果，组织成员的知识、技能和能力只有通过人力资源管理系统才能体现为组织需要的具体行为，也才能真正为组织创造价值[1]，如图8-1所示。战略性人力资源管理实践真正作用的是个体、群体、团队与组织，是对组织行为学中基本理论的应用、激励与实践。

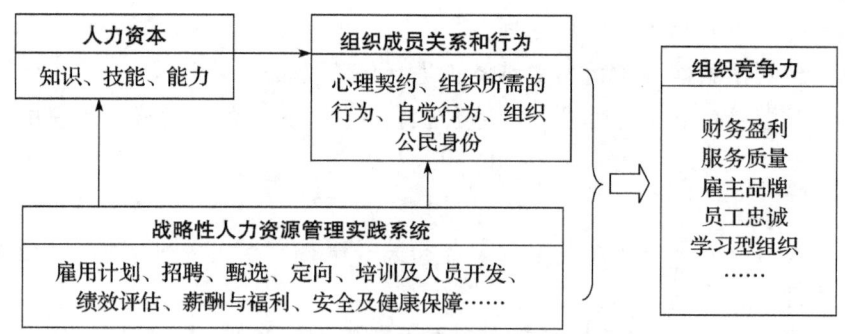

图 8-1 战略性人力资源管理作用

图 8-2 给出了组织中有关人力资源管理过程的关键要素结构[2]。这些要素可以概括为八个活动单元或八项步骤。如果按照这些步骤正确地执行，组织将会获得具有较强竞争力的

---

[1] Wright P M, Dunford B B, Snell S A. Human Resourees and the Resource-based View of the Firm[J]. Journal of Management, 2001,27(6):701-721.

[2] 斯蒂芬·P. 罗宾斯，等：《管理学原理（第5版）》，毛蕴诗，主译，东北财经大学出版社，2005年版。

高素质员工，这些员工能够长期保持他们的绩效水平。

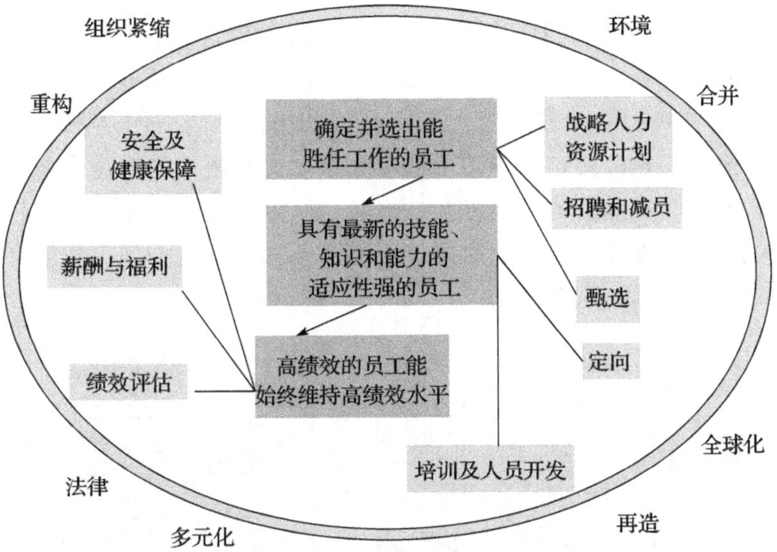

图 8-2　战略人力资源管理过程

前三个步骤分别为：雇用计划、通过招聘增员或通过解聘减员、甄选。若能按照这些步骤正确执行，组织便能够确定并挑选出能胜任工作的员工，这有助于战略目标的实现。组织一旦制定出自己的战略并完成组织结构的设计，接下来的就是人员的配备问题。这是人力资源管理最重要的职能之一，由此也增强了人力资源管理者在组织中的重要性。

组织挑选出能胜任工作的员工后，需要帮助他们适应组织，确保他们的工作技能和知识不会过时。通过定向、培训及人员开发可以达到这一目的。人力资源管理过程最后几个步骤的设计是：确定绩效目标，纠正绩效改进中所暴露出的问题，以及帮助员工在其整个职业生涯发展过程中能够始终保持高绩效水平。这几个步骤包括绩效评估、薪酬与福利、安全及健康保障。

从图 8-2 可知，整个雇佣过程深受外部环境影响。全球化、组织紧缩及多元化等直接影响所有的管理活动，但它们对人力资源管理的影响也许是最大的。因为组织的任何波动，最终都会影响它的员工。

一、战略人力资源计划

人力资源管理就是从考察现有人力资源状况开始的，这种考察的结果通常会形成一个人力资源核查报告。人力资源现状评估的另外一个内容就是工作分析。工作分析（Job Analysis）是指对完成组织每项工作所需的技能、知识和能力种类进行评估。工作说明书（Job Description）是关于员工做什么、如何做、为什么要这样做的书面描述。工作规范（Job Specification）描述的则是员工完成工作所应具备的基本资格。

随着职位扩大化、职位轮换、职位丰富化等管理实践的出现，职位出现了弱化。同时，随着扁平化组织、工作团队、无边界组织、流程再造等新管理模式的出现，一种基于绩效的职位说明逐步开始代替传统的职位说明书。

现代人力资源管理中，我们往往先是对职位进行分析，然后写出职位说明书（职位标识、职位概述、职位任务和责任、职位权限、工作联系、工作绩效标准与工作条件）和任职资格说明书，接着我们就根据这个任职资格说明书来招人。但是，企业业务的快速变化，工作内容的快速变化，使这些职位说明书在很短的时间内就成为古董。所以，现在一些先进的企业，如英国石油公司（British Petroleum）勘探部，由于需要比较有效的、快速行动的、扁平化的组织以及被授权的雇员，因而，要求管理人员列出技能和技能水平矩阵来代替职位说明书如图 8-3 所示。

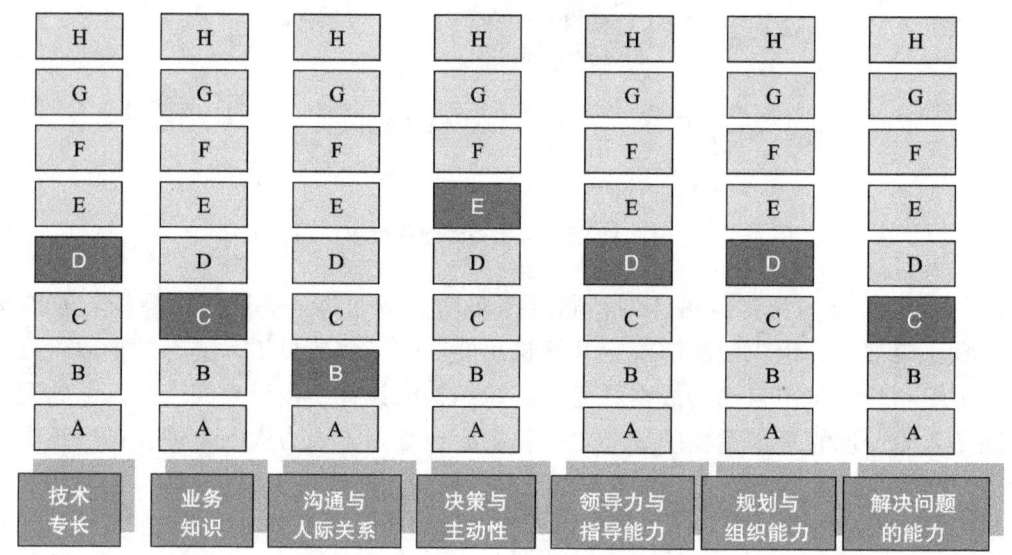

图 8-3　英国石油公司某职位的技能矩阵

图 8-3 列出了职位所需要的基本技能、职位或职族对每项技能的最低要求。显然，强调的重点不再是具体工作职务任务，为了让员工能在未来承担更大的、工作职务通常定义不明确的，却有相应授权职责的工作，而开发新的技能。这种技能矩阵方法引起该部门人力资源工作的其他方面的改变。例如，该矩阵不断提醒雇员必须改进什么技能。新的薪酬方案也跟着技能的改进状况来确定。

组织如何确定未来的雇员需求？在进行人员需求预测时，了解市场对你的产品或服务的预期需求极为重要。具体需要考虑的因素：

（1）总体目标以及总收入预测；
（2）预计的雇员流动率（辞职或终止合同）；
（3）雇员素质和技能（与你认为的组织需求变化相关）；
（4）有关提高产品或服务质量或进入新市场的战略决定；
（5）导致生产率提高的技术及其他变化；
（6）部门能够获得的财政资源。

二、招聘和甄选

招聘和甄选中涉及"管理者到哪里去招募员工""有没有更好的招聘来源""管理者如何处理好裁员问题""裁员的方式有哪些""采用考试和面试作为甄选方法的效果如何"等问题。

传统招聘来源：内部搜寻、广告、员工推荐、公共就业机构、私人就业机构、学校招聘、临时性支援服务、员工租赁及独立合同工。

裁员的备选方式：解聘、解雇、自然减员、调换岗位、缩短每周工作时数、提前退休、工作分享。

管理者可以采用某些甄选方法来减少接收性错误和拒绝性错误。其中最常见的方法包括笔试、绩效模拟考试、背景调查、推荐核查以及面试等。模拟绩效测试（Performance Simulation Tests）是由现实中的实际工作行为（Actual Job Behaviors）组成的，不存在所谓的"替代"问题。最著名的绩效模拟测试是"工作抽样法"（Work Sampling）（即对实际工作进行微缩式的模拟操作）和"评估中心法"（Assessment Centers）（即模拟可能在工作中遇到的实际问题）。前者适用于测试那些常规性工作的应聘者，后者适用于测试管理人员。

管理评价中心是一种为期 2-3 天的模拟活动，在这个过程中，10～20 名候选人要在专家的观察下完成实际管理工作任务，由实施观察的专家来评价每名候选人的领导潜力。典型的模拟练习包括：文件筐处理、无领导小组讨论、管理竞赛、个人演讲、客观测试、面试。

测试方案准则

（1）将测试作为补充手段，不要把测试当作唯一的甄选手段，而是要把测试作为对面试、背景调查等手段的补充；

（2）使测试有效化；

（3）监控你的测试/甄选方案（各种人员的比例等）；

（4）保留准确的记录（像不合格一类的笼统注解是不够的）；

（5）利用注册心理学家；

（6）控制测试环境；

（7）定期重新验证。

面试的类型

（1）面试内容的构成方式：结构化面试或非结构化面试。

（2）面试的内容：提问的类型。

- ✓ 情景面试（如你可能要让某位基层主管职位候选人回答，其会如何处理连续迟到 3 天的下属）；
- ✓ 行为面试（如让离职面试被面试者告诉你某一次他与发怒的客户谈话的情形，再问他是如何扭转局面的）；
- ✓ 工作相关面试（提出一些与工作相关的问题）；
- ✓ 压力面试（一些直率的提问故意让候选人感到不舒服）。

马士基在全球招聘培训生时，利用一系列的测试，选出智力、性格、价值取向等与公司要求一致的员工。

三、定向、培训及开发

在获得聘用后，应聘者需要被导入工作岗位和组织中，这个导入过程被称为定向（Orientation）。有效的定向应当完成 4 个主要任务：新雇员应当感到受欢迎和自在；他们应该对组织有个宏观的认识（它的过去、现在、文化以及未来的愿景），并且了解政策和程序一类的关键事项；他们应当清楚在工作和行为方面组织对他们的期望；他们应当开始进入按企业期望的表现方式和做事方式行事的社会化过程。

员工培训（Employee Training）是指员工寻求一种持久变化的学习经历，如通过培训，其工作能力得到了提高等。因而，培训的内容包括改变员工的技能、知识、态度或行为方式等。

五步骤培训与开发过程[①]

（1）需求分析。要确定必需的特殊工作执行技能，分析可能的培训对象所具备的技能和培训需求，制定具体的、可量度的知识和工作绩效目标。

（2）教育指导设计。要确定、汇编和形成培训计划内容，包括工作手册、习题和活动。

（3）确认步骤。要将培训计划提交给少数具有代表性的听众，让他们帮助消除其中的问题。

（4）执行培训计划。

（5）评估和帮助步骤。

传统的培训方式有在职培训、学徒制培训、非正式学习、工作指导培训、讲座、程序化学习、视听手段、模拟培训等。最新的还有远程培训、基于计算机的培训等。特殊的培训包括全球商务培训、客户服务培训、团队培训。

脱岗培训与开发方法：案例研究法、管理竞赛、外部研修班、与大学相关的教学计划、角色扮演、行为模拟、企业大学与企业内部开发中心、高级管理教练等。

培训效果评价

（1）反应。评价受训者对培训计划的反应如何。他们是否喜欢这个培训计划？他们是否认为这个计划有价值？

（2）知识。对受训者进行测试，确定他们是否学到了预期应当了解的原理、技能和事实。

（3）行为。了解一下受训者的工作行为是否由于这个培训计划而发生了变化。例如，公司投诉部门的雇员对待来投诉的顾客是否比过去更友善了？

（4）成效。根据预先设定的培训目标来衡量，所取得的最终成果是什么？顾客对雇员的投诉是否减少了？废次品率是否降低了？反应、知识及行为是很重要的。

四、绩效管理

所谓绩效管理系统（Performance Management System）就是通过建立绩效标准并且评估绩效以完成客观的人力资源决策（如增加工资和满足培训需求等）的过程，同时，组织还要提供相关的参考资料以支持人事活动的开展。

绩效评估方法如表 8-1 所示。

[①] 加里·德斯勒：《人力资源管理（第 12 版）》，中国人民大学出版社，2012 年版。

表 8-1 绩效评估方法

方法	优点	缺点
评分表法	提供量化数据；比其他方法节省时间	工作行为评估深度不够
交替排序法	简单直观	多要素综合难度大
强制分布法	符合一般直觉	可能扭曲事实
多人比较法	对员工互相比较	员工过多则不适用
关键事件法	基于具体行为评估	耗费时间；缺少量度
书面叙述法	简单实用	评估者叙述能力影响员工实际绩效评估
行为定位评分法	关注特定和可测量的工作行为	时间耗费长；测度较难
目标管理法	关注最终目标	费时
360 度评估法	更加精细	费时

绩效评价的步骤

（1）界定工作是指管理人员及其下属对于下属的工作职责和工作标准达成一致；

（2）评价绩效是指将下属雇员的实际绩效与事先确定好的标准进行比较，在这个步骤中通常要使用某种类型的评价表格；

（3）绩效评价通常需要进行一次或多次的反馈面谈。

绩效评价面谈的类型（见表 8-2）

表 8-2 绩效评价面谈的类型与目的

绩效评价面谈的类型	绩效评价面谈的目的
绩效令人满意：雇员可以得到提升	制订开发计划
绩效令人满意：雇员尚不能得到提升	维持现有绩效
绩效不令人满意：但是还可以改善	绩效改善计划

绩效评价面谈时的注意事项

（1）谈话要直接而具体；

（2）不要指责雇员；

（3）要鼓励雇员多说话；

（4）不要绕弯子。

五、薪酬和福利

薪酬管理（Compensation Administration）就是通过设计一个有效的（Cost-Effective）支薪结构，以吸引和留住高素质人员，并激励他们发挥更好的工作效率。薪酬管理还要保证在报酬水平确定之后，所有的员工都能接受并认为是公平的。报酬战略如表 8-3 所示。

表 8-3 报酬战略

经营战略	地位与发展阶段	薪酬策略	薪酬水平	薪酬模型	工资制度
以投资促进发展	合并或迅速发展阶段	刺激创业	高于平均水平的报酬与高、中等个人绩效奖相结合	高弹性	绩效工资

续表

经营战略	地位与发展阶段	薪酬策略	薪酬水平	薪酬模型	工资制度
保持利润与市场	正常发展至成熟阶段	奖励管理技巧	平均水平的报酬与高、中等个人、班组或企业绩效奖相结合	高弹性 高稳定性、调和性	绩效工资 年功工资 能力、职务、组合
收回投资并向他处投资	无发展或衰退阶段	着重成本控制	低于平均水平的报酬与适于成本控制的奖励相结合	高弹性 调和性	绩效工资 能力、职务组合

确定薪酬结构：基础薪酬，绩效薪酬，奖金激励，保险福利。

员工福利（Employee Benefits）是指用于改善员工生活条件的非货币奖励。包括带薪非工作时间福利、保险类服务、退休福利和服务。

常言道"多样性本身就是生活的调味品"。这一点在公司福利方面也非常合适，这是因为，对于某一位雇员有吸引力的福利项目对另外一位雇员来说却很可能是没有吸引力的。因此就出现了这样一种趋势，即通过让雇员选择他们自己喜欢的福利来向福利计划中注入更多的灵活性。

弹性福利计划（Flexible Benefits Plan）和自助式福利计划（Cafeteria Benefits Plan）是一对同义词。自助餐式福利计划的含义是，企业为每一位雇员提供一个固定的福利基金预算，让雇员在这个预算的范围内选择他们自己感兴趣的福利，这种自助式福利计划有2个约束条件：①企业必须严格限定每个一揽子福利计划的总成本定额；②在每一个福利计划包中都必须包含一些特定的福利项目。

当前管理者需要注意的另一个重要趋向是"家庭友好福利计划"的产生。之所以称为家庭友好福利计划（Family-friendly Benefits），是因为该计划支持并关心员工的家庭，计划中规定了一系列帮助员工有效处理工作和家庭事务的福利措施，如弹性工时、照看小孩、提供兼职工作、重新安置工作、为员工子弟举办各类夏令营活动、批准员工享有探视外地父母以及抚养婴儿的假期等。这些措施的核心是加强对孩子和老人的照顾。

案例1：马士基航运的薪酬与福利[①]

马士基采取领先的薪酬政策，为雇员提供优越的薪酬待遇福利。

薪酬政策

公司每年进行薪酬调查，根据劳动力市场和外部环境，并结合公司的经营状况，对员工个人的绩效进行检查，以使马士基员工的薪酬具有相当的竞争力。其薪资构成分为基本工资加奖金两大部分，奖金比例以公司和个人的财务状况为基准，还要符合当地的薪资奖金标准，之后进行评估，按照不同级别和岗位给予分配。

社会保险

除国家规定的五险外，员工还可享有公司提供的补充养老保险。

全球公务出差保险

这是马士基全球员工享有的一项福利计划，全部保险费由公司支付。当员工在公务出差时自动受保。如在公务期间发生意外事故，此保险计划将根据受伤或损失程度为员工的

---

① 王建飞：《以星综合航运（中国）有限公司薪酬管理研究》，北方交通大学，硕士论文，2008年。

家人提供最高不超过 6 年年薪的公务出差保险补偿。

医疗福利

员工日常就诊费用（含住院费）公司予以 100% 报销。

假期

除享受法定节假日、探亲假、婚假、丧假及产假外，正式员工根据其服务年限，每年享受一定工作日的员工年假，按照不同级别分为 15 天、20 天、25 天；正式员工每个月享有不超过一天的带薪病假（不累计，不顺延）。

最佳员工奖

年终时，公司表彰在过去一年中表现出色的员工，通常给予价值万元的海外旅游奖励，并将荣誉记录在员工档案，作为员工升职加薪的参考。

其他福利

出差补贴、节假日礼金、新婚员工贺礼、生日蛋糕、年终聚餐、各种娱乐活动等。

系统培训

提供新员工入职培训、业务培训、新升职经理培训及奖励性培训（表现出色的员工将有机会获得海外培训）。

帮助员工规划、实现职业发展目标

（1）职业发展计划——帮助员工确立自身在专业目标、岗位目标和职级目标三个方面 3～5 年的发展轨迹，使员工明确自己在不同阶段的个人定位与相应任务。明确指导员工在规定的时间内去完成预期的职业目标，不断提升员工的专业技能和管理水平，从中体现了企业建设创业型团队的要以及一贯倡导的公平竞争理念。

（2）职业培训计划——使员工把自我培训和企业培训紧密结合起来，使员工把个人素质的提高同职业培训的要求紧密结合起来。目前，马士基航运每年的培训费用列支占工资总额的 4%，还专门成立了自学成才奖励基金。培训在马士基被认为是公司赋予员工的一种奖励，也是员工应享有的一种福利，更是增强员工凝聚力的有效方法之一。

案例 2：达飞轮船的薪酬与福利

总部设在法国马赛的达飞轮船海运集团始建于 1978 年，是世界排名第三的集装箱全球承运人。目前，达飞集团在全球运营集装箱船舶 244 艘，其中自有船只 71 艘，装载力为 500000TEUS，在全球 126 个国家和地区设立了 420 家分公司和办事机构，在全球范围内拥有雇员 10200 人，其航迹遍及全球 216 个港口。达飞轮船优厚的员工薪酬福利在业内也是颇有口碑。现将其薪酬管理体系介绍如下。

薪酬政策

公司实施职级工资制度，根据管理、营销、操作和支持四大职系的岗位资质需求。职责和员工工作绩效，支付有竞争力的薪酬，遵循市场化职业化原则，提供激励性薪酬支付水平，实现员工与公司双赢为发展目标。

薪金的确定

公司薪酬的构成以职位评估为基础，根据员工的学历、经验、能力等综合资历和工作岗位的性质，按不同职系（管理、营销、操作和支持四大职系）、职级（每个职系又分别分为五个等级层次）确定其薪酬等级。公司给每一位员工提供发展空间，通过员工绩效评估反映的状况及工作态度、工作能力是员工升级（段）、定薪、加薪的基本因素。

薪金构成

员工月薪包括岗位工资、津贴、福利补贴和奖金等。全年的薪金收入包括每月现金薪金、第13个月薪金、各类奖金及各种年度性福利补贴等。其他薪金收入包括直接薪酬（特殊贡献奖、合理化建议奖、十佳员工奖、货币化购房补贴等），间接薪酬（岗位技能培训、学历培训、生涯发展等）。

福利保障

除国家规定的四金外，公司还建立了职工补充保障基金。

其他福利

在公司工作满一年后，可按有关规定享受带薪假期；公司设有医务室，提供简单医疗和保健咨询等服务（每年免费为员工提供一次体检）。根据员工职级每月予以相应的住房补贴；公司每两年安排一次员工疗休养；公司通过货币化原则提供通勤班车；每月按员工出勤发放工作餐贴；公司参照政府的有关规定报销员工子女的入托费、独生子女费和牛奶费；公司每年安排相当高的旅游预算，安排员工集体出境旅游一次；公司设有健身房，为员工提供业余健身场所。

第二节　航运服务组织人力资源管理

一、我国航运服务组织人力资源管理现状与问题

（一）缺乏战略性规划

我国国有航运企业的改革较晚，其经营体制虽然有所改变，但是其在人力资源管理上却无法跟上步伐，仍然停留在过去的人才管理方式上，缺乏长远的战略性规划，主要表现在：企业对人才的引进缺乏计划，较为随意，"人才引进"走后门的现象较为严重，对人才的培养缺乏长期的规划等。根据相关的数据调查显示，大部分的航运企业的发展目光主要集中于企业规模的扩大以及技术的创新引进上面，部分高层领导甚至都没有人力资源管理的概念，更别说用新的人力资源管理理念方法来进行人力资源管理，致使很多航运企业出现人才断层的现象，无法跟上企业扩张的需要，严重地制约着航运企业的健康发展。

（二）缺乏完善的培训与激励机制

航运企业对员工的重要性的认识现在还仅仅处在人力资源管理的初级阶段，即只注重人才的实用性，而忽视人才的发展性，企业人力资源还没有被提到是企业发展重要推动力的高度上去，没有建立起与企业发展相适应的人力资源管理开发机制，职工的岗位培训、在职培训、继续教育仍为许多企业所忽视。尤其是针对管理人员管理技能的培训，开拓管

理视野的培训等都非常欠缺。

国有航运业的控股权掌握在国家手里，其财力相对雄厚，所以员工的待遇相对较好，这就使某些国有航运企业片面认为，企业本身的工资福利待遇就已经很好了，所以不需要再建立激励与培训制度，也很容易吸引人才。对员工进行培训和进行激励会无形中加大企业经营的成本，而人力资源的管理在短时间内是很难收到效益的，航运企业也没有自己完善的人才培养系统，这使得航运企业的人才素质很难得到持续的提高，一些人员由于自己工作任务的繁忙，在工作之余也很难获得再教育的机会。这样一来，时间久了，航运企业的人员将很难适应企业持续发展的需要。另外，缺乏差异性的激励机制，员工的工作积极性就会受到抑制，很多员工会认为做与不做都一样，很多人就会选择"不做"，这对企业的长远发展来说是非常不利的。

（三）缺乏考核与监督机制

航运企业的实际控制人对企业经营者的任命或解除任命时表现出明显的随意性，即使在某些建立了人员任用考核机制的企业，由于其员工绩效考核系统的欠缺，使考核本身缺乏科学依据，自然也不能为人才竞争与淘汰、激励等起到前提基础作用，当然也谈不上对人力资源的开发管理起到促进作用。

二、我国航运服务组织人力资源管理重点与措施

（一）航运服务组织人力资源管理重点

1. 建立战略性人力资源管理理念

对国有航运企业来说，人力资源的管理一定要树立战略管理的意识，用现代的人力资源管理理念来对企业的人才进行规划。人力资源战略规划主要由8个子规划构成：雇用计划、通过招聘增员或通过解聘减员、甄选、定向、培训及人员开发、绩效评估、薪酬与福利、安全及健康保障。这几个规划的内容必须要有一定的数据支撑，国有航运企业虽然规模较大，竞争力较强，其薪资水平与民营航运企业来讲相对要好，但是，还是必须要协调这8个子系统之间的关系，要根据企业未来发展的需要对企业的人才需求做出预测，同时还必须要建立一系列人才引进、人才培养、人才考核、人才激励等机制，降低航运企业人才的流动性，留住高素质的人才，适应企业扩张的需要，以免出现因人才短缺影响企业战略性发展的需要。

在对同行业中先进企业人事管理调研、考察、学习的基础上，中远集运新的组织人事部把重视人力资源战略规划的研究、开发作为一项中心任务来抓，同时确立了7项课题作为当前重点研究方向。课题内容包括：如何跟踪世界同行组织机构、业务流程变革的动态，进行公司组织机构编制和业务流程定期研究；如何从人性的角度，定量和定性地设计出具有远洋企业特色的招聘流程，把好入口关；如何规范、科学、合理地对员工从入司到离司全过程培养；如何针对不同岗位的资质要求，建立相应的素质模型，提出不同的考核要求，客观、公正、合理地衡量每一位员工的德、能、勤、绩；如何规范总部机关各岗位

的工作流程和任职标准，配备相应的岗位说明书，并以此作为公司总部人事工作的基础和前提；如何针对不同层次员工的需求，按照市场薪酬标准，充分调动员工积极性，激励员工朝着公司共同目标奋斗，以及如何结合计算机新系统的引进，构建全球化的人事信息平台，实现全球交互式的信息共享等[①]。

2. 建立科学有吸引力的招聘体系

招聘工作的理念是围绕雇主品牌的全力打造而循序展开的，雇主品牌是雇主和雇员之间被广泛传播到其他的利益相关人，更大范围的社会群体以及潜在雇员的一种情感关系，通过各种方式表明企业是最值得期待和尊重的雇主，它是以雇主为主体，以核心雇员为载体，以为雇员提供优质与特色服务为基础，旨在树立良好的雇主形象，提高雇主在人才市场的知名度与美誉度。雇主品牌将雇员在企业工作中的感受和经历与企业的目标、价值观整合到一起，这种共同的品牌经历使得企业在内部和外部都会受益。因此建立雇主品牌是推销一种关系，是企业为雇员提供良好的工作环境、薪酬体系和学习发展等利益，它的目标市场锁定于企业发展需要的人才。

3. 完善培训制度

推进培训制度的完善，充分利用内网平台，实现培训资源共享；着力培养内部培训师。内训师队伍的质量在很大程度上决定了一家企业的内部培训实力，形成一支强大而又具备高专业素养的能力的内训师队伍不是一蹴而就的，需要各部门的配合挖掘和细心培养。将教育培训体制化。根据公司的人才发展战略的需要，不断地提高员工的职业化水平与岗位技能，培养和造就一支懂经营、善管理的专业化员工队伍，人力资源部根据各部门所提培训需求结合股份公司的年度培训计划，制定相适应的培训计划。首先，加强中层以上管理人员的培养，努力打造一批既精通市场运作规则，又能准确把握国内外行业发展趋势，且具有先进管理理念的人才精英梯队。其次，结合内外训的多种培训形式，通过分期轮训、学历教育、脱产培训和论坛讲座等多种渠道，开展旨在面向所有员工培训活动，逐步形成一批高素质，高能力的专业化水准高的员工队伍。

4. 建立科学的绩效管理体系

- ✓ 把提高员工绩效，实现公司目标作为绩效管理的根本目标。
- ✓ 将公司目标分解至部门和员工个人，给员工明确的工作目标，并建立合适的绩效指标体系。
- ✓ 取消月度考核，建立日常沟通和记录制度，使各级主管帮助下属员工随时改善绩效。
- ✓ 以季度为周期进行绩效考核，及时为直线部门经理提供培训支持。
- ✓ 年终考核时，上级根据下属员工的个人评价及工作绩效，与下属员工充分沟通，确定年度考核结果，并作为年终奖金发放和员工晋升的依据之一。
- ✓ 强制措施规定绩效面谈，帮助员工提高工作绩效，讨论员工发展，确定培训需求。

---

① 吴秋平、刘家琰：《借鉴国际先进经验，加强人力资源战略研究——对中远集运实施"矩阵式团队管理"的思考》，《集装箱化》，2001 年第 12 期。

✓ 逐步建立船舶绩效管理体系，与船员所在公司沟通协调，打造一支高素质高绩效的船员队伍。

（二）航运服务组织的船员管理重点

BIMCO 和 ISF 早于 1990 年开始进行海员人力资源方面的联合研究工作，通过向各国海事主管机关和航运公司发放调查问卷取得原始数据，在数据统计和分析的基础上，建立预测模型，结合专家意见和对相关影响因素的考虑对结果做出调整，从而得到关于供求关系的结论，并发布人力资源研究报告（BIMCO/ISF Man power Survey），报告每 5 年更新一次。该报告在国际海运界享有极高的声誉，被公认为全球海员供需状况的权威调查研究报告，每次更新不仅反映全球海员的供需现状，更对未来海员供需状况的发展趋势做出合理预测，因此报告被业内广泛引用。到 2010 年 11 月 30 日为止，BIMCO/ISF 共发布了 1990、1995、2000 和 2005 四本研究报告。

近 10 年来，上述机构发布的海上人力资源和全球海员供求关系报告，始终不变地向全世界宣告全球高级船员短缺的预测结果。例如，2000 年 BIMCO/ISF 海上人力资源调研报告指出，2000 年国际航运界高级海员的短缺比例是 12%，短缺 1.6 万人，预测到 2010 年高级海员的短缺可能达到 12%，短缺 4.6 万人。2005 年 BIMCO/ISF 海上人力资源调研报告指出，2005 年国际航运界高级船员的供应数量为 46.6 万人，需求数量为 47.6 万人，高级船员的短缺属于适度的短缺；而到 2015 年高级船员需求量将达到 49.9 万人，供应量却只能增加至 47.2 万人，高级船员短缺数量将从 2005 年的 1 万人上升至 2.7 万人。2007 年国际海事雇主委员会（IMEC）进行的调查显示，目前世界上熟练船员短缺的情况变得越来越严重，航运业的人力资源危机比过去估计的更糟，特别是高级船员短缺将高达 10%，高出 BIMCO/ISF2005 年度海上人力资源报告的 5 倍。2008 年 5 月，英国德鲁里航运咨询公司（Drewry）发布的研究报告称，2008 年全球高级船员供给数量为 49.9 万人，需求数量为 53.3 万人，这充分表明高级船员数量仍然不足，尚短缺 3.4 万人。到 2012 年，全球高级船员的供给数量为 54 万人，需求数量为 63 万人，短缺数量将由 2008 年的 3.4 万人增至 8.39 万人。2009 年 2 月，英国德鲁里航运咨询公司（Drewry）发布了 2009 年人力资源研究报告（Manning 2009）。报告使用全球人力资源模型（Global Manpower Model），数据为 2008 年经济危机尚未全面爆发之前的数据。该报告的结论是 2009 年高级船员的供应量为 51.7 万人，比 2005 年增长 11%，比 1990 年增长 28%。2013 年高级船员的供应量将增加至 57.3 万人，届时，高级船员的短缺将达到 5.6 万人，考虑到新船订单 10% 的取消量和拆船量 10% 的增幅，将短缺量的估计值减少为 4.2 万人。由于报告测算依据是 2005—2009 年的平均数据，其测算出的船员短缺情况比 BIMCO/ISF2005 年的预测更严重。

1. 全球高级船员短缺预测数据的准确性和可信度[①]

近 10 年来，上述机构发布的全球高级船员短缺的调研报告及预测数据被广泛引用，而无人对全球高级船员短缺预测数据的准确度和可信度进行分析和探讨，显然是不恰

---

① 吴兆麟：《高级船员短缺的本质与我国的应对举措》，《航海教育研究》，2011 年第 1 期。

当的。

（1）应从数学原理上正确了解上述机构调查研究全球海上人力资源（高级船员）供求关系所采用的问卷调查方法的局限性和统计预测方法及其数学模型的精确性。大连海事大学国际海事公约研究中心参与了 BIMCO 和 ISF 在 2010 年初开始进行的 2010 年全世界船员状况调查研究工作，深知发放和回收问卷调查表的难度和局限性及填表人所填数据的模糊性。

（2）应从客观事实上正确评估上述机构所发布的全球高级船员短缺数据的可信度。10 年来一直无人质疑上述机构发布的全球高级船员短缺的预测数据，但没有或鲜有由于高级船员短缺而导致哪一国家、哪一航运公司、哪一船舶因此停航的事件发生的报道。

（3）应从动机上正确认识上述机构一直发布全球高级船员短缺数据的原因。在市场经济条件下，供求关系是经济运行的重要杠杆。由于从事船员供求关系调查研究和公布高级船员短缺预测数据的国际机构大多数是船舶所有人和经营人的组织或受到他们资助和支持的，主要是代表船舶所有人和经营人利益的，因此不能完全排除研究的动机和研究结果的主观片面性。有一点可以肯定，船舶所有人和经营人特别希望航海院校和海员培训机构培养出更多的航海类专业毕业生，供其择优挑选，只有供大于求，才能物美价廉。站在船舶所有人和经营人立场看，船员供大于求，形成需求方市场，有利于船员招募，有利于保证船员素质，也有利于防止船员"要价"和有效管理船员。由于各自的身份和社会地位不同，政府、航海院校、船公司、国际组织、研究机构的说法不尽相同，造成高级船员短缺的原因众说纷纭，这是不难理解的。

因此，全球高级船员的短缺不是高级船员数量上的短缺，而是高素质船员质量和结构上的短缺，亦即特种船舶、高技术船舶和超大型与特大型船舶高级船员的短缺，虽然这部分高级船员需求数量不多，但在业内影响很大。当然，高级船员的流失也对全球高级船员的短缺造成相当大的舆论影响。

基于这样的供需状态判断，航运服务组织对船员的人力资源管理应侧重以下几个方面[①]。

（1）招聘与培育相结合。

选择适当的船员，努力降低流失率，确保船员队伍稳定。"不求最好，但求最合适"应成为企业挑选船员的宗旨。从源头抓起，在补充新生力量的同时，注意招收对象与企业需求的适应性，为日后的使用和培养打下基础。注意各个层面船员的培养、发展与企业船队的变化、外派经营拓展的需求相适应，畅通教育、培养、发展渠道，让各个层次的船员都能找到适合自己能力的上升空间，安心本职工作，充分发挥才干。

（2）重点管理与相互竞争相结合。

对在日常工作中表现突出的船员，企业应加大投入和管理力度，利用重点跟踪、培训提高、职务快速提升等方法，加速其培养与使用，以达到稳定骨干队伍的目的。在船员日常管理中，应建立岗位竞争机制。利用双方签订劳动合同、劳务合同的机会，适时续签、

---

① 石淼、刘思伯：《海运强国战略下的人力资源发展分析》，《大连海事大学学报》，2008 年 6 月。

终止合同，做到能进能出；认真做好评聘工作，做到能上能下。通过保持一定的流动率（淘汰率）来保证企业船员人才队伍的整体质量。

（3）绩效评价与薪酬奖励相结合。

当前，船员寻求人力资本增值空间的愿望非常强烈，因此企业要想方设法满足其自身需求，否则就会出现船员使用效率降低、船员的流动率增加等现象。为此，要构建合理的船员薪酬结构，做到船员队伍用工成本的市场化、隐性成本的显性化，用适当的薪酬吸引人。企业要建立以质量、安全、服务为核心内容的企业管理文化和船舶文化，用文化的凝聚力、规范力、辐射力培育船员对企业价值观的认同。在船舶和船员的绩效管理中，建立和完善团队激励机制，培养船员同舟共济、团结上进的团队精神让船员拥有归属感，真正做到留人留心。

（4）科学管理与人文管理相结合。

船员管理的科学化既可以节约企业的用工成本，起到降本增效的作用，也为船员的发展、进步提供了有效的途径。针对高级船员自我拥有、普通船员社会储备的新形势，一定要强化合同、奖惩、日常使用等管理工作，提高各级管理人员的责任心，正确处理和化解劳动争议纠纷、合同纠纷等可能出现的各种矛盾。努力营造关心、凝聚、培养和使用人才的良好氛围，打造一支能"走出去，拿得下，干得好，稳定住"的核心船员人才队伍。通过新型的劳动合同关系、劳务关系的建立，形成连接企业和船员的法律纽带，给予船员物质和精神上必要的关心、爱护。

（5）高效激励与终身学习相结合。

航运企业应以合理的薪酬、完善的福利、长效的激励为砝码，按照现代企业制度的要求，为船员提供广阔、灿烂的职业上升通道和收入提高渠道。在条件成熟的情况下，企业可尝试建立长期激励措施，如商业保险、补充养老金等，还可通过增加跳槽成本来提高船员人才队伍的稳定性。航运企业应该重视船员队伍的在职培训，加大教育投入。依托国内外的科研院校、知名厂商和社会培训资源，针对行业内的实际情况，从专业技术、公约法规、职业操守、先进科技等多个方面对船员队伍进行教育培训，提高船员的业务技能和综合素质，力争实现企业经营效益和船员人力资本增值的双赢。

复习、理解与应用

本章关键概念

1. 战略性人力资源管理框架
2. 战略人力资源计划
3. 招聘和甄选
4. 定向、培训及开发
5. 绩效管理
6. 薪酬和福利

阅读理解

1. 解释战略人力资源管理框架与一般人力资源管理的区别。

2. 阐述航运组织战略人力资源管理存在的问题及解决方法。

3. 解释弹性福利计划的具体操作方法。

4. 分析马士基与达飞薪酬与福利计划的异同点。

拓展应用

1. 拓展阅读《人力资源管理》书籍或文献,请指出最新的战略性人力资源管理理念与方法对航运服务组织的指导价值。

2. 调查中国航运企业的薪酬与福利现状,指出企业核心竞争力与薪酬福利制度存在怎样的关系。

3. 对比中外航运企业人力资源管理实践事实,指出哪种类型的管理理念更有效率,并说明为什么。

第九章　航运服务运营管理

第一节　航运服务运营流程管理

在航运服务运营中，跟货主直接打交道的主要有：货物运输承运人、港站经营人、综合物流服务提供商，货运代理服务提供商等。

航运服务运营业务表现为服务提供，在服务过程中往往涉及隐性信用提供。作为贸易活动的连接环节，为贸易的顺利进行创造条件，客户服务要求涉及物流成本节省的考虑，对传统业务内容的利润空间提出了挑战。海上运输涉及特殊的法律制度，具有相对比较全面的保险保障体系。

一、航运服务运营管理概述

（一）班轮服务运营基本概念及内容

班轮运输（Liner Shipping）是指固定的船舶在固定的港口之间（形成固定的航线）按公布的船期表和运费率进行的规则运输。其中固定的港口有始发港（Port of Departure）、中途挂靠港（Intermediate Port）和目的港（Port of Destination）[1]。

班轮运营组织主要解决以下几个问题：班轮航线论证、航线系统配船优化、班轮船期表的编制及班轮日常货运管理。

1. 班轮航线论证

班轮航线可按运输对象、运行组织、所跨区域及航行线路等来划分。

班轮航线参数说明航线的特征，它包括以下几个方面：航线总距离和港间总距离，航线发船间隔时间，航线往返航次时间（包括正向航行时间、反向航行时，以及在始发港、终点港、中途港的停泊时间），航线平均装卸总定额（航线平均装卸总定额表示航线上各港口的平均装卸效率和组织管理水平，它决定着航线上船舶的在港时间），航线货流总量及两港间货流量，航线货流方向不平衡系数，航线货流时间不平衡系数（不同时间货流运输量的不平衡），航线货物平均运距等。

新开班轮航线的论证属于大型投资项目的可行性研究范围，主要包括如下步骤：

---

[1] 赵刚、林国龙：《国际航运管理》，人民交通出版社，1997年版。

（1）环境分析及目标拟定。

（2）可选方案的拟定。包括航线类型方案、航线挂港方案、航线班期方案、航线配船方案等。

（3）方案评价及最佳方案选择。对方案投资效果指标的计算、风险分析及多目标的总和评价，最后确定最佳方案。

2. 航线系统配船优化

班轮航线系统配船优化是指最合理地将班轮船队中不同吨级（箱位）的船舶配置到公司经营的每条航线上，做到不仅要保证满足每条航线的技术、营运方面的要求，而且能够使船公司取得最好的经济效益。

班轮航线系统配船决策的基本要求是技术上可行，经济上合理。技术上可行包括：

（1）船舶的尺度性能要适应航道水深、泊位水深、码头和船闸的尺度要求。

（2）船舶的结构性能、装卸性能和船舶设备等应满足航线货物、港口装卸条件的要求。

（3）船舶的航行性能要适应航线营运条件。

（4）船舶航速应满足航线班期和船期表的要求。

3. 班轮船期表的编制及班轮日常货运管理。

船舶的往返航次时间（班期）应是发船间隔的整倍数，船舶到达和驶离港口的时间要恰当，船期表要有一定的弹性。

（二）不定期船服务运营基本概念及内容

不定期船（Tramping Ship）是指船舶营运者在市场上寻求机会，不固定航线和挂靠港口，没有预定的船期表和费率，仅以签订租船合同从事某一具体航线或航次营运的船舶。

1. 租船程序与租船合同

租船程序与国际贸易的商品交易一样，也有询盘、报盘、还盘、接受和签订合同五个环节。

租船合同（Charter Party）亦称租约，是当事人双方，即船东和租船人按照自愿的原则达成的运输契约。

包括航次租船合同、定期租船合同和光船租船合同。

2. 不定期船航次估算

航次估算就是船舶经营者根据各待选航次的货运量、运费率、航线及船舶本身的有关资料，估算各航次的收入、成本、每天净收益及其他经济指标。

航次估算需要的资料包括：船舶资料、载货信息、港口资料、航线资料及上航次结束港等数据。

航次估算方法包括：航次时间计算、航次燃料消耗计算、航次载货量及运费收入计算、航次费用的估算（燃料费、港口使费——船舶吨税、停泊费、码头费、引水费、拖轮费、系解缆费、检疫费、海关检验费、灯塔费、代理费等。运河费、额外附加保险费、货物装卸费用、其他费用），盈利性分析等。

航运服务营运流程管理，以航运公司的运输服务为例进行解释。

二、班轮运营服务流程

（一）揽货和订舱

揽货是指从事班轮运输经营的船公司为使自己所经营的班轮运输船舶能在载重量和舱容上得到充分利用，力争做到"满舱满载"，以期获得最好的经营效益而从货主那里争取货源的行为。揽货的实际成绩如何，直接影响班轮船公司的经营效益并关系着班轮经营的成败。为了揽货，班轮公司首先要为自己所经营的班轮航线，船舶挂靠的港口及其到、发时间制定船期表并分送给已经建立起业务关系的原有客户，并在有关的航运期刊上刊载，使客户了解公司经营的班轮运输航线及船期情况，以便联系安排货运，争得货源。

揽货的组织结构大致可分为四种类型。

1. 地区型揽货

又称区域性揽货。它是指分公司的营销经理将本公司所辖区域划分为几块，每一个销售人员分管一个地区，负责与该地区的所有客户联系并向其揽取货物。

2. 货主型结构

即按货主类型分配销售人员。通常水运企业的货主分为两类：直接客户与间接客户。直接客户是指各类专业进出口公司、"三资"企业及有进出口权的各类企业；间接客户是指各级货运代理公司、无进出口权的工厂和产品供应商。

3. 航线型结构

即根据水运企业所经营的产品航线分配销售人员。如按照美洲航线、欧洲航线、地中海航线、亚洲航线等来分配专职销售人员，每一个销售人员或几个销售人员主要负责对指定航线的揽货任务。

4. 货种型结构

它是指按照被运货物种类分配销售人员的揽货结构。通常水运企业所承运的货物是多种多样的，包括散货、件杂货、集装箱货、干货、冷藏货、冻货等。

订舱单上通常会有货名、重量及尺码、起运港、目的港、收发货人、船名等内容。承运人对这种申请（预约）给予承诺后，就会在舱位登记簿上登记，即表明承托双方已建立了有关货物运输的关系，并着手开始货物装船承运的一系列准备工作。

（二）装船

装船是指托运人应将其托运的货物送至码头承运船舶的船边并进行交接，然后将货物装到船上。

如果船舶是在锚地或浮筒作业，托运人还应负责使用自己的或租用的驳船将货物驳运至船边办理交接后将货物装到船上，亦称直接装船。对一些特殊的货物，如危险品、冷冻货、鲜活货、贵重货多采用船舶直接装船。

而在班轮运输中，为了提高装船效率，减少船舶在港停泊时间，不致延误船期，通常都采用集中装船的方式，集中装船是指由船公司在各装货港指定装船代理人，在各装货港的指定地点（通常为码头仓库）接受托运人送来的货物，办理交接手续后，将货物集中并按货物的卸货次序进行适当的分类后再进行装船。

（三）卸货

卸货是指将船舶所承运的货物在卸货港从船上卸下，并在船舶交给收货人或代其收货的人，办理货物的交接手续。船公司在卸货港的代理人根据船舶发来的到港电报，一方面编制有关单证联系安排泊位和准备办理船舶进口手续，约定装卸公司，等待船舶进港后卸货；另一方面还要把船舶预定到港的时间通知收货人，以便收货人及时做好接收货物的准备工作。在班轮运输中，为了使分属于众多收货人的各种不同的货物能在船舶有限的停泊时间内迅速卸完，通常都采用集中卸货的办法，即由船公司所指定的装卸公司作为卸货代理人总揽卸货以及向收货人交付货物的工作。

（四）交付货物

交付货物指实际业务中船公司凭提单将货物交付给收货人的行为。具体过程是收货人将提单交给船公司在卸货港的代理人，经代理人审核无误后，签发提货单交给收货人，然后收货人再凭提货单前往码头仓库提取货物并与卸货代理人办理交接手续。交付货物的方式有仓库交付货物、船边交付货物、货主选择卸货港交付货物、变更卸货港交付货物、凭保证书交付货物、门到门交货等。货主选择卸货港交付货物是指货物在装船时货主尚未确定具体的卸货港，待船舶开航后再由货主选定对自己最方便或最有利的卸货港，并在这个港口卸货和交付货物。变更卸货港交付货物是指在提单上所记载的卸货港以外的其他港口卸货和交付货物。凭保证书交付货物是指收货人无法以交出提单来换取提货单的方式提取货物，按照一般的航运惯例，常由收货人开具保证书，以保证书交换提货单提取货物。

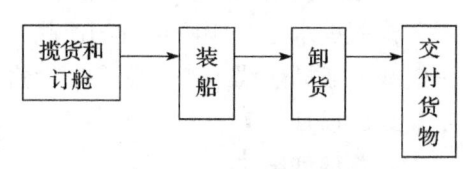

图 9-1　班轮货运程序

班轮货运程序如图 9-1 所示。

三、班轮运营主要货运单证及其流转

班轮货运单证流程如图 9-2 和图 9-3 所示。

（1）托运人向船公司在装货港的代理人（也可直接向船公司或其营业所）提出货物装运申请单，递交托运单（Booking Note），填写装货联单。

托运单：一式九联，俗称下货纸。1、2、3 联分别交船代（载货清单和画积载图）、货代（代收运费）和货主，4 联是理货员签字的装货单，5 联是大副收据，9 联为港口申请单，缴纳港务费。6、7、8 联都由货代保管，其中提单如果是船代制作，7、8 联必退给货代。

(2)船公司同意承运后,其代理人指定船名,核对 S/O(Shipping Order,装船单)无误后,签发 S/O,将留底联留下后退还给托运人,要求托运人将货物及时送至指定的码头仓库。

(3)托运人持 S/O 及有关单证向海关办理货物出口报关、验货放行手续,海关在 S/O 上加盖放行图章后,货物准予装船出口。

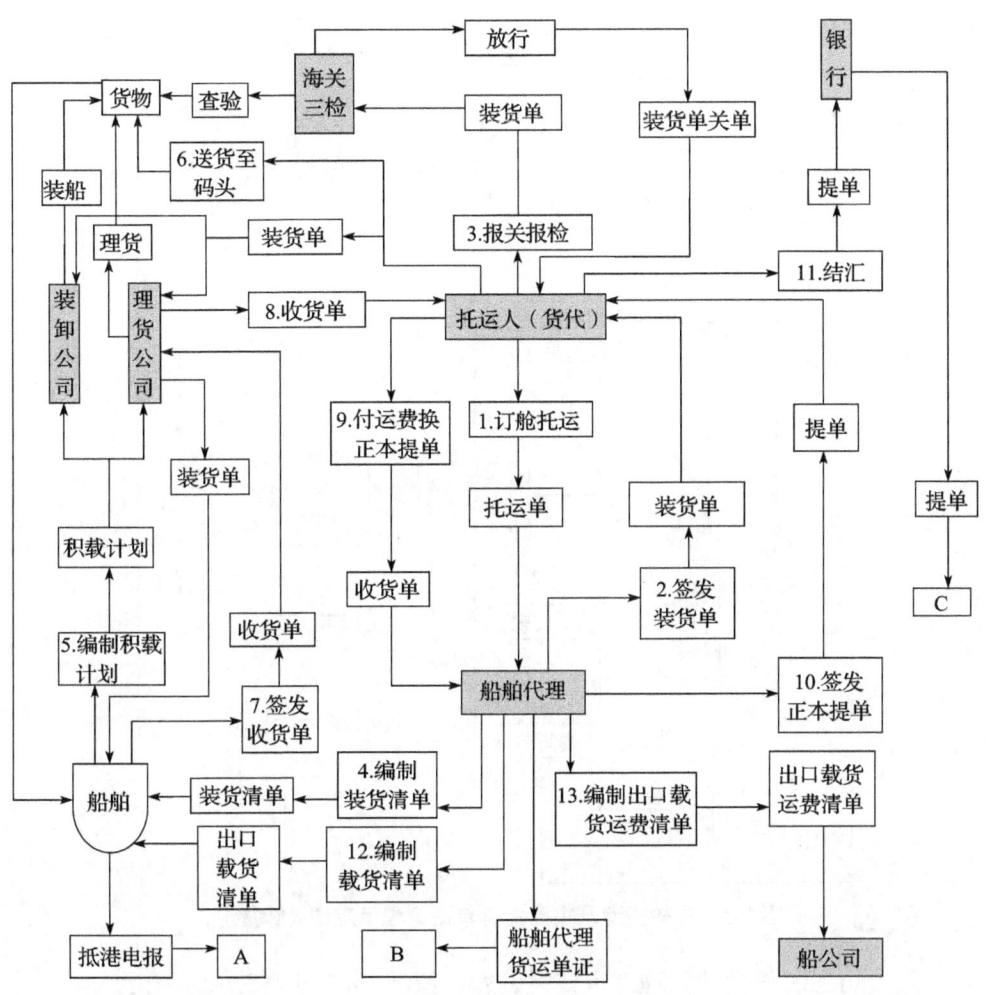

图 9-2 班轮货运及主要货运单证流程示意图(装货港)

(4)船公司在装货港的代理人根据留底联编制装货清单(Loading List,L/L)送船舶及理货公司、装卸公司;装货清单:大副编制船舶记载图,理货人员进行理货、港方安排驳运、进出库场及承运人掌握托运人备货和货物几种情况等的业务单证。加载清单、取消货载清单。

(5)大副根据 L/L 编制货物积载计划(Cargo Plan)交代理人分送理货、装卸公司等按计划装船。

(6)托运人将经过检验及检量的货物送至指定的码头仓库准备装船。

(7)货物装船后,理货长将 S/O 交大副,大副核实无误后留下 S/O 并签发收货单

(Mate's Receipt，M/R)。

（8）理货长将大副签发的（M/R）转交给托运人。

（9）托运人持 M/R 到船公司在装货港的代理人处付清运费（预付运费情况下）换取正本已装船提单（Bill of Lading，B/L）。

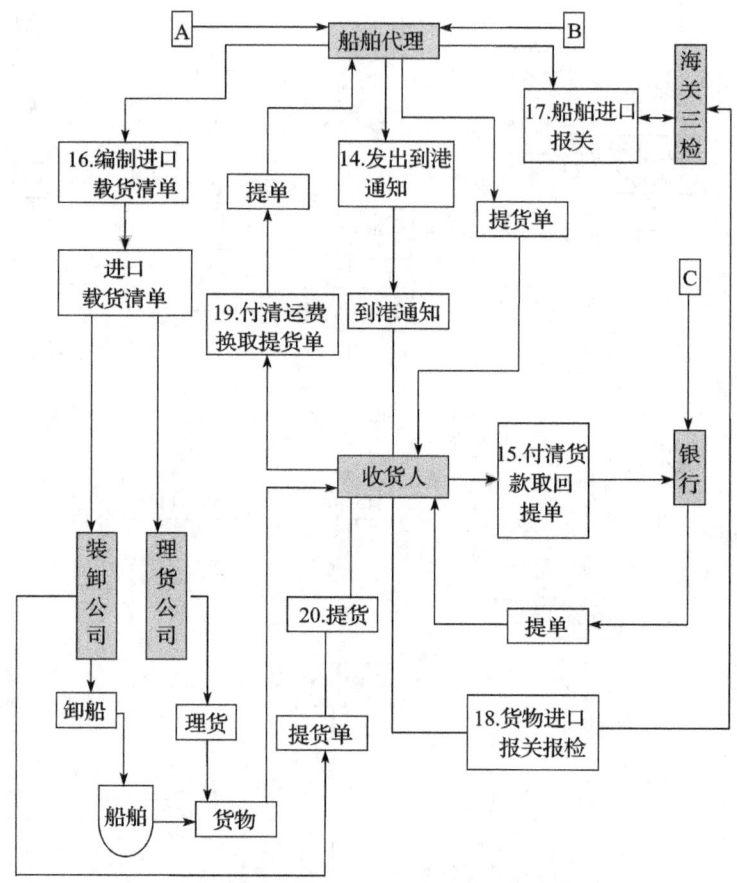

图 9-3　班轮货运及主要货运单证流程示意图（卸货港）

（10）船公司在装货港的代理人审核无误后，留下 M/R 签发 B/L 给托运人。

（11）托运人持 B/L 及有关单证到议付银行结汇（在信用证支付方式下），取得货款，议付行将 B/L 及有关单证邮寄开证银行。

（12）货物装船完毕后，船公司在装货港的代理人编妥出口载货清单（Manifest，M/F）送船长签字后向海关办理船舶出口手续，并将 M/F 交船随带，船舶启航。

（13）船公司在装货港的代理人根据 B/L 副本（或 M/R）编制出口载货运费清单（Freight Manifest，F/M）连同 B/L 副本、M/R 送交船公司结算代收运费，并将卸货港需要的单证寄给船公司在卸货港的代理人。

（14）船公司在卸货港的代理人接到船舶抵港电报后，通知收货人船舶到港日期，做好提货准备。

（15）收货人到开证银行付清货款取回 B/L（在信用证支付方式下）。

（16）卸货港船公司的代理人根据装货港船公司的代理人寄来的货运单证，编进口载货清单及有关船舶进口报关和卸货所需的单证，约定装卸公司、理货公司、联系安排泊位，做好接船及卸货准备工作。

（17）船舶抵港后，船公司在卸货港的代理人随即办理船舶进口手续，船舶靠泊后即开始卸货。

（18）收货人持正本 B/L 向船公司在卸货港的代理人处办理提货手续，付清应付的费用后换取代理人签发的提货单（Delivery order，D/O）。

（19）收货人办理货物进口手续，支付进口关税；收货人持 D/O 到码头仓库或船边提取货物。

以班轮业务为例，班轮货运服务营运管理中，最重要的是两个业务，一是基本业务，是风险管理。航运服务运营主要是基于国际合约或契约进行的，即使是由于技术操作上造成的运营风险，最后也会归结到对合同与契约的背离上的风险。因此，服务运营中更大、更多的风险来自违约的风险。因此，这部分只要服务运营商遵守国际公约或相关法规，做到谨慎、细心就能避免。二是增值业务，是创新管理。这部分就需要服务运营商在标准化基础上进行创新的个性化服务。服务运营商只有把容易做的做好了，把难做的做到了，才会有服务竞争优势和服务地位。

本章重点讲在这个货运过程中服务运营商如何进行风险管理，也就是基本业务做好；而在第十一章，我们讲重点讲如何进行服务创新。

第二节　货运服务流程与风险管理

航运企业面临的主要风险有：航运市场周期波动导致的收益风险，国际油价居高不下导致的成本风险，运力供过于求导致的竞争风险，汇率、利率变化导致的船舶投资风险，自然灾害、海盗侵袭导致的船舶安全风险，企业法律责任风险。在建立健全企业风险管理体系的前提下，合理利用风险承担、风险转移、风险规避、风险转换、风险分散、风险补偿、风险控制等风险管理工具，力求达到风险与收益的平衡。例如，根据航运业资产负债率偏高，受国际市场原油价格波动影响较大的特点，可有目的地利用燃油期货、利率掉期、资产证券化、投保船壳险、保赔险、战争险等风险理财工具，进行风险的对冲、转移、规避、补偿。

航运服务运营风险是指企业在经营过程中可能遇到的任何损失、中断或冲击，该风险主要与员工失误、程序和控制失当有关。航运服务运营风险大致可以包括以下几类[1]。

1. 人力资源风险

包括执行力、泄漏公司机密及商业秘密、舞弊、侵占公司财产、员工能力、关键人才流失、职业安全健康风险等。企业的内部控制制度归根结底是由人来执行，一个完善的管理制度，没有内部员工的严格执行，也不能发挥应有的作用，因此，企业的内部管理风险

---

[1] 黄晓晖、戎文莹、邓自云：《浅议航运企业风险管理及内部控制建设》，《交通财会》，2006 年第 11 期。

也主要体现在"人力资源风险管理"。

2. 船舶营运风险

航运经营受政治、经济、行业条文、国际公约、客观地理环境、贸易流向、环境保护、燃油价格和自然气候条件影响较大，同时受货物种类、数量、集散程度、港口装卸能力、船舶状况等条件的制约。涉及的风险主要有：航区限制、货源缺乏、无序竞争、重点客户流失、油价飙升、营运成本失控、压港、滞留、配载不当、货损、货差、恶劣气候、港口突发事件等。

3. 船舶管理风险

主要指在保障船舶达到适航状态所进行的船舶安全、维护、保养、物料、燃料供给、船舶各类文本证书管理、主管机关检查、船员调配、环境污染及自然灾害或意外事故等所涉及的风险。

4. 企业法律责任风险

企业法律责任风险是指企业在经营管理中，可能因承担刑事、行政、民事法律责任而给企业造成的危害。企业法律责任风险是最具有普遍意义的企业风险，它被包含在所有企业风险之中，任何一种企业风险都可能最终转化为法律责任风险，它是危害最大的风险，一次重大的法律责任风险足以使企业倒闭。市场经济就是法制经济、合同经济，企业合同风险是最常见的商业风险和法律责任风险。

航运业是一个以各种贸易规则、契约合同、法律条款等强约束的交易市场。因此，针对航运服务运营的特点，本章主要侧重业务运营中的法律风险控制。

一、装船中海运单证制度及运营风险管理

在班轮货运服务运营中，我们最经常涉及的就是单证问题。海运单证因为代表的是一票货，规定的是在哪里收货、是否收到了货、收到了多少货、有多少是好货等内容，里面规定的都是权利与义务。单证要求讲究真实唯一，要有信用的人来签。因此，不是这张单证有魔力，而是这张提单的签发者有魔力。

因此，航运组织的资质越好，就越要讲过程、讲信用，因为一旦出事，损失惨重。但是今天如果是一个小货代，它可以随时关门，这样就要小心了。

（一）控制提单的签发风险

散、杂货必须由船长签，万一货物坏了，还有一条船在后面等着。很多时候，货主不放心，尤其是不用中文的船长签的字，都很潦草，货主不认，船东生气了，说这是在"侮辱我"。最后请"中海"来代签。当双方都不相信对方的时候，请大家都信任的第三方"国企"来，一些事情就能很快解决。

（二）提单重新签发、更改风险

如一船在泰国装了一半油，到新加坡装了一半油，货主要求签从新加坡港始发，航运企业要小心是不是油的品质有问题。这是运营中很大的一个风险，要随时注意。

（三）提单倒签风险

倒签提单 Anti-Dated B/L 是指承运人应托运人的要求在货物装船后，提单签发的日期早于实际装船完毕日期的提单。一般可分为二种情况：一是善意倒签；二是恶意倒签，即个案中卖方为了单方面的利益私下与船公司勾结起来倒签，这也就是真正意义上的倒签提单。

在实践中，由于种种主、客观方面的原因，经常会遇到下述两种情况：

第一，眼看信用证的有效期即将届满，而货物尚未装船或尚未装船完毕，如果卖方等到货物装船完毕，再凭承运人开出的已装船提单去议付银行结汇，则肯定会超过信用证所规定的结汇期，议付银行会以此为由而拒绝结汇。

第二，货物实际装船完毕的日期迟于信用证规定的装船期限，如果承运人以该日期作为提单签发的日期，议付银行也肯定会以单证不符（提单在签发日期上与信用证的规定不相符）为由而拒绝卖方的结汇请求。

在上述两种情况下，因不能在信用证规定的期限内获取已装船提单而担心结汇受阻的卖方，肯定会焦灼不安。有些卖方遇到这种情况时往往会和承运人协商对策，进而分别采取下述两种方法：

一是在货物尚未装船或尚未装船完毕的情况下，由承运人提前签发已装船提单，使卖方能赶在信用证有效期届满前顺利结汇，是谓预借提单。

二是在货物装船完毕后，承运人以早于该票货物实际装船完毕的日期作为提单签发的日期，以使提单的签发日期（即货物装船日期）符合信用证关于装运期的规定，是谓倒签提单。

显然，预借提单和倒签提单的共同之处在于提单上载明的签发日期（货物装船日期）与货物实际装船完毕的日期不符，前一个日期是为了满足卖方顺利结汇的需要而虚构的，并且早于后一个日期。预借提单和倒签提单的不同之处在于，被预借的提单是在货物装船日期签发的，被倒签的提单则是在货物实际装船完毕时签发的。两种行为实施时间不同，但它们产生的法律后果是相同的。

对于倒签提单，收货人可基于以下两点拒绝收货：

第一，货物跌价。在订立合同时销路较好的货物，在货物运抵后却价格下跌，买方无利可图，甚至有可能亏本，在这种情况下，买方急于想甩掉包袱。此时，若出现倒签提单情况，买方正好有了可乘之机。买方可以通过向装运港的港口当局或查看运货船的航海日志掌握真实情况。一经证实提单倒签，收货人就完全有权拒绝收货并收回货款，赔偿的责任则完全落在承运人身上。

第二，应节货物。对于应节货物而言，如果不能在买方预计供货的节前运抵，买方的损失会很大，所以买方会千方百计转嫁这个损失。如果提单倒签被其发觉，则又为其提供一个机会。

2003年"非典"时期，广州港就发生过这样一件事：船公司装了一船的钢卷到广州港，由于"非典"时期钢材价格下跌，货主不愿意这个时候收货，于是一张一张地查装货单与提单记载的不一致的地方。结果发现有 4 卷钢材是在凌晨 2 点钟装的，而提单是在前天签的，这样就构成了提单倒签。原因是那 4 卷钢材装船时标签掉了，换标签延误了装船时间，结果承运人赔了 3500 万元。这时船东有苦说不出。

（四）违反单证操作规范的风险

这一种风险很多时候是由于内部员工与外部内外勾结造成的损失。如有家船公司签了正本指示提单，结果船公司员工与外部勾结，把指示提单改成了记名，打了一套假提单，打了一个时间差，即使承运人发现了这个欺诈行为，但是假提单已经报关，要办理重新出口，就必须缴纳 1000 万元的关税。这个损失也不小。因此，对服务运营中提单操作的每一个环节都必须要有一套全面系统的监控、防范措施，做到有人操作，有人监管、审核，环环相扣。

海运单证的记载内容，尤其是客观事实不能改，否则会有运营风险。单证内容与实际货物不符的后果，是侵害了贸易买家的拒收权，贸易买家可以主张承运人承担购买货物所支付的全部款项。单证内容记载错误，针对单证持有人无法更改，且可能扩大承运人的责任范围。

二、交付货物中业务保函风险管理

保函，又称保证书，是指银行、保险公司、担保公司或担保人应申请人的请求，向受益人开立的一种书面信用担保凭证，以书面形式出具的、凭提交与承诺条件相符的书面索款通知和其他类似单据即行付款的保证文件。保函在申请人未能按双方协议履行其责任或义务时，由担保人代其履行一定金额、一定时限范围内的某种支付或经济赔偿责任。保函产生的原因：当承运人到达目的港时，买方还没有收到卖家邮寄来的提单，而无法凭借提单向承运人提货，因此出具保函以证明收货人的身份。

保函的效力取决于保函出具人是否具备进行指示的权利或地位，保函出具人出具保函是否违反法律规定，保函的内容是否涉嫌欺诈，保函的真实性是否可以保证。

保函的执行应当与被担保债务或责任的处理一致。

三、运输业务分包风险管理

业务分包是指航运组织将服务运营中的部分业务服务分包给具有相应资信能力的分包人。在这种业务分包中，分包人的资信能力，尤其是在内陆运输操作实践中，此点尤为关键。同时，分包作业环节是否清晰，合同约定是否明确，是否存在不同合同责任内容的约定差异。

现在航运风险真正的风险不在海上，也不在码头上，而是在公路、内河、沿海等内贸货运输中。小驳船公司一是没资质，二是没保险。还有一个原因是内河、公路运输是没有过失责任或赔偿责任限制的，其责任特点是推定过错责任制度或严格责任制度，是要全赔的。

第三节　航运服务运营其他风险管理

一、物流融资质押监管业务风险管理

存货质押融资是指需要融资的企业（即借方），将其拥有的存货做质物，向资金提供企业（即贷方）出质，同时将质物转交给具有合法保管存货资格的物流企业（中介方）进行保管，以获得贷方贷款的业务活动，是物流企业参与下的动产质押业务。

对有着融资需求的中小企业来说，不动产的缺乏使其难以获得银行的贷款。而在经济发达国家，存货质押融资业务已经开展得相当成熟。在美国等发达国家，70%的担保来自以应收账款和存货为主的动产担保。存货质押融资是中小企业以原材料、半成品和产成品等存货作为质押向金融机构融资的业务。和传统银行贷款集中在不动产抵押或者第三方担保公司担保不同，存货质押融资是利用企业与上下游真实的贸易行为中的动产为质押从银行等金融机构获得贷款。

根据我国的《物权法》，用作质押的存货范围已经得到很大程度的扩展。采购过程的原材料、生产阶段的半成品、销售阶段的产品、企业拥有的机械设备等都可以当作存货质押的担保物。在操作过程中，第三方物流企业作为监管方参与进来，银行、借款企业和物流企业签订三方合同，银行为中小企业提供短期贷款。

物流融资质押监管业务中的物流公司做监管公司。

物流融资质押监管业务开展背景：企业将货物以质押方式向银行取得贷款，银行必须实现对质押物的实际占有，物流企业具备相应的监管能力与技术。

业务开展中存在的问题：物流企业往往实际上并不具备针对质押货物的控制能力，只能做到名义上的控制；物流企业在业务中的作用演变为单纯出借信用。

这种融资质押至少5000万元。

例如，一家企业有很多货，它想向银行贷款，但贷款是需要抵押的，如果用货抵押，那么货物必须交给银行来监管——法律对动产的规定。这样，企业肯定不肯。这种情况下，让物流公司代表银行来监管，物流公司说可以放款了，银行就放款，物流公司还收监管费。但这里是有问题的。因为货主是这样想的，要让银行监管货物，但不能离开自己的场地，物流公司于是跟货主签一个合同，租金1元一年，场地有了，现在再签一个免费保管合同，最后还是让货主自己来管。物流公司要做的就是在当地雇两个人，没事的时候，每天围着货物转一圈。2002—2009年做这种业务都没事，物流公司每个月只要收监管费就行了，最多的时候，一个月可以收2000万元的监管费。

物流公司做监管，在那个时候，实际上是失控的，但为什么没事呢？根本原因是三个"玩游戏"的都是有钱人，银行、国有物流企业和大货主，谁都不会轻易违约，因为大家都是有信誉的人，违约成本太大。但是，后来加入了钢贸公司。它们的主要角色就是帮助货主去找银行抵押贷款，这些钢贸公司都是皮包公司，这样三个有钱人中间加了一个穷人，风险就一下子爆发了。

最严重的时候，钢贸公司仓库里堆放的货是别人的货，或者从这里移到那里来回倒腾，或者根本就没货，有时候，甚至出现几家银行委托物流公司监管的竟然是同一票货，更有意思的是甚至是同一家银行的不同支行员工碰到了互相一问，才发现原来大家办理的抵押业务是同一批货物。

原因就在于，钢贸公司给物流公司的条件是：你可以监管，但在货上不能贴标签。所以大家刚开始都不知道，到最后出事了才突然发现自己上当了。

这类事件往往是在一些看似非常细小的问题上出大错。比方说，明明监管的是煤炭，结果验货的时候一看煤炭里面是渣石；监管一仓库的白银，打开一看全是白铝锭；监管油，外面油罐子的油表都是满的，但打开油罐子一看，里面还有个油罐子；一家法院来贴某批货的封条，第二天另一家法院把这批货给提走了，因为你监管的货根本不是你的货，是别人的货，你自始至终就没有货到仓库里过。

航运服务都是细致活，每一个小小的失误都可能造成巨大的损失。

二、优质客户变成劣质客户的风险管理

在不确定性充斥着企业经营的环境中，很多企业昨天还看起来光彩夺目，今天却负债累累，破产倒闭。在航运服务业中，大量的货主客户欠款数额巨大，由于历史还款记录显示都为优质客户，而放松了对这些客户资质的监控，从而造成航运企业巨大财务损失的例子也不少。

航运企业在招待客户之时，除了吃喝之外，还能做很多工作以防优质客户突然之间变成劣质客户。这在广州港已经发生过很多次。

（1）客户分类。

（2）要阅读回执，尤其是在催款的时候。

（3）平时沟通交流时，要多让对方讲讲他们现在的经营现状及遇到的问题；从细微的组织变化中分析出客户资质变化的信息。

（4）CRM 动态管理。

（5）在催款时每次都只要一点点，但要密集（可以密集关注它的动态）。

（6）董事长比公司有钱，最好能以公司董事长个人财产来做担保。

三、航运服务运营业务相关责任制度

航运企业责任制度可以分为特殊责任制度和一般责任制度。

特殊责任制度包括远洋运输业中承运人针对货损货差的责任制度和海船船舶所有人享有的海事赔偿责任限制权利。

（一）货损货差责任制度

承运人对运输过程中货物的毁损、灭失承担损害赔偿责任，但承运人证明货物的毁损、灭失是因不可抗力、货物本身的自然性质或者合理损耗，以及托运人、收货人的过错造成的，不承担损害赔偿责任。

1. 海事赔偿责任限制制度及风险管理

《海牙规则》承运人的免责事项规定很多，约有 17 项，列举如下。

（1）船长、船员、引水员或承运人的雇用人在驾驶或管理船舶中的行为、疏忽或不履行职责。

（2）火灾，但由于承运人实际过失或者私谋所造成的除外。

（3）海上或其他可航水域的风险、危险或者是意外事故。

（4）天灾。

（5）战争行为。

（6）公敌行为。

（7）君主、统治者或人民的扣留或拘禁或依法扣押。

（8）检疫限制。

（9）货物托运人或货主、其代理人或代表的行为或不行为。

（10）不论由于何种原因引起的局部或全面的罢工、关厂、停工或劳动力受到限制。

（11）暴乱和民变。

（12）救助或企图救助海上人命或财产。

（13）由于货物的故有瑕疵、性质或缺陷所造成的容积或者重量的损失，或者任何其他灭失或损害。

（14）包装不当。

（15）标志不清或不当。

（16）尽适当的谨慎所不能发现的潜在缺陷。

（17）不是由于承运人的实际过失或私谋，或是承运人的代理人或受雇人员的过失或疏忽所引起的任何其他原因。

2.《海牙规则》存在的主要问题

（1）较多地维护了承运人的利益。

（2）在风险分担上很不均衡。

（3）对有些条款的解释至今仍未统一。

（4）未考虑集装箱运输形式的需要。

（5）赔偿责任限额过低。

（6）诉讼时效太短。

3.《中国海商法》列出 12 项免责事项，归为以下四类

（1）因除外危险而免责。

- ✓ 火灾，但是由于承运人本人的过失所造成的除外——谁主张索赔谁应举证。
- ✓ 天灾，海上或者其他可航水域的危险或意外事故（地震、海啸、雷击、海上暴风、狂浪、雾、冰山、水中漂浮物和海图上未标明的暗礁；碰撞、搁浅、倾覆、沉没等）。
- ✓ 战争或武装冲突、遭遇海盗袭击。

- ✓ 政府或者主管部门的行为、检疫限制或者司法扣押。
- ✓ 罢工、停工或者劳动受到限制。

（2）因除外责任而免责。

- ✓ 船长、船员、引航员或者承运人的其他受雇人在驾驶船舶或者管理船舶中的过失（疏忽条款）。
- ✓ 在海上救助或者企图救助人命或者财产，经谨慎处理仍未发现的船舶潜在缺陷。

（3）因托运人过失而免责。

- ✓ 托运人、货物所有人或者他们的代理人的行为。
- ✓ 货物包装不良或者标志欠缺、不清。

（4）因货物本身性质而免责。

- ✓ 货物的自然特性或固有缺陷造成的损失——正常损耗。

例如，大风把集装箱吹到海里了，这可以是不可抗力造成的损失，承运人可以免责。但是，大风把四只冷冻集装箱吹倒了，断电时间久了，里面的货物变质了。结果人家说，是风把箱子吹倒了，断了电，但你没有及时处理，所以要赔。那当时你还不如让箱子被吹到海里去算了。

在航运服务运营中的风险，时时刻刻都是与各种合同条款紧密联系在一起的，业务操作风险往往来自对法律法规的无知，对贸易合同的误解等。

因此，在航运服务运营中，法律顾问起的作用不仅仅是事后法律事务咨询、处理诉讼、仲裁事务，更重要的应该是基于业务流程的法律风险意识、风险控制与管理的培训。

（二）赔偿责任限制

与内陆运输不同的是，海船运输具有赔偿责任限制权利。《海牙规则》规定每件货每单位货物的赔偿限额为100英镑；维斯比规则规定按每件、每单位或按毛重每千克的双重办法，并规定每件或每单位10000金法郎或毛重每千克30金法郎，以其高者为准；汉堡规则规定以相当于835个特别提款权或毛重每千克2.5个特别提款权的数额为限，以两者中较高的数额为准。

适用对象是海船船舶所有人、经营人、承租人和责任保险人。

通常情况下，承运人享受的待遇，独立合同人也能享受到。但是，广州港是个例外。原因是盐田港曾经把一个箱子从叉车上摔下来。海运公司是马士基，它享受海上赔偿责任限制，按千克称每千克2.5个特别提款权（相当于6美元1千克）来算，但是港口是没有享受到这个待遇的。

因此，港口必须在独立合同人的合同签订中加上保护自己的条款。

（三）不完全推定过错责任制度

一般责任包括：推定过错责任制度或严格责任制度、法律允许约定免除责任的情况与实践操作。推定过错责任是绝对责任，不管对错，先承担责任，再依法行使追偿权（如果有的话）。推定过错是指如果不能证明自己无过错，则推定为有过错。一般在举证责任倒置的情形下适用。推定过错责任有举证责任倒置，受害人需要证明损害结果的存在。但是，人要证明自己没错是很难的，要证明别人有错是很容易的。

但是，在航运服务运营中有单位赔偿责任限制与不完全推定过错责任并存的制度特点，承运人在特定情况下即使存在过错亦可免责，如驾驶与管船过失、火灾等。

例如，远洋运输两船相撞，导致货物损坏，船东是不赔的；又如，打压载水打错了舱位，打到货舱里面去了，这是管船过失，船东也可以免责。海上运输区段的划分导致判定责任时，对集装箱货物和非集装箱货物是存在差异的。集装箱港区堆存期也属于运输期间，在港口集装箱发生火灾也是不赔的。

（四）索赔的举证要求

索赔举证的要求包括两个部分：第一，在合同关系范围内，索赔人只要证明在责任人的保障、运送、作业期间货物发生损失即完成初步举证责任。由责任人自行证明损害的发生是由可以免除责任的原因造成，或者是由索赔人的过错造成的。第二，索赔人需要证明系由于责任人的过错导致货物发生损害。

很多时候，由于对证据保全等基本法律常识缺乏，导致本来应该可以获得赔偿的，却由于证据丢失而失去了赔偿的机会。

例如，有一位集卡司机在没有检查货物的情况下，就拉着一集装箱货物送到了港口，港口验货时发现货物已经损坏，于是，他们把这些货物搬下来排好放在旁边，保险公司来了，保险公司说："你们叫我们看什么啊？这个货物到底是谁损坏的啊？"港口这样做，反而把集卡司机给解放了。

在合同中，尽量把通信方式与邮箱地址确认下来，避免使用无法保留客观记录的电子通信工具达成约定。尽量在合同中对可能使用到的交流形式予以固定，以约定方式为对方设定回复义务。作为提出索赔或费用主张的基本依据，在费用结算与合同约定中的特殊要求，确定公司邮箱、抬头信函及签名。快递重要文件时注意投递管理与单据填写和保留，快递之前，复印一张索赔函。注意审核对方提供文件的公章真伪，或者通过中间过程保障文件的真实性。从理论上来讲，MSN、QQ等都是不能作为证据的。英文名字在中国的法律上是不被认可的。很多在华的外资公司同事相互之间都不知道对方的中文名。如果签合同之类的，签收文件之类的用英文名字，大家就必须警惕起来了，这也是不能成为证据的。

在法定的诉讼时效期间内未提起诉讼或为采取措施中断时效，将导致索赔丧失胜诉权；合同之诉、财产权之诉一般诉讼时效为两年。但是，海上货物运输与水路货物运输合同纠纷，无论是托运人、收货人向承运人、实际承运人索赔，还是承运人向托运人、收货人索赔，诉讼时效均为一年。凡适用《海商法》的情形，包括国内水路货物运输合同，诉讼时效的中断事由只能为提起诉讼或仲裁、扣押船舶以及债务人同意履行债务几种情况。

复习、理解与应用

本章关键概念

1. 班轮运输
2. 班轮航线
3. 配船优化
4. 班轮船期
5. 不定期船
6. 揽货和订舱
7. 装船
8. 卸货
9. 交付货物
10. 货运单证
11. 货运服务流程
12. 风险管理
13. 责任制度

阅读理解

1. 请描述班轮运营服务流程。
2. 请描述班轮运输装货港和卸货港主要货运单证及其流转过程。
3. 请概括班轮运营服务中的风险管理类型。

拓展应用

1. 请参阅《海商法》等相关书籍或文献，谈谈研究海商法在预防航运服务运营风险中的具体作用。
2. 请阅读《企业经营风险管理》相关书籍与文献，写出从法律的角度解析风险管理与从其他角度解析风险管理的区别？

第十章 航运服务信息管理

第一节 航运信息技术发展历程[①]

信息化在我国港航业的应用是随着改革开放、经济发展的逐步深入而迅速发展起来的，真正的建设始于 20 世纪 80 年代中期，大体分为三个阶段。

第一阶段（20 世纪 80 年代中期到 90 年代中期）——港航信息化的启动期

中国外向型经济的特点使进出口货物量急剧增长，需要与之相适应的运输方式，集装箱运输技术因此在国内得到迅速发展。这一阶段港航信息化建设的主要目标是以信息技术改造传统港航运输、生产手段，提高港航企业自身内部码头船舶的装卸、载运生产效率。建设主要采用了引进、消化方式。这一阶段的特征是与世界接轨，起点高。但受制于当时的认识和使用者的素质，港航信息化应用的深度和范围有限。

第二阶段（20 世纪 90 年代中期到 2005 年）——全面和系统应用时期

这一时期随着国民经济快速发展，港航企业对各类资源物资的专业化装卸运输设施的需求猛增，港航信息化在各类专业化码头和运输工具中得到全面应用。同时，随着港航企业内部信息化的发展提高，对利用信息网络技术提高运输系统整体效率的要求日渐迫切，使运输链整体能力的提升成为迫在眉睫的需求。十余年的积累，从经济发展的要求、与国际运输的整体衔接及自身各个环节发展的需求方面，港航信息化建设向资源共享、系统联动的高效运作方向发展成为业内共识。这一阶段的特点，是港航信息化建设全面开展，促进我国水运生产和管理、服务水平迅速提高，进入国际先进行列。港航信息化的发展支持了港航企业的发展，港航企业的发展促进了水路交通运输的发展，并成为国家经济发展的有力支撑和基础。

第三阶段（2005 年至今）——以信息化促进产业升级

当今世界经济社会呈全球化和信息化迅猛发展。全球化带来交通运输的飞速增长，使交通运输效率提高，交通运输与生产商的结合和服务越来越紧密。信息化网络的发展，促进了传统运输产业的运作模式和手段的升级。"现代物流"理念就是在这个背景下产生和发展起来的。

这一阶段港航信息化的主要目标是促进和保障运输产业升级的实现。具体方向是向体系性和智能化上下两个方向延伸。由于市场化程度高，发展存在不均衡的特点，港航信息化在

[①] 柯冰：《信息化技术在港航业发展的新定位和发展趋向——胡国丹新解港航信息化建设》，《世界海运》，2009 年 5 月。

智能化方向的发展速度、效果较好,但在物流体系建设上集约性不强,效率和效果不显著。这一阶段的发展呈扩散性,没有前几个阶段的技术标志性强,业内的困惑相比从前更多,值得探讨的课题增加。必须有一支既熟悉运输行业需求,又掌握先进信息技术的行业信息化队伍。

第二节 航运信息化发展趋势[①]

(一)信息系统集成化

航运竞争程度的不断加剧,客户需求的越来越苛刻,要求航运企业内部的航运经营、航运调度、航运商务、船舶管理、安全管理和后勤保障等部门能迅速联动,高效协同地做出统一的判断,对外部环境的变化做出及时反应。未来的航运信息化系统必须消除各业务板块的信息孤岛,实现信息集成和无缝连接。

(二)航运业务流程化

航运信息化建设往往与航运业务流程的优化、重组及业务的变革联系在一起。信息化建设首先是业务需求的驱动,按照梳理后的业务流程实现信息化系统,同时在实施信息化过程中,反过来促进航运业务流程的进一步优化和完善。

(三)航运业务互联化

航运业务互联化主要表现在两个层面:一是集团航运企业与其旗下公司信息系统,通过信息资源规划,统一信息标准,实现互联互通、信息共享;二是航运企业与战略联盟或者上下游企业实现信息系统相关数据的交换,以达到双方信息共享。提高管理效率的目的。

(四)航运管理移动化

随着现代移动通信技术的发展,无线宽频成为现实,通过智能手机或者掌上电脑直接接入企业的航运信息化平台将成为未来航运管理的趋势,移动办公成为现实。

(五)船岸信息一体化

随着卫星通信技术的发展和卫通宽频的出现,长期困扰航运信息化进程的昂贵卫通费用问题将得以解决,加强船舶信息化建设,实现船岸信息一体化将是众多航运企业下一步信息化的重点。

(六)信息网络全球化

互联网技术不断提高,网络安全不断改善,跨国经营的国际航运企业将通过网络专线

[①] 何山、马云涌:《我国航运企业信息化发展趋势及战略选择》,《武汉理工大学学报(信息与管理工程版)》,2010年10月。

或者互联网，将其分布在全球的所有网点揽货机构纳入统一的航运信息化平台，解决空间和时差对航运业务经营的影响问题；能将全球的业务信息及时反馈到企业经营总部，提高航运经营的决策水平。

（七）价值供应链整合化

为了降低航运经营的成本，抵御航运经营的风险，提高航运经营的效率，众多的大型航运企业开始走向竞合，同时与港口、海关、货主、船东、代理商和供应商进行价值链的整合，加快业务流转的效率。如与电子口岸的报关信息系统接口、与战略联盟的货盘共享、电子订舱、与供应商的备件物料的统一规范的报价询价等。

（八）信息传递物联化

随着射频识别技术（Radio Frequency Identification, RFID）等现代物流技术的运用，现代物流的最后关口将被打开，信息的传递将通过电子标签和 RFID 的无线射频技术迅速进入航运企业的信息系统中，物流和信息流将得以同步，航运管理的效率将大幅度提高。物联网将成为航运企业信息化未来的重要技术支撑，航运信息化的物联化趋势将逐步明显。

第三节　航运业信息化战略框架

根据以上信息化战略设想，结合第二章、第七章出现过的供应链整合框架模型，我们可以得到航运服务组织信息化战略框架，如图 10-1 所示。

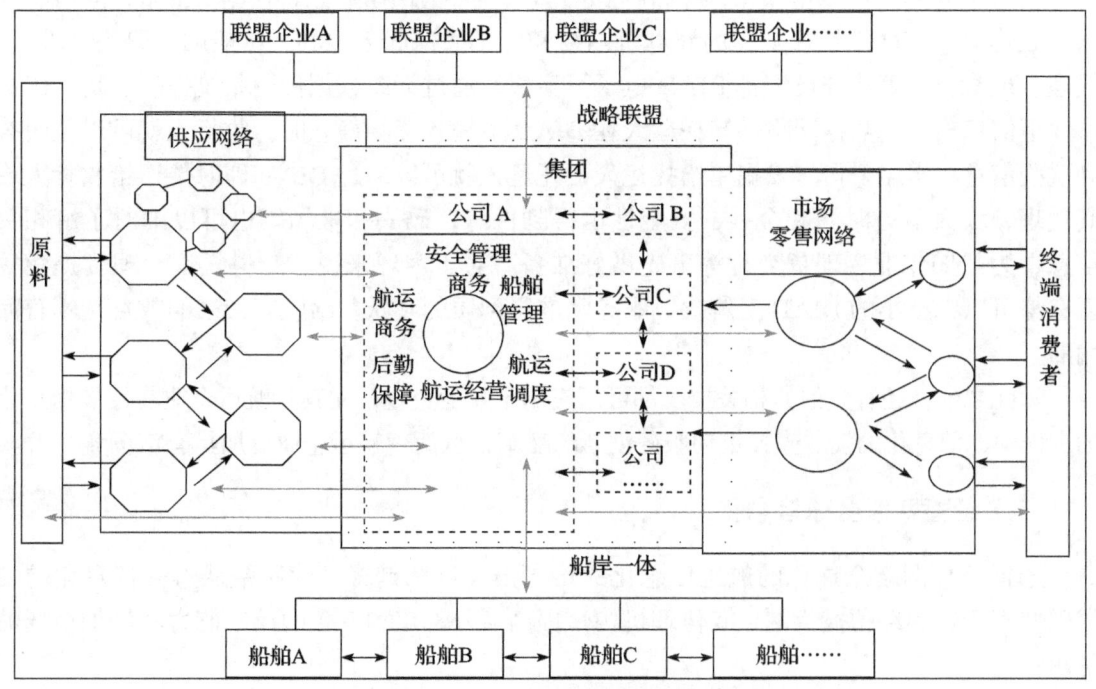

图 10-1　航运服务组织信息化战略框架

图中公司 A 代表了航运服务企业，公司 B、C、D……代表公司 A 所属集团下面的各个子公司，船舶 A、B、C、D……代表航运服务组织所拥有的船舶，联盟企业 A、B、C、D……代表航运服务组织 A 的战略联盟企业。

（一）客户互动界面航运信息化

由于航运业买方市场正在进一步深化，航运业竞争更趋激烈，货物托运人向承运人提出更高、更加个性化的要求，如快捷运输、挂港减少、直达航线等要求；承运人需提供更好的服务来满足托运人的个性化、专业化运输需求。信息化战略框架的最终目的是满足客户需求，因此，在这个信息化建设过程中，第一步需要实施的是客户服务界面，也就是航运服务组织与客户之间的互动界面。客户差异化航运信息化战略的目标是把关注点从注重内部管理水平的提高，转移到注重外部市场和客户需求与内部航运经营管理的要求匹配，实现个性化规模定制的目标。

联合包裹服务公司（UPS）的交货信息采集器（DIAD）技术应用于航运。UPS 是世界上综合物流能力最强的物流企业之一，它是以航空运输为主的包裹速递公司。UPS 通过开发 DIAD 来超过联邦快递的信息系统能力，把竞争推向高技术领域。目前，每个 UPS 送货司机都随身佩带着一个笔记本大小的 DIAD 电子写字板，通过无线数据传输系统，在读取信息的同时将数据传输到 UPS 的数据网络中。当收货人在电子写字板上签收货物时，所有的信息会即时传到 UPS 庞大的电子追踪系统。与此同时，发货人就可以在网上查这些信息。通过 DIAD，还可以将道路交通情况和什么地方有客户需要上门收货等信息随时传达到司机。

航运企业同样可以借鉴 UPS 的新服务方式，在船舶调度控制中心、船舶、港口、堆场等处建立一个联结航行全程的计算机网络和电子通信服务中心。给船舶、码头、堆场、代理、理货公司等业务员配备 DIAD 电子写字板，通过无线数据传输系统把船、货、码头作业等信息输入到数据网络。当托运人在 DIAD 上输入货物信息时，收货人就可以及时查到这些信息；当船公司签发提单给托运人，托运人就可以通过 DIAD 即时传送给收货人或其代理，大大节省时间和金钱，安全性也得到保障；码头和堆场等也可以即时了解相关信息，为船舶作业、理货交货等事先做好准备。对于客户来说，交付托运、理货提货等事宜都可以在小小的 DIAD 上解决，服务水准得到质的飞跃，给顾客带来的效益是不言而喻的。[①]

除此之外，还有其他的相关技术都可以应用于航运企业，尤其是航运企业在发展信息化的进程中，信息化的发展直接推动服务创新的变革，从而使航运企业更加具有市场竞争力。

（二）经营网络全球信息化

选择信息网络全球化的航运信息化战略方案，目标是将经营网络从过去信息化的支撑延伸到全球的经营揽货网点和代理机构，提高对外部市场变化的反应能力和增加市场的份额。

---

① 涂建军、王格:《航运企业信息化服务创新研究》,《交通企业管理》,2009 年 5 月。

（三）业务流程再造航运信息化

客户需求变化导致的基于客户差异化航运信息化战略构建，将要求组织重新考虑业务流程再造与船岸一体化信息化战略的建设。导入现代先进航运企业的管理理念，通过信息化手段将先进管理理念进行固化；同时借助于实施信息化，对公司现有的业务流程进行梳理、优化和重组，解决业务链存在的问题，从而全面提升航运经营管理水平。

2001年，中远集装箱运输有限公司引进东方海外的IRIS II集装箱运输管理系统，并以推进集装箱经营管理信息系统为契机，成功完成了班轮与物流业务单元的重组，对集装箱、货运公司和代理公司进行了业务流程重组，对整个航运管理架构和流程进行了全面的变革，成功地实现了为全球客户提供高质量的在线航运物流服务的目标。

（四）船岸信息一体化

基于船岸信息一体化的信息化战略的目标是把信息化延伸到流动的船舶，将船舶纳入企业统一的信息化平台，解决船舶信息孤岛和信息荒岛的问题，以提高对船舶的安全管控和成本控制水平。

地理信息系统（GIS）技术应用于航运。GIS应用于航运为船舶航行提供技术支持。在船舶上装入电子海图，GIS就可以为船舶导航，搜集船舶航行参数，通过对大量数据的加工和处理，为船舶调度和航行的动态追踪和检测提供科学保障。在航路、港口等地建立航运信息采集器，可以收集到准确的信息，并将其整合到船舶的GIS，为船舶航行提供有效的技术保障。此外，GIS通过其强大的地理数据功能来完善航运分析技术，使航运企业能够优化船舶和船员的调度，使集装箱运输达到最优化。例如，大大缩短在途时间，优化船期，提高船舶和集装箱的利用率，减少闲置时间等。航运GIS的应用的直接结果是航运信息流动的加快，准确性得到保障，而信息的迅速流动直接关系到集装箱运输流程的平衡和服务质量的提升。[①]

（五）价值链管理航运信息化

选择基于完整价值链管理的航运信息化战略方案，目标是在航运价值链各个环节信息化程度比较高的前提下，将航运整个相关的价值链纳入信息化管理，实现信息互联互通，实现内外部价值链的整合和优化，进一步提高经营管理的效率，降低航运企业经营的风险。该战略应为当前和今后一段时间航运企业信息化的终极战略目标。

在欧洲，以马士基海陆、铁行渣华为首的四大欧洲班轮公司率先提出了航运电子商务的理念，并在欧洲市场创建了INTTRA航运入门网站。在亚太地区，总统轮船、太平洋轮船、韩进海运、现代商船、商船三井、川崎汽船、胜利航运、阳明海运和以星9家航商联手，达成了电子商务合作协议，并在此基础上搭建了名为TRADIANT的航运电子商务平台。此外，东方海外自主开发了Cargo Smart软件，成为航运电子商务的发起人和受益人之一。目前，全球航运电子商务网络已初具规模、初见成效，向世人展示了巨大的商业

---

① 涂建军、王格：《航运企业信息化服务创新研究》，《交通企业管理》，2009年5月。

价值和发展潜能。我国航运企业要提升国际竞争力实现跨越式发展，就必须在基于完整价值链管理的航运电子商务上下功夫。

第四节 航运电商平台建设战略

航运信息化建设有两层意思：第一层是前面讲的航运服务组织信息化战略框架图，这是利用信息化加速本组织操作运营的方式；第二层就是构建第三方航运电子商务平台，成为全新平台战略的一部分。

早在中海与阿里巴巴签订战略协议之前，已有中谷海运、泛亚航运、中外运等一些航运企业开始在做航运电商平台，而且也取得了一定的成效。但与全球航运物流行业的三大公共信息平台门户，即 INTTRA、GT Nexus Network、Cargo Smart 相比，中国航运物流业的第三方公共平台建设才刚刚起步。

航运业利用"大、云、平、移"技术进行产业升级，是未来航运业跨界创新的必然趋势，其大数据平台未来可能颠覆整个外贸业，今后，在移动终端几乎可以完成贸易的所有过程，包括报关、运输、结算等。在新平台上，航运企业将颠覆大部分小微客户的揽货路径，原先中小客户与航运企业的衔接主要依靠货代企业，而新平台有望缩短供需的匹配环节、减少搜索成本。

一、国外第三方航运电子商务平台介绍

INTTRA 是世界上最大的航运业承运人电子商务网络，INTTRA 专业人员与 52 家承运人和无船承运人、109 家软件联盟伙伴以及他们的顾客，通过一个具有 220000 航运专业人员的网络，一起简化和标准化全球航运运营过程。每周超过 550000 个集装箱订单通过 INTTRA 平台操作，代表了全球集装箱贸易的 22%。

INTTRA 主要业务包括航运管理、运输管理、文件转换、规则遵守，以及账单和发票等。

1. 航运管理

（1）选择最好费率。
（2）找到销售。
（3）订舱和确认货物。
（4）货物保险。
（5）发送航运指导意见。
（6）查看和确认提单。
（7）管理发票。

好处：

✓ 查看和核对操作计划数据的强大计划工具。
✓ 简化文件管理，通过组织和储存数据和电子文件，使数据能在全球范围内被合作伙伴分享。

- ✓ 全球范围承运人更快地订舱，装船指示和提单拟定。
- ✓ 运输中集装箱的全球统一可见性。
- ✓ 与供应链的无缝整合。
- ✓ 提高速度和准确度。
- ✓ 与合作伙伴和承运人更快的沟通。
- ✓ 标准化过程。
- ✓ 在航运循环中，通过减少时间和人工手动操作减少费用。

2. 运输可见性

INTTRA 愿景：在一个平台上，即时获取你的运输信息和查看全球 52 家船舶承运人的信息。不管是直接船东，还是第三方服务提供方，还是货运代理人都可以通过该系统，即时获取正在操作的运输信息。

对船东或货运代理人来说：高效的信息接入，运输数据的快速查看，主要的 KPI 指标和指示，电子航运传递高服务质量。

对于货运代理人或承运人：减少服务顾客的费用，接入大量顾客网络、关键 KPI 指标和指示，行业最大数据质量项目。

可视数据反馈

- ✓ 来自 52 家全球最大航运承运人的质量数据。
- ✓ 自由接入全球最大的集装箱状态数据（每天 800000—1000000 个箱子的状态）。
- ✓ 所有的数据产生都使用海运国际标准格式。
- ✓ 你可以定制自己的发送频率——每周、每日或实时更新。

3. 文件转换

使用 INTRRA Change（INTTRA 转换），你的公司就能控制自己的数据，承运人将不再需要手动输入你的船运信息。INTTRA 会将你的订舱信息或运输指示文件，自动转换成你承运人的电子信息系统。

不需要额外的工作，不需要重新处理你的数据，不需要有错误或来回争议。

特点：对你自己的数据具有更大的控制权，同时减少运输延误；使用你现有的订舱和 SI 文件，你现有的模板将被整合；不需要系统升级，获得自动运输提醒。

收益：更少的错误，状态升级（通过使用定制化的、有规律的日程报告），停止装船信息的电子邮件疯狂发送。在 INTTRA Change 你只要在一个邮件中附上多个文件，然后你的承运人就会把你所有的信息整合成一个完整最新的报告。使运输延迟提前，如果有任何错误或丢失的信息，系统将会在信息发送到你的承运人之前自动提醒。

2012 年，INTTRA 在对 24 家全球最大承运人进行的一项调查中发现，超过 7600 万项装运交易依靠人工完成，这些交易包括通过文件、电子邮件、传真提交的订舱信息和装运说明，需要经过烦琐的确认，而且经常要修改因人工数据输入造成的错误，这给承运人和托运人带来数百万美元的额外处理成本。

INTRRA Change 包括这些特性：Email 文件，控制中心，报告生成和状态提醒。

定制化的文件格式，以及标准化的文件格式可以选择。

4. 规则遵循

- ✓ 为你的所有电子商务解决方案提供单点接触。
- ✓ 提高外传数据的准确度以降低不能装船和滞期费用等风险。
- ✓ 降低在符合规则的前提下装运延误的风险。
- ✓ 一周 7 天，每天 24 小时地即时接入信息。
- ✓ 简化你的远洋运输过程，减少误差和加速文件运行。
- ✓ 单一、标准化的操作过程以联系你所有的主要合伙人。
- ✓ 标准化、电子格式减少错误和误解。
- ✓ 通过对整个过程中文件的追踪与审计获得可视性。
- ✓ 通过多种发送方法，如基于网络的应用、基于 EDI、系统对接系统、离线 PC 应用等手段获得无缝连接。
- ✓ 支持多个集装箱信息、危险货物、分拆货物和多层次包装信息。
- ✓ 遵守主要国家海关集装箱安全规则。

5. 电子发票

- ✓ 减少了发票处理过程中的费用。
- ✓ 减少了与发票相关的服务电话。
- ✓ 减少了手工发票和付费的时间、花费和内在的失误。
- ✓ 创造了可视性和控制。
- ✓ 简化纠纷管理。
- ✓ 导致更强的现金管理。
- ✓ 遵守全球和当地规则。
- ✓ 影响 INTTRA 全球网络。

2014 年 4 月 29 日，INTTRA 与 Catapult 联盟组成新的数据平台分享。Catapult 是在全球物流 IT 领域成长最快的企业之一，成立于 2007 年，为了解决一个困扰船东的根本问题："如何使船东和货运代理人以最快的速度检索他们选择航运公司的运费？"Catapult 组合航空、海运和陆地运输合成为一个基于云平台的系统，以 99.7% 的准确率管理着超过 10 亿个费率，使操作部门和销售部门能够获得从点 A 到点 B 运输的最好运费费率，实现巨大的效率提升。

航运电子商务平台的功能，将具有目前所具有的消费型服务业电子商务平台的功能的集合，如淘宝网的交易功能、支付功能、发票功能等，去哪儿网，携程网等之类的价格对比功能，如评师网等一样的服务者评价功能，像 BIMCO 组织那样使用 Idea 系统，组织起航运企业之间的所有交易合同管理。

二、第三方航运电子商务平台带来的思维影响

在虚拟网络世界，产业间的边界更加模糊，因为，消费者不在乎你是什么行业的企

业，他们在乎的是你提供什么样的产品或服务。在虚拟世界，大家都是解决客户麻烦，都是一键世界的先锋。

产业边界将会越来越模糊，大家都是"解决用户麻烦"的公司，不管你以什么标签来定义公司。这是一键世界。在那里，用户可以轻松地即时享受到无处不在的数字产品与服务，而曾经用来划分需求空间的行业界限则不复存在。领导者很容易陷入一种陷阱，认为业务的中心是设备和产品，而不是人本身。打开成功大门的钥匙，是以用户为中心的创新方案，而不是将目光锁定在设备性能本身。

索尼是一键世界竞技场上的先行者。在蓬勃发展的各大科技行业中，索尼都拥有丰富的经验和资源。从消费电子产品起家，索尼占据了计算机领域（Vaio）、电信行业（索爱手机）和媒体业（哥伦比亚影业、音乐和游戏）的一席之地。但是，公司在所有这些领域中的地位都是彼此隔离的，也就是说，在上述诸多行业之间，索尼没有搭起一座桥梁，带来更加优化的用户体验。拥有一台 Vaio 笔记本电脑，与拥有一台索尼随身听或看一部哥伦比亚出品的电影之间没有任何关系。索尼在上述 4 个行业中都曾有过不俗的表现，虽然在这一层面曾有广泛的"协同效应"，但是公司却没有把这些产品集成起来呈现给消费者，也没有创造出改善用户麻烦地图的新工具。①

相比之下，苹果公司乔布斯可谓是一键世界的先锋人物。他凭借 iPod 打入消费电子领域之时，就将其与 iTune 这款全世界第一个，同时依然是全世界最优秀的在线购买、整理和享受音乐与视频的软件系统整合起来。而后，他以 iPhone 进军电信业，把这款产品与一个更加庞大的应用与服务系统（包括 iTune）相结合。现在，iPad 又将触摸屏技术与影视节目制片人创造出来的视频、图书报刊发行公司出品的数字读物，以及很多其他类型的信息与娱乐方式整合为一体。苹果公司没有在 4 个行业中分头作战，而是将其加以整合。更加重要的是苹果将数字技术与一个富含优质内容的世界联系在了一起，对用户的麻烦地图进行了重新绘制，提供了一种无缝、独特、具有强大魔力的用户体验。

如此得来的商业成果，就是前所未有的巨大财富转移。2000 年 12 月时，索尼的市值高达 630 亿美元，而苹果只有区区不到 50 亿美元。如今，两家公司地位换了过来。苹果公司截至 2020 年 3 月 26 日的市值为 1.08 万亿美元，而索尼公司市值只有 721.26 亿美元。

在一键世界中，用户心目中的理想产品，既消除了技术之间的界限，也带来了便捷、易用和乐趣。如果某个产品还停留在传统的技术与公司壁垒之后，消费者就会予以排斥，而且这种排斥的强度会随着时间的推移而愈演愈烈。

再举一个例子，索尼公司的第一款阅读器于 2006 年 9 月在美国上市。这款阅读器设计精良，甚至算得上是一款革命性的消费电子设备。它利用了电子墨水技术（E Ink），创造出了前所未有的优质数字阅读体验。但是，你肯定没有购买，为什么呢？因为索尼没有找到一种方法，将这种绝妙的技术与廉价、即时、便捷的无线网络相结合，而没有无线网络，人们就无法找到他们想要阅读的书籍。就在 4 个月之后，亚马逊的 Kindle 让网络连接成为现实，无线上网、无人能敌的巨大电子图书数量、6500 万名在线购买者的互动评

---

① 亚德里安·斯莱沃斯，卡尔·韦伯：《需求——缔造伟大商业传奇的根本力量》，黄昕，编，龙志勇、魏薇，译，浙江人民出版社，2013 年版。

论、消费者对环保的重视等，使亚马逊成为电子阅读器大比拼中的赢家。

从某种角度来讲，这样一个项目，再怎么说也轮不到亚马逊来接手。亚马逊不是三星那样的电子设备制造商，也不是苹果那样的计算机公司，更不是诺基亚那样的无线电话设备生产商。乍看上去，上述三家公司中的任何一家，都比亚马逊更适合与电子墨水公司合作。但是，贝左斯在此发挥出了他的特质，从客户的麻烦着手，找到麻烦地图中隐藏的新型需求，然后提问："亚马逊若想满足这些需求，需要做什么？"如果这个问题的答案是"创造出一款优质的电子阅读器"，那么亚马逊就会为此付诸实践。

航运企业在电子商务背景下，也面临新的定位，不仅仅是物流企业，不仅仅是电子商务平台提供者，而且是一体化方案解决者。

复习、理解与应用

本章关键概念

1. 航运信息技术
2. 发展历程
3. 发展趋势
4. 信息化战略框架
5. 航运电商平台

阅读理解

1. 阐述航运信息化技术发展历程与发展趋势。
2. 描述航运信息化战略框架内容。
3. 解释中外航运电商平台建设差距及发展方向。

拓展应用

1. 请结合阿里巴巴等电商平台，说明在中国，航运电商平台建设是依赖各个航运企业单独建立自己的平台有利，还是借助像阿里巴巴这样的外力，建立一个统一的第三方电商平台有利？为什么？（请分别从顾客与航运企业两个角度考虑）
2. 航运信息技术发展的终极目标是什么？航运传统产业如何与电商平台对接？

第十一章　IMO与航运服务管理

航运服务组织从进入市场开始，进行的就是国际竞争。由于船舶全球航行的国际性，有一个强有力的组织及统一的规则来约束不同国家航运服务组织就显得尤其重要。国际海事组织（IMO）就是这样一个制定全球航运服务游戏规则的机构，航运服务组织的日常运营必须严格遵守IMO制定的国际公约、议定书、规则和通函，才能生存、发展。

第一节　IMO与国际公约

国际海事组织（International Maritime Organization，IMO）是联合国负责海上航行安全和防止船舶造成海洋污染的一个专门机构，国际海事组织更是一个促进各国政府和各国航运业界在改进海上安全、防止海洋污染及海事技术合作的国际组织。总部设在伦敦。该组织最早成立于1959年1月6日，原名"政府间海事协商组织"，1982年5月改为现名，现有170个正式成员和3个联席会员。我国于1973年正式加入，我国香港和澳门为该组织的联席成员。

该组织宗旨为促进各国间的航运技术合作，鼓励各国在促进海上安全、提高船舶航行效率、防止和控制船舶对海洋污染方面采取统一的标准，处理有关的法律问题。

国际海事组织设有大会和理事会，以及海上安全、法律、海上环境保护、技术合作、便利运输5个委员会和1个秘书处。大会为最高权力机构，每两年召开一次，其任务是选举理事国，制订工作计划和财务预算，讨论本组织职权范围内的技术和法律问题。大会休会期间，由理事会行使上述职权。理事会由24个理事国组成，每年召开两次会议。根据组织公约1979年修正案规定，理事国增为32个，分三类：

第一类，8个在提供国际航运服务方面具有最大利害关系的国家。
第二类，8个在国际海上贸易方面具有最大利害关系的国家。
第三类，16个地区代表的国家。

秘书处负责保存国际海事组织制定的公约、规则、议定书和记录、文件等，并负责处理日常事务。秘书处是负责处理该组织日常事务的常设机构，设有海上安全司、海上环境保护司、法律事务和对外关系司、行政司、会议司和合作司，共有职员300余人。秘书长为国际海事组织的行政负责人。

为了解决实际问题,理事会成立了以下专门委员会作为辅助机构,包括法律委员会、简化手段委员会和技术协作委员会。各委员会都由全体成员国组成,负责具体处理相关利益的事务。

IMO 制定的公约、议定书、规则、通函的特点如下:

第一,公约。效力层次高,一般为原则性规定。

第二,议定书。效力层次高,一般为原则性规定。

第三,规则。强制性规则——公约的组成部分。非强制性规则——出现在大会决议附件或公约脚注中,供参考执行。

第四,通函。权威性最低。

IMO 制定的已生效的国际公约可以分为以下三类:海上安全、海洋环境保护和赔偿责任,如表 11-1、表 11-2 和表 11-3 所示。

表 11-1 IMO 制定的国际公约(海上安全)

公约	缩写	生效日期
1974 年国际海上人命安全公约(Internation Convention for the Safety of Life at Sea, 1974)	SOLAS 1974	1980 年 5 月 25 日
1972 年国际海上避碰规则公约(Convention on the International Regulations for Preventing Collisions at Sea, 1972)	COLREG 1972	1977 年 7 月 15 日
1966 年国际载重线公约(International Convention on Load Lines, 1966)	LL 1996	1968 年 7 月 21 日
1972 年国际集装箱安全公约(International Convention for Safe Container, 1972)	CSC 1972	1977 年 9 月 6 日
1978 年海员培训、发证和值班标准国际公约(International Convention on Standards of Training, Certification and Watchkeeping for Seafarers, 1978)	STCW 1978/95	1984 年 4 月 28 日
1979 年国际海上搜寻救助公约(International Convention on Maritime Search and Rescue, 1979)	SAR 1979	1985 年 6 月 22 日
1988 年制止危及海上航行安全非法行为公约(Convention for the suppression of Unlawful Acts against the Safety of Maritime Navigation, 1988)	SUA 1988	1992 年 3 月 1 日
1965 年国际便利海上运输公约[(Convention on Facilitation of International Maritime Traffic, 1965), as amended (FAL 1965)]	FAL 1965	1967 年 3 月 5 日
1969 年国际船舶吨位丈量公约(International Convention on Tonnage Measurement of Ships, 1969)	TONNAGE 1969	1982 年 7 月 18 日
国际海事卫星组织公约[Convention on the International Maritime Satellite Organization(INMARSAT), 1979]	INMARSAT C 1979	1979 年 7 月 16 日
1989 年国际救助公约(International Convention on Salvage, 1989)	SALVAGE 1989	1996 年 7 月 14 日
1971 年特种业务客船协定(Special Trade Passenger Ships Agreement, 1971)	STP 1971	1974 年 1 月 2 日

表 11-2 IMO 制定的国际公约(海洋环境保护)

公约	缩写	生效日期
1969 年国际干预公海油污事件公约(International Convention relating to Intervention on the High Seas in Cases of Oil Pollution Casualties, 1969)	(INTERVENTION 1969)	1975 年 5 月 6 日
1973 年国际防止船舶造成污染公约 1978 年议定书(International Convention for the Prevention of Pollution from Ships,1973)	MARPOL 73/78	1992 年 1 月 1 日

续表

公约	缩写	生效日期
1990年国际油污防备、反应和合作公约（International Convention on Oil Pollution Preparedness, Response and Co-operation, 1990）	OPRC 1990	1995年5月13日
2004年国际船压载水和沉积物控制与管理公约（The International Convention for the Control and Management of Ships' Ballast Water and Sediments, 2004）	BWM 2004	2017年9月8日
2009年香港国际安全与无害环境拆船公约（Hong Kong Convention for the Safe and Environmentally Sound Recycling of Ships, 2009）	SRC 2009	即将生效
1972年防止倾倒废料及其他物质污染海洋公约（Convention on the Prevention of Marine Pollution by Dumping of Wastes and Other Matter, 1972）	LC 1972	1975年8月30日
2001年国际控制船舶有害防污底系统公约（International Convention on the Control of Harmful Anti-fouling Systems on Ships, 2001）	AFS 2001	2008年9月17日

表11-3　IMO制定的国际公约（责任与赔偿）

公约	缩写	生效日期
1969年国际油污损害民事责任公约（International Convention on Civil Liability for Oil Pollution Damage, 1969）	CLC 1969	1975年6月19日
1971年关于设立国际油污损害赔偿基金国际公约（International Convention on the Establishment of an International Fund for Compensation for Oil Pollution Damage, 1971）	FUND 1971	1978年10月16日
1971年核材料运输民事责任公约（Convention Relating to Civil Liability in the Field of Maritime Carriage of Nuclear Material, 1971）	NUCLEAR 1971	1975年7月15日
1974年海运旅客及行李雅典公约（Athens Convention Relating to the Carriage of Passengers and their Luggage by Sea, 1974）	PAL 1974	1987年4月28日
1976年海事索赔责任限制公约（Convention on Limitation of Liability for Maritime Claims, 1976）	LLMC 1976	1986年12月1日
2001年国际燃油污染损害民事责任公约（Convention for Civil Liability for Bunker Oil Pollution Damage, 2001）	BUNKER 2001	2008年11月21日

IMO制定的国际公约、议定书、规则、通函不仅仅包括以上这些，还有很多已经大会通过，已生效或还未生效的各种公约、议定书、规则、通函等，在此不一一详述。

下一节重点讲IMO国际公约中比较著名的STCW 73/78/95公约，即将生效的BWM 2004公约和SRC 2009公约。

第二节　国际公约与航运服务管理

一、海上安全公约与航运服务管理

海上安全公约与航运服务管理紧密相关，但不是每个公约都与航运服务管理直接相关。经过对这些公约的分析、梳理，我们发现，SOLAS、COLREG、CSC和STCW公约对航运服务人力资源和运营管理具有比较大的影响作用，如图11-1所示。

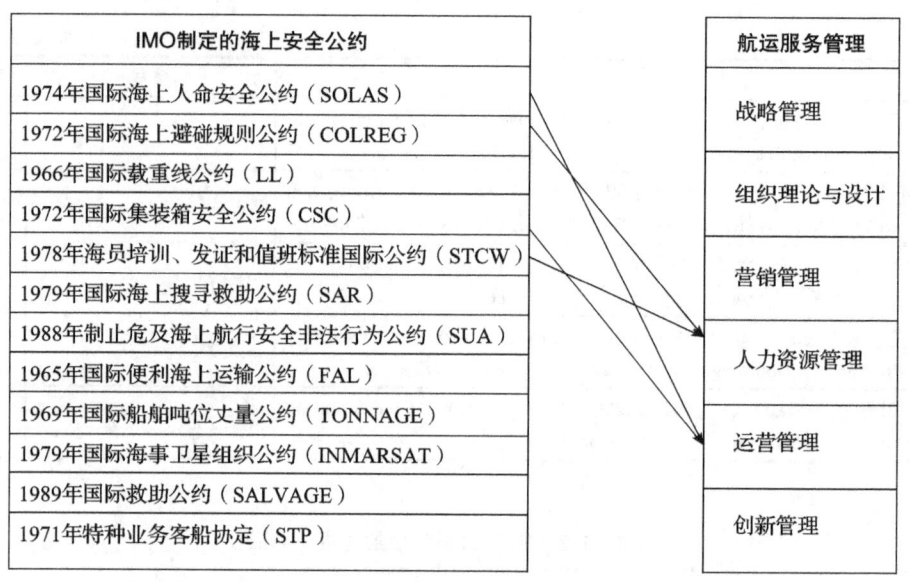

图 11-1 海上安全公约对航运服务管理的影响作用图

（一）SOLAS 74 公约与航运服务管理

1974 年国际海上人命安全公约（SOLAS，1974）的主要内容包括总则（适用范围、定义等；检验与证书；事故）；构造（分舱与稳性、机电设备）（通则，分舱与稳性，机电设备）；构造（防火、探火和灭火）(通则，载客超过 36 人客船的消防措施，载客不超过 36 人客船的消防措施，货船的消防措施，油船的消防措施，现有客船的特殊消防措施）；救生设备等（通则，限客船适用，仅适用于货船）；无线电报与无线电话（适用范围与定义，值班，技术要求，无线电日志）；航行安全、谷物装运（通则，假定倾侧力矩的计算，谷物装置及其固定）、危险货物装运、核能船舶。

SOLAS，1974 公约主要是从保护海上人命安全的角度规定了船舶设计与建造时必须满足的各种技术要求。而对于航运服务组织来说，主要的任务是定期检查这些机器、设备、装备是否满足 SOLAS，1974 公约的要求。

如总则中第二节中的规定如下。

第六条　检查与检验

为执行及为准于免除本规则的规定而对船舶进行的检查和检验，应由船舶登记国政府官员进行，但各国政府可将这种检查或检验工作委托该国指定的验船师或该国认可的组织办理。无论采取何种方式办理，有关政府都应充分保证此项检查和检验的全面和有效。

第七条　客船的检验

一、客船应接受下列检验

（一）船舶营运前的检验；

（二）每 12 个月一次的定期检验；

（三）必要时的额外检验。

二、上述检验应按下述规定办理

（一）船舶营运前的检验，应包括船舶结构、机器和设备，并包括船底外部及锅炉内外部在内的全面检查。此项检验应保证船舶的布置、材料、结构用材尺寸、锅炉和其他受压容器及其附件、主辅机、电气设备、无线电设备、机动救生艇的无线电报设备、救生艇筏的手提式无线电设备、救生设备、防火探火及灭火设备、雷达、回声测深仪、电罗经、引航员软梯、引航员机械升降器及其他设备，完全符合本公约和主管机关为实施本公约而颁布的从事预定用途船舶的各项法律、法令、命令和规则的各项要求。此项检验还应保证船舶各部分及其设备的制造工艺在任何方面均为合格，而且该船确已按本公约和现行国际海上避碰规则的规定备有号灯、号型，以及发出音响信号和遇险信号的设备。

（二）定期检验，应包括结构、锅炉及其他受压容器、机器及设备，并包括船底外部在内的检查。此项检验应保证船舶在结构、锅炉或其他受压容器及其附件、主辅机、电气设备、无线电设备、机动救生艇的无线电报设备、救生艇筏的手提式无线电设备、救生设备、防火探火与灭火设备、雷达、回声测深仪、电罗经、引航员软梯、引航员机械升降器以及其他设备，均处于合格状况且适合其预定的用途；此外，还应保证该船符合本公约和主管机关为实施本公约而颁布的法律、法令、命令和规则的各项要求。船舶所配备的号灯、号型以及发出音响信号和遇险信号的设备也应接受上述检验，以保证其符合本公约和现行国际海上避碰规则的各项要求。

（三）全面或局部检验，为船舶每经发生事故，或发现影响船舶安全，或救生设备或其他装备的效用或完整性的缺陷，或已进行任何重要的修理或换新时，都应根据情况需要进行的检验。此项检验应保证这些必要修理或换新确已切实完成，其材料与工艺在任何方面均为合格，并应保证该船在各方面均符合本公约和现行国际海上避碰规则以及主管机关为实施本公约而颁布的法律、法令、命令和规则的规定。

三、（一）本条二款所指的法律、法令、命令和规则，应在各方面都能从人命安全的观点出发，保证船舶适合其预定的用途。

（二）在上述法律、法令、命令和规则中，尤应特别规定主辅锅炉、接合部件、蒸汽管、高压容器以及内燃机的燃料舱柜要进行的初次及以后的水压试验，或其他可以接受的代替试验所必须遵照的各项要求，包括必须遵照的试验程序和连续的两次试验之间的间隔期限。

第八条　货船救生设备和其他设备的检验

除机动救生艇的无线电报设备或救生艇筏的手提式无线电设备外，第二章甲、第二章乙、第三章与第五章关于货船的救生设备、回声测深仪、电罗经和灭火设备均应依照本章第七条关于客船的初次和以后检验的规定办理，唯该条一款（二）项规定的12个月改为24个月。新船的防火控制图，新船和现有船舶所配备的引航员软梯、引航员机械升降器、号灯、号型，以及发出音响信号的设备亦应包括在检验范围之内，以保证它们完全符合本公约和现行国际海上避碰规则可适用部分的要求。

第九条　货船无线电设备和雷达设备的检验

适用于第四章和第五章规定的关于货船的无线电设备和雷达设备及按第三章的要求配备的机动救生艇的任何无线电报设备或救生艇筏的手提式无线电设备，均应按本章第七条对客船规定的初次和以后的检验办理。

第十条　货船船体、机器和设备的检验

货船的船体、机器与设备（货船设备安全证书、货船无线电报安全证书或货船无线电话安全证书所包括的项目除外），应在建造竣工时和事后按主管机关认为必要的方式和间隔期限进行检验，以保证它们在各方面都处于合格状况。此项检验应保证船舶的布置、材料、结构用材尺寸、锅炉和其他受压容器及其附件、主辅机、电力设备及其他设备在各方面都适合该船预定的用途。

（二）COLREG 72 公约与航运服务管理

1972 年国际海上避碰规则公约（COLREG 72）包括：总则（适用范围，责任，一般定义）；驾驶和航行规则【船舶在任何能见度情况下的行动规则（适用范围，瞭望，安全航速，碰撞危险，避免碰撞的行动，狭水道，分道通航制，船舶之间的责任）；船舶在互见中的行动规则（适用范围，帆船，追越，对遇局面，交叉相遇局面，让路船的行动，直航船的行动，船舶间的责任）；船舶在能见度不良时的行动规则（船舶在能见度不良时的行动规则）】；号灯和号型（适用范围，定义，号灯的能见距离，在航机动船，拖带和顶推，在航帆船和划桨船，渔船，失去控制或操纵能力受到限制的船舶，限于吃水的船舶，引航船舶，锚泊船舶和搁浅船舶，水上飞机）；声响和灯光信号（定义，声号设备，操纵和警告信号，能见度不良时使用的声号，招引注意的信号，遇险信号）；豁免。

1972 年国际海上避碰规则公约主要是为保证海船航行安全而做的各种避让、操纵、号灯号型等的技术和法律规定。规定的是船舶避碰，但实际上规定的是高级船员驾驶船舶时候的规则。因此，这个公约对航运服务组织来讲，主要是在人力资源管理上的影响更多一些。

（三）CSC 72 公约与航运服务管理

1972 年国际集装箱安全公约（CSC）中的主要内容包括：多式联运单证中的保留、多式联运单证的证据效力、有意谎报或漏报的赔偿责任、发货人的保证、其他单证、责任期间、多式联运经营人为其受雇人、代理人和其他人所负的赔偿责任、赔偿责任基础、同时发生的原因、赔偿责任限制、发生区段确定的货损、非合同赔偿责任、赔偿责任限制权利的丧失、通则、危险货物的特殊规则、索赔和诉讼（灭失、损坏或迟延交货的通知、诉讼时效、管辖、仲裁）；补充规定（合同条款、共同海损、其他公约、计算单位或货币单位及折算）；海关事项（海关过境）；最后条款（保管人、保留、生效、适用日期、现行公约规定的权利和义务、修订和修正、退出）。

这些条款主要涉及集装箱运输中的单证及各经营主体之间的权力与义务之间的关系。因此，该公约是具有服务运营中法律约束力的，也是航运服务组织在服务运营中需要掌握的。

（四）STCW 73/78 公约与航运服务管理

1978 年海员培训、发证和值班标准国际公约（STCW 73/78）包括：

第二章 船长——甲板部

规则Ⅱ/1航行值班中应遵守的基本原则（值班安排、对职责的适任、航行、航行设备、航行职责、瞭望、有引航员在船时的航行、保护海上环境）；规则Ⅱ/2对200总登记吨或以上的船舶的船长和大副发证的法定最低要求；规则Ⅱ/2对200总登记吨或以上的船舶的船长和大副发证的最低知识要求（航行和定位、值班、雷达设备、罗经、磁罗经和电罗经、气象学和海洋学、船舶操纵、船舶稳性构造和波损控制、船舶动力装置、货物装卸和积载、防火和消防设备、应急措施、医护、海法、人事管理及培训职责、通信、救生、搜索和救助、表明熟习业务的方法）；规则Ⅱ/3对200总登记吨以下的船舶的船长和负责航行值班的驾驶员发证的法定最低要求；规则Ⅱ/3附则对200总登记吨以下的船舶船长和负责航行值班的驾驶员发证的最低知识要求；规则Ⅱ/4对200总登记吨或以上的船舶负责航行值班的驾驶员发证的法定最低要求；规则Ⅱ/4附则对200总登记吨或以上的船舶负责航行值班的驾驶员发证的最低知识要求；规则Ⅱ/5为确保船长和驾驶员不断精通业务和掌握最新知识的法定最低要求；规则Ⅱ/6对组成航行值班部分的一般船员的法定最低要求；规则Ⅱ/7在港值班应遵守的基本原则。

第三章 轮机部

规则Ⅲ/1轮机值班中应遵守的基本原则；规则Ⅲ/2主推进动力装置为3000千瓦或以上的船舶轮机长和大管轮发证的法定最低要求；规则Ⅲ/2附则主推进动力装置为3000千瓦或以上的船舶轮机长和大管轮发证所要求的最低知识。

【热力学和传热学、力学和流体力学、船舶动力装置（柴油、蒸汽和燃气轮机）和制冷设备的操作原理、燃油和润滑油的理化性质、材料工艺学、火灾和灭火剂的物理和化学性质、船舶电气工艺学，电子学和电气设备、自动控制基本原理，检测仪表和控制系统、造船学和船舶结构，包括船损控制。所有应试者应至少对下列机械装置的操作和保养具有足够的实际知识（船用柴油机、船用蒸汽推进装置、船用燃气轮机、辅机的操作和保养，包括泵系和管系，辅锅炉装置和舵机系统、电气和控制设备的操作、测试和保养、起货设备和甲板机械的操作和保养、机器故障的查找，损坏部位的确定和防止损坏的措施、安全保养和修理程序的组织、防火、探火和灭火的设备和方法、防止船舶污染环境的设备和方法、为防止海上环境污染应遵守的规定、海上环境污染的影响、有关在机舱内可能发生的工伤的急救和急救设备的使用、救生设备的作用和使用方法、船损控制的方法、安全操作的实践）】；规则Ⅲ/3主推进动力装置在750千瓦和3000千瓦之间的船舶轮机长和大管轮发证的法定最低要求；规则Ⅲ/3附则主推进动力装置在750千瓦和3000千瓦之间的船舶轮机长和大管轮发证所要求的最低知识；规则Ⅲ/4对传统的有人看守机舱负责值班的轮机员或定期无人看守机舱指派的值班轮机员发证的法定最低要求；规则Ⅲ/5保证轮机员不断精通业务并掌握最新知识的法定最低要求；规则Ⅲ/6对组成机舱值班部分的一般船员的法定最低要求。

第四章 无线电部分

规则Ⅳ/1无线电报员发证的法定最低要求；规则Ⅳ/1附则无线电报员最低附加知识和培训要求；规则Ⅳ/2保证无线电报员不断精通业务和掌握最新知识的法定最低要求；规则Ⅳ/3无线电话务员发证的法定最低要求。

规则Ⅳ/3 附则无线电话务员最低附加知识和培训要求。

第五章　对槽管轮的特别要求

规则Ⅴ/1 对油轮船长、高级船员和一般船员的培训和资格的法定最低要求；规则Ⅴ/2 对化学品船船长、高级船员和一般船员的培训和资格的法定最低要求；规则Ⅴ/3 对液化气体船船长、高级船员和一般船员的培训和资格的法定最低要求。

第六章　精通救生艇业务

规则Ⅵ/1 关于颁发精通救生艇业务证书的法定最低要求；规则Ⅵ/1 附则颁发精通救生艇业务证书的最低知识要求。

从公约的内容可见，STCW 73/78 公约，主要是针对海员的技能培训教育，是属于航运服务组织人力资源管理的范畴。但是，需要指出的是，随着人们生活水平的不断提高，中国海员除了对专业知识的掌握之外，也渐渐需要各种其他管理课程，尤其是心理学课程、情绪管理课程等的拓展。这些内容不是 STCW 公约强制要求的，但是这些课程对于船长更好地管理船舶，对于船员心情愉快地工作起着很大的作用。

1966 年国际载重线公约（LL）主要是规定了船舶建造设计时，甲板线、载重线标志、载重线标志所用的诸线段、核定载重线当局的标志、勘划标志的细节、标志的鉴定、上层建筑端壁、条门、舱口、升降和通风筒的位置、设有衬垫和夹扣装置的风雨密钢质舱盖或其他相当材料舱盖所封闭的舱口、机舱开口、干舷甲板和上层建筑甲板的各种开口、货舱口及其他舱口、通风筒、空气管、货舱舷门和其他类似开口、泄水孔、进水孔和排水孔、舷窗、排水舷口的各种技术标准与硬性规定。

1979 年国际海上搜寻救助公约包括：第二章组织（对提供和协调搜寻救助服务的安排、搜寻救助设施的协调、救助协调中心和救助分中心的建立、救助单位的指定、救助单位的设施和设备）；第三章合作（国家之间的合作、与航空服务的协调）；第四章准备措施（对情报的要求、工作计划或指示、救助单位的准备程序）；第五章工作程序（关于紧急情况的情报、紧急阶段、在紧急阶段中救助协调中心和救助分中心的工作程序、涉及两个或几个缔约方的协调、搜救工作的结束和中止、搜救活动的现场协调、现场指挥的指定及其职责、海面搜寻协调船的指定及其职责、最初的行动、搜寻区域、搜寻方式、搜寻成功、搜寻无效）；第六章船舶报告制度（总则、工作要求、报告种类、制度的运用）。

该公约规定了船舶海上救助的组织、合作、准备措施、工作程序及船舶报告制度。航运服务组织只有在海上救助时，才需要遵守这些规定，属于特殊情况，所以暂时不纳入航运服务管理对象中去。

1965 年国际便利海上运输公约（FAL）主要是指船舶抵达、逗留和离开时公共管理当局要求船舶所有人办理手续的规定。主要对公共管理当局为便利船舶、货物、人员进出境而做的一些规定。所以也不在本书考察的范围内。

1969 年国际船舶吨位丈量公约（TONNAGE）主要是对甲板、型深、宽度、围蔽处所、免除处所、旅客、载货处所、水密、总吨位、净吨位的变更、容积的计算、量度和计算等做出了详细的规定。所以也不属于本书考察的范围。

1976 国际海事卫星组织公约主要内容是制定促进海事通信必需的空间部分条款，从而帮助提高遇难通信和海上人命安全通信、船舶的效率和管理、海上公共通信服务及无线电测定的能力。INMARSAT 于 1979 年 7 月在英国伦敦成立，1982 年 2 月开始工作。它的用户包括油船、液化天然气船、沿海石油钻井平台、地震测量船、渔船、干货船、客运班轮、破冰船等。到 1987 年底，已有 6200 个船舶地面站和其他移动站被授权使用国际海事卫星系统。所以也不属于本书考察范围。

1989 年国际救助公约（SALVAGE）包括了救助合同、合同的废止和修改、救助作业的实施（救助人的义务及所有人和船长的义务、沿海国的权利、提供救助的义务、合作）；救助人的权利（支付报酬的条件、评定报酬的标准、特别补偿、救助人之间的报酬分配、人命救助、根据现有合同提供的服务、救助人不当行为的后果、制止救助作业）；索赔与诉讼（优先请求权、提供担保的义务、先行支付款项、诉讼时效、利息、国有货物、人道主义货物、仲裁裁决的公布）。此公约是具有明显的商业性质与人道性质的混合体，救助服务也不是本书所要探讨的范围。

1971 年特种业务客船协定（STP）主要规定了构造（隔舱的许可长度、分舱载重线、机电设备及防火、探火与灭火）；救生设备等（救生艇、救生筏和救生浮具、救生艇、救生筏及救生浮具的存放和操作）；危险货物运输、国际卫生条例。

二、海洋环境保护公约与航运服务管理

IMO 制定的海洋环境保护公约除 INTERVENTION 1969 外，都与航运服务创新管理直接相关，这是技术创新，而本质上又是战略高度上的创新管理，如图 11-2 所示。

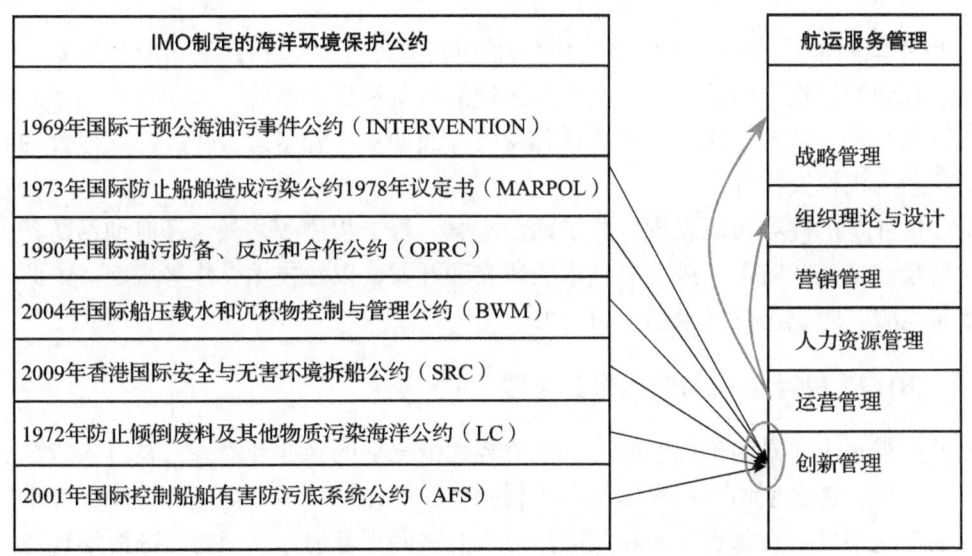

图 11-2　海洋环境保护公约对航运服务管理的影响作用

（一）MARPOL 73/78 公约与航运服务管理

1973 年国际防止船舶造成污染公约主要包括违章、证书和检查船舶的特殊规定、违章事件的侦查和本公约的实施、对船期的不当延误、涉及有害物质的事故报告、其他的条

约及解释、争议的解决、资料交流。

而1973年国际防止船舶造成污染公约1978年议定书（MARPOL）就包括了更加具体详细的内容：对排油的控制（油船机器处所舱底的排放；排油总量400总吨及以上，但10000总吨以下的船舶在距最近陆地12海里以内的排放）；SBT、CBT、COW和PL的要求【SBT（原油/成品油油船）的容量、对70000载重吨及以上的新油船的应用、对长度不足150米的油船的舱压载条件、CBT（成品油油船）的容量、设有CBT和COW（原油油船）现有原油油船、供储存油用的油船、CBT油船装设油分计、CBT油分计、COW的自愿设置、对70000载重吨及以上的油船实行PL的要求、SBT的保护位置】；燃油、将油类留存船上（化学品液货船载运油类的等效条款、有平坦舱壁的舱、油水界面探测器、免除条件）；排油监控系统和油水分离设备（对燃油舱压载水排放的控制、水和燃油舱中污压载水排放的设备、通过15ppm分离/过滤设备控制100ppm排放、油水分离及滤油设备）；油泥舱（油泥舱舱容、油泥舱的清洗和残余物排放、油泥舱的舷外连接）；泵和管路的布置（水线以上排放用的管路布置、小直径管路、小直径管路与支管阀门的连接、分流系统技术条件）；对钻井装置和其他工作平台的要求、舱的尺度限制及破舱稳性（船底损坏的假定、两用船的假定流出油量、假定流出油量的计算、营运吃水、吸阱）。

MARPOL 73/78公约对油船的每个部分都做了详细的技术规定，尤其是油水分离等，这些都对航运服务组织的技术创新提出了新的挑战。尽管所有的技术都可以通过购买获得，但是核心技术却永远不属于企业自己。

（二）OPRC 1990公约与航运服务管理

1990年国际油污防备、反应和合作公约（OPRC）主要包括：油污应急计划、油污报告程序、收到油污报告时的行动、国家和区域的防备和反应系统、油污反应工作的国际合作、研究和开发、技术合作、促进防备和反应方面的双边和多边合作、与其他公约和国际协定的关系、机构安排等。

从公约涉及的内容可以发现，除了油污应急、报告程序等之外，还有油污防备，在公约中尤其强调了油污防备、应急等技术的研究和开发，以及技术合作等规定。因此，这也是促使航运服务组织进行技术创新的动力。

（三）BWM 2004公约与航运服务管理

船舶压载水主要是为确保船舶在空载或装载情况下的稳性和浮态，在打入压载水的同时，也将海洋有害水生物和病原体带入压载舱中；而在另外一处港口的海洋环境中打出压载水，也将这些异地有害水生物和病原体带入另一海洋环境，从而对新的海洋环境的生态造成影响和破坏，有时甚至是致命的破坏。大量研究证实，船舶压载水是外来水生生物入侵的一个重要途径和载体。据IMO估计，每年世界船队约带着100亿吨压载水周游世界，大约7000~10000种不同的有潜在危害的海洋微生物、植物及动物每天在全球旅行，这必将破坏海洋生态平衡，进而对人类健康造成不良影响。

2004年，IMO正式推出了国际船舶压载水及沉淀物控制和管理公约（BWM）。公约对不同压载舱容积的船舶要求及其按规定的时间表满足压载水置换标准或压载水性能标准，最终都要满足压载水性能标准。由于公约通过时尚未有成熟的压载水处理技术，因此公约允许船舶通过压载水置换作为一种过渡性措施。BWM 公约提出了船舶要按时间表满足压载水排放性能标准。根据公约规定，压载水管理公约将在 30 个国家批准通过，并且自这些国家所登录的船舶总吨位占到世界商船总吨位的 35% 后的第 12 个月开始生效。截至 2011 年 7 月底，已有 28 个国家通过该公约，登记的船舶总吨位占到了世界商船总吨位的 25.43%。即使是非缔约国船籍的船舶，在需要停靠公约国的港口时，也必须满足公约的要求，因此在建船舶都必须考虑公约的影响。虽然 BWM 公约目前尚未达到生效条件，但澳大利亚、美国、巴西等国及欧洲部分地区，已通过单边立法，要求进入其水域的船舶压载水必须符合压载水管理的有关要求，并通过 PSC（Port State Control）进行监督检查。

这里面最主要的技术就是压载水处理技术。不过压载水处理系统的开发十分不易，目前还未有符合所有条件的系统。截至 2011 年 7 月，包括正在开发中的压载水处理装置共有 59 种，其中 17 种已获 G8 指南的形式许可，16 种获得了 G9 的基本许可，9 种获得了 G9 的最终许可。开发压载水处理系统的公司共有 55 家，以美国、日本和韩国公司为主。随着压载水管理公约生效时间的迫近，参与并推出开发计划的公司在 2010—2011 年增加了 14 家。而关于处理方式，目前的压载水处理装置都是将处理过程分为 2 个阶段：第一阶段也叫预处理阶段，多用过滤器来完成处理；而第二阶段的处理方式则多种多样。

满足 D-2 标准的第一代压载水处理系统，虽说都通过了 G8 和 G9 指南所要求的各类试验和标准，但是由于当时 G8 和 G9 本身都还在摸索阶段，因此这些设备中有一部分无法满足如今 G8 指南所提出的试验要求，并且当时的 G9 指南没有对压载水排出的净化过程做出考虑，所以对活性物质的浓度和含量有较大的限制，因此即使开发出了混合型处理系统，其处理效果也很有限。到了第二代处理系统，G8 的岸上试验要求已经较为共通和完善，G9 中对活性物质的限制也放宽了很多，出现了效果更好的压载水处理系统，并且还配有活性物质中和设备。如今的第三代设备追求的是比 G8 和 G9 所要求的更高的处理性能。

这些都为航运服务组织的技术创新增加了压力与动力。

（四）LC 72 公约与航运服务管理

各缔约国应个别地或集体地促进对海洋环境污染的一切来源进行有效的控制，并特别保证采取一切切实可行的步骤，防止因倾倒废物及其他物质污染海洋，因为这些物质可能危害人类健康，损害生物资源和海洋生物，破坏娱乐设施或妨碍对海洋的其他合法利用。各缔约国应按照下列条款的规定，依其科学、技术及经济的能力，个别地和集体地采取有效措施，以防止因倾倒而造成的海洋污染，并在这方面协调其政策。

按照本公约规定，各缔约国应禁止倾倒任何形式和状态的任何废物或其他物质，除非以下另有规定：倾倒附件一所列的废物或其他物质应予禁止；倾倒附件二所列的废物或其他物质需要事先获得特别许可证；倾倒一切其他废物或物质需要事先获得一般许可证。每一缔约国应在其领土内采取适当的措施，以防止和处罚违反本公约规定的行为。各缔约国同意合作，以制订有效地适用本公约的程序，特别是适用于公海上的程序，其中包括报告所发现的违反本公约的规定进行倾倒活动的船舶和航空器的程序。本公约各缔约国应通过该"机构"内及其他国际团体内的协作，促进对在下列方面要求帮助的缔约国的支持：**训练科学和技术人员；提供科学研究及监测所必需的设备和装置；废物的处置和处理及其他防止或减轻倾倒引起的污染的措施；最好在有关国家内进行，以促进本公约的宗旨及目的**。

检测仪器、废物处置和处理及其防止或减轻倾倒引起的污染等技术，都是航运服务组织创新的方向和动力。

（五）SRC 2009 公约与航运服务管理

2009 年香港国际安全与无害环境拆船公约（SRC 2009）主要内容包括对船舶的要求：船舶的设计、建造、营运和维护（对船上有害材料的控制、有害材料清单、技术组）；船舶拆解准备（总体要求、拆船计划）；检验与发证（检验、证书的签发与签注、证书的期限和有效性、对拆船设施的控制、对拆船设施的批准、总体要求、拆船设施计划、防止对人身健康和环境造成有害影响、有害材料的安全与无害环境管理、应急防备与反应、工人安全与培训、对事件、事故、职业疾病及长期影响的报告、初始通知和报告要求、拆船作业完工报告）等内容。

这里主要牵涉到对有害物质的检测与控制，从船舶设计、建造、营运和维护开始，到拆解都需要考虑无害环境。因此，这对航运服务组织来讲是一个很大的技术挑战，也是技术创新的方向。

（六）AFS 2001 公约与航运服务管理

2001 年 10 月 5 日，国际海事组织控制有害防污底系统外交大会批准通过了《2001 年国际控制船舶有害防污底系统国际公约》（AFS）及其相关决议。根据公约的有关规定，自 2003 年 1 月 1 日起，所有船舶不得施涂或重新施涂以有机锡化合物充当杀虫剂的防污底系统。

1969 年国际干预公海油污事件公约（INTERVENTION），是指本公约各缔约国，意识到有必要保护他们国民的利益，使其免于遭受海上事故引起的海上和海岸油污危险的严重后果，确信在这种情况下，为保护上述利益在公海上采取特别措施是必要的，并且这些措施并不影响公海自由原则，而采取的调解、仲裁等原则。因此，不属于本书所探讨的范围。

所有的海洋环境保护公约都指向减少污染、提高海洋环境质量的目的。从这个思路出发，以上海洋环境保护公约仅仅是海洋环境保护强制规定的开始，随着海洋时代的到来，更多、更加严格的海洋环境保护公约将会不断出台。对于航运服务组织来讲，是跟随、模仿，还是创新、引领，这是一个战略定位的问题。对于技术创新来说，所有的有关海洋环境保护、海上安全的技术创新，都是战略意义上的创新。

未来能够主宰航运服务市场的将是那些以技术创新引领市场发展的超级航运组织。它们不再以运输、物流市场的需求或供给矛盾而在财务收益上大起大落，它们将以引领和掌握全球航运核心技术，技术标准制定为主要收益来源，这是一个系统标准主宰生存的时代，主导这种时代的航运服务组织也将慢慢出现。

当一个组织拥有强大的绿色技术、低碳技术时，它就可以利用这种优势作为营销的核心，绿色营销不仅仅是喊口号，更是以技术为支撑的实际行动。

三、赔偿责任公约与航运服务管理

IMO 制定的责任与赔偿公约与航运服务运营管理直接相关，掌握并运用好这些公约，能够有效节省企业运营成本如图 11-3 所示。

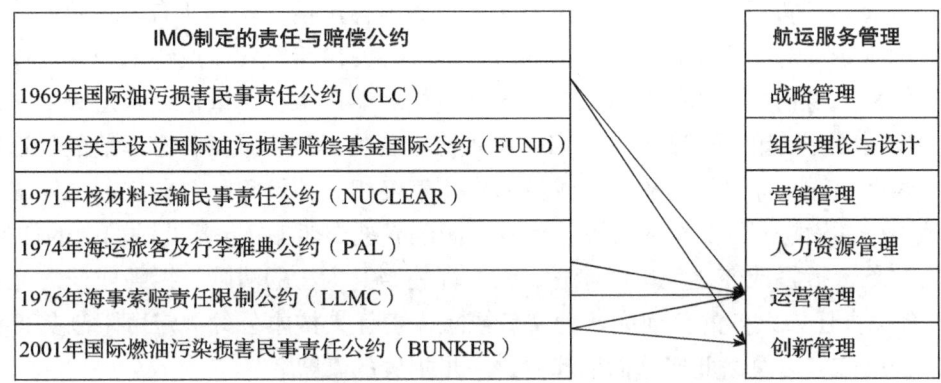

图 11-3　海事责任与赔偿公约对航运服务管理的影响作用

（一）CLC 1969 公约与航运服务管理

1969 年国际油污损害民事责任公约（CLC）主要内容包括了：船舶所有人油污损害的免责条款、公约规定的赔偿范围、向第三者要求赔偿的权力、两艘或多艘船舶逸出或排放油类造成损害时的责任，赔偿总额每一吨 2000 法郎，但这种赔偿总额绝对不得超过 2 亿 1000 万法郎；设立相当其责任限度总数的赔偿基金、基金存入的方法，基金在索赔人之间依其确定的索赔额比例分配、代位受偿权、船舶所有人主动防止或减轻油污损害的行为，设立基金后船舶不受扣留，2000 吨以上散装货油的船舶的船舶所有人必须进行保险或取得其财务保证，如银行保证或国际赔偿基金出具的证书等、油船运营许可的证书、对油污损害的任何索赔可向承担船舶所有人油污损害责任的保险人或提供财务保证的其他人直接提出。船上确实装有 2000 吨以上的散装货油的油船都适用本公约、损害赔偿诉讼时效，赔偿诉讼的必要管辖权、基金所在国的法院可以独自决定有关基金分摊和分配的一切事项。

这些都是航运服务企业必须遵守的运营底线，也是在实际运营中的操作指南，是属于强制性的。掌握了这些公约，合理应用这些公约能够起到减少损失的作用。

（二）PAL 1974 公约与航运服务管理

1974 年海运旅客及行李雅典公约（PAL）主要包括：承运人的责任、实际承运人、贵重物品（承运人对货币、流通证券、黄金、银器、珠宝、装饰品、艺术品或其他贵重物品的灭失或损坏不负责任，除非出于双方同意的安全保管目的，此种贵重物品已交由承运人保管）、自身过失、人身伤亡的责任限额、行李灭失或损坏的责任限额、货币单位和折算、责任限额的补充规定、承运人的雇用人的抗辩和责任限额、赔偿总额、限制责任权利的丧失、索赔的根据、行李灭失或损坏的通知、诉讼时效、管辖权、合同条款的无效、其他责任限制公约、核损害、公共当局的商业运输。

这也是减少航运服务组织运营责任和风险的公约。

（三）LLMC 1976 公约与航运服务管理

1976年海事索赔责任限制公约（LLMC）主要内容包括：船舶所有人和救助人，可以根据本公约规定，对下列索赔，限制其责任。（a）有关在船上发生或与船舶营运或救助作业直接相关的人身伤亡或财产的灭失或损害（包括对港口工程、港池、水道和助航设施的损害），以及由此引起的损失的索赔；（b）有关海上货物、旅客或其行李运输的延迟所引起的损失的索赔；（c）有关与船舶营运或救助作业直接相关的侵犯除合同权利之外的权利引起的其他损失的索赔；（d）有关沉没、遇难、搁浅或被弃船舶（包括此种船上的任何物件）的起浮、清除、拆毁或使之无害的索赔；（e）有关船上货物的清除、拆毁或使之无害的索赔；（f）有关责任人以外的任何人，为避免或减少责任人按本公约规定可限制其责任的损失所采取的措施，以及由此措施而引起的进一步损失的索赔。

不可限制责任的索赔有：（a）有关救助或共同海损分摊的索赔；（b）有关1969年11月29日签订的国际油污损害民事责任公约，或实施中的该公约任何修正案或议定书中规定的油污损害的索赔；（c）制约或禁止核损害责任限制的任何国际公约或国内法所约束的索赔；（d）对核动力船舶所有人提出的核损害的索赔；（e）职责与船舶或救助作业有关的船舶所有人或救助人的受雇人员的索赔，包括他们的继承人、家属或有权提出索赔的其他人员所提出的索赔，如果按照船舶所有人或救助人同上述受雇人员之间的服务合同所适用的法律，船舶所有人或救助人无权对此种索赔限制其责任，或者根据此种法律，仅允许以高于本公约第6条规定的金额限制其责任。

这些都是航运企业服务运营时所能合理抵御风险的依据，也是在实际运营中的操作指南。掌握了这些公约，合理应用这些公约也能起到减少损失的作用。

（四）BUNKER 2001 公约与航运服务管理

2009年3月9日，《2001年国际燃油污染损害民事责任公约》（简称《燃油公约》）对我国生效。这意味着，航行于我国沿海水域的1000总吨以上的船舶，全部需要办理强制性油污保险。而在过去，只有载运2000吨以上持久性油类的国际航行油船才有此规定。

海上航行的船舶一旦发生燃油泄漏污染，不但企业赔偿风险大、清污难、费用高，而且相关的污染受害方得不到合理的赔偿，这一直是船舶污染民事赔偿的一大难题。据介绍，20世纪90年代以来，船舶燃油污染问题越来越受到重视。1992年，油轮的燃油污染损害被纳入《1992年国际油污损害民事责任公约》（简称CLC公约）。它虽然解决载运

2000 吨以上持久性油类船舶的油污染问题（包括货油和燃油），但其他船舶的燃油污染问题由于没有强制保险的规定，一直悬而未决。1996 年，燃油污染损害赔偿成为国际海事组织（IMO）法律委员会第 75 届大会的主要议题。在这次大会上，一份重大赔偿案件分析报告指出，有近半数的污染索赔是针对"非货油"的。另据《石油泄露信息导报》（Oil Spill Intelligence Report）指出，非油轮溢油的风险，无论在个案数量还是溢油总量上，均大于油轮溢油污染。据《石油泄露信息导报》统计，全球约有 1.3 亿吨的货油通过油轮运输，而全球船舶的燃油总量却高达 1.4 亿吨。有数据显示，1975—1996 年，澳大利亚邻近水域油污事件的 83% 由非油轮所致；在油污清除费用方面，用于清除燃油油污的费用占全部清除费用的 78%。基于此，IMO 法律委员会于 1996 年拟定了《燃油公约》草案，并于 2001 年 3 月 23 日获得通过，已于 2008 年 11 月 21 日开始生效。

公约的通过是为了确保燃油污染及时得到治理。从油污损害民事责任公约规定的解决载运 2000 吨以上持久性油类船舶的油污染问题开始，到 BUNKER 2001 规定的解决 1000 总吨以上的船舶燃油污染的问题。整个公约立法的趋势就是逐渐覆盖所有船舶的任何一种油类（载运的货油、燃油等）的污染。

这对航运服务组织来讲，既是运营管理中的业务操作，也是技术创新的趋势。如何利用更加先进的技术，减少各类油污的污染，减少赔偿损失，增加营业利润，都是航运服务组织需要积极思考的创新方向。所有的油污赔偿责任限制，都是与海洋环境保护及船东保护紧密地联系在一起的。而船东最好的自我保护和对海洋环境的最好保护就是利用创新的绿色环保技术，不油污或减少油污，油污后能迅速消除油污损害，这才是最根本的方向。

考虑到 1969 年 11 月 29 日关于油污损害民事责任的国际公约，已为对各缔约国的油污损害赔偿和为避免及减少这类损害，而在无论何处所采取的措施的费用提供一个赔偿的组织，从而标志着向达到这一目的前进了一大步，但考虑到这一组织不能在所有情况下对油污损害的受害人提供全部赔偿，而它却给船舶所有人增加了额外的经济负担，还考虑到由于海上船舶运输散装油类的逸出或排放而产生的油污损害事件的经济后果，不应全部由海运业承担，而须部分地由货油企业承担，确信为了保证能对油污事件的受害者补偿其全部损失，而与此同时又能使船舶所有人方面解除该公约所加予的额外经济负担，有必要认真拟订一项赔偿和补偿制度，作为国际油污损害民事责任公约的补充。

《FC1971》主要内容有以下几项。①对于任何遭受油污损害者，由于下列原因不能按照责任公约的条款得到损害的全部或足够赔偿时，国际基金应给予补偿；按照责任公约规定，船舶所有人可以免除责任的损失；按照责任公约规定，船舶所有人对损害负有赔偿责任，但船舶所有人在经济上无力负担或只能负担一部分；按责任公约或其他国际公约规定，损害额超过船舶所有人责任限额。②下述情况免于补偿：油污损害是由于战争、敌对行为等原因造成或由于从军舰中或事变期间从某一国家拥有或运用的政府非商运船舶溢出或排放的油污造成的；索赔人不能证明损害是由于一个或者更多的船舶的事件所造成。③补偿金额：基金应补偿船舶所有人及其保证人按照责任公约所承担义务的总额中的一部分，其数额为 1.25 亿金法郎和 2.1 亿金法郎之间的差额；两者以小者为准。④基金款项的来源：凡每年在缔约国港口或油站收到从海上运来的石油总量每年超过 15 万吨的石油公司，即应按规定交付基金摊款。基金的机构为大会，执行委员会和秘书处。

1971年设立国际油污损害赔偿基金国际公约（FUND）是有关国际基金的问题。因此不是本书所探讨的范围。

复习、理解与应用

本章关键概念

1. IMO
2. 国际公约
3. 海上安全公约
4. 海洋环境保护公约
5. 责任与赔偿公约
6. 国际公约与航运服务管理

阅读理解

1. 详细阐述海上安全公约对航运服务管理的指导与影响作用。
2. 详细阐述海洋环境保护公约对航运服务管理的指导与影响作用。
3. 详细阐述责任与赔偿公约对航运服务管理的指导与影响作用。

拓展应用

1. IMO制定的海上国际公约为何具有强制约束力？如果没有IMO，世界海运能否更有效运行？
2. 随着中国经济实力的增强，如何增强中国政府在IMO组织中的话语权？

第十二章 国际海事机构与航运服务管理

在所有海事组织中，国际海事组织（IMO）具有独一无二的地位，是国际海事顺利运行的保障机构。除此之外，还有大量的海事机构给 IMO 提供参考建议，帮助 IMO 监督各项条约、协议等的履行，并从各自会员利益的立场出发，代表相关利益者维护它们的权益，使整个海事系统成为一个平衡、有机、互动的生态圈。在这些机构中，以国际船级社协会（IACS）、波罗的海国际海事公会（BIMCO）、国际独立油轮船东协会（INTERTANKO）、国际干散货船东协会（INTERCARGO）和船东保赔协会（P&I Club）最为著名。

企业完全有必要成立专门的部门，用来跟踪各个主要相关海事组织或机构正在从事的活动，不管是关于技术立法，还是关于商业立法，只要及时地关注各个组织或机构的最新动态，就能从这些组织的行动中总结出整个航运市场游戏规则的走向。企业就能提前做好准备，做到未雨绸缪，防患于未然。

第一节 IACS 与航运服务管理

国际船级社协会（International Association of Classification Societies，IACS）是非政府组织，于 1968 年奥斯陆举行的主要船级社讨论会上正式成立，IACS 成立的目标是促进海上安全标准的提高，与有关的国际组织和海事组织进行合作，与世界海运业保持紧密合作。

船级社协会致力于联合各船级社利用技术支持、检测证明和开发研究，通过海事安全与海事规范，维护与追求全球船舶安全与海洋环境清洁。全球超过 90% 船舶吨位总量的货运商船是由 10 个成员船级社及一个意向船级社设计、建造和通过其标准规范认证审核要求的。

目前，IACS 共有美国船舶检验局（ABS）、法国船级社（BV）、挪威船级社（DNV）、韩国船级社（KR）、英国劳氏船级社（LR）、德国劳氏船级社（GL）、日本海事协会（NK）、波兰船舶登记局（PRS）、意大利船级社（RINA）等 13 个正式成员。中国船级社（CCS）于 1988 年加入 IACS。IACS 由理事会领导和制定总政策，理事会设立一些工作组去执行协会的具体任务。IACS 设有下列工作组：集装箱、发动机、防火、液化气船和化学品船、内河船舶、海上防污染、材料和焊接、系泊和锚泊、船舶强度、稳性和载重线。各工作组完成的项目有：拟定各会员之间统一规则和要求的草案；起草对 IMO 要求的答复；对 IMO 的标准作统一的解释；监控与本专业有关的工作。IACS 共有 5000 多名技术精湛的检验人员。世界上 92% 的商船由 IACS 定级。他们除了本职工作外，还受政府委托去处理多种多样的事务。

IACS 在发展船舶技术规则方面起着重要作用。IACS 理事会认识到该协会与 IMO 之间相互关系的重要性，在伦敦设有 1 个办事处与 IMO 保持联系。还与对海运有兴趣的其他组织保持接触，联系最紧密的是国际标准化组织和国际海上保险集团，同他们交换情报和意见，以便提供更好的服务。IACS 的目标之一是要求把会员之间的各种规则统一起来。到目前为止，理事会已通过了 150 条要求，90% 的统一要求都得到成员单位的贯彻。IACS 除了提出统一要求外，还公布有关船舶安全营运和维修准则，其中包括舱口盖的保养和检验、消防、船舶单点系泊设备标准等。IACS 利用成员们在海上安全、防污染、船舶营运等方面的丰富经验，在向船东和经营者提供准则上起着重要作用。IACS 的成员通过它们设在全球的检验机构网点，对航运界的情况了如指掌。他们了解到船东抱怨在不同的港口船舶的检验标准不同，为此，IACS 制定了一个最低船舶检验标准，让其成员服从这一标准。IACS 在人力和技术方面拥有独特的、巨大的潜力，且正在把这些潜力用到船舶检验的共同标准上。

国际船级社的入级检验范围[①]：

（1）对船舶建造设计计划及相关文件进行是否符合相关规则要求的技术检查。

（2）在造船厂现场通过船级社检验师检验建造是否符合设计要求和入级法规。

（3）在相关设备提供商，如船壳钢材、主机、发电机和锻造等生产现场检验是否符合要求。

（4）在交船前，船舶试航和其他试验中，船级社检验师现场检验船舶是否符合相关规则要求。

（5）以上各项够满足要求，造船厂或船东就可以向相关船级社颁发入级证明。

（6）一旦船舶投入使用，船东必须提供定期船舶检验证明，以证明船舶各项设备指标继续符合入级要求。

国际船级社协会认为当前海运领域遇到的最大挑战（这也是未来航运企业所面临的最大挑战）有以下几点。

第一，全球化。航运对于人员、货物、服务和信息在更加交互影响的世界中进行自由移动，起到了重要作用。能源供应和大宗运输的新网络也许会重新建立，导致上升的有关可持续发展中的环境、经济和社会关注。接下来船级社的工作将会更加聚焦于那些专业船舶以满足以上需求，以便让他们更好地在敏感环境和恶劣环境中进行运营。

第二，海事安全。海事安全规则的执行，安全和环境规则的交互界面，信息可接近性和透明性等，都是当今安全问题所遇到的最大挑战。

第三，环境意识和船舶效率。人们对全球化船舶活动影响环境的关注，已经大大提高

---

① 资料来源：国际船级社协会（IACS）官方网站。

了人们的环境意识，提高船舶效率作为最有效的手段来减少燃油消耗和二氧化碳排放。环境关注同时提出了船舶回收安全和有效措施的问题，还有在公海里排放有害物质等。正如 IMO 和海运业界所公认的，非常有必要取得一个安全与环境法规的适当平衡。

第四，创新与新技术。技术发展一直促进船舶创新，正如大量的研究已经表明新技术能够不断升级船舶入级规则。今天，大量的焦点在能源效率和环境问题。

第五，强调人的重要性。人为因素必须被考虑成安全和环境保护中最重要的因素。通过修改后的 STCW 公约约束，已经变得越来越严格和职能化的船员培训，对船上新技术的应用，必须提供持续的知识更新，这些新技术如果使用不当，会导致严重的安全和环境保护的问题。

第六，航运形象。为了提升航运形象，一个挑战是提升把船舶入级作为海事安全重要元素的概念，即一个独立无偏见的船舶执行适当船级社规则和法规的评估机构。

第二节 INTERTANKO 与航运服务管理

国际独立油轮船东协会（International Association of Independent Tanker Owners, INTERTANKO）成立于 1934 年，总部设在挪威奥斯陆，由来自各海运国家的独立油轮船东组成。当时正处于石油危机时期，它成功地将闲置油轮集中起来管理（被称为 Schierwater Plan），以便有关船东在竞争中紧密合作。20 世纪 30 年代末，随着油运市场的改善，这一组织的活动慢慢地减少，直到 1954 年正式解散。50 年代中期，该组织在伦敦重新成立，可是由于没有足够的能力来维护其成员的利益，处于一种半休眠状态。1970 年，一些独立油轮船东集聚在奥斯陆，由 10 个海运国家的代表再次组成了 INTERTANKO，于 1971 年 1 月开始工作。所以 INTERTANKO 宣称的成立时间是 1970 年 10 月 1 日。目前 INTERTANKO 由 270 多个油轮船东作为它的会员，拥有世界油轮 80% 的总吨位。石油公司和政府所拥有的油轮船队不准加入协会成为会员。

INTERTANKO 是非营利性机构，它成立的宗旨是为会员之间交换意见提供场所，促进自由竞争，维护独立油轮船东的利益，加强技术和商业之间的交流。INTERTANKO 特别强调于它所提供的服务对它的成员具有实际价值。

只要简要地回顾一下自从 INTERTANKO 重新成立以来所做的事情，我们就能发现该组织在全部历史中，就是处理每次油轮产业出现的有关油船船东利益的各种实务，并建立一系列的规则、框架、协议、基金等[①]。

1. 1970—1973 年

在油轮运力过剩时，组织协调会员闲置油轮运力，以期取得较好的运价收入。

CLC 1969 正式生效前，INTERTANKO 发起成立 IOPC 基金以 TOVALOP（Tanker Owners Voluntary Agreement Concerning Liability for Oil Pollution）和 CRISTAL（Contract Regarding a Supplement to Tanker Liability for Oil Pollution）的形式规定油轮船东清理油污

---

① 资料来源：INTERTANKO 官方网站。

和赔偿油污损害的责任限制。油污清理责任，及由基金负责的重大油污责任两道防线，至今为止还是处理油污赔偿的主要机制。

固定利率变成浮动利率带来的船东损失，VLCC 船舶无人敢保险的局面，促使多个保险人一起承保，并降低承保费率。

订立各种油船租船合同，以取代由石油公司控制的租船合同。

订立油污类垃圾接收装置标准等。为防止油船水洗船舱时因静电引起的爆炸，要求 5 万总吨以上船舶引入惰性气体系统。

2. 1973—1976 年

1973 年阿以战争爆发，阿拉伯联盟禁运石油，油价大涨，但油轮运力过剩。1975 年苏伊士运河重新开放，对油船船东造成新的打击。

很多船东开始执行船舶闲置计划，这时 INTERTANKO 开始制定各种油船闲置时的规则进行指导，如安全系统、防火措施、船舱中爆炸性气体放空，限制互相系在一起的油船数量，救助预防等。

积极寻找油船的其他用途，如改成干散货船进行运输，作为原油浮动存储地等。

美国国会想在 1974 年通过油船船旗国歧视政策，要求凡是进口石油的，其 30% 都必须由挂美国国旗的船舶运输；而澳大利亚在 1975 年也想通过类似的法案，要求 40% 的进口原油由挂澳大利亚国旗的船舶运输。但是，两者最后都没有通过，因为 INTERTANKO 通过游说、论证这样做有碍自由竞争的展开。

研究表明，油轮漏油仅占海上油污的 28%，船舶曲轴箱漏油占 29.4%，还有很大部分漏油是汽车油底壳油通过城镇下水道排放到海里造成的。

积极支持 MARPOL 1973 在会员中的执行。

INTERTANKO 那时就有技术顾问委员会、全球运价委员会和文件委员会。现又扩展到 12 个委员会。

3. 1976—1979 年

海上污染事故频发，油轮运力过剩，油轮越大采取的减速航行幅度越大，甚至减速全速的 23%。INTERTANKO 继续倡导加速老龄船报废，并限制新造船数量。

1975 年，INTERTANKO 发起成立 IMIF（International Maritime Industries Forum），该组织 1976 年取得了合法身份，它的作用是思考那些不可能思考的事情，尤其是思考处理油船运力过剩的选择和方法，这些方法是其他组织，如 INTERTANKO 因为忌讳反竞争活动的指控而不能做的。

美国政府再次提出 1%～9% 的船旗国船舶运输方案，经过 INTERTANKO 联合各利益相关者的游说，再次宣布破产。

港口信息办公室开始成立。

4. 1979—1982 年

1980 年，伊拉克和伊朗战争使油船运力继续过剩，采用的对策依然是减速航行、闲置船舶、半载航行、增加在港时间，油轮做浮动储蓄空间、油船改装成干散货船（或用来储存煤矿货，或用来给海上油井平台运水等）。

INTERTANKO 继续反对造船补贴，反对投机订造船等。

由于石油生产商把从原油中提炼出来的更好的油用到其他地方，而留下越来越差的燃油给船舶，劣质燃油容易导致主机故障，燃油箱中的沉淀物需要定期清洗等。所以，INTERTANKO 成立了燃料质量检测机制，协同 ISO 来制定船用燃油标准。

督促各国政府在港口和拥挤航道提供航行辅助设施、垃圾油接收设施，为失去动力的船舶提供安全的锚地等。

5. 1982—1984 年

随着 SOLAS 74-78 公约在 1981 年生效，MARPOL 73-78 公约在 1983 年生效，越来越多的油船已经不适合当时的规则要求，需要进行淘汰报废。

6. 1984—1987 年

伊朗和伊拉克发生战争，两国都对那些无辜的商船进行了毁灭性攻击，INTERTANKO 及时发出在该地区附近航行的各种通告，指导船东避免战争攻击。

1984 年报废船舶增加，但是新造船舶也在增加，主要是由于很多机构提供了大量的造船信贷。于是，从整个行业健康运行多角度出发，INTERTANKO 做了一个广告，告诉这些投资者和银行不要提供过度具有诱惑力的财政水平。并在 1985 年继续在银行家和经济学家杂志上做广告提醒。甚至写信给 20 大船舶融资银行，让他们重新考虑对新造船舶的贷款水平。信件本身没有对银行信贷额造成影响，但是银行对信贷条款的拟定变得更加苛刻。

通过提高主要针对油轮船东的民事责任公约 1969（Civil Liability Convention，CLC）和主要针对石油公司的基金公约 1971（1971 Fund Convention）的责任限额，来减少新造船舶的热情。

INTERTANKO 呼吁使用闲置的油轮作为接收油污废弃物的设施。

7. 1987—1989 年

INTERTANKO 主席与各国政府首脑、部长进行对话，呼吁对两伊战争中伤害油船的行为做出积极的行动。

很多港口费是按照总登记吨来收取（Gross Register Tonnage, GRT），这样即使载货能力相同，但是，具有隔离压载舱的油轮（SBT）比没有隔离压载舱的油轮有更大的 GRT。这对 SBT 船舶来说就是一种歧视和打击，所以 INTERTANKO 向 IMO 提出让港口对他们的港口费进行打折。

INTERTANKO 运费和滞期费信息库（Freight and Demurrage Information Pool, FDIP）建立，用来收集那些从来没有与某个油轮公司做过生意公司的信息，从而提高租船合同的履约能力。

8. 1989—1992 年

1989 年 3 月 24 日，油轮 Exxon Valdez 满载在阿拉斯加搁浅，泄漏 30000 吨原油，加快了 Oil Pollution Act 1990 在美国国会的通过，大大提高了油轮船东的赔偿责任，甚至是无限责任。尽管 XXON Valdez 是悬挂美国国旗、雇用美国船员，是美国公司的船，但是，美国利用这次机会大大提高了油轮公司油污赔偿的不确定性。

双壳船要求的提出，使 INTERTANKO 提出了船舶装油高度正好与水平面平行，以减少漏油等风险的方案。

由于去美国运油的风险和保险费明显上升，所以很多大油轮公司不再去美国贸易。

由于世界范围内救助能力的不断下降，INTERTANKO 主张更大的救助奖励。

9. 1992—1994 年

自从美国国会通过 OPA1990 法案之后，INTERTANKO 积极与全美国的绿色环保组织对话，通过促进各个州对油污法的修改，来规避美国国会 OPA 对船舶污染事故责任的界定。

同时，INTERTANKO 越来越多地参与由绿色组织参加的各种海洋环境论坛，以改变整个海运行业在公众心目中的形象。INTERTANKO 还提出了"安全运输，更干净的海洋和自由竞争"的口号，并加大宣传的广度与力度。

世界上 60% 的原油是通过油船来运输的，从油船上产生的事故性和操作性油污在近几年都有明显的下降，同时更多的海洋油污是由汽车油底壳废油通过城市下水管道进入海洋的。

随着油轮船龄的不断增大，外界普遍认为应该给油船船龄设定一个退役点，但是 INTERTANKO 认为，不在于船龄，而在于是否进行了定期的船上各项安全检查，这样 IACS 国际船级社协会就对船舶结构安全性检查负有更大的责任。

与人们对船龄过度反应相反的是，大量的团体组织对船舶安全检查的兴趣导致他们成立自己的检查、检验机构，而不是彼此分享信息。从而导致在同一时间竟然会出现 8 家以上检查机构到船上对船舶安全进行检查的常事。于是，INTERTANKO 开始成立船舶检查检验委员会、联合国际船东协会、国际气体船和码头运营商组织，出版了"船舶检验组织和操作实践手册"，以使随机检查变得更加有序、有控，并要求大家分享检查结果。

INTERTANKO 内部也发生了一些变化，一些美国船东紧随 OPA 之后退出了 INTERTANKO，香港主要独立油轮船东也在 1992 年退出了 INTERTANKO，因为它们相信 INTERTANKO 在商业问题上不够具有进取性。

INTERTANKO 会员具有不同的利益点，小公司能够从 INTERTANKO 中获得各种信息服务，如港口和码头办公室，租船纠纷和解释中的法律处理，技术指导和法规遵守等。而大公司往往在这方面都已经具有内部职能部门来解决这些问题，但是，大公司往往利用 INTERTANKO 的政治影响力，因为 INTERTANKO 代表了 80% 油船世界的声音，即使是最大的油轮独立船东也只能占到 4% 的船队份额。

1994 年马士基退出 INTERTANKO，这时退出协会的美国船东却又加入进来。

10. 1994—1996 年

INTERTANKO 在 1995 年年会中强调，所有的 INTERTANKO 会员必须接受国际船级社协会 IACS 的入级认证和结构安全的定期检查。

所有的 INTERTANKO 会员都必须加入 P&I Club 的油污保险。

INTERTANKO 第一次有了提高油船质量的手段，当 1995 年年会时，有一家船公司不能提供足够的证据来表明他们船舶的质量时，INTERTANKO 毫不犹豫地停止了他的会员资格，当然这也意味着会员费的损失。

INTERTANKO 秘书处和执行委员会开始聘请专家接受培训，课程是在困难经营中如何处理新闻和媒体的关注，如高度受关注的事件（伤亡事故）和其他吸引媒体关注的事件中。

减少评论和拒绝接触不再认为是足够的，会员们开始邀请记者和舆论先锋登船实地考察，开始与当地的绿色组织频繁接触，有些油轮船东还是绿色和平组织的成员，这样能够更积极地促进行业形象。

INTERTANKO 继续致力于信息透明性的推动工作，渐渐地，IACS 开始披露那些检查不合格的船东名单，PSC 开始披露港口国检查不合格的船东，美国海岸警卫队也开始利用网上系统披露在检查中记录不良的船东。这样有利于贸易的顺利进行。

油轮与干散货船相比，具有更好的安全和环境记录，主要的原因是油轮船东、运营人和船员在经营中面临更多危险，因此他们需要更加小心谨慎。

油轮船东在安全和油污防护能力上具有了很大程度的提高，但是也要求其他产业部门能够配以相同水平的反应。在港和拥堵区域岸上交通控制，引航和拖带的正确规则，在岸上伤亡事故的反应能力，提高救助能力，废弃物接收设施等。

1995 年，INTERTANKO 在 OECD 上取得了一个协议，即终止造船补贴，同时，废除了美国国会通过的"Gibbons Bill"，该法案曾经是用来惩罚那些享受船旗国造船补贴的船舶运营人。

INTERTANKO 目前有 12 个委员会，分别是：

- Chemical Tanker Committee (CTC)
- Vetting Committee
- INTERTANKO Safety, Technical and Environmental Committee (ISTEC)
- Insurance & Legal Committee
- INTERTANKO Offshore Tanker Committee (IOTC)
- Worldscale and Market Committee
- Short Sea Tanker Group
- Bunker Sub-Committee
- Environmental Committee
- Human Element in Shipping Committee
- Documentary Committee
- Chemical Tanker Sub-Committee Americas

这些委员会的工作主要包括：

第一，港口信息方面，成员们每月收到包括最新港口状况和费用的公告。当发现某处滥收费时，代表其成员做出快速反应；在港口费、代理机构安排、运费税等方面给专家建议。

第二，运费和滞期费问题，该机构帮助油轮船东对付租船方、石油交易商拖延支付或不支付运费的问题。在此项服务开设的头两年，就成功地帮助船东处理和回收了 150 万美元的资金。

第三，租船合同，INTERTANKO 提供了各种标准的租船合同条款和文本，专家们给其成员各种实际可行的关于租船方面的建议。

第四，市场研究，INTERTANKO 提供关于油轮市场供需方面独到的见解，出版了《油轮市场展望》《油轮经营风险和机遇》等书。

第五，关于船舶动态、海上安全、市场趋势、油轮费用、港口使用费等各方面的最新消息。INTERTANKO 凭借着优质的服务，给各独立油船业主创造了更多的获利机会，同时也促进了自身的发展，对海运业经济贸易发展起了一定的推动作用。

INTERTANKO 近期主要观点如下。

- ✓ 油轮业的可持续发展：油轮市场的费率远远低于油轮船东的运营费用，这样不利于油轮行业的可持续发展。
- ✓ 温室气体：EEDI 要求应该对所有新造船在同一个生效日期内适用。遵循 EEDI 应该聚焦在船壳设计、推进效率和能源优化上。
- ✓ INTERTANKO 相信基于市场的机制（Market-Based Mechanism，MBM）在目前是不正当的，如果目前的 MBM 建议应该被要求，那么，从船东的角度来看，GHG 基金看上去是最简单也是最透明的方法。
- ✓ 海盗：最佳管理实践（Best Management Practices，BMP），对船舶运营人来说，在通过亚丁湾和印度洋时，遵循 BMP 中的三条主要因素是最重要的——在 MSCHOA 处登记，报告给 UKMTO，采取适当的自我保护措施。INTERTANKO 不提倡武装船员，但是国际海军有责任保证船舶在公海上自由通行，包括在商船上使用船舶保护小分队。

第三节　INTERCARGO 与航运服务管理

国际干散货船东协会（INTERCARGO），创建于 1980 年，总部设在英国伦敦，是由世界各国或地区的相关船东组成的一个非政府间国际组织，也是世界上唯一一个完全致力于为干散货行业需求服务的国际船东组织。该组织的宗旨是代表干散货船东、经营者和管理者利益，并与其他国际组织一道共同营造一个安全、高质、高效、环保的行业。该组织的最高权力机构是会员大会，常设机构为执行委员会。INTERCARGO 享有 IMO 的观察员地位。

INTERCARGO 成员分为会员、准会员两种，现有会员 155 名，准会员 50 多个，会员包括中远集团、中海集团、河北远洋等，协会会员拥有约 8827 艘干散货船，干散货贸易包括铁矿、谷物、木材、钢材和其他相似货物，以散装而非单元的形式运输。全球现有 5 亿总吨的干散货运力。协会会员和准会员均可参加其组织的各种会议活动，并享受其提供的相关技术、商业及运营信息。

INTERCARGO 业务领域包括：

- ✓ 包括温室气体在内的气体排放技术及市场策略。

- ✓ 干散货运输危险品（提供固体散装货物的安全运载指导手册等）。
- ✓ 损失认定及透明鉴定（对碰撞、搁浅和其他事故对统计分析，找出"消极操作指标"，以利于航运业界能够更好地从事故中学习教训。因此，该组织积极提倡信息的透明性，而非为了某些利益方的利益而隐瞒各种事故原因）。
- ✓ 海员定罪——针对不公判决（积极为船员在港口国受到的不公正待遇提供证据）。
- ✓ 设计标准——安全及合适的目标设计［共同结构规则（Common Structural Rules，CSR），INTERCARGO 支持 CSR 原则，这样有利于消除船级社之间在船舶构件优化上的竞争。INTERCARGO 根据保证会员的反馈恰当地融入发展过程中去的目标，监督规则的发展和维护修改］。
- ✓ 基于目标的标准（Goal Based Standards，GBS）阐述了那些船舶设计规则必须满足的目标和功能要求。是规则的规则。INTERCARGO 支持透明目标和标准的原则，同时考虑随着目标发展而来的进一步确认。
- ✓ 环境——关于循环利用及压舱水的合理立法（包括压载水管理、船舶回收、防止船底污染公约和其他影响干散货承运人的环境问题）。
- ✓ 干散货船排放物——发生损失时。
- ✓ 货物装载率——避免在港过高装载率。
- ✓ 反海盗——加强行业应对海盗能力。
- ✓ 港口状态监控——与港口当局对话。
- ✓ 回收设施——国际海事组织（IMO）有关货物残留物的工作。
- ✓ 培训及人力资源——以确保安全为出发点。

以干散货运输业务为例，INTERCARGO 联合 P&I Club 根据《国际海运固体散货安全操作规则》为船员提供指导，出版了固体散装货物的安全运载指导手册。

固体散货的运输往往涉及重大风险，因此要小心操作才能保障船员和船舶的安全。这些风险包括船只因货物液化导致船舶稳定性减弱甚至翻船、因危险化学品导致失火或爆炸，及因装载程序不当而损坏船只结构等。

目前有关固体散货装运的主要安全立法为隶属于《国际海上人命安全公约（SOLAS）》的《国际海运固体散货安全操作规则（IMSBC Code）》，它于 2011 年 1 月开始强制实施。

本手册指南旨在帮助船员更好地理解 IMSBC 规则的主要要求，并可以帮助船员更好地控制固体散货运输的风险并遵守 SOLAS 公约。

指南概括了船员在接收散货运输之前所应做的准备，以及安全装载货物应遵照的程序，并且针对不同类型的固体散货的主要风险做了细致描述。

指南还提供了快速自检清单及一份流程图总结了船员所需要遵从的步骤。

INTERTANKO 和 INTERCARGO 的业务在很多方面具有重叠之处，如在 IMO 规则的影响、监督执行、发起修改建议等上。但两个组织也因为服务的会员性质不同而明显不同。前者主要服务于独立油船船东，后者主要服务于干散货船船东等。

这两个组织在行动时，必须考虑到整个航运业利益相关者的立场与利益，因此，在每次为会员争取权益时，它们都要联合 IMO、国际船级社协会、P&I Club、港口当局、码头方、绿色环保组织等,才能取得平衡各方利益的积极结果。

第四节 IG P&I Club 与航运服务管理

国际船东保赔协会集团(International Group of Protection and Indemnity Club, IG P&I Clubs)是出于分保目的和解决大多数成员关心的问题而组成的联营体,是非法人团体,并且由某一成员协会的代表管理。集团在伦敦设有办公室,日常事务由秘书来管理的。另外,集团还下设分委会并由分委会解决大部分问题[1]。

集团目前主要的 13 个成员协会为世界大约 90% 的远洋船舶提供责任险,且每个协会都是一个独立的、非营利的互保组织。协会为其船东和承租人在船舶操作和使用方面提供保险以对抗可能承担的第三方责任。每个协会的管理者都是通过董事会或委员会的选举产生的。

协会涵盖了广泛的责任险,如船员、在船旅客或其他个人的伤亡赔偿、货物的灭失或损坏赔偿、清除沉船费用和码头损坏赔偿等。同时协会也为其成员在索赔、法律问题和损失预防等方面提供了种类繁多的服务,且经常在伤亡事件的管理中发挥主导作用。

船东互保协会(Shipowners Mutual Assurance Association)

船东互保协会规定承保范围,由船东组成,意图为可能承担的责任范围提供金融保障。作为船东面临同类性质风险的结果,船东互保协会在风险放在同类业务量这一互助的基础上运作;每年度 102 保险费的溢价将汇入根据风险暴露程度确定的共同基金,而损失将从该共同基金对外补偿。

分保作用(The Reinsurance Function)

国际船东保赔协会集团主要扮演的角色是运作和监管协会的互保协议。按照联营协定中协会对超过 900 万美元的索赔联营协议,集团内协会对所有符合条件的超过 900 万美元的索赔都是互担的。大多数集团成员的工作都是涉及对联营协议覆盖范围及互保指南或规则的制定和改善。

互保协议是在集团所布局的、涉及广泛市场分保计划的支持下运作的。随着船东面临索赔的逐渐复杂化,为支付必要的索赔而进行现金积累成为一种需要。会员们开始被要求按照由会员们共同制订的、以入会吨位为标准的费率提前缴纳会费。这些会费是分开的,在保险年度开始缴纳的部分(预缴会费)和在保险年度结束后缴纳的余额(溢额会费),所有的会费被称为"预计全部会费"。

代表作用(The Representative Function)

集团代表其内部成员集体在重要的行业问题上发声,例如在制定可能影响船东责任及其相关保险问题的国际公约或法律时。它发挥这一代表作用,并和以下组织保持联络并交换信息。政府间机构,如国际海事组织(IMO)、联合国贸易法委员会(UNCITRAL)和经济合作与发展组织(OECD)。

---

[1] 资料来源:国际船东保赔协会集团官方网站。

国家政府和欧盟（EU）

其他的行业组织，如国际航运公会（ICS）、国际独立油船船东协会（INTERTANKO）、波罗的海国际航运公会（BIMCO）、石油公司国际海事论坛（OCIMF）等。

集团为发展共同政策和解决相关责任与保险问题的船东提供了一个论坛。包括的问题有：石油污染和人员伤亡等；当前的热点问题，如海事安全、船舶遇险避难场所、特殊货物的运输等问题。

国际集团协议（The International Group Agreement，ICA）

根据国际集团协议（ICA）支持的互保协议内容，集团协会提供最高额度赔偿限额和互保协议提供的互保机制。在协会共同运作的保赔协议中，经 2013 年修改的国际集团协议（IGA）在确保相互合作方面是一个必不可少的元素。

国际集团协议（IGA）

协会可以接受船东将保险从一个协会转移到另一个协会的改变；

指定将要考虑的因素和制定船舶跳到其他协会 / 保险公司的释放险流程；

对于未遵守 IGA 的成员提供制裁的条款；

要求协会公布他们的年度财政报表、花费比率和平均花费比率的条款。

互保协议（The Pooling Agreement）

虽然集团成员在业务上相互竞争，但是由于风险互担原则，所以对保赔集团下参保的所有船东来说是有好处的。风险互担的原则是由互保协议规定的，其内容规定了风险可以互担的条件以及参与成员协会之间所要分摊的损失。

在协会之间互保协议是一个按年度更新的协议，通过互保的形式对协会成员进行再保险。在该协议下协会成员不需要进行溢价付款，索赔的分担也是根据简单的公式各自承担一定比率的损失。

由于保赔集团成员通过互保系统分担赔款，在损失的预防和控制方面、在所有会员中维护质量标准方面，它们有着共同的利益。

互保协议规定的内容有：索赔共担的原则，适用索赔共担的赔付种类，不适用索赔共担的赔付种类，互保中赔款的计算方法，公式的用处，补偿条款。

国际船东保赔协会集团（International Group of P&I Clubs）

13 个互相独立的集团成员名单：

（1）UK 保赔协会（The United Kingdom Mutual Steam Ship Assurance Association）【英国】。

（2）布列塔尼亚保赔协会（The Britannia Steam Ship Insurance Association Limited）【英国】。

（3）嘉德保赔协会（Gard P&I CLUB）【挪威】。

（4）日本保赔协会（The Japan Ship Owners' Mutual P & I Association）【日本】。

（5）标准保赔协会（The Standard Steamship Owners' Protection And Indemnity Association (Bermuda)Limited【英国】。

（6）西英保赔协会［West of England Insurance Services(Luxembourg) S.A.］【英国】。

（7）汽船保赔协会［The Steamship Mutual Underwriting Association(Bermuda) Limited］【英国】。

（8）北英保赔协会（North of England P&I Association Limited）【英国】。

（9）SKULD 保赔协会［Assuranceforeningen SKULD (Gjensidig)］【挪威】。

（10）伦敦保赔协会（The London Steam Ship Owners Mutual Insurance Association Limited）【英国】。

（11）美国保赔协会（The American Steamship Owners Mutual Protection & Indemnity Association,Inc）【美国】。

（12）瑞典保赔协会（The Swedish Club）【瑞典】。

（13）船东保赔协会［The Shipowners' Mutual Protection And Indemnity Association Limited (Luxembourg)］【英国】。

航运公司在服务运营中，为了能够稳健经营，必须对 P&I Club 的各项法规了如指掌，并保证每项重大的航运服务运营都有 P&I Club 的参与。

第五节　其他海事机构与航运服务管理

除了以上已经介绍过的 IMO、IACS、BIMCO、INTERTANKO、INTERCARGO、P&IClub 等外，还有很多著名的国际海事机构，如：

- ✓ 国际航运公会（ICS）
- ✓ 国际海运联合会（ISF）
- ✓ 国际货物装卸协调协会（ICHCA）
- ✓ 国际油轮船东防污染联合会（ITOPF）
- ✓ 国际海事委员会（CMI）
- ✓ 欧洲和日本国家船东协会委员会（CENSA）
- ✓ 救助协会（SA）
- ✓ 国际运输工人联合会（ITF）
- ✓ 国际海道测量组织（IHO）
- ✓ 船东互保协会（P&I）
- ✓ 英国船舶经纪人和代理人协会联盟（FONASBA）

具体内容请参见附录1。

其中、国际航运公会（ICS）成立于1958年，由各国船东协会组成，船队占世界商船总数一半以上，代表海事界各个行业的利益，包括散货船、油轮、客船营运人、集装箱贸易等。ICS 积极参与 IMO 及联合国的事务，负责海上人命安全、海洋环境保护等各个方面，包括技术、法律及运营等。

国际救助联合会（International Salvage Union，ISU），是代表世界各地海上财产救助人利益的非政府间国际组织。主要从事人命救助反应、污染防护、触礁船移除、货物恢复、拖带和相关活动。其宗旨是联合救助人，促进全球财产救助行业发展，保护救助人的利益，与其他国际组织合作，完善救助合同和有关文件条款。ISU 的组织成员囊括全球所有重要的 60 家救助公司，以及大量与海上财产救助紧密相关的国际海上法律、保险和航运业国际组织和机构。该组织还具有包括任何对海上救助感兴趣的 P&I Club、其他保险公司、法律公司、港口、国家反应组织、船东或船舶管理人、沿海当地政府、环境组织、清理专家等 72 个附属和准会员。该组织成员承担了全球 90% 以上的船舶救捞作业。ISU 在国际海事组织（IMO）里代表国际海上救捞业，是 7 个享有 IMO 咨询地位（观察员）的非政府国际组织之一。

ISU 在《1989 年国际救助公约》的制定中发挥了很大作用。1994 年交通部救捞局以中国海难救助打捞总公司的名义代表整个救捞系统正式加入国际救助联合会。

最近这些年，海上安全大幅度提高，大型船舶灾难和重大污染事物大幅度减少。1970 年有 31 次油泄漏，超过 700 吨，2012 年是零。

主要原因是：

（1）新的国际公约、法规和规则在全球范围内对船舶适用。如 SOLAS(Safety), MARPOL (Marine Pollution) and STCW (Standards of Training, Certification and Watchkeeping)；新的地方性或国家法律的出台也有重大影响，如 The Oil Pollution Act 1990(USA)，各种 EU Directives and the UK Merchant Shipping Acts；还有港口国检查（Port State Control）对提高标准也具有重大贡献。

（2）更加透明，有关船舶状况的信息更加透明。

（3）更加可靠的主机，大大减少了主机故障和操舵系统失灵的事故。

（4）新技术的应用，包括更加复杂的船舶导航系统和 VTS 系统的应用。

（5）国际安全管理规则（International Safety Management Code，ISM）的强制执行，使其安全管理标准达到 ISO9000 系列和 ISO14001 环境证书框架。

尽管事故的次数变少，但是人为失误以及其他原因的存在，不可能完全消除海上事故，而且，海上事故一旦发生将是灾难性的。

新的形势对救助人提出了新的服务技能要求

由于船舶安全和环境记录都有了很大的提高，对救助服务的需求也在减少。但是同时，成功救助在今天具有了更加大的意义，防止泄漏和保护海洋环境成了救助操作中支配性的考虑内容。ISU 会员的任务是"把污染控制在当事船上"，即使是最初的事故，如碰撞或搁浅足够严重以至于污染物泄漏，救助人也必须运用它们专业的装备和技能来最小化环境的污染结果。

这就要求救助服务组织需要从如何防止泄漏和保护海洋环境的角度做好各种专业装备和专业技能的储备，也为这些服务组织的运营操作提供了一个指导方向。

复习、理解与应用

本章关键概念

1. 国际船级社协会（IACS）
2. 国际独立油轮船东协会（INTERTANKO）

3. 国际干散货船东协会（INTERCARGO） 5. 其他海事机构

4. 国际船东保赔协会集团（IG P&I Clubs）

阅读理解

1. 解释国际船级社协会（IACS）的作用、组织形式、主要业务。

2. 阐述国际独立油轮船东协会（INTERTANKO）为船东服务的方式，以及最近关心的话题。

3. 描述国际干散货船东协会（INTERCARGO）的业务领域。

4. 阐述国际船东保赔协会集团（IG P&I Clubs)的成员构成、业务范围、国际地位。

拓展应用

1. 登录这些著名海事机构官方网站，拓展阅读他们的最新报告，总结提炼出当今航运业最新发展动态与趋势。

2. 思考：为什么中国没有著名的国际海事机构？中国如何才能打造出世界级国际海事机构？

下篇

航运服务创新

第十三章 航运服务创新理论基础

加里·哈默的《管理大未来》中有一句话:"人类被束缚在地球上,不是因为地球引力,而是缺乏创造力"。迈克尔·波特在《国家竞争优势》里有一个观点,企业一旦站在了优势的浪头,维持的方法只有创新。把企业比作冲浪,冲上浪头非常难,更难的是在冲上浪头之后再想法冲上另一个更高的浪头。对企业来讲,创造顾客的需求永远是动态的,不是静止的。

第一种正式载入田径史册的跳高姿势是跨越式,它出现在 1864 年牛津大学和剑桥大学的田径对抗赛上。是年,英国运动员罗伯特·柯奇以跨越式创造了 1.70m 的第 1 个世界纪录。1895 年,美国人斯维尼改进了跨越式,其特点是运动员在杆上时,身体急速侧向转体,两腿交叉如剪刀,他创造了 1.97m 的新纪录。

1912 年,美国运动员霍林在美国西部的斯坦福大学采用左侧斜向横杆助跑,在杆上以身体左侧滚过横杆,首次越过 2m 的高度。之后,20 多年内世界纪录多次被刷新。1923 年,苏联运动员伏洛佐夫率先采用俯卧式。1936 年,美国运动员以 2.07m 的成绩创造了新的纪录,俯卧式得到人们的青睐,世界各国优秀运动员均采用这种技术。1970 年,中国运动员倪志钦以 2.29m 的优异成绩将俯卧式推向了高峰。然而,在 1968 年第 19 届奥运会上,福斯贝里创造了以他的名字命名的背越式,随之风靡全球,以致在 1983 年的第 1 届世界田径锦标赛上,70 余名各国好手全部采用了背越式。2007 年运动员以背越式创造了 2.45m 新的纪录。

任何一个高度的超越,都是因为有了一种全新的跳跃方式。任何一次全新的服务超越,都是有了一种创新的服务方法。

第一节 服务创新与创新方法

一、服务创新的定义

在 20 世纪 90 年代中期之前,人们都是以假设服务企业有服务创新,或者服务企业有 R&D 活动为前提对服务创新进行研究。甚至是在随后的服务创新实证研究中,也没有讨论服务企业有创新的假设的理由，更没有讨论服务创新的定义是否可以用在制造业发展而来的创新理论来解释。直到 Miles 等认为知识密集型服务企业有技术创新开始，人们对服务创新定义的注意力才正式转向熊彼特 1934 年的创新定义。[①] 该定义认为创新是种介绍新要素和重新组合旧要素的根本性行为，这个要素将产生营业额的增长和利润的增加。即使到现在，还有学者希望通过以熊彼特的创新观来整合制造业和服务业的创新定义。[②] 随着对服务创新研究的深入，人们对服务创新的定义有了更加深刻和独特的认识。但是，由于不同学者在研究背景、研究视角上的不同，对服务创新定义的理解亦有所不同。目前文献研究中主要有以下 4 种服务创新观点。

1. 要素观

服务创新就是介绍新要素（从概念到商业化应用）和改进旧要素（从概念到执行）的过程。[③] 这些"要素"指产品、服务或过程，包括把新产品、服务带给顾客，使用新方法提高服务效率，新概念的成功开发或创造性应用，服务过程、服务传递的改进等内容。

2. 组合观

服务创新是服务提供者为了给不断变化和具有高度不同需求的客户提供满意的解决方案，而采用的硬技术（即设备、计算机软件等）和软技术（个人技能、操作实践等）创造性组合。[④]

3. 改进观

服务创新是一个复杂搜索、学习和解决问题的适应性改进过程。[⑤] 这种服务创新是因出现服务问题而产生解决方案的过程。

4. 相对观

服务创新指包括想法、实践和目标相对于企业自己和相关环境的新，是对潜在服务创新者参照群体之新。[⑥] 创新是变革一些新东西，但不一定涉及创造性问题，改变也是创新，但不是创造性创新。[⑦] 因此，这种创新不需要相对于世界之新，只要相对于产业之新就足够了。

二、技术创新与服务创新

技术在服务创新中的作用是不言而喻的，在服务创新研究领域，对技术创新和服务创

---

① Miles I, N Kastrinos, K Flanagan, et al. Knowledge-intensive Business Services:Their Roles as Users, Carriers and Sources of Innovation[M]. Manchester: PREST, 1994.

② Ina Drejer. Identifying Innovation in Surveys of Services: A Schumpeterian Perspective[J]. Research Policy, 2004(33): 551–562.

③ Adegoke Oke. Barriers to Innovation Management in Service Companies[J]. Journal of Change Management, 2004, 4(1):31-44.

④ Bruce S Tether. The Sources and Aims of Innovation in Services: Variety Between and Within Sectors[J]. Econmic Innovation Technology, 2003, 12(6): 481–505.

⑤ Jon Sundbo, Robert Johnston, Jan Mattsson and Bruce Millett. Innovation in Service Internationalization: The Crucial Role of the Frantrepreneur[J]. Entrepreneurship & Regional Development, 2001(13): 247-267.

⑥ Wietze van der Aa, Tom Elfring. Realizing Innovation in Services[J]. Scandinavia Journal of Management, 2002(18): 155-171.

⑦ John R Bryson, M Christine Monnoyer. Understanding the Relationship Between Services and Innovation: The RESER Review of the European Service Literature on Innovation[J]. The Service Industries Journal, 2004, 24(1):205-222.

新的关系有两种主要的观点，一种观点认为服务是被动的应用新技术进行创新，还有一种观点认为服务不但在应用技术中创新，还是技术创新的有力触动者。

1. 被动的技术接受者

Pavitt 的技术活动分类把所有的私人服务都归纳为"提供者主导"的类型，在这里服务创新只不过是对新技术的应用而已。[①] Barras R 从 RPC[②] 模型中得出服务创新过程的改变直接导致服务内容改变的结论，其实质还是把技术作为唯一的服务创新资源，服务创新由从制造业发展而来的新技术的应用所决定，而忽视了组织、管理、营销等知识密集的因素。[③] 该理论与其说是服务创新理论的突破性创造，还不如说是技术创新在服务业中的应用。而随后的 Evangelista R 和 Miozzo M 及 Soete L 从技术路线出发的研究进一步表明，创新不但是新技术的创造，更是创造性地使用技术，而这种创造性使用正好是对市场需求的最好破译。[④]

2. 既是应用者又是触动者

Dirk C 和 Alfred S 明确地提出服务企业不仅仅是依赖技术进行创新，还通过自身健全的创新能力、专业知识、市场和管理技能成为技术创新的有力触动者的论断。[⑤] 如商务服务中的计算机服务企业，它们不但是计算机技术的传播者，更是与客户合作进行技术创新的触动者。Howells J 以制造业与服务业整合的视角，对制造业与服务业中的联动创新进行了分析，关键强调了服务业的服务创新对技术创新的刺激触动作用。[⑥] 以设计生产 Jaguar 新汽车为例，市场研究发现有 25% 的运动汽车为女性所购买，在美国市场上这种比例高达 33%，所以，Jaguar 新运动汽车的设计团队重新组合，男女各占一定的比例，市场研究人员、营销专家都成为指导技术工程师的主要人员。在新车的设计中，加入了车门清洁装置，从而使女性不会弄脏裙子；门把、卡子、开关重新进行设计，以免女士弄坏了手指甲。这种方式的服务创新使新生产的 Jaguar 车供不应求。

第二节 航运服务创新八大思维方式

一、人类八大基础思维

任何一项服务的创新，实际上都是一种思维模式的改变。航运从业人员的专业思维有

[①] Pavitt K. Sectoral Patterns of Technological Change: Towards a Taxonomy and a Theory[J]. Research Policy, 1984 (13): 343–373.

[②] 注：RPC 为 Reverse Product Cycle（逆向产品周期）的缩写。

[③] Barras R. Towards a Theory of Innovation in Services[J]. Research Policy, 1986 (15): 161–173.

[④] Evangelista R. Sectoral Patterns of Technological Change in Services[J]. Economics of Innovation and New Technology, 2000 (9): 183-221.

[⑤] Dirk Czarnttzkt, Alfred Spielkamp. Business Services in Germany:Bridges for Innovation[J]. The Service Industries Journal, 2003, 23 (2): 1-30.

[⑥] Howells J. The Nature of Innovation in Service, Report Presented to the OECD Innovation and Productivity Workshop[M]. Sydney,Australia, 2000.

利于他们更好地从事业务运作，但是，缺少系统的思维方式，就会影响创新思维的不断涌现。我们总结了八大思维图，如图 13-1 所示。

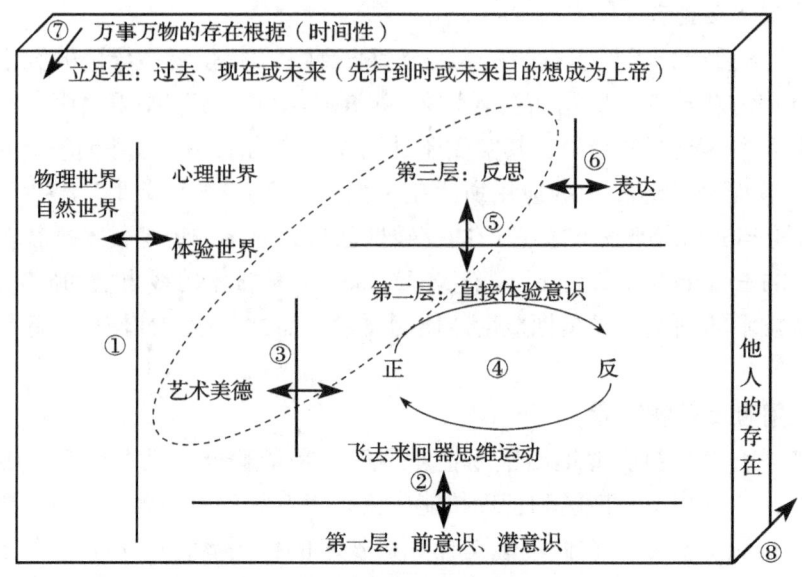

图 13-1 八大思维图

（一）物理世界与心理世界

物理世界与心理世界的比较，人们通常会想到客观性的问题，而客观性具有三层意义：外部东西、所思东西、自在东西。

从客体或现实世界出发的是泰勒斯和伊翁尼学派，是德谟克利特、厄壁鸠鲁、约旦·普禄诺及法国的唯物论者。从抽象概念出发的是斯宾诺莎（即是从纯抽象的，仅于其定义中存在的概念——实体出发）和更早的厄利亚学派。从时间，随即也是从数出发的是毕达哥拉斯派和《易经》的中国哲学。最后，从认识发动的意志活动出发的是经院学派，他们倡导说，一个在世外而具有人格的东西能以自己的意志活动从无中创造世界。

简要地说，从物质到意识，是唯物（朴素唯物主义、辩证唯物主义）、唯心（偏见思维）、唯理、唯名（洛克、休谟经验主义、怀疑主义）、唯我（卢梭、费希特、尼采、柏格森：感情决定思维判断）、辩证唯乐主义（边沁、伊壁鸠鲁、穆勒），实际上已经决定了人们看待思维与物质的差异。而这种差异往往能够造成人们的惯性思维和偏见思维。如强势惯性、前提惯性、语境惯性、群体惯性、线性思维、模式化思维、惰性思维等。偏见思维包括经验偏见、利益偏见、位置偏见、文化偏见等。这也是我们必须时刻对照这张图，提醒自己思维局限性的重要之处。

当意识被设定为存在时，那么对象的存在就变成了非存在。对自己的任何想法都要怀疑一遍，这叫作沉思。对自己最确信不疑的东西再怀疑一遍，这才是批判、反思精神。

（二）前意识与意识

前意识，是虽然在当时并没有被意识到，但在以后，却有可能被回想起来的东西。前意识所储存的东西，随时都可能为意识所提取。

不要以为怡情是在浪费时间，怡情既是在前意识中储备知识与洞察，又是在为专业激情加注力量。无用之用才是真正的大用。因此，请享受两种激情，以怡情激情强化专业激情，以专业激情升级怡情激情。前提——全神贯注体悟必得真知灼见。

前意识或潜意识能促成灵感思维的形成。灵感通常在直觉、梦境、危机情境下触发。从灵感的本质来说，它显然不是神来一笔的产物，而是勤奋思考达到一定时间和时机的瓜熟蒂落、水到渠成的境界。"十月怀胎，一朝分娩"，看似一时兴起的灵感往往来自信息的积累、想象的升华、诱因的催化等众多因素。所谓"神来之笔""出奇制胜""豁然开朗""茅塞顿开""醍醐灌顶"等很多神乎其神的状况，其实都是灵感的一种外在假象。这也就是越辛勤思考的人，越会有灵感的道理。往深入想，人们往往会对已经完成的工作遗忘得比较快，因为想要"完成"的欲望已经得到满足，而尚未完成的工作则会在大脑中始终惦记着，记忆时间大大延长。后来，有心理学家将人倾向于把一件事情做完的这种心理统称为"紫格尼克效应"，也有人称"自圆心理"。因此，便可以解释，为什么在灵感的孕育过程中，当我们对一个问题苦苦思索却仍不得其解的时候，把问题搁置一段时间后，解决问题的灵感常常会突然不请自来。这并不是从天而降的灵感，而是我们的大脑从来没有放松过，只是我们没有意识到而已。

现代心理学认为，灵感的迸发是内在原因和外在条件共同作用的结果。人的大脑可以看作是一个巨大的信息存储器，它每时每刻都在接受外界大量的信息输入，其中一部分可以被人有意识地感知和记忆，并且加以整理；而另一部分则成为我们的潜意识，这种潜意识事实上是在不停地活动之中，并不断进行新的排列、组合。在一定条件下，这些潜意识一旦受到外界特定事物的触发，便会跃入人的自觉意识中，当它的结果忽然呈现时，便给人一种"柳暗花明又一村"的感觉。

为什么灵感更容易在休闲场合而不是筋疲力尽或伏案工作的时候呢？道理很简单，当我们一直纠缠于某个烦心的问题时，思考到一定程度，思维就会越想越乱，找不到合适的突破口。而当我们休息一段时间不去思考这个问题时，我们就改变了面对的事情和相关的思维背景，这个时候我们可以调动大脑的另外的思考区域进行工作。在下一个思维背景中，我们看到或听到的东西一旦相关，往往就能够立即与我们暂放一边的问题联系起来。于是，答案不在大脑先前所用的区域，而是在另外一个区域被发现了。[①]

（三）艺术美德与意识

把美分层次：鉴赏审美（无目的、无概念、普遍喜欢），崇高审美（感性无法表现理念，回到内心），智性审美（社交性、合道德性），美的理想（理念的感性外显）。

真正的艺术家创造的美是自然努力要表现出，但还未曾表现出的东西。这种美连艺术家自己都未曾用肉眼看到过，而是用心眼看到了。对于真正的天才而言，这种预期是和高度的观照力相伴的，即是说当他在个别事物中认识到该事物的理念时，就好像大自然的一

---

① 王健，等：《王者的智慧——新经济时代的创新思维方法》，山西人民出版社，2008年版。

句话还只说出一半,他就已经体会了,并且把自然结结巴巴未说清的话说出来了。

在任何作品中如果见不出人性、心灵的动态发展理念和理想的能力,就不足以称为美的。

艺术美高于自然。因为艺术美是由心灵产生和再生的美,心灵和它的产品比,自然比它的现象高多少,艺术美也就比自然美高多少。从形式看,任何一个无聊的幻想,它既然是经过了人的头脑,也就比任何一个自然的产品要高些,因为这种幻想见出心灵活动和自由。就内容来说,如太阳确实像是一种绝对必然的东西,而一个古怪的幻想却是偶然的,一纵即逝;但是像太阳这种自然物,对它本身是无足轻重的,它本身不是自由的,没有自意识的,我们只就它和其他事物的必然关系来看待它,并不把它作为独立自由的东西来看待,这就是,不把它作为美东西来看待。

我们想获得积极情绪的最好方法就是美德与艺术。美的两个作用:一是摆脱痛苦,直接进入纯粹认识状态;二是获得幸福,感受到理念的幸福。人在大自然面前要暂时忘却自己,这样的人才具有怡情悦性的气质。大多数人即使是面对最优美的环境,也需要有人陪伴,至少有一本书,因为他们的认识一直没有摆脱被意志所驱使,为意志服务的状态。这些提醒告诉我,独自观审大自然、艺术,与有很多人一起有功利性为意志驱使的观看是两种完全不同的精神状态。

艺术与美德给情感带来的是另外一种思维,是思维的助推器,它使思维更具有感性的激情,更加活跃,更加愿意改变各种思维方式。

(四) 思维意识中的正反同一

在直接体验的思维意识中,黑格尔的《逻辑学》给我们提供了很好的思维范例。他那正、反、合的辩证发展思维给我们提供了思维创新的方向。黑格尔逻辑就是:飞去来回器运动、镜面反射光运动、封闭圆圈式运动。

正反合思维真正难在垂直思维,是一种升高的过程。难就难在水平化表象的思维运动,实际上是借鉴了表象世界中的以垂直升高的方式来运动的。概念发展都是在思维的层次上,用现实世界中的隐喻来表述,本质上是不可能触碰到任何事物的。用现实层中的语言来表述思维层中的概念发展所带来的不适,或者不知不觉地慢慢滑落到现实的不适。对表象来说,可能性比现实性更具有想象空间,而按照思想来说,现实性比可能性更具有思辨空间。

纵观黑格尔逻辑学的全部内容,可以得出如下几个结论:

(1) 所有在书目录中出现的动名词都是认识同一东西的存在、本质和概念。

(2) 正反之后的合是承前启用来产生更大新概念的关键。

(3) 新概念产生后,用它的辩证对立面来对其否定、自动、创造性地发展。

(4) 逻辑学是一个在找实在、绝对(整体)的过程。

概念是在不断否定、能动、演变的过程中发展为新的概念。因此任何一个黑格尔式的概念都是动名词,都是具有能动的、否定的、辩证性的动名词。所有的概念都是导致本质存在,是认识本质的根本,所有的概念的存在都是为了认识本质。本质是多层次的,不是单维的,而是多维的。

因此，当我们学到这一部分的时候，我们知道了正反合的思路，飞去来回器式的思路。当我们看到一个现象时，我们实际上想到了三个现象：它本身，它的对立面，它与对立面之间的中间内容。

这样我们根据以上四个结论得出以下五个思维模式：

第一，简单思维——有"无"这是黑格尔逻辑的起点。

第二，普遍联系、无限可能的假设，产生了发散思维、联想思维和多米诺思维。

第三，正反合假设，导致逆向思维、极限思维和偏移思维。

第四，全体大于部分、拉近放远（加入更大的背景）假设，产生了系统思维和超界思维。

第五，概念逻辑，而非形式逻辑，导致概念思维（A—B）。

简单思维是一种代表智慧的思维方式。正如爱因斯坦坚定不移地相信的那样，科学逻辑上的简单性，是这种理论正确性的重要标志。最伟大的真理常常也是最简单的真理。因为任何基本的东西都是简单的，宏伟事业的核心是简单的，人类文明的根基是简单的，人性的本原是简单的，宇宙的出发点是简单的，一切创造的起点也是简单的。

发散思维包括了结果发散、因果发散、属性发散、关系发散、功能发散，人们通常利用魔方法、魔球扩散法、多湖辉发散法、奥斯本简表法、原型启发法等来实践发散思维。联想思维包括相似、接近、对比、自由联想，可以通过头脑风暴、强制联想法、类比联想创新法来实现。多米诺思维是一种微量渐变效应，是一个蝴蝶效应的另一种称法。

逆向思维是在正反合基础上产生的，但是更重要的是在心里要时刻记住祸福相依的道理，不要让狂喜或悲伤的心情蒙蔽了逆向思维的前途。方位、属性、因果、心理、缺点、对立互补等辩证思维很重要。而极限思维就是把正与反的对立做成极限两端，无限推演一直到极端，就会起到一种极限思维的作用。偏移思维也被称为换轨思维，是否极泰来的另一种叫法。

系统思维是一种全局、整体意识的思维方式。整体法、综合法、结构分解法和要素法都能有效地训练系统思维。超界思维的本质是打破人为的各种界限，如预设前提、问题属性、技术边界、规则的边界等。

概念思维是一种对概念多角度理解的思维能力，举一个例子加以解释。

假如，A代表黑，B代表白。既非A，也非B。可能的结果是：

（1）是不A不B，即是灰。

（2）是又A又B（直觉、思维，思维性的直觉；白中有黑）。

（3）是无（如香味、臭味，是无味；或还没注意到，还未被揭示，如真、假）。

（4）是A或B的意义（自在、自为，自为的意义）。

（5）是A和B的基础（动机、动力，是自由）。

（6）是A到B的永恒过渡（存在、不存在，过去的存在；空间在时间中产生）。

（五）对直接体验的反思体验

柏拉图的理念原型、亚里士多德的逻辑学、笛卡儿我思故我在的观念、康德头顶上的星空、黑格尔的概念逻辑、叔本华的看穿了个体化原理的同一个意志、胡塞尔的心之目光、海德格尔的先行到时、萨特的目的等都是我们仰望星空之时，思考的同一个内容。

虽然人们通常说信仰是一些模糊不清的东西，不过这仅仅是指它的材料说的，而并不是指形式的理由说的，我们是为了形式的理由去信仰的。这需要我们有超越，才能达到超脱。温暖之于意志，就等于光之于认识。反思带来的温暖，犹如认识之光。

反思的自觉意识与能力，实际上是所有创新思维产生的基石，没有这种自觉的意识与能力，所有的创新都不可能产生出来。

（六）从意识到表达

思维中有思维，也就是说即使是思维中的东西，也还有意义（内容）与形式逻辑之分。而"盗梦空间"的道理也是梦中有梦。任何一个概念或思维、想法的表达都是需要借助于内容（实质）和形式两个东西，即使是形式也不例外。

人人眼中所有，并非人人心中所有；人人心中所有也并非人人口中所有。人们常说的嘴笨，其实不是嘴笨，而是脑笨。因为表达不清楚的根本原因是思维不清楚。

这种要求准确清晰表达的意愿，也让我们对形象思维有了新的认识。形象思维是思考以某种合适的"形"为媒介，这些"形"可以是语言、图像、声音、味道等，来表达或说明心中的意念以及事物的义理。爱因斯坦这样描述他的思维过程："我思考问题时，不是用语言进行思考，而是用活动的、跳跃的形象进行思考，当这种思考完成以后，我要花很大力气把它们转换成语言。"

如果想让别人身临其境，有带入感，必须让他们的五官都能产生形象思维。

（七）存在的根据

时间性中的目的：时间性中蕴含着所有的可能性。海德格尔认为能是而尚不是；而萨特认为可能是而尚不是。这是两种完全立足于不同点的哲学要义，前者站在生的立足点，是先行到时，是看透了全部生命了；后者是站在死的立足点，是要追求一种目的而在的可能。前者告诉你，你是怎样的人，就去做怎样的事；而后者告诉你你想成为怎样的人，才决定你去做什么事。这是完全不同的两种生存哲学。视角一变，世界也就变了。这里的视角之一就是目的，即目的一变，世界也就变了。自由是产生目的的自由，同样一个事物，目的一变，使用价值马上就变。目的一变，对手与助手的角色就全部变了。特别是，事物的敌对系数不可能是反对我们的自由的论据，因为是由于我们，也就是说由于目的的先决地位，这种敌对系数才涌现出来。

任何事物本身都是中性的，它等待被一个目的照亮。这有如一块岩石，如果我想搬动它，它便表现为一种深深的抵抗；然而当我想爬到它上面去观赏风景时，它就反过来成为一种宝贵的援助。从它本身来看——如果有可能观察它本身是什么的话——它是中性的，也就是说它等待着被一个目的照亮，以便表露自己是一个对手还是一个助手。

任何一个产品或服务本质上来讲都是中性的，关键是你用怎样的目的去照耀它，并有效地传递给消费者才是问题所在。

你如果想要让整个生命中的每一件事都具有意义，那么请先用最理想的原型来净化自己的思维，只有那个高度在你心中，当你目的之光照耀任何一件事之时，它才具有了伟大的意义。

（八）他人的存在

他人的存在之所以在思维上具有如此重大的地位，主要由于人类生存前提假设上的令人不可忽视性。

对于原罪的定义，历来的哲学家或者宗教哲学家都有不同的看法。奥古斯丁认为，人类失去了控制身体的完全自由意志；康德认为因为人类从无知变有知；而黑格尔认为，因为人类离开了天真、纯洁的状态破坏和谐统一状态的行为；海德格尔则认为因为从有知变无知；萨特认为因为面对别人存在，是因为我们突然发现他人的存在，有了羞耻感，从而确立了原罪的起源。

面对他人的认识，不同的哲学家也是不同的思想立场。胡塞尔认为，(面对面)斗争的形象（面对面的对立）——以认识衡量存在。黑格尔认为，(影随形)同质的两主体、同一的形象（形影不离）——认识与存在同一。海德格尔认为，(肩并肩)队的形象（我们、共在、肩并肩）——本性共在，与康德的主体性普遍法则一致。萨特认为，(哈哈镜)不同思维（意识）方式的两个主体。任何一个一般的他人都是他自己的可能性，是对于自己而言的存在，不需要借助于我。萨特"为他存在"的基本观点：他人也是一个像我一样的主体，但并不完全相同。我眼中的世界不是他眼中的世界。萨特用一句很有名的话阐述突然发现他人存在、被别人注视的感觉："我正在透过门缝、锁孔等偷窥里面活动，突然我听到了走廊里的脚步声。"

他人存在的事实，往往导致我们在权威思维上的束缚性。

这些权威包括有形权威中的专家、媒介和无形权威中的文化、制度、群体压力等。所谓学贵有疑，要有质疑思维，也就是反思与批判的思维，这才是最为重要的思维。

小　结

（1）图 13-1 也就是我们通常看世界的三个论：本体论、认识论（包括方法论）和价值论（伦理学、美学等）。

（2）这个椭圆连出的是真、善、美的等价。凡是能够引导人们向"善"的东西，都是德性。所有的真理、优势、美德、美好事物都是善的。凡是讲到目的，都可以讲到伦理学的内容：善（单一美德）、更善（对比中发现）、高尚（为他的美德）。美是短暂的幸福；善是持久的幸福；真是美与善的基础，幸福的基本范畴。三者共同的核心概念：愉悦、自由、理念、自我满意。从感性形象见出理念就见出美，这是艺术的事（靠感觉）；从理性思维见出理念就见出真，这是理论哲学的事（靠思考）；从实践意志见出理念到见出善，这是实践哲学的事（靠实践）。真是理性；美是理想的感性显现；善是理性的客观实践。

（3）无意识、表象（艺术也是靠直观的，而不是靠反思）、意志（三层次）。

（4）他人的异在、共在、形在是自身圆满的。

（5）过去、现在、未来是统一的。

二、对应的创新思维图

图 13-1 的八大思维，在日常生活中通常不太容易理解，也不太容易想到。但是我们确实在应用这些思维方式，更加直观、易懂的方式，就是逐一对应下来的创新思维图，如图 13-2 所示。

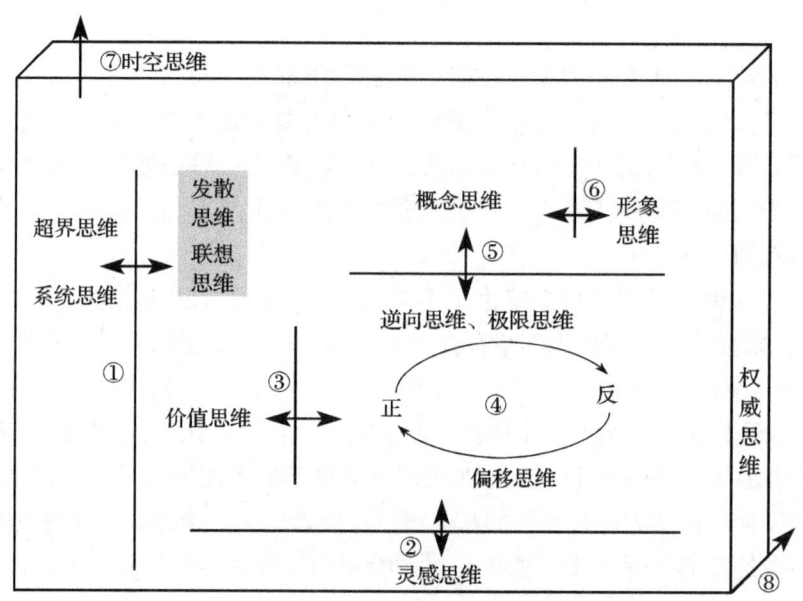

图 13-2　创新思维图

（一）内外（普遍联系，无限可能）

1. 超界思维

这是一种跨越我们固有成见，超越个体偏见，遵循异体同构的原理，把世界万事万物普遍联系起来的一种思维方式。

2. 系统思维

系统思维是一种开放、动态、互动的思维方式，它将各种现象事物都看成是相互牵连、彼此相关的。在整个系统中，往往一个不易察觉的小小的行动或要素，也可以牵一发而动全身，产生巨大的影响。系统思维常见的方法有整体法、综合法、结构分解法、要素法及功能排序法等。①

3. 发散思维

发散思维是创新思维的核心。正是在发散思维中，我们才看到了创新思维最明显的特征。创新思维所面对的首先是一个具有广泛联系和无限可能性的世界，其联系的方式和程度比我们想象的更为复杂。在这复杂背后，存在着更大的超越指数倍的可能性。大自然无穷无尽的复杂联系和无限可能的安排，也许是刻意给人类留下的创造舞台，各种匪夷所思的猜想就有了存在的本体性意义。包括了结构发散、因果发散、属性发散、关系发散、功

---

① 王健，等：《王者的智慧——新经济时代的创新思维方法》，山西人民出版社，2008 年版。

能发散等。

4. 联想思维

联想是由两个或两个以上刺激物同时地或连续地发生作用而产生的暂时神经联系，是在头脑中由一事物想到另一事物的心理活动。靠着它，每个人都能把输入大脑的信息串联起来，构建出独特的思考网络，从记忆的仓库里提取所需要的信息。联想具有超越古今、横贯宇宙、不合常情等神奇色彩。它可以分为相似联想、接近联想、对比联想、自由联想等方式。

（二）灵感思维

直觉和灵感产生原理：溶液饱和、温度变化才能产生结晶现象；同样的道理，信息饱和、环境刺激才有可能产生灵感。越辛勤劳作、勤于思考的人，越有灵感。前提是他能不时地进入灵感思维的环境与心境。一夜酣睡后，精力充沛地去休闲。休闲是一个更有学问的工作。修炼直觉首先要调整心态：安心、开放、坚信、空杯、专注、交流、新颖。

（三）价值思维

在创造性思维中，一切思维的出发点都是为了人类或客户创造价值，不管是有用的产品、有价值的服务、有用的观点、新奇的方法，还是精神力量，这些都是价值思维的出发点。创新是为了更好的人类生活。

（四）直接体验（阴阳太极）

1. 逆向思维

逆向思维是一种辩证思维，它不同于一般的形式逻辑思维，它要求人们跳出单向的线性推导路径，在逻辑推理的尽头突然折返，思路急转直下。它具有普适性、新奇性和叛逆性三个特征。

2. 极限思维

思路最容易受阻的情况是，在实际生活中，由于现状过于复杂，各种现象之间的变量受随机因素影响太大，使人无法厘清极为复杂的各种关系。在这种情况下，运用极限假设法似乎是一条出路。极限假设法是把所思考的问题及其条件进行理想化假设，当假设被一步步地推到极端时，问题的实质便会凸现出来。

3. 偏移思维

偏移思维是创造性思维的一种重要形式，是指思维逸出通常路径，也即绕过主流思路，从侧面寻求问题的解。从偏移的程度而言，一般有思维偏移、思维越轨、思维跃迁。

（五）概念思维

为了展示存在于人的头脑中的资料或印象，需要给这些资料或印象贴上标签，这些标签就是观念。我们可以使用这些标签来相互交流，并就标签的具体含义达成共识，而这个共识就是概念。概念是脱离文字独立存在的，当新创立了某个东西时，通常它都没有名字。正因为如此，使用概念进行思考是非常有利于创新的，不要因为一个想法缺少一个名字或一个熟悉的词组而认为它没有价值。事实上，文明以及文化演化的历程的标志就是不断地衍生出新的词汇和术语。在创造新的解决问题的方法的过程中，通过概念进行思考的能力相当重要，因为你正在创造着尚不存在的东西。

（六）形象思维

形象思维是思考以某种合适的"形"为媒介，这些"形"可以是语言、图像、声音、味道等，来表达或说明心中的意念及事物的义理。

（七）时空思维

时空思维是把思考对象放到历史发展的过程中的一个阶段作为思考，在历史演变长河中找出发展的规律，在特定空间中寻找到其独特位置的思维方式。

（八）权威思维

权威效应，就是指说话的人如果地位高，有威信，受人尊重，则其所说的话容易引起别人重视，并被相信其正确性，即"人微言轻、人贵言重"。这种权威思维也恰恰是偏见思维、惯性思维的根源。因此，从创新思维的角度来看，这种由于有分量的人出现而导致的权威思维，恰恰是我们需要克服、打破的。

三、怎么培养这种思维性感觉

因此，未来需要的是具有思维性感觉，能够把物质与心灵之间的关系洞察得非常清楚的人才。

（1）到大自然、现实中去用直觉指导实践行动（知觉场——直观场——意识场）。
（2）到经典著作中去寻找思维方式与高度。
（3）接受和善于提出疑问、质问。
（4）全神贯注投入必得真知灼见。

区别哲学家的真伪，就在于此。真正的哲学家，他的疑难是从观察世界产生的；冒牌哲学家则相反，他的疑难是从一本书中，从一个现成体系中产生的。

何谓经典？

第一，经典是通过经受住了后人对其每一句话、每一个意思的千万次考问后，才确立其地位的。

第二，每一个能称得上经典的著作都是与众不同、独一无二的思想者。

第三，每个人对经典的理解都可以仁者见仁、智者见智，不同的人对经典可以有不同的理解。

第四，每个人面对经典，每读一遍，都会有新的启发和收获。

因此，谁要是向往经典，就得亲自到原著那肃穆的圣地去找永垂不朽的大师。每一个这样真正的哲学家，他的主要篇章对他的学说所提供的洞见常百倍于庸俗头脑在转述这些学说时所做的拖沓藐视的报告；何况这些庸才们多半还是深深局限于当时的时髦哲学或个人情意之中。可是使人惊异的是读者群众竟如此固执地宁愿找那些第二手的转述。

真理总是被抱着私人目的的（世俗）庸才们转述后，就像一张具有匀称美的脸经哈哈镜作用后变成了一副鬼脸一样，既失去了原有的思想广度，也失去了其思想深度。

哲学之灯，艺术之镜，经管之尺。哲学是灯的双重含义：①照亮了人们认识中的黑暗区；②成为人们追求前进的指引灯塔。

犹如一盏神灯映出多种多样的图片，然而使所有这些图片获得可见性的却只是灯里那一簇火焰。因为，在文艺里也是天才把那面使事物明朗化的镜子放在我们面前，在这面镜子里给我们迎面映出的是一切本质的和有意义的东西都齐全了，都摆在最明亮的光线之下；至于那些偶然的、不相干的东西则都已剔除干净了。阅读哲学最大的改变是开始关注日常习以为常、并深信不疑的熟知，热爱它，思考它，反思它，颠覆它。经典就是这样，你对待它越严肃、越认真、越尊敬，它给予你的东西（功力、思维、思想、知识等）也越丰富，越有价值，越深刻、系统。

第三节 航运服务创新模式

一、服务创新模式分类

服务创新模式是服务企业对服务创新方法的一种总结，是企业服务创新能力大小的体现，也是学者们理论研究的重点。国外学者从不同的角度对服务创新模式进行了归纳，主要有基本服务模式、服务延伸模式、业务捆绑模式、专门定制模式、核心外围模式、功能渐进模式、要素整合模式、平台集成模式八种创新模式[①]。

1. 基本服务模式

基本服务法就是企业把服务成本降低到最低极限，但同时能够直接命中顾客基本服务需求的方法。把基本服务实实在在地做好，企业不但能获得顾客的青睐，而且还能获得不菲的收益。德国的阿尔迪（Aldi）超市就是凭借绝对低价击败了沃尔玛。相对于沃尔玛"超级购物中心"的 15 万种卖品，一家典型的阿尔迪店只有约 700 种卖品，全是"少得不能再少的生活必需品"，仅有的货品大大降低了阿尔迪的物流成本，并让阿尔迪与供货商就品质控制和价格谈判时处于绝对优势。相对于沃尔玛 1500 平方米的"超级大卖场"，一般每个阿尔迪店的营业面积只有 750 平方米，大大降低了房租与水电的费用。相对于沃尔玛一家店 40～50 个员工，阿尔迪每个连锁店内一般只有 4～5 名员工，远远低于普通超

---
① 於军：《服务创新八法》，《企业管理》，2008 年 6 月。

市 15 名员工的平均数字。在阿尔迪店内，一般四个收款台只开放两个，当买东西的顾客排成长队时，只需按一下收银台的按铃，很快就有另外的收银员过来。基本服务法就是通过提升基本服务的性价比来赢得顾客，春秋航空凭借低价、快速的优势获得了极强的竞争力，经济型连锁酒店就是凭借经济、实用在中国酒店市场中占据了一席之地。以如家快捷为例，如家快捷只是满足人们的三个基本需求：睡眠与休息，卫生与安全，便利与快捷。因此，门童可以不要，豪华装饰可以不要，KTV 不要，桑拿健身不要，有些店甚至连餐厅都可以不要，因为酒店周围的配套设施能够提供这些服务。整个酒店只有三个工种：店长、服务员和保安，其他的都可以省略。用这种基本服务法，如家快捷于 2006 年 10 月 26 日在纳斯达克成功上市，成为国外投资者热烈追捧的对象。

2. 服务延伸模式

服务延伸法是指企业把自己的服务内容全面覆盖到售前、售中和售后服务环节的做法。实际上，在一些服务行业中司空见惯的售前服务内容，在另外一些服务行业看来可能就是一种创新。比如在保险业界非常普通的售前服务，在家电销售业就显得非常前卫。但是，正是这种增值服务，才显得与众不同。更何况，顾客对家电销售的售前服务需求正在凸现。层出不穷的新产品在给消费者带来一个个惊喜的同时，也使不少顾客感到茫然无措，他们对许多新产品不认识、不了解，因而不会使用，直至不敢贸然购买。美的、海尔等厂家明确提出了服务应从售前开始的理念。在售前进行服务既是做好服务的需要，也是知识营销的需要。例如，在很多地方，电脑厂商拓展售前服务的内涵，为消费者提供免费计算机培训服务，免费提供场地、电脑及专人授课。服务延伸法也可以在美容美发行业推广，从售中服务向售后服务延伸，往往能够取得意想不到的效果。上海文峰集团在美容美发上采用了售后回访的方式，询问顾客是否满意，如果不满意可以在 5 天之内免费重新修剪，结果顾客忠诚度大大提高，97% 接受过文峰美容美发服务的顾客都愿意继续光顾。

3. 业务捆绑模式

重组化创新模式是由 Wietze van der Aa 和 Tom Elfring 两位学者提出来的。这种形式的创新与 Henderson & Clark (1990) 的建筑式创新[①]，Normann R (1991) 的"捆绑概念"[②]，Sundbo (1994) 的"模块化概念"[③] 相似。这种重组方式侧重于企业内部的多元服务业务发展，从顾客的角度来讲，在同一个服务提供者那里购买"捆绑"服务要比分别在不同的提供者那里购买能产生更多的附加值；对服务企业来讲，针对不同顾客，可以提供差异化和定制化的服务内容。业务捆绑法是指企业根据顾客多元需求，提供多样服务内容，使顾客在同一个服务提供者那里购买"捆绑"服务，从而获得比分别在不同服务提供者那里购买更多附加值的方法。2001 年之前，美国各汽油加油站提供一些口香糖、薯片等之类的针对冲动性消费者的零食已司空见惯。但是，随着汽油不断涨价，加油站的利润空间也越来越小；与此同时，人们生活节奏加快，以及夫妻同时上班情况的增多，导致有很多人没有

---

① Henderson R M, Clark K B. Architectural Innovation: The Reconfiguration of Existing Product Technologies and the Failure of Established firms[J]. Administrative Science Quarterly, 1990 (35): 9-30.

② Normann R. Service Management, Strategy and Leadership in Service Businesses[M]. Chicester:Wiley,1991.

③ Sundbo J. Modulization of Service Production and a Thesis of Convergence Between Service and Manufacturing Organizations[J]. Scandinavian Journal of Management, 1994, 10(3): 245-266.

时间上街购物。于是，有汽车加油站开始想出在加油站开超市的点子，现在的加油站超市除了原先的食品外，还卖胶卷、电池、白菜、水果等，应有尽有。这些加油站从1加仑汽油中的获利只有1%，而超市给他们带来了20%的利润率。到现在为止，有些加油站甚至增设了书店，让汽车车主在书店中打发因汽车堵塞所浪费的时间。汽车车主的文化层次，知识经济体系中人们工作、生活的匆忙，打发无聊塞车的事实等，这些因素的交汇，使这两种在人们常规思维中原本风马牛不相及的业务联系在了一起。而这几种业务的组合，在这里却被捆绑得理所当然。业务捆绑法关键是要能挖掘顾客潜在的需求，把它们捆绑在一起销售。如拉弗尔德（Lavold）公司，其主要业务是清洁，但他们开始关注新的业务领域——电脑清洁业务，在帮顾客清洁房间卫生的同时，提供电脑清洁业务。业务捆绑法做到极致就成了套餐服务，如银行可以在提供多个服务内容上，这里让一点，那里获一点，其他地方持平，生意就好做了。

4. 专门定制模式

专门化创新模式也被称为通过服务进行创新，是由 Faiz Gallouj 等学者首先提出来的。[①]专门定制法也被称为通过服务进行创新，是指根据客户提出的具体需求由提供方给出经由双方交互作用而产生的解决方案的创新方式。这类创新更多地发生在咨询式服务的公司为顾客的服务过程中，咨询企业利用自己积累的知识，根据顾客的实际需求，在与顾客协同诊断问题的同时，给出创造性的解决方案。如"7S"模型、波士顿矩阵等经典模型来自解决客户问题的服务过程中，同时反过来帮助麦肯锡、波士顿咨询公司等站在管理咨询的最前沿。

专门定制法就是问题导向的服务解决方案创新手段，企业针对遇到的问题，提出创造性的解决方案。如一家油气公司想开采一块受保护地区的油田，工程咨询公司根据实际情况，找到一个能够满足严格保护法规的开采方法，设计新方法、培训油气公司的开采人员等过程，就是服务提供者在帮客户解决问题的过程中实现了创新，或者称为创造性应用中的服务创新。IT服务领域的专门定制创新也非常多，如IBM提出的"因需而变"服务，就属于典型的利用专门定制法进行的"应用性服务创新"。

随着人们对个性化的追求，服务越来越提倡定制化服务。定制是一种服务提供者和服务消费者之间相互作用、共同生产的过程。根据服务行为中的定制化程度，服务创新可以划分为五种模式，如表13-1所示。

表 13-1　定制化服务创新模式表

创新模式	定制化特征	服务提供者
裁缝制作创新	服务产品是裁缝根据特定顾客的需求制作的，产品是从"乱涂乱画"中产生的	小公司 动作服务
特定创新	实现服务产品需要适应顾客需求的特征。在这种"解决问题"的供应中，所实施的"服务产品"需要和顾客一起合作产生，作为互相作用的解答过程。根据不同顾客的特定内容而调整。这些创新通过实施专家采用而形成理论的方式进行规范化而得到扩展，从而使该创新的核心部分运用到新的顾客身上	服务供应商的专家知识密集服务

[①] Gallouj F, Weinstein O. Innovation in Services[J]. Research Policy, 1997(26): 537-556.

续表

创新模式	定制化特征	服务提供者
新组合或体系结构创新	通过或多或少的标准化服务要素的分离重新组合而得到的新产品	金融（大批量）服务，运作服务
差异化或附件创新	通过增加新的或改进的外围服务而得到的新服务产品	餐饮业贸易
交付或规则创新	保持"服务产品"的基本功能和特性，但同时与顾客之间交付或相互作用模式发生了变化	运作服务 金融服务

资料来源：Jobao Hauknes. Service in Innovation, Innovation in Service[R].SI4S Final Report, 1998.

Jobao(1998)借鉴 Lampel 和 Minztberg(1996)对制造业大规模定制生产研究的成果，同时充分考虑到每个顾客需求特点的不同，为了更好地满足不同顾客的需求，整理出表 13-1 所示的五种具有不同定制化程度的服务创新模式。[1] Lampel 和 Minztberg(1996) 认为个性化需求发生在设计、制造、装配和销售的不同环节，在标准化和定制化之间形成一个战略的连续集，并提出了五种分类：一是完全标准化（Pure Standardization），也就是大规模的标准产品。二是细分标准化（Segmented Standardization），这时顾客的定制需求发生在销售阶段。三是定制标准化（Customized Standardization），它是从大规模生产的标准部件中定制产品，这时定制发生在装配和销售环节。四是剪裁定制化（Tailored Customization），企业提供一种产品原型给潜在顾客，顾客可以自己适应或剪裁它。这时定制发生在加工、装配和销售阶段。五是完全定制化（Pure Customization），这时顾客的需求深深地渗透进产品的设计当中，产品是完全按照顾客的需要定制的。表 13-1 中的裁缝制作创新和特定创新类似对应于完全定制化，二者的差别在于前者的创新所形成的暗默知识只能存在于创新者的头脑中，无法转移，故只能是作坊式的生产，不能实现大规模的生产，而后者虽然并不要求大规模生产，却可以"通过实施专家采用形成理论的方式进行规范化而得到扩展"，即使创新形成的隐性知识通过一定的方式方法转化为显性知识，从而能够使该创新的核心部分运用到新的顾客身上。新组合或体系结构创新、差异化或附件创新类似对应于定制标准化或剪裁定制化，而交付或规则创新类似对应于细分标准化。由表可以看出，由下往上，创新定制化程度越来越高，定制化程度越高的服务创新则越能够满足顾客的需求。

5. 核心外围模式

正如传统市场营销学中的整体产品概念，一个产品可以分为核心部分、形体部分和附加部分，法国学者艾格理尔和兰吉尔德（Eiglier 和 langear,1987）提出了一个核心和外围服务模型（Core and Peripheral），核心服务被一个包含着某种产品所特有的一系列外围服务的服务圈所包围。核心服务相当于整体产品概念中的核心部分，它代表的是顾客的核心利益，在市场行动中必须要具备基本的技能和资源才能满足顾客最低限度的期望；外围服务则相当于整体产品概念中的附加部分，它代表的是顾客的进一步或追加利益。Christopher H.Lovelock(2000)进一步地把外围服务分为八类：信息服务、订单处理、保管服务、开账

---

[1] Lampel Joseph, Mintzberg Henry. Customizing Customization[J]. Sloan Management Review，1996，38(1)：21-30.

单、咨询服务、招待服务、例外服务和付款[①]。也有的学者把外围服务称为附加服务，如 Christopher H.Lovelock 认为这样称呼更能包含扩大核心服务和提供一种竞争优势的含义。

核心外围法是指企业统筹兼顾核心服务与外围服务（或称附加服务）的服务创新方法。核心服务相当于整体产品概念中的核心部分，它代表的是顾客的核心利益；外围服务则相当于整体产品概念中的附加部分，它代表的是顾客的进一步或追加利益。针对特定的核心服务，外围服务使"产品"差异化成为可能，并成为构建竞争优势的基础。根据服务附加价值类型的不同，可以分为利益纵深法和情景体验法。①利益纵深法就是在原先服务内容的基础上，加入能够彻底解决顾客问题的所有服务，提供一站式服务的方法。如花旗银行在加拿大多伦多针对牙医学院的学生，为其提供了包括从牙医诊所地点选择、找护士、找会计、买设备，到银行贷款等一条龙服务，牙医毕业后只需要干两件事：拔牙和洗牙。花旗银行不但替牙医管账，而且每个业务还要收钱，因此，赚得钵满盆满。②情景体验法就是在核心服务之外，利用服务氛围的改善，增加顾客的感知价值。星巴克除了给顾客提供可口的咖啡、饮料、点心之外，关键是让顾客感受到了其独一无二的星巴克文化。视觉的温馨、听觉的随心所欲、嗅觉的咖啡香味等，星巴克以其独有的"咖啡宗教"征服着世界上的咖啡子民。

核心外围服务内容是一个动态转变的概念，外围服务会随着时间的推移变成核心服务，卓越服务内容会逐渐变成标准服务内容。例如，当所有的航空公司都提供了一个空中常客计划的时候，顾客则认为享受空中常客计划服务理所当然，这项服务也就成了航空交通服务的基本需要。

6. 功能渐进模式

功能渐进法是指企业不断提升服务能力的创新方法。按照功能提升的特征可以分为提升性创新、渐进性创新和根本性创新这三种。①提升性创新。是指企业在保留了原先技术特征不变之外，主要侧重于这些特征的价值或质量的提升。如葡萄牙的 Grupo Fernando Simao(GFS) 汽车经销商通过维修流程再造，在原有流程前面加入预约内容，使顾客在维修站的等待时间由原来的 95 分钟缩短到 69 分钟，维修站平均为每辆车的服务时间由原来的 180 分钟缩短到现在的 120 分钟。联邦快递通过加快快递速度、提高邮寄限重、增加快递频率、延长服务时间来进行提升性创新。②渐进性创新。是指企业通过在技术特征中加入新要素或者以新要素替代旧要素，从而最终达到改变创新特征的目的。如微波炉在餐饮业中的应用，大大加快了咖啡吧和饭店对食物加热的速度，电子收款机在超市中的使用，大大缩短了顾客排队结账的时间等。③根本性创新。这种创新是服务创新中的技术特征全部变成新的内容，最终的服务特征也由此全新改变。如 1995 年 10 月 18 日在美国诞生了第一家网上银行——安全第一网络银行（Security First Network Bank），这是世界上第一家将其所有银行业务都通过 Internet 交易处理的开放性银行。新加坡航空公司是利用功能渐进法创新，从而达到持续超越的典型服务企业。它的秘诀在于，在 100 件事上都比别人强出 1%，要比在一件事上比别人强 100% 好得多。因此，新航除了制度化集中式的持续改

---

① Christopher H. Lovelock,Services Marketing: People, Technology [M]. Boston:Prentice Hall, 2000.

进体系以外，还有一种十分简单的、软性的、自发的、分散的、同样成效卓著的创新体系，被称为"中心电子日志"。公司所有人都可以参与发表日志，贡献创意。公司每隔几周就会召开会议讨论日志中的点子，对公司服务进行功能渐进性的改进。

7. 要素整合模式

服务属性整合化创新模式由 Kim W. C. 和 Mauborgne R. 首先提出[①]。两位作者认为，与传统的产业内市场分割服务创新相比，产业交融价值创造创新在产业假设上更加侧重于产业环境，甚至是产业都可以通过公司价值创造创新战略重新进行定义；在创新战略聚焦上强调监视竞争对手，但并不以竞争对手为标杆，而是通过给顾客提供一种全新的价值从而开辟一个新的产业为目标；在顾客选择上，不再强调市场细分，却更加注重消费者最关心的共同价值，把顾客群体聚焦在了市场的核心以及最广大的群体上；在资产与能力上，认为现存的资源并不能限制新机会的挖掘，他们能够更加深刻地理解消费者的价值需求，并有能力提供这些价值；在提供的产品与能力上，强调提供给顾客超越产业内服务产品所具有的服务价值。要素整合法是一种在服务要素上取长补短的方法，它包括向其他产业和自己产业内优秀企业借鉴两种方式。利用剔除、减少、增加、创造的方法，美国太阳马戏团因为增加戏剧业中的艺术气息和深邃奥妙感，剔除马戏表演中成本昂贵的动物表演秀等，留下三个关键要素（帐篷、小丑和经典杂技表演）而大获成功。但是，要素整合法还包括另一层意思，企业还可以在自己产业内向其他优秀企业借鉴服务要素进行创新。如美国中式连锁餐厅老张餐馆（P. F. Chang's）就是利用要素整合法把西方餐饮连锁店的服务优势要素加入中式餐馆经营中，融合了中西方餐馆优势而取得了成功。该公司成立于1993年，1998年12月4日（NASDAQ）上市。其中餐馆（P.F.Chang's China Bistro）的独特建筑装潢风格是中西文化交融创新的典范。店面设计在形式上保持了设计的灵活性，结合当地文化特点，使每个店面设计都能成为一件艺术品；在设计元素上又保持了连锁店的统一性，如走廊式前门，对称的门前摆设，象征发愤图强的雕塑马，统一的字体等；店内设计，在内部装潢上既保持了中国式餐馆的大气，又融合进了西方酒吧式的温馨与亲密。每道菜肴的营养成分都可以进行准确的量化、标准化，而对于还没有准确数据的信息决不随意填写；不同场合、时间提供的菜肴营养信息即使有微小的变化，也向顾客进行如实的通告；菜单所描述的标准化制作过程清晰明了，不会造成顾客误会。例如，"四川鸡"是先油炸，再加辣炒成；"湖南鸡"是只炒不炸；"四川牛"是既炒又炸。菜单还标注出某些特别费工夫的菜所需烹饪时间，如锅贴，15分钟；蒸鱼，30分钟等。老张餐馆的成功是中西文化精髓整合创新的成功，对中国其他服务业也会有很大的借鉴作用。

8. 平台集成模式

平台集成法就是企业利用网络作为交易平台为顾客提供服务的方法。平台集成最大的特色就是可以整合多种分散的资源，通过网络手段进行集成管理，实现最大的经济效益。耳熟能详的成功企业有 e-Bay、淘宝网、阿里巴巴、当当网、分时传媒等，它们都是网络服务中介的典型代表。其中，分时传媒注意到中国户外广告牌数量多，广告公司多，销售

[①] Kim W C, Mauborgne R. Value Innovation: The Strategic Logic of High Growth [J]. Harvard Business Review, 1997, 75 (1): 102-112.

成本高，并且大量广告牌在上一个合同结束后还存在空档期，而企业在产品或服务推广期往往需要在短时间内集中、大量投放的问题。于是，分时传媒就利用被称为户外媒体"超级市场"的分时广告系统，来消除媒体主和广告买家之间由于信息不对称所造成的资源浪费。通过电脑联网登录分时传媒 e-TSM 系统（这里聚集了全国省会以上城市 96.2% 的户外广告资源），可以轻松找到客户想要了解的户外广告牌资源，包括广告牌的空档期、数量、规格、面积、车流量、人流量，甚至适合的行业、品牌在内的所有信息。分时传媒由于帮助媒体主节省了销售成本并降低了媒体闲置时间，因此能够以更低的价格拿到广告位置，而以单个或组合套装方式销售后的差价就是其利润。与 e-Bay 公司一样，分时传媒成立的第一个月就开始盈利。平台集成法实现了范围经济的优势，它利用网络把原先分散的买卖双方信息储存在服务器里，让大家从对称信息中获取更大的服务价值。

二、对现有服务创新模式的总结与评价

现在，社会各界对企业服务创新的研究越来越深入和广泛，因此，本书只是粗略地梳理了目前的企业服务创新内容。对服务创新定义的概述，可以明确服务创新的本质，使本来模糊、混乱概念趋向清晰，可以统一大家对服务创新内涵的认识；对技术创新与服务创新关系的分析，让服务创新的研究方法更加丰富，可以综合运用技术同化法、技术服务分界法和整合法对服务创新进行研究；对服务创新模式的整理，有利于企业掌握服务创新的各种具体方法，可以增强企业的实际运作能力。但是，现有服务创新模式存在零散而不成体系、模式间内容互相重叠、模式提出缺少内在动力机制分析等问题。

1. 现有服务创新模式零散而不成体系

现有服务创新模式的提出多以"要素"考察为主，缺少一个系统思考的模型支持，因此，各模式往往零散、孤立，不成系统。除了 Faiz Gallouj 和 Olivier Weinstein(1997) 以服务创新模型为基础提出了服务创新模式外，国内外服务创新研究者基本上是以"要素"的重点考察为研究服务创新模式的通用方法（Normann,1991；Jon Sundbo ,2001；Sundbo,1994）。毫无疑问，Gallouj 等（1997）通过模型到模式的方法所提出的服务创新模式更具有系统性和说服力。因此，本书在提出服务创新模式之前，先以考察服务创新模型的方式，为服务创新模式的提出打好基础。

2. 各服务创新模式之间多有重叠之处

6 个服务创新模式具有互通之处，姜红等认为，定制与专门、功能与专门化创新之间往往存在交融的联系，彼此并不能明确区分，就如服务创新中的产品与流程之间的关系一样紧密，以至于很难明确区别两者。[①] 实际上，这 6 个服务创新模式彼此互相融合，互相依存，你中有我，我中有你。如属性整合化模式往往会在渐进化模式中间接反映出来，适应性改进化模式会在定制专门化模式中表现出来，而核心外围两分化创新模式会在功能渐进化模式中进行说明等。魏江（2004）在研究综述中指出，各学者对服务创新模式的不同解读在于服务本身的特性，人们很难对"产品"和"流程"进行严格的区分，"专门化"

---

① 姜红、曾锵：《服务创新模式研究现状与展望》，《浙江树人大学学报》，2005 年 3 月。

的分类具有很大的主观性,"功能"的外延也难以被界定,因此功能性创新和专门化创新常常混淆在一起,难以区分。[①] 如果一项创新是专门针对特定顾客群体特殊设计而增添了很多新的功能,那么这项创新既可以是专门化创新,也可以是功能创新,很难严格地进行区分。事实上,功能创新和专门化创新并不是完全对立的两类创新,功能创新可能包含着专门化创新,而专门化创新也可能伴随着功能创新。这种模式之间互相牵连的特点给系统研究服务创新模式提供了机会。

3. 服务创新模式的提出缺少内在思维基础

前面概述的八种服务创新模式,都缺少内在思维基础分析,因此,所提出的各个服务创新模式也大都不能为一个角度所能概括。如服务属性整合化模式主要侧重于产业外竞争要素的借鉴;业务重组化创新模式主要侧重于企业内业务互补;定制专门化创新模式主要侧重于顾客需求驱动;功能渐进化主要侧重于服务创新过程的改进;核心外围两分化主要侧重于服务产品的自身;适应性改进化创新模式主要侧重于外部环境对创新的影响。因此,从人类最基本、最根源的思维方式出发,以建立服务创新思维为先导,再系统地提出服务创新模式,不但具有理论上的内在动力驱动,还具有方式、方法上的系统完整性,所提出的服务创新模式也就更有可操作性。

复习、理解与应用

本章关键概念

1. 技术创新与服务创新
2. 航运服务创新八大思维
3. 服务创新模式

阅读理解

1. 航运服务创新八大思维模式分别是什么?
2. 如何培养创新思维?
3. 服务创新模式主要有哪些?

拓展应用

1. 请查阅世界航运历史,找出航运服务创新的经典案例。
2. 请以马士基航运公司为例,谈谈马士基最近五年的服务创新都有哪些?其分别属于哪种服务创新模式?

---

① 魏江等:《知识密集型服务业与创新》,科学出版社,2004年版。

第十四章　航运服务跨界创新①

第一节　何为航运服务跨界创新

航运对人类思想的影响远远超出人们的想象，在风云变幻的当今世界，航运业所体现出来的产业创造力、产业借鉴力、产业融合力、产业升级力、产业进化与革命力都超出了人们的想象。同时，航运产业自我学习、自我提升的能力与速度，也超越了人们的想象。作者希望航运业在大多数人眼中的神秘感、隔阂感，"洼地"产业印象，能够通过本书的介绍逐渐消失。

本书中的跨界创新是指企业超越本行业传统预设前提，突破本行业既有规则边界，借鉴其他产业成熟做法，从产业跨界的视角在本行业创立新的更有效的管理和经营规则的过程。爱因斯坦曾说："同一层次的思维解决不了同一层次思维的问题。"唯有跃出经验和常识的层面，思维才能高屋建瓴。

一、技术跨界创新

跨界创新发生在9800个行业的每一个行业中。当谷歌公司把所有的技术跨界应用到人类生活中的每一个方面，造航母的中船重工开始跨界造吸管，宝马汽车首次把电子游戏机中的触屏技术应用到汽车中控仪表盘时，技术的跨界创新已经随处可见，并已有人类智能外部化的趋势。

20世纪80年代，美国著名发展心理学家、哈佛大学教授霍华德·加德纳博士提出多元智能理论，并在全球获得了普遍认可和实践的成功。该理论提出人类的智能是多元化而非单一的，主要是由语言智能、数学逻辑智能、空间智能、身体运动智能、音乐智能、人际智能、自我认知智能和自然认知智能八项组成，每个人都拥有不同的智能优势组合。

文字记录把人类的知识外部化了。今天，技术的跨界应用和创新，人类智能外部化的时代已来临。这些新技术所要解决的，本质上来讲是人类多元智能的延伸与发展。人类八大智能是相通的，相互促进的，本身就是一个整体。因此，人类对每一种关乎八大智能的技术应用也不会有任何界限，他们一定会畅通无阻地应用在人类生活的每一个领域。

人类智能外部化最快的地方在位于美国加利福尼亚州北部、旧金山湾区南部一段长

---

① 於军、孟宪忠：《从企业实践看跨界创新》，《企业管理》，2014年第9期。

约 25 英里（1 英里 ≈ 1.6 千米）的谷地，宽 10 英里，总面积大概 700 平方千米的硅谷（Silicon Valley）。硅谷技术的跨界应用，给企业带来的是全新的思维方式。

- ✓ 项目进度与敲出代码。
- ✓ 工作效率与图文双构。
- ✓ 服务速度与程序升级。
- ✓ 实效产出与跨界颠覆。
- ✓ 行动节奏与敏捷共创。
- ✓ 沟通频率与闺蜜经济。
- ✓ 交互拍子与偶遇文化。

"硅谷化"带来的第一个重新定义是项目进度，以原子计算的项目时间被以比特和代码计算的项目时间所取代。因此今天的平台再造会加速进行，淘汰与适应也会在一夜之间完成。马斯克以敲出一行代码所需要的秒数，乘以做完一个项目总共需要敲出多少行代码，以此预测完成 Tesla、SpaceX、Hyperloop 等项目所需要的时间。在他眼里那些理所当然的只有传统做法 1/10~1/30 的项目时间、项目成本和项目人员等，在行业内人看来简直是疯子行为，但是在旁观者看来又显得那么举重若轻。为什么会有如此大的差异？是因为所有的传统项目在马斯克眼里都已经代码化了。员工们也已经学会了不按月和周来制定任务时间表，因为马斯克想要以天，有时甚至是以分钟为单位制订时间表，延误任务时间表的后果是很严重的。[1]

"硅谷化"带来的第二个重新定义是管理方式，以图或文单项构建的方式被图文双向构建的方式替代。软件与硬件的无缝衔接，即时因果互动显示，软硬互为载体在自身内的对方显示，图文你中有我、我中有你的双向构建管理方式，是"硅谷化"平台再造带来的管理范式的变革。这种管理范式和工作流程的变革就是"硅谷化"的结果，因为软件工程师，就是面对两台电脑同时工作，一台写入代码，另一台就要显示实际结果。

"硅谷化"带来的第三个重新定义是服务，原子世界的服务逐步被代码世界的服务所替代。"硅谷化"平台再造让服务变得轻松且惊喜连连。

企业最大的实效产出不是线性效率，而是高效率的创新、高效率的跨界创新和颠覆。作为硅谷精神的延伸，未来不懂编程就等于半个文盲。因为编程语言是未来人工智能的语言，是人类多元智能中的重要方面。

今天是一个行胜于知、速度比完美重要的时代。组织学习是带着问题来求解决方案的。于是组织学习就从已知学习向新知共创、未知共创转变。问题导向（提炼问题的方法），明确目标（使大家对最终的产出结果达成共识），知识建构（促使创意产生的工具：理论工具、系统方法），新知共创（聚焦解决方案），绩效落地（实效检验），这些步骤成了跨界创新中新的思维方式。

今天不管是创业还是发展企业，都面临着一个前所未有的机会与挑战。技术的发展、各行各业的重视使中国与国外在最新科技信息上的掌握，几乎能够同时实现。而中国独特

---

[1] 阿什利·万斯：《硅谷钢铁侠：埃隆·马斯克的冒险人生》，周恒星、罗庆朗，译，中信出版社，2016 年版。

的市场也锻炼出一片利用硅谷的技术针对中国市场进行创造性应用的企业家群体，他们对中国消费者的需求把握得更加精准，对中国市场变化把握得更加及时。当一个国家有这样一个群体，他们既能同步掌握世界最先进技术咨询，又能精准及时把握中国市场变化趋势，那么这个群体就是一个智囊团。因此，考察内部化部分替代了出国考察，只要企业家们跟自己的闺蜜、好友互相聚会交流碰撞，所有跨界共创的思维火花就会随之而生。由于硅谷化代码化带来的"轻、快、活"产品、服务迭代更新，这样的聚会频率就变得迫切的高。以前，老朋友、新朋友难得一见，会场、论坛、产品发布会匆匆一见，然后大家各奔东西，各忙各的产业、专业领域。但是，今天做企业的新、老朋友沟通交往的方式发生了根本性的变革。会场、论坛、产品发布会、行业会议可能是聚会的一个由头，而根本性的专门留出时间来的聚会，关起门来的互相思想碰撞、跨界共创、新知共创、实效落地才是关键。为了实现共创共生共赢，聚会迫切需要，次数空前频繁。

跨界创新需要偶遇、偶然文化，多学科大杂烩文化，混搭文化。那种乘坐"小猎犬号"不期而遇的惊喜，来自新奇多样的世界。刻意培养偶遇文化和环境，偶然文化和环境，连续的、临时、随机、偶然的开会决定，这些都是硅谷化企业今天为了获得跨界创新的灵感而实施的方法。

二、产品跨界创新

技术的跨界创新会带来产品的跨界创新。任天堂推出的 Wii 及其随机配备的体验式游戏手柄，正是这两样东西将游戏者玩游戏时的动作融入游戏之中。体验式手柄的灵感并没有借鉴其他游戏设备中的控制方式，而是来源于与游戏毫无相关的领域——汽车中控制气囊的加速器芯片。在发生意外时，汽车中的气囊就会根据汽车行进中的突然改变而做出相关反应。任天堂公司从汽车联想到了是否可以将气囊的加速器芯片运用在游戏的控制器上。也就是当你像挥动网球拍一样挥动游戏手柄时，游戏中的人物也会做出相同的动作。同样，当云南白药开始做"止血更快"的牙膏时，当设计卫浴产品的设计师开始设计 IPod 时，他们就会把从其他产业中已经验证成熟的思维方式、做法借鉴应用到本行业中来，产品的跨界创新就发生了。

技术的结构性变化，导致技术的跨界创新，而多种颠覆性技术在产品上跨界应用，就变成了产品的跨界创新。以汽车行业为例，随着硅谷更多新技术在汽车产业的集结应用，汽车产业的性质发生了根本变化，原来的产业性质比重在不断降低。汽车不再仅仅是行走机械，它是智能（数据处理，是传感器、中央处理器、操作设备的统一数据处理）产业，是新动力、新能源产业，是飞行产业，是 3D 打印产业。一句话是多产业、多技术的跨界集结产业。

三、服务跨界创新

有了技术和产品的跨界创新，服务的跨界的创新也就水到渠成了。《蓝海战略》一书的开头部分有一个太阳马戏团与玲玲马戏团竞争的案例。太阳马戏团利用减少、剔除、增加、创造的方法，减少了危险与刺激因素，剔除了表演明星、动物表演、场内特许销售和场内多台表演，增加了小丑分量、帐篷外观，并且创造性地借鉴了剧院深邃的表演环境、完整的主题，音乐等，形成了新的价值曲线。太阳马戏团因而一举超越了玲玲马戏团，成为全球著名的马戏团之一。这样的案例比比皆是：来自美国运通银行信用卡公司的郭士纳加入 IBM 后，他把服务的理念带到了 IBM，IBM 的业务模式自此由硬件驱动走向软件服务驱动。"老张餐馆"中餐企业借鉴融合了中西方文化元素，成功在美国上市。华人企业家陈觉中（Tony Tan Cak-tiong）一手创办的"快乐蜂食品公司"（Jollibee Foods Corp.），不仅抵挡住了西方快餐业巨无霸"麦当劳"的凌厉攻势，同时还把洋快餐企业集团远远抛在后头，稳坐菲律宾最大快餐连锁企业地位。在打败麦当劳进攻时，他借鉴军事策略，左边西餐厅右边中餐厅夹攻麦当劳；借鉴洋快餐标准化中式快餐，做到采购标准机械化、计量精准化、口味统一化和速度可控化；借鉴新加坡航空公司快速淘汰机群和统一采购同种机型飞机的做法消减厨房用具开销；借鉴迪士尼塑造卡通标志的做法设计一只可爱的卡通塑像小蜜蜂吸引菲律宾小朋友。

在服务行业因为有了"峰—终体验"定律，顾客对企业服务的评判标准发生了彻底变化。2002 年诺贝尔经济学奖得主、心理学家丹尼尔·卡尼曼（Daniel Kahneman）经过深入研究提出了"峰—终定律"（Peak-End Rule）。其观点认为人类主动自愿的行为是受获得愉悦体验或避免痛苦体验的愿望的激励。根据"峰—终定律"，顾客评判过去体验时，完全基于在高峰时的体验（愉快或不愉快）及终点的体验，即高峰时与终结时的感觉。"峰—终定律"发现人们一般通过潜意识来总结体验，之后依靠这些总结去提醒自己当时体验的感觉。这些总结影响了顾客是否再去尝试某种体验的决定，而在过程中好与不好体验的比重，对记忆几乎没有影响，顾客能记住的只是在峰与终时的体验。也就是说，如果在一段体验的高峰和结尾，顾客的体验是愉悦的，那么顾客对整个体验的感受就是愉悦的，即使这次体验中的某些部分会给顾客带来不快的感受。

也就是说，顾客心中的那个高峰体验值，可能来自同行业，也可能来自其他行业，而这个高峰体验值不会因为时空的变化而有所妥协。

做最好的服务企业，就不能仅仅是最佳的航空公司、最佳的电信公司、最佳的餐饮企业、最佳的……，依照的主要竞争对手也不能局限于同行业的那几个老相识，而应该是全球最佳服务公司的典范。服装销售中的试穿衣服务，可以用到餐饮业中的试尝菜肴；娱乐服务业中陶吧、石吧、泥吧等吧中的 DIY，可以用到邮政服务中的邮票顾客自己设计；汽车销售中的"一车三顾问"（销售顾问、维修顾问、品牌顾问），可以用到银行业中的个性化顾问中……花旗银行在培训上借鉴保险业的做法，充满激情地工作，锲而不舍地服务。

四、模式跨界创新

在过去，企业只要能够成功应用 55 种最基本的商业模式之一，如附加商业模式，对附加产品收取额外费用；联盟商业模式，你的成功就是我的成功；合气道模式，将竞争者的优势转化为劣势，拍卖商业模式，一次，两次……成交；物物交换商业模式，一报还一报；取款机商业模式，利用负运营资本赚取利润；交叉销售商业模式，一箭双雕；众筹模式，大家一起来投资；众包模式，外包给大众；客户忠诚度商业模式，忠诚度的长期激励机制；数字化商业模式，把实际产品数字化；直销商业模式，跳过中间商等，就能获得商业上的成功。

但是，今天，由于混合价值链创新模式的出现，平台、生态圈的出现，企业必须思考多种商业模式的组合才能获得新的竞争优势。

举个例子，美国有个 Trade Joe's 是做有机食物、天然食物的超市。如果光做这个模式，它是不可能成功的。这里的食品价格不比 H-market 贵，几乎所有出售的商品都是 Trade Joe's 自有品牌。这就足够让人感到震惊的了。像宜家这样的企业全球找代工做家具能控制质量，可以理解。像 Trade Joe's 这样做食品的公司，要控制这么繁杂的食品质量，没有严格、周全的控制方法体系是万万不能的。Trade Joe's 做成了有机食品业的宜家家居，多种商业模式的跨界组合才取得了成功。为了抵御不确定、随机性、波动性等风险，企业采用多商业模式组合以增强"反脆弱"能力，这也慢慢成为一种趋势。

五、流程跨界创新

有史料记载的流水线工作最早出现在 14 世纪的威尼斯兵工厂。船舶建造好之后，船舶在船坞里拖动，岸边每一个位置分别安装不同的兵器，最快时一艘普通的船舶 15 分钟之内就能完成军舰的兵器安装。

现代工厂中的流水线得益于亨利·福特的贡献。当年他参观了一次宰猪场，从杀猪、脱毛、开膛、取内脏、分解、包装等整个环节走过后，福特倒着往回走了一遍，发现一头完整的猪出现了，这跟造汽车是一模一样的。从此之后，现代工业就有了流水线，由于流水线的出现大大提高了工作效率，当时汽车的价格也从 1200 美元下降到了 290 美元。福特也因此被称为"汽车平民化"的利他主义者代表。试想，如果福特参观的是其他汽车生产厂家，还能有如此大胆的发明吗？

因此，同业借鉴是进化，他业借鉴才是变革。

六、管理跨界创新

从神华中海按管理发电厂的思路管理船舶公司，到来自嘉士伯啤酒公司的马士基 CEO 推出天天马士基，再到郭士纳对 IBM 的服务化改造等，这些都是管理的跨界创新。

管理跨界创新总是跟企业生命周期联系在一起的。企业之所以存在、活下去的根本动力是企业家精神，企业从孕育期、婴儿期、学步期、成长期、青春期、稳定期、到贵族期、官僚期前、官僚期后，最后到衰退期，整个过程除了执行力、行政管理和整合能力外，企业家精神是贯穿所有环节的关键。只要企业家精神存在，那种锐意开拓进取的创新精神就存在，管理上的问题就会被企业家精神引领的跨界创新所突破。

第二节　航运服务跨界创新何以可能

跨界创新之所以可能，是因为宇宙普遍联系无限可能的规律和人脑结构所规定的。不管是跨界思维、发散思维，还是系统思维，或联想思维，其基本前提假设是一致的，即宇宙万事万物都处于普遍联系和无限可能中。万事万物处于"异体同构"的规律，使每个行业都有足以让另一个行业延续生存的空间。而人脑之所以能够实现跨界创新，是因为最新研究显示，人脑中的神经细胞是网状交叉连接的，也就是说每一根神经实际上都是互通联系的。另外，人脑的生物新皮质在某一个时刻只被激活一小片，那么当我们转换了一个环境背景，转换了一个话题的时候，就有可能把曾经思考过的东西重新与新的内容联系起来[1]。

《蓝海战略》一书的开头部分有一个太阳马戏团与玲玲马戏团竞争的案例[2]。太阳马戏团利用减少、剔除、增加、创造的方法（见图14-1），减少了危险与刺激因素，剔除了表演明星、动物表演、场内特许销售和场内多台表演，增加了小丑分量、帐篷外观，并且创造性地借鉴了剧院深邃的表演环境、完整的主题、音乐等。从而一举超越了玲玲马戏团，成为全球著名的马戏团之一。

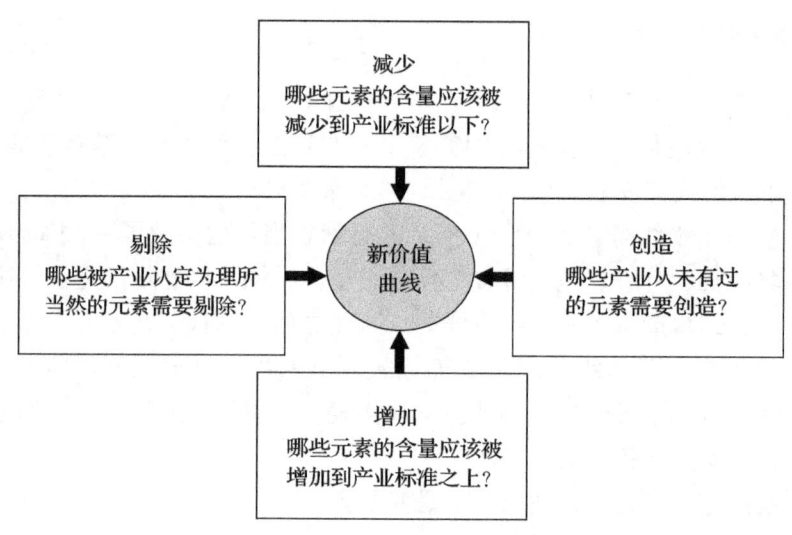

图 14-1　创造蓝海产业方法

实际上，这样的案例比比皆是。如泰国曼谷的康民医院（Bumrungrad Hospital），印度的阿波罗集团（Apollo Group）提出的"观景带看病"概念，是把两种产业要素融合的典范。

以上例子都是产业跨界的典范。但是，必须指出这些创新范式对于跨界创新来说还不完整，跨界创新不仅在于开创蓝海产业，更在于开创蓝海规则。

第三节　航运服务跨界多远最合适

那么，到底跨界多远才是最合适的呢？是不是跨界越远越好？以航运企业为例，一家

---

[1]　雷·库兹韦尔：《如何创造思维——人类思想所揭示出的奥秘》，盛杨燕，译，浙江人民出版社，2013年版。
[2]　W. 钱·金、勒妮·莫博涅：《蓝海战略》，商务印书馆，2005年版。

典型的班轮航运企业，它的最佳跨界距离在哪里？如图 14-2 所示。

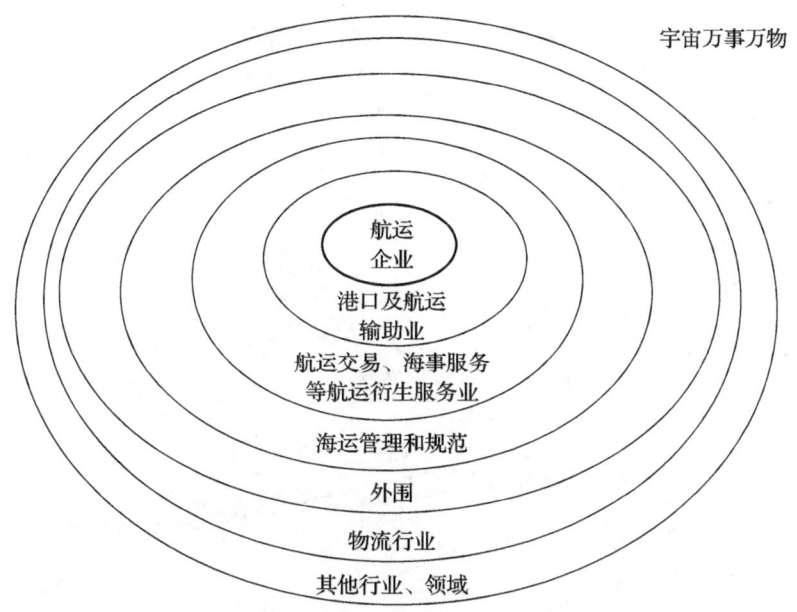

图 14-2 航运产业集群跨界距离

先来看事实：

- ✓ Nike 鞋诞生的灵感来自威化饼干（比尔·鲍尔曼吃巧克力威化饼早餐时，突然想制造出像威化饼干一样松软的鞋子）。
- ✓ Nike 防震鞋的技术来自 F1 方程式赛车的防震结构。
- ✓ Nike 轻便鞋的灵感来自肯尼亚马赛马拉少数民族的穿鞋习惯。

从 Airfree 开始，这是来自最近距离的，或者说就是一个相似市场的极端情况；而耐克防震鞋灵感来源则显得相对远一点，如果要说共同点或相似点，那就是大家都是用来在地上跑的；再看最早的耐克鞋，来源于威化饼干，那离鞋子的心理认知距离就更远了。当然，唯一能拉近双方距离的就是放在嘴里吃威化饼干时的那种直觉刺激（这是味觉与触觉的跨界联系了）。

那么是不是，五官感受联系是否跨界，能够标志我们的跨界远近？

这样就要问，这三种情况是否属于同一种类型的跨界？

现实世界存在两种不同类型的类比：近距离类比——表面特征相似；远距离类比——结构关系相似。表面特征相似是属于近距离心理认知，结构关系相似则属于远距离心理认知。

组织心理认知距离（Cognitive Distance），即组织间知识异质性程度，是决定合作创新新颖性的重要因素。

认知亲近性包括技术上亲近性、组织上近亲性、地理上亲近性，可以肯定的是认知亲近性越好，创新新颖性就越差，因为容易造成认知锁定。技术亲近性太大，因为具有相似的技术知识背景，就容易造成认知锁定，相似的技术基础会妨碍对新技术和市场的看法与判断。

目前对组织层面的心理认知距离的测量主要有三种方式：专利申请类别接近度，产业目录中位置距离和结构性关系冗余度（Heil 和 Enkel，2014）。跨界距离与创新新颖性关系如图 14-3 所示。

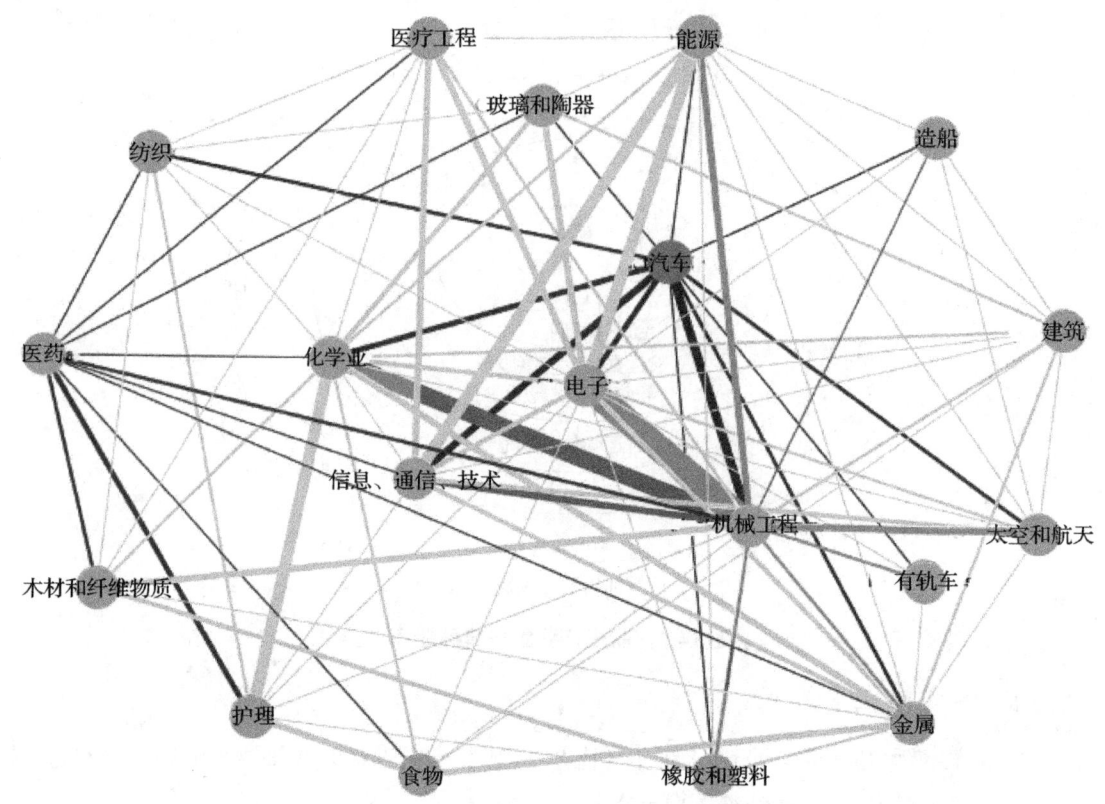

图 14-3　跨界距离与创新新颖性关系图

资料来源：Ellen Enkel, Sebastian Heil. Preparing for Distant Collaboration: Antecedents to Potential Absorptive Capacity in Cross-industry Innovation[J]. Technovation, 2014(34): 242–260.

Enkel 和 Heil（2014）通过对来自 120 个行业的组织跨界创新分析发现：企业实践中大多数的跨界创新都来自与该组织具有产业关联的上下游组织。以机械工程行业为例，它的创新来源最多的还是能源、电子、化学、通信、空间太空技术等行业，而与纺织、木材、医药、保健等行业就关系不大。

同样的道理，以航运业中的造船业为例，跨界创新来源也是集中于汽车、机械、电子、太空、能源等行业（线越粗，跨界创新新颖性的联系越紧密）。

那为什么我们跨界创新的成果和事实都那么少呢？很大一部分原因是，我们甚至连我们上下游关联企业具体真实的经济运作过程都没有深入去理解过，更不用说像可口可乐、利乐等公司那样，老总带队，亲自进驻客户公司，完全掌握他们的整个经济运作过程。

因为，跨界创新是对"此界"与"彼界"的深刻洞察和隐喻联系，是基于思维性直觉的判断与随后的精耕细作，是对既有产业与规则的突破与超越。

组织认知理论指出组织知识吸收能力是指组织识别获得新价值、外部信息，消化、转化并应用这些新信息和价值到商业中的能力，其能力依赖于知识源和原先相关知识水平[①]。

---

① Heil Sebastian, Enkel Ellen. Exercising Opportunities for Cross-industry Innovation: How to Support Absorptive Capacity in Distant Knowledge Processing[J]. International Journal of Innovation Management, 2015, 19(5).

知识吸收能力可分为潜在的吸收能力和实现的吸收能力，前者反映组织收集外部知识的能力，后者反映组织利用外部知识的能力，两者互为补充。远距离知识与组织既有认知框架具有差距，因此，组织跨界创新的最佳认知距离取决于知识吸收能力和创新价值的大小。因为，随着认知距离的增大，组织知识吸收能力是递减的。但随着组织学习能力的增加，组织整体吸收能力迅速增加，而新的最佳认知距离总是处于组织学习能力最大的那一个点上，即组织潜在的知识吸收能力与创新价值的交叉点。

知识吸收能力的核心功能是企业将从外部获得的新知识转化并内化为内部知识。较强的吸收能力，有助于企业从外部网络获取有价值的知识，实时更新知识储备，克服组织惰性和能力陷阱，从而提升创新新颖性。[1]在垂直跨界深度合作中，因企业心理认知距离近，导致所获新知识与企业原有知识基础之间的亲近性好，其知识间替代性较高和凝聚力较弱的问题。因而，要求企业具备较强的吸收能力，才能发现知识转化和内化的契机，从而实现知识的协同效应并提高产品创新新颖性。同时，价值链内企业之间本身高频率深度互动迭代也为具有较强吸收能力的组织通过知识利用效率和降低嵌入性知识空间黏滞性[2]，创造了获得更好产品创新新颖性的条件。

在水平跨界合作中，因企业心理认知距离远，导致因知识来源与类型的多样性而产生的知识间连接挑战大、知识内化与融合难度大等问题[3]。因而，要求企业具备更强的知识吸收能力，以识别不同领域多样化知识之间隐藏的"连接地带"，并发掘创新机会，产生高的产品创新新颖性。根据组织认知距离理论，方案源与目标问题心理认知距离越远，由此产生的创新更加具有颠覆性；但如果方案源离目标问题所在的组织心理认知距离太远，可能不利于组织更好地学习。因为，太多的多样性阻碍了有效吸收。即认知距离带来创新机会和挑战，企业能否有效利用水平跨界合作带来的广度变宽的机遇，取决于组织知识吸收能力的大小。

航运企业要做好跨界创新，必须先提高组织学习能力，提高组织吸收能力，可以有如下方法：

✓ 有专门的外部最新技术搜索和探寻团队。
✓ 有来自不同基础学科背景的科研团队。
✓ 有通过网络平台不断发布科研难题，众包的机制。
✓ 有跨界合作项目团队，按项目划分的团队。
✓ 有员工具有扎实的学科基础，外加学习新知识的渴望和快速学习的能力。

我们总是把航运当作一个封闭的内部循环空间，既不想别人跨进来，也不愿自己跨出去。实际上，这种心态，深深地烙印在我们每一位航运人的内心深处，这是有历史原因的。

---

[1] Cohen Wesley M. Levinthal Daniel A. Absorptive Capacity: A New Perspective on Learning and Innovation[J]. Administrative Science Quarterly, 1990, 35(1):128-152.

[2] Zahra S, George G. Absorptive Capability: A Review, Reconceptualization and Extension[J]. Academy of Management Review, 2002, 27(2):185-203.

[3] Laursen K, Salter A. Open for Innovation: The Role of Openness in Explaining Innovation Performance among U.K. Manufacturing Firms[J]. Strategic Management Journal, 2006, 27(2):131-150.

第四节　如何进行航运服务跨界创新

在航运业跨界创新中，外国企业主要通过培养思维性直觉和跨界合作等市场手段来进行跨界创新，而中国企业则主要通过一把手跨界选派与培养等计划手段来实现跨界创新。

一、外国航运企业的市场手段

1. 培养思维性直觉

理性给人们带来了可预测的分析，但是感性给人们带来了意想不到的创造力。想想马士基与 NYK（日本邮轮）合作进行未来 50 年的规划，就不难明白，今天的航运企业更需要一种情景规划的能力，一种理性与感性合二为一的能力。就像世界上最优秀的商学院所做的那样，在 MBA、EMBA 学员培养过程中，把商学院与设计学院的课程进行了巧妙的融合。

重视直觉在跨界创新中的应用，因为所有外界要素的融合最根本的动力来自理性思维与感性思维的融合，来自思维性直觉在这个融合时代的开启。

2. 强化具体可操作性方法学习与应用

国外跨国公司对跨界创新已经形成了比较成熟的一套方法，包括本书后面会详细讲到的跨界创新借用语词法、图文双构法、理想目标法、九屏幕系统法等。通过具体方法和详细步骤的跟进，跨界在每一个阶段都能实现峰回路转的效果，而整个过程指向实在可行的创新结果。

3. 强化跨界合作

马士基拥有全世界最先进的航运技术，一部分是靠自己研发，还有一部分是靠与世界知名研究室、知名大学及不同行业客户合作取得的。如与成立于 1925 年的贝尔实验室，与成立于 1935 年的 RCA 实验室，与商业模式的实验室——成立于 1946 年的斯坦福国际研究院（SRI），与通用电气工业实验室，还有麻省理工学院、哈佛大学等。它们不是坐在那里等推荐，而是像调查记者或侦探一样，不辞辛苦，"踏破铁鞋"般地走访各个学校。"铁鞋"策略超越了传统的大学资源，也跨越了国境线。作为一体化方案解决者，马士基在为客户提供独特方案的同时，也创造了独特的技术优势，如能使香蕉保鲜 50 天的集装箱技术、干燥腰果的集装箱技术等。就像 IBM 一样，每给其他产业的企业免费提供价值一次，收获的就是那个产业的全部服务市场，而这恰恰是因为 IBM 在跨界合作中创造了独一无二的竞争优势。

二、中国航运企业的行政手段

在大众眼里，相对于其他产业，航运产业更是一个相对保守和封闭的产业，是老子传儿子，儿子传孙子的行业。而实际上，航运业最近发展的趋势是跨界创新。这得益于两种机制，一是计划经济体系下，一把手由上级领导指派机制，往往导致跨行业背景经营者经营事实的出现；二是国资委鼓励企业选派大批一把手进行 EMBA、DBA 深造机制。

1. 加强一把手跨界选拔

对比欧美航运或港口企业死气沉沉的经营方式，我们发现中国港口和航运企业在经历这次行业衰退之后，恰恰表现出了极大的创新欲望。相对于中国，美国的市场经济体制更加成熟，美国各行各业的法律法规都很完备，大企业也主要集中在美国，消费者也非常成熟和理性。但是，美国港口在服务或管理创新方面，却显得非常有限，甚至是相对封闭的本行业经验和传统做法。原因更多的在于中国港口或航运企业一把手由上级指派所带来的跨界思维和跨界创新。这些经历了相对先进大型国有企业历练的老总们，一旦面对相对比较落后的产业时，心中的那份优越感与自信结合着新下属的怀疑与不认同，培育了这些一把手一定要做得与众不同的强烈欲望与实践动力。

2. 加强一把手跨界培养

同时，由于港口和大航运企业属于国有，因此，国资委大力鼓励各国有企业董事会主席、CEO 去最好的商学院参加 EMBA 培训，表现优秀的学员还能从学校获得大量的奖学金，因此老总们也是趋之若鹜。而这些老总级的学员都是来自全国各行各业，他们在课堂、课后的交流内容自然成了他们创新的灵感来源。按照职务层级，可以把中国航运企业高层 EMBA 培训分为五个层次。第一层次：每个公司每年出 1 个 CEO 或董事长（大企业有时候覆盖到副总裁级），到长江商学院、中欧国际工商学院等接受 EMBA、DBA 教育。第二层次：每个公司每年派出 1 位副总裁级管理人员到清华、北大、复旦、交大等经济管理学院接受 EMBA 或 DBA 教育。第三层次：每个大公司每年派出 1～2 位部门经理级管理人员到其他 985、211 高校，接受 EMBA 教育。第四层次：每个小公司每年派出 1～2 位部门经理到海事类高校，接受 EMBA 教育。第五层次：为了解决晋升中遇到的学历瓶颈，公司组织集体办班，每次 15～25 人/班，每年定制化开设一个班。从是否有利于行业之间经验交流的角度来看，除了第五层之外，其他的四层都非常有利于学员之间互相分享不同的行业经验。这种培训体系本身有其合理性。因为，跨界创新需要的是渴望跨界创新的领袖，外加认同本行业实务的干部组成的。

在中国，巨大的人脉关系网络有很大一部分是来自同学之间的纽带。中国老总级人物对其他行业做法的兴趣要远远大于其他国家，部分原因在于人脉关系所带来的实质性利益。

第五节　航运服务跨界有哪些理论突破

一、跨界创新与多元化

以前我们一直以为只有多元化经营的企业，才需要多元的能力。根据跨界创新思维，今天即使是做好一个产业，我们也必须具备多个行业经营的多元化能力。不管是"跨"出去，还是"跨"进来，跨界创新不是简单的物理合并，而是经历化学反应的重生。跨界并不一定能够创新，尤其是在低层次向高层次产业"跨"出去的过程中。但是，创新一定是跨界，是对生产要素进行跨界的组合。以往的研究表明，直接相关多元化产生的绩效要好于间接相关多元化。但是，今天你会发现，那种间接相关，有时候甚至是粗看根本不相关行业的多元跨界，却能带来颠覆性创新。

二、低成本或差异化与具有总成本领先的差异化战略

迈克尔·波特有三种竞争战略，一是低成本领先战略，二是差异化战略，三是聚焦战略。这三种战略只能取其一种，而不能同时实现。但是，跨界创新却发现，利用他业成熟做法与行业管理，创造性嫁接到本行业，往往能够产生颠覆性创新，从而取得既能实现总成本领先，又能实现差异化战略的目的。今天，一种矛盾性思维能够同时实现，并在同一个思维主体和客体中并存，而且还能行走得不拧巴，这是跨界思维带来的创造性突破。

三、行业竞争与跨行业泛竞争

跨界创新给我们带来的最大启示，就是那些你看不见、看不起的企业，才是颠覆你这个企业的竞争对手。而那些你看不起、看不见的企业，往往不是来自你所在的传统行业，他可能来自其他产业，犹如外星人、哥斯拉才是人类真正的对手一样。行业内竞争是可以预测的，可以理性分析的，但是跨行业的泛竞争却不是靠理性思维出来，而是靠感性、灵感等洞察出来的。这就是库兹韦尔要成立奇点大学，且这个大学花费昂贵却只有9个星期的课程，而大部分时间大家是在一起头脑风暴，一起加速实现即将出现的未来的原因。

四、行业与领域、平台

身处跨界和融合的时代，任何传统行业逻辑下的供应者思维，面对着一个完整且不断扩张的消费者需求时，都未免捉襟见肘。跨界创新给我们带来的冲击是，"行业"这两个字显得有点儿过时。消费者不会在意你是从事什么行业的，他们更在乎你给他们提供什么平台、产品或服务。当他们想起你的时候，他们更愿意想到的是你从事什么领域的服务。因此，结合物理世界与虚拟世界的创新，企业必须把客户需求环节还原到客户需求链，重新界定自己的领域，而不是行业，而界定领域的标准恰恰是企业满足了顾客什么样的需求。

五、标杆学习与颠覆创新

跨界创新带来的另一个思考是标杆学习。标杆学习是20世纪全世界企业都在做的事情，哪个企业做得好，所有相关企业就开始进行标杆学习。把标杆对象解剖得比标杆企业自己更加透彻，然后按图索骥，照猫画虎。但是，今天，在不确定环境下经营，在经济结构性变化背景下经营，由于跨界创新颠覆性的存在，我们发现，所有的标杆学习都是弯路，最大的标杆学习就是死路，谁标杆做的越好，谁也就死得越快。这是为什么？这是因为，今天是一个独特性生存的时代，今天是一个不允许有第二个"相同体"存在的时代，今天是只有唯一，才有第一的时代。因此，企业可以进行典范学习，但是不能再进行标杆学习，因为在信息瞬息万变，消费者偏好、需求一日三变的时代，唯有利用颠覆性创新获取独一无二性格的企业，才是冠军企业。

六、各职能部门与全岗全员

跨界创新的出现,打破了传统各部门各自为政,各部门各司其职的格局。因为,在跨界创新中,真正创新灵感都是来自顾客的需求,来自全公司每个人获得的顾客服务灵感。因此,了解、洞察、分析、创造、传播和满足顾客需求的任务,不再是某一个部门、某个人的事情,而是全岗位、全员的事情,这是一个崭新的全岗全员创造和营销的时代。因此,创新、创造和营销在跨界创新中变得既难,也不难。难的是需要转换思维,时刻以顾客需求为出发点思考问题,不难的是全岗全员都成为创新和营销的源头,不管是在工具上还是渠道上,创新和营销门槛都变得前所未有的低。

七、寻找增长点与创造增长点

跨界创新的事实,让我们重新思考这样一个问题。经济增长点是寻找出来的吗?寻找的思维,容易让人造成错误的想法,以为经济增长点已经在某个地方出现了,或者存放在某个地方,我们仅仅是要寻找到它。这样容易造成被动、依赖的思维,容易造成怨天尤人的心态,容易造成明明落后还自我感觉良好的状态。当企业只知道从过去、从国外寻找经济增长点的时候,这个企业就会产生迅速山寨也是一种强大能力的错觉。跨界创新的思维告诉我们,实际上所有的经济增长点都是创造出来的,就像跨界创新,都是依靠那种独一无二的联想、发散、系统整合思维,依靠那种灵感、逆向、极端、偏移、价值、时空等思维,获得独一无二的创造成就。当 GE 首席执行官伊梅尔特提出"反向创新"的观点时,对中国企业来说恰恰是跨界创新。从某种意义上来讲,巨大的市场力量,将使跨界创新成为中国创造经济增长点并反超西方国家的战略性手段。

第六节 中国航运服务跨界创新现状如何

一、航运实体经济的跨界创新

1. 跨出界创新:航运产业链延伸

中国航运业跨界创新的传统做法是跨出界的产业链延伸或并购重组,其本质是业务多元化或产业一体化,而非能力多元化。2013 年 9 月,交通运输部就航运业转型升级提出了 5 点意见,其中提到加强政策引导,推进航运类兼并重组,拓展新的利润增长点等。从目前航运类企业的运营情况来看,相当一部分企业正在转型,并且多数是朝着产业链延伸的方向转型。如中昌海运收购 TMT 企业,招商轮船与合作方就石化仓储项目达成共识,该项目系招商轮船油轮运输、散货船运输业务之外的全新领域。

2. 跨入界创新:航运运营改进

跨入界创新是中国航运业跨界创新的另一种形式。神华集团介入航运业就是其中的一个典型案例。由跨界创新而成立的神华中海航运有限公司利用管理发电厂的方式来管理船舶运营,结果取得了巨大成功,在一片萧条的航运业界成了一颗璀璨的明珠。神华集团跨入航运界创新的基本理念是，海船不再是传统的从事海上航行的船舶（1972年《国际海上避碰规则》对"船舶"的定义是：用作或者能够用作水上运输工具的各类水上船筏，包括非排水船舶、地效船和水上飞机），而是"一个移动的发电厂"。

神华中海公司的跨界创新实现了船舶运营的设备、技术和管理与发电厂先进的设备、先进的技术、先进的管理之间的融合。在航运企业中，从甲板部晋升到公司管理层的船长们几乎控制了整个集团的运作，这往往容易导致领导们从驾驶台的视角看问题。来自能源行业的高层人员实际上是转变了一个看问题的视角，他们从轮机、机舱部的视角来看问题，整个结果自然完全不同了。

二、航运虚拟经济的跨界创新：航运与电子商务的融合

航运虚拟经济的跨界创新体现为航运业与电子商务的融合过程。

2014年5月12日，中海集团董事长许立荣等赴杭拜访阿里巴巴集团董事局主席马云，双方探讨互联网电子商务领域合作的可能性。2014年7月11日，中海集团旗下的中海集运、中海科技与阿里集团旗下的阿里巴巴（中国）网络技术有限公司签署合作协议。未来，中海集团和阿里集团将发挥各自的资源优势和行业经验，在跨境物流电商领域展开深入合作，致力于解决电商走向国际化的物流难题，力求为中小微客户提供"低成本、高标准"的特色跨境物流服务，全面提升中小微客户"从线上交易到线下服务"，努力打造国际电商领域O2O（线上到线下）生态化闭环，有效推动跨境电商贸易与传统航运物流的相互助力、共同发展。

早在中海与阿里巴巴签订战略协议之前，已有中谷海运、泛亚航运、中外运等一些航运企业开始在做航运电商平台，而且也取得了一定的成效。但与全球航运物流行业的三大公共信息平台门户，即 INTTRA, GT Nexus Network, Cargo Smart 相比，中国航运物流业的第三方公共平台建设才刚刚起步。

航运业利用"大、云、平、移"技术进行产业升级，是未来航运业跨界创新的必然趋势，其大数据平台未来可能颠覆整个外贸业，今后，在移动终端几乎可以完成贸易的所有过程，包括报关、运输、结算等。在新平台上，航运企业将颠覆大部分小微客户的揽货路径，原先中小客户与航运企业的衔接主要依靠货代企业，而新平台有望缩短供需的匹配环节、减少搜索成本。

第七节　航运服务跨界有何启示

一、跨界创新带来的交叉替代

让我们先来看一下事实：

- ✓ 誊写者被印刷技术替代。
- ✓ 马车被汽车替代。
- ✓ 钢笔被电脑替代。

✓ 唱片针头被 CD 替代。
✓ 胶卷被数码相机替代。
✓ 空调被光速机替代。

这些替代是交叉替代，也就是说是功能性间接替代，而非同质化替代。这种替代在各个行业都普遍存在。

20 世纪 90 年代初，IBM 经历了连续多年的亏损，IBM 董事会面对这样的环境，毅然决定再次更换 CEO，在经历了 3 个月，针对全球 125 位候选人的甄选之后，最后找到了郭士纳。根据董事会列出的 15 项搜猎条件，其中一个是："最好是有信息和高科技行业的工作经验，但杰出的商业领导人不受此条件的限制。"除此之外，郭士纳符合所有其他的 14 个条件。郭士纳来自银行信用卡服务领域。

之后，经过郭士纳的大刀阔斧的改革，2005 年把 PC 机卖给联想，进入软件服务行业，从 2003 年开始，重点在中间件软件服务与服务外包并存的服务，是典型的商务咨询。当 IBM 进入商务咨询领域的时候，全球最大的商业咨询公司，如麦肯锡、罗兰贝格、埃森哲、波士顿、毕博等感到巨大的压力。因为，IBM 来自其他产业，带来了把管理理念进行软件实现的能力。

为了获得重要的行业经验，IBM 像一名急于获得工作经验的实习大学生那样，有时愿意无偿为他人工作。IBM 和梅奥医院迅速采取了行动，开始实施一个更加雄心勃勃的计划，改变医院研究的方式。它们开始汇集 450 万名病人的数据，并使研究人员便于使用这些数据开展研究，但同时又不侵犯病人的隐私。过去需要 5 人花 1 年的时间完成的一项任务，现在只需要 1 人 15 秒就能完成。梅奥医院和 IBM 相信，最终医生们将能在对病人进行诊断的同时，随时进入一个庞大的数据库寻找参考数据。梅奥医院信息技术委员会主任尼纳施文克医生说："这是我们转变行医的方法。"而对 IBM 来说，这是涉足规模达到 1.4 万亿美元的医疗保健领域。

当马士基推出天天马士基的时候，全世界一片哗然，这是航运业从来没有过的思维，但是，这是日常消费品生产销售企业最普通的思维——天天低价、天天新鲜、天天优质。因为，马士基当时在任的 CEO 尼尔斯·斯米德加德·安德森（Nils Smedegaard Andersen 中文名字安仕年），是来自丹麦一家非常有名的啤酒厂嘉士伯的 CEO。正是因为不懂行业常规，才能颠覆这个行业。之后，他推出的公布服务标准、加大开放力度、考核人均处理集装箱数量等措施，都是来自零售业的基本做法。

实际上，从交叉替代中，我们可以看到，从消费办事、处理问题的简易程度、快捷程度、心理的轻松程度、愉悦程度等方面来讲，生产型服务业正面临着向消费型服务业转型的趋势。

二、从补缺到看齐再到一元化

神华中海航运有限公司董事长毛中胜先生第一次看到船舶的时候，他说："船舶就是一个移动的发电厂。"

神华中海航运有限公司是中国神华能源股份有限公司和中海发展股份有限公司出资组

建的合资公司，始建于 2001 年 9 月，原名为"珠海新世纪航运有限公司"，2010 年 3 月重组更名为"神华中海航运有限公司"，纳入神华集团板块，和矿、电、路、港、航一体化运营管理。公司主要承担着神华控股沿海电厂、煤炭应急储备基地、神华煤炭进出口、神华到岸贸易煤炭运输的沿海、沿江、国际航运业务。

从 2001 年到 2013 年，该公司由中海集团来经营。公司当时成立的目的，也是出于降低企业交易成本，加速产业链上下游衔接畅通的考虑。为的是产业链各个环节多种业务的协同，更多的是从节省交易成本的角度来谈效益，是一种补缺的战略。

但是，今天看来，这种组合既不同于索尼爱立信，也不同于中外运长航，更不同于 P3、G6 联盟，神华中海是属于非同质化的合资合作。因此，当董事长改换成由来自能源行业的神华集团系人来担任时，这时就不再是补缺性质了，而是看齐了。是从产业链先进技术、管理、品牌、人才、资源等提升落后技术、管理、品牌、人才、资源的渗透过程，是创造性应用的过程。

这种看齐就是船舶运营的设备、技术和管理等向发电厂先进的设备、先进的技术、先进的管理等看齐的过程。这既是一种看齐，也是一种巨大的跨界创新。

先来看船舶建造成本构成，如表 14-1 所示。

表 14-1　船舶建造成本基本构成

船厂	30%
原材料	22%～25%
推进动力装置 1 主机	10%
配套系统 1 轴系	5%
船用设备甲板机械	4%～5%
电气及电子仪表	20%
舱室机械	8%～10%

在船舶建造成本中，主机仅仅占全部成本的 10%。

再让我们来看，日常船舶运营中的三大成本包括船期费（资本费用和固定营运费用），燃油费（主机和辅机的全部燃料费用），港口使费（有关船舶的费用、有关货物的费用和使用服务费）。燃油成本占散货船船舶营运成本的 50% 以上，占集装箱船营运成本的 40% 以上。因此，如何降低燃油成本，提高燃油利用效率就成了一个重要的课题。这种节能降本增效的思路与当今绿色环保科技的发展是一致的。一旦从机舱部的视角来看，船舶就是一个移动的发电厂。发电厂的经营管理确实可以与船舶运营管理对应起来，如表 14-2 所示。

表 14-2　发电厂经营管理与船舶运营管理术语对应表

机组	主辅机
输电路线	航线

续表

机组	主辅机
人员	船员
发电	运货
管理	船舶管理
采购	代理
……	……

发电厂中的机组管理对应船舶主机和辅机管理，发电厂中的输电路线对应船舶运营中的航线管理，发电厂中的人员对应船员，发电厂的发电对应船舶运送货物，发电厂中的管理对应船舶管理，发电厂中的原料采购对应船舶代理采购船舶各种物料。这种对应是一种隐喻，而隐喻的能力恰恰是创造力的最大表现。

接下来，神华中海需要整合的，不仅仅是看齐了，而是一元化了。它是一种基于不同产业链环节中能力看齐基础上的浑然一体，是一种互相有机体连通式的生长，是一种生态型联动的机制。

三、跨界创新带来航运轻量化

我们可以看到，从消费者办事、处理问题的简易程度、快捷程度、心理的轻松程度、愉悦程度等方面来讲，生产型服务业正面临着向消费型服务业转型的趋势。

这种趋势在虚拟网络一键世界更是明显。在那里，用户可以轻松即时地享受无处不在的数字产品与服务，而曾经用来划分需求空间的行业界限则不复存在。

2013年12月，中国外运长航股份有限公司推出"运易通"跨境电子商务平台，其最大的竞争对手竟然是天猫。从1999年阿里巴巴成立之日起，阿里巴巴就致力于让天下没有难做的生意。但最早的阿里巴巴也存在一个问题，都是综合型的、没有行业细分的一种撮合。随着中海集团与阿里巴巴第一次战略性会谈结束，航运企业真正触网的时代刚刚开始。双方将利用各自资源在电商物流领域进行合作，未来双方将合作建立航运电商平台。电子商务平台可以提供包括船期和运输路径查询、费率查询、网上订舱、网上支付、货物跟踪、进出口单证等一系列服务项目。INTTRA是海运业全球最大的多承运人电子商务网络门户。2013年，马士基航运与INTTRA签署了合作协议，客户可以轻松实现电子订舱、提单跟踪等业务。

从一键世界的原理出发，我们都应该拥抱新技术，将如今这个结构分散的数字化时代转变为一键世界。到那时，我们身边的信息工具就会变得非常简便，达到与我们的意识浑然一体的境界，最终迎来彻底脱离各种麻烦的美好时代。因为人们需要的是网络中的全部世界，而不仅仅是一部分。但感觉到的却是简易、轻松、便捷和愉悦。

这也是航运企业轻量化概念的一个有力解释，航运企业资产轻量化，有利于其利用网络进行资源整合，同时航运企业还面临着一种心理轻量化的发展趋势。每当人们提及生产型服务业企业时，心里总是充满了敬畏与远离，充满了一种烦琐、复杂、周期长、运作慢、经手人多、决策慢、服务傲慢等令人心情变得沉重的情绪。但是，由跨界创新带来的直接结果，即在作为生产型服务业的航运企业向消费型服务业转型的过程中，人们的心情将变得轻松、愉快。

四、跨界创新来源于顾客需求

"新泽西州的纽华克港，1956 年 4 月 26 日，一架起重机把 58 个铝制卡车车厢装到了一艘停泊在港内的老油轮上。5 天之后，这艘"理想 X 号"（Ideal-X）驶入了休斯敦，在那里有 58 辆卡车正等着装上这些金属货柜，把它们运往目的地。一次革命就这样开始了。"[①]《集装箱改变世界》一书首页上是这样写的。

我们都知道集装箱改变了世界，但是我们却不一定了解集装箱船运输是怎样被创造出来的。

马尔科姆·珀塞尔·麦克莱恩（Malcom Purcell McLean）1913 年出生于北卡罗来纳东南部的小镇麦克斯顿，1934 年麦克莱恩的卡车运输公司开业，他自己是公司唯一的卡车司机。随着公司规模的扩大，他在经营卡车公司时，创造性地采用了降低成本的措施：

- ✓ 人家使用汽油，他开始使用柴油。
- ✓ 人家司机们自己购买汽油，他在运输路线上找到定点加油处，安排好公司折扣。
- ✓ 人家公司的卡车拖车是光滑的，他的卡车拖车车厢的壁板是垛口状的，因为专家告诉他，垛口状能减少风的阻力。
- ✓ 人家司机都是自学成才，他为了缩减保险费和维修费，雇佣有安全意识的司机，新手要在老师傅的指导下随车辅导，而老师傅指导的新手一年内没有出任何事故，就会有相当于 1 个月薪水的奖励。

但是，麦克莱恩还是发现，公路运输越来越拥堵，于是他想到了利用船舶提供长途运输以减少成本。然而，当麦克莱恩的卡车到达港口装卸货时，他开始等得不耐烦了。装货的时候要一件一件地装，卸货的时候要一件一件地卸，他急了，"干吗不把我整个车都吊进去啊"。船公司不听。他生气了，于是他自己买船自己干了。20 世纪 50 年代的美国运输是属于管制时期，水路管水路，马路管马路，别人说了，你怎么马路的管起水路来了，他说：对顾客来说，本来只有"通路"，哪有什么水路、马路、铁路之分，只有低价、高效、高质量，顾客才最关心。

1953 年麦克莱恩想出了用自家的卡车把自家的拖车拉到自家的船上，进行了最简单的水路联运。结果一下子提高了效率，同时也给曾被普遍认为衰落的航运业带来了新的发展机会。1955 年，麦克莱恩卖掉了卡车运输公司，并用 4200 万美元买下了泛大西洋轮船公司，创建了一家全新的公司——麦克莱恩工业公司。很快麦克莱恩发现，在船上运载拖车是低效率的，每辆拖车下面的轮子会浪费大量宝贵的船上空间。于是，他改造了两艘旧油轮，用来运载卡车拖车的车身（与底盘、车轴和车轮分离）。1960 年泛大西洋公司更名为海陆联运公司。1966 年，海陆联运公司第一次提出多式联运的概念，把集装箱降低装

---

① 莱文森：《集装箱改变世界》，姜文波，等译，机械工业出版社，2008 年版。

卸成本的优势发挥到所有运输方式中去。1999年海陆被马士基收购，2005年之后，统一改为马士基班轮。

跨界创新的根本动力来自顾客真实的需求。顾客意识，顾客需求意识，这是航运企业转型升级的关键。

第八节　航运服务跨界创新需要警惕什么

一、高层领导都读顶端 EMBA

尽管跨界创新的内生动力在于人们对多元文化的包容，对不同声音的宽容，但跨界创新并不意味着公司所有的老总、副总都需要倾注在中欧国际工商学院、长江商学院学习上。从逻辑上来讲，只要航运企业的一把手去这种开阔视野的商学院就读 EMBA 就够了，如果所有的副总裁都去读这样的 EMBA，那么公司内部的结果可能就是中外运长航今天经营不善的局面。

现在的中外运长航，大量的副总裁毕业于长江商学院、中欧国际工商学院，几乎每位部门经理都要求 985 高校毕业，几乎每位员工都必须来自 211 高校。这是对航运产业规律的一种违背。航运业是一个实务性与坚持性都极强的产业，对有些员工来说，航运业可能就是他一辈子的职业方向。

这种局面实际上是企业对战略性跨界创新与战术性跨界创新两个概念的混淆造成的。战略性跨界创新是针对公司整个管理和经营等发生根本性规则改变的创新；战术性跨界创新是针对公司具体产品、技术、服务等内容上发生根本性规则改变的创新。正如前面所讲的，在战略性跨界创新中，需要的是一把手的觉悟与其他高层人员的执行，而在战术性跨界创新中，需要的是全体员工的积极参与。客观地讲，长江商学院、中欧国际工商学院的 EMBA 适合于港口、航运企业一把手就读，海事类高校 EMBA 适合于港航企业其他管理层就读，而 985 高校科学技术类学位课程适合于港航企业技术人员、研发人员就读。

二、产业可以随意跨界

战略性跨界创新是落实在主业发展上的创造、革命，而非简单的一体化或多元化。长航油运（南京油运）的退市，就是一个最生动的例子。跨界创新不是大杂烩融合，而是基于主业做强做大理念的多产业成功因素借鉴和创造性改进与应用。跨界创新不是平面组合，而是立体纵深的融合。跨界创新不是资本与政策的集合，而是能力的集结。在长航油运从事长江内河运输到外贸运输的转型过程中，资本、人员、资产、船队、规模等都涨了很多，但是，从内贸运输向外贸运输发展过程中的能力却并没有增长。跨界创新成功的关键是先进、高端领域对落后、低端领域的渗透，是后者向前者的看齐，是能力的嫁接。从内贸向外贸运输发展过程中，对长航油运来说，最关键的是业务能力的提升。

总结目前跨界创新成功的经验，我们发现有四种成功的路径。一是从消费型服务业跨界到生产型服务业，如马士基和 IBM 郭士纳的跨界。二是从先进生产型服务业跨界到落后生产型服务业，如神华中海和海陆公司。长航油运恰恰是反过来从落后生产型服务业跨界到先进生产型服务业的负面典型。三是从先进制造服务业跨界到落后消费型服务业，如承造中国第一艘航空母舰的中国船舶重工集团公司，跨界做起了吸管，其产值占据了全球高端吸管 1/5 的市场。与前面两种跨入界的创新不同，第三种是航运企业跨出界的创新，是改变其他产业游戏规则的跨界创新。四是从先进消费型服务业跨界到落后消费型服务业，如太阳马戏团等。

总而言之，跨界创新是对"此界"与"彼界"的深刻洞察和隐喻联系，是基于思维性直觉的判断与随后的精耕细作，是对既有产业与规则的突破与超越。

第九节 中国航运企业跨界转型路径在哪

航运业跨界创新的理论基础、本质内涵、根本动力、理论突破等，都为航运企业的转型升级提供了发展路径，如图 14-4 所示。

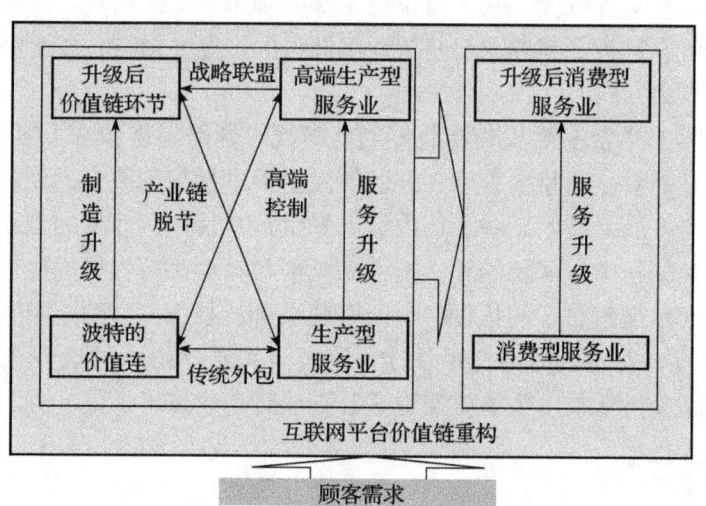

图 14-4 基于顾客需求的组织转型升级管理理论框架

一、第一层发展路径：服务升级

在波特的价值链中，传统制造业将生产型服务业外包给其他企业来做，而自己专注于具有核心竞争优势的业务。在制造业不断升级的过程中，生产型服务业面临着两种选择，一是自身也升级成为制造业的战略联盟；二是产业链脱节，从而逐渐退出市场。而在生产性服务业不断升级的过程中，制造业同样面临着两种选择，一是跟上升级步伐，成为生产型服务业的战略联盟者；二是被生产型服务业反向收购，成为生产型服务业高端控制的另一个典型。如香港利丰集团就是从贸易起家，现在利用虚拟生产反向收购制造企业。

二、第二层发展路径：生产型向消费型服务升级

这种升级是完全基于从消费办事、处理问题的简易程度、快捷程度、心理的轻松程度、愉悦程度等方面来讲，生产型服务业正面临着向消费型服务业转型的趋势。

三、第三层发展路径：网络平台价值链重构升级

互联网在航运企业的应用开发，实际上才刚刚开始，遵循我们跨界创新在虚拟网络上的表现规律，可以发现，重新定位企业所从事的领域，重新界定航运企业为顾客带来了什么价值，重新构建基于网络平台的跨境商务平台，既是未来航运企业转型升级的重要路径，实际上也是改造航运企业价值链的必然途径。与其无奈等候，不如勇敢创造。

四、第四层发展路径：以顾客需求为导向的升级

顾客意识，顾客需求意识，这是航运企业转型升级的关键。国有企业，或者说传统国有企业，传统企业，在今天不确定环境下，所面临的最大的挑战就是顾客以及顾客需求意识的重建。这种顾客意识是基于为顾客提供真实价值的意识，是基于终端消费者需求的意识，是基于全岗全员具备终端顾客需求意识的更新。传统航运企业要走出困境，最大的思维转变是从唯上向唯上唯下并存的转变，也是跨界思维在顾客意识上的扩展，把上级、产业链伙伴、同事、消费者终端等当成广义范围的顾客，将心注入，用心耕耘，顾客才会与你将心比心，心心相印。

复习、理解与应用

本章关键概念

1. 服务创新的定义
2. 技术创新
3. 服务创新模式
4. 服务创新八大思维方式
5. 创新思维图
6. 航运企业跨界创新
7. 航运实体经济跨界创新
8. 航运虚拟经济跨界创新
9. 交叉替代
10. 从补缺到看齐
11. 航运轻量化
12. 传统理论突破
13. 航运跨界创新方法
14. 跨界创新误区
15. 航运企业转型发展

阅读理解

1. 阐述服务创新八大模式。
2. 指出服务创新八大思维方式与创新思维图的联系。

3. 解释航运企业跨界创新的现状与内涵。
4. 阐述航运跨界创新带来的传统理论突破。
5. 解释航运企业转型发展的路径。

拓展应用

1. 拓展阅读国外航运企业跨界创新实践，对比中外跨界创新的制度基础，并请解释为何中国航运界的跨界创新会有如此蓬勃的发展。

2. 请阅读相关材料，理解国家建立中国（上海）自贸区的战略意义，结合各项政策，说明跨界创新能否成为自贸区发展的核心驱动力。

第十五章 航运服务跨界创新与平台再造[①]

第一节 航运服务跨界创新的本质

航运服务跨界创新的本质是跨行业技术、产品、服务、模式、流程、规则等优势在某一平台上的重新集结。这在技术快速变化,新产品层出不穷,产业融合,产业边界模糊,需要我们重新划定领域的现实社会中,表现得尤其明显。因为技术的变革会引起产品的变革,产品的变革必然引起服务内容和方式的变革,而技术、产品和服务的变革必然会引起商业模式、流程和管理规则的变革。

看看汽车行业的变化就能略见一斑了。

1886年德国工程师卡尔·本茨(Benz)发明了汽油机动力的汽车,开创了奔驰汽车乃至汽车工业的先河;1911年亨利·福特率先使用汽车装配线,极大地提高了生产效率,一举普及了汽车消费;1916年宝马成立,用速度与激情诠释了极限驾驶与高峰体验之悦;1927年阿尔弗雷德·斯隆通过多品牌市场细分、贷款购车、二手车置换等创新的市场策略将通用打造成年产上千万辆的世界上最大的汽车帝国。这些汽车巨头称霸世界一个多世纪,他们生产的汽车有四个共同特点:所有的汽车都必须有人驾驶,所有的汽车都是烧汽油的,所有的汽车都只能在地面上行驶,所有的汽车都是从流水线上生产出来的。

但是,今天特斯拉在生产不烧汽油的电池汽车;Nikola Motor在生产燃烧后只有水的燃料电池汽车;Google的WAYMO汽车公司在生产不用人驾驶的无人驾驶汽车;飞行汽车Transition(飞跃)生产的Aero Mobil既能在地面上开还能在空中飞;更令人震惊的是总部位于美国亚利桑那州凤凰城的Local Motors实现了3D打印汽车技术,并将其产业化,不但可以打印小型乘用车,还可以打印大巴。这些没有汽车基础的挑战者们来自各行各业,他们各自抱着"加速全球向可持续能源的转变""精准驾驶实现零伤亡事故""开辟空路时代"和"塑造汽车而非制造汽车"的使命,把最新的技术集结到了汽车产业。

毫无疑问,随着这些甚至是更多新技术在汽车产业的集结应用,汽车产业的性质发生了根本变化,原来的产业性质比重在不断降低。这就是汽车产业的"特修斯之船",人们甚至感觉不到它的变化,所不同的是替换的每一块"汽车之木板"都是如此具有颠覆性。汽车不再仅仅是行走机械,它是多产业、多技术的跨界集结产业。技术的结构性变

[①] 於军,等:《跨界创新再造平台》,《企业管理》,2018年6月。

化，导致技术的跨界创新，而多种颠覆性技术在产品上的跨界应用，就变成了产品的跨界创新。这种跨界创新给顾客带来了全新的价值："无人驾驶、身心轻松""节省能源、生态环保""无阻的交通、放飞灵魂的自由""节省大量耗材，完全的个性化"。

产品的跨界创新本质是技术的跨界应用，而技术的跨界应用本质却是思维的突破。把那些以前从来没有交集的陌生东西，重新碰撞产生关系，这就是创新和创造。行走机械、智能控制、互联沟通、绿色能源、自由飞翔，如果所有的新技术都跨界集结应用在一个产品平台上，这才是最大的跨界打劫。

随着这些新型汽车的出现，服务变成了体验，汽车销售模式变成了直销，售后维修服务变成了远程软件更新，更为重要的是这些汽车生产商在管理和流程上的跨界创新，恰恰是这些来自硅谷的年轻创业者用硅谷化管理工作方式对传统管理方式的再造。

汽车产业如此，手机、电视、打印复印机、船舶等产业也都是如此。因为，产品相对于技术来讲，本身就是一个平台；服务相对于产品来讲，本身也是一个平台；商业模式相对于服务来讲，本身也是一个平台；而管理和流程相对于商业模式来讲，本身更是一个平台了。毫无疑问，这些平台都正在或即将面临跨界创新的平台再造。

第二节　航运服务跨界创新的四类平台

产品、服务、模式、流程和管理都是跨界创新的平台，而技术是在这些平台上最原始的应用。根据物理空间与虚拟空间的应用，为顾客提供价值的实物与服务的区别，领域平台与中介平台的差异，本书把平台类型划分为实物物理平台、服务物理平台、实物虚拟平台和服务虚拟平台四种类型。

一、实物物理平台

实物物理平台是指利用具有特定功能的有形载体，连接多边群体，提供各种服务的物理实体平台。技术、产品、服务、模式、流程和管理最大最通常的集结空间是城市、社区、Shopping Mall、实体店、邮轮、公交车、飞机、打印复印机、烤箱等物理实体。这些连接多边群体，提供工作、休闲、娱乐、交易等空间的地方都面临着利用跨界创新再造平台的挑战。

以邮轮旅游为例。一是高科技与娱乐融合。如皇家加勒比"海洋量子号"的270度景观厅、360度摇臂支撑的北极星、Skydiving Simulator、剧场演出中的无人驾驶飞机的使用、闪光衣服的使用、高科技舞台道具与布景的使用等。二是文化体验与娱乐融合。嘉年华邮轮尽管大而全，但却始终不离"有趣"两字，皇家加勒比以创意闻名全球，冠达邮轮以典故故事闻名于世。更重要的是，邮轮发展到今天，为了更好地体现文化，开始大规模地出现主题邮轮。吃货喜欢的美食主题邮轮，球迷喜欢的球赛主题邮轮，"钻石王老五"的单身主题邮轮，迪士尼的欢乐主题邮轮，探险、亲近大自然主题邮轮等。把人类文明某个闪光点密集地集结在邮轮平台上，就是主题邮轮的出发点。

苹果对 iPod、iPhone、iPad 等产品都实施了"产品+服务（包括内容）"的创新商业模式。iPhone 是产品与大量第三方服务的集成平台，而邮轮恰恰是船舶与大量服务内容的集成平台。同样的道理，城市、社区、Shopping Mall 等，作为平台都面临全新的+互联网、+新技术、+新服务、+新模式、+新流程、+新管理的平台化再造。

二、服务物理平台

服务物理平台是指连接多边群体，提供无形服务的物理实体平台，这些平台企业包括银行、保险、金融、法律咨询等企业。以银行业为例，银行是另一个平台，它除了管理着客户的财富，同时还管理着顾客的健康和心情。因此，银行作为一个平台就面临着如何把目标客户的生活圈管理起来的平台再造的挑战。而银行行长自然成了这个平台的跨行业优势集结者与评价者。银行行长要考察、审批各种贷款项目，需要对每一个行业了解得非常透彻。因为接触的行业多了，眼界自然开阔，他们能迅速在脑中实现多产业优势元素的跨界迁移和集结，并利用跨界创新的思维，要求所有自己放贷的企业具有跨界创新的元素。这是银行行长所处的位置和从事的工作性质所决定的。不管是卖大闸蟹，开牙科诊所，还是做 Shopping Mall，在他们看来，如果不能做成跨界平台，"浓度"不到，那么贷款的"温度"变化时机就没到。

面向多产业企业客户服务的实体企业，天然带有跨界创新的放大器，他们能够利用在服务不同产业优秀企业的过程中学到的每个产业独特的优势元素，随时灵活地迁移应用在其他产业中。因此，服务就是学习，跨界应用就是创造，创造性地集结就是平台再造。

还有一类服务物理平台，那就是传统的媒体业。今天，传统的媒体、杂志、报纸等企业都在转型发展，《商学院》杂志从 2012 年开始就已经转型做会员服务。利用"走进标杆企业"大型活动，带领会员走进"行业内数一数二的企业"进行跨界学习，把商学院教授、标杆企业、会员整合在《商学院》这个平台上。《商学院》做的还是传统业务，但是他们用的却是互联网思维。等到活动积累到一定场次，标杆企业积累到一定数量，会员积累到一定数量，商学院教授聚集到一定数量，标杆企业之间合作、会员与标杆企业的合作、会员之间的合作、商学院与企业之间的合作，就会在互相碰撞中不断产生。教授为企业背书，企业给教授提供最新的案例，杂志为企业提供品牌曝光机会，学员为杂志提供会费支持，标杆企业给学员带来跨界创新价值。当《商学院》想考察宝马铁西文化体验中心时，宝马却提出能否帮忙联系故宫和迪士尼一起跨界碰撞。结果曾经毫无关联的三家组织就这样碰撞出了思想的火花，故宫做中国文化的经验，加上迪士尼做动画等的经验，与宝马体验中心想做的事情不谋而合，三得利的共创共生共赢格局由此形成。

而对于那些专注服务于某个行业的服务物理平台，如上海国际航运研究中心（SISI）这类智库型企业，平台再造本质与实物物理平台再造一样，同样面临着再造转型的挑战。

三、实物虚拟平台

实物虚拟平台是指连接多边群体，提供实物交易等内容的网络平台，如淘宝、京东、当当等平台企业。这些网络平台企业，也面临着实体化嫁接的挑战，面临着+新技术、+

新产品、+新服务、+新模式、+新流程、+新管理的平台化再造。之所以要跨界创新，是因为在消费者的眼里，根本没有界限，只要是目标顾客需要的，就是企业致力实现的，而不管新产品、新服务是在此界还是彼界。

当当网与海航集团的联合归根到底是对当当网以前+新技术、+新产品、+新服务、+新模式、+新流程和+新管理保守做法的告别，是线上线下联动的跨界创新，是在跨界主场中多元出击，围绕阅读主业实现多元布局，再造一个丰富的全媒体知识平台、全场景文化产业新零售平台的尝试。

这也是为什么阿里巴巴在不断增加服务内容——电子商务、蚂蚁金融、菜鸟物流、大数据云计算、广告、跨境贸易等的同时，还要高薪聘请具有网购经历的广场舞大妈（爷）为市场调研员的原因之一。因为网上完成交易的商品，需要顾客线下体验的调研，需要流通环节帮助顾客配送，需要临时寄放商品的地方，需要退换货的辅助，线上线下的完美组合才是顾客需要的完整体验。这也是为什么中国大量交易型中介平台线上艰难求生，而线下却逐步赢利的原因之一。

四、服务虚拟平台

服务虚拟平台是指连接多边群体，提供无形服务等内容的网络平台，如起点中文网、BIMCO、世纪佳缘等平台企业。看看 BIMCO 的服务虚拟平台是怎样从实体平台中获得启发再造的。

波罗的海国际航运公会（The Baltic and International Maritime Council，BIMCO）成立于1905年，是一个独立的国际航运公会，其会员由船东、船舶管理人、经纪人、代理人、保险协会和其他航运业利益相关者组成，会员遍布全球120多个国家。BIMCO 制定的标准海事合同（或称合约）范本已经超过100种，合同类型包括从造船、船舶管理、燃油、船舶交易、修船、卖船、处置、到回收的整个过程。标准条款包括了温室效应条款、海盗条款、偷渡条款和燃油条款等100多种。BIMCO 利用自己在制定行业标准合约中的优势，把服务拓展到了网络平台。BIMCO 有一个叫作 Idea 的产品，主要功能是为 BIMCO 的会员或非会员提供一系列标准合同范本，并提供一个合约订立双方互相沟通、修改条款、增加新条款、删除原有条款、促成合约意见及打印合约的网络平台。所有被双方修改过的内容都用不同颜色、不同日期标注在合约初稿中，能让合约订立双方轻松找到对方修改过的条款。与 E-Bay、阿里巴巴等基于服务器的网络平台经济相似，前者侧重个人商品交易，后者侧重企业商品交易，而 BIMCO 做的是商品交易条款（或合同）的交易，是权利和义务的交易，或者说是契约订立平台。这个平台运作的方式主要以收取最终合约打印时的费用为基础，不同类型的合约收取不同的打印点数和费用，而不管整个过程中双方发给谁，发了多少邮件。BIMCO 下一步的目标是：活的文件（Living Document），即以后都是基于网络的文件，不会有纸文件出现。更重要的是，BIMCO 将提供比文件更加细分的标准条款模块，让用户自己选择组合生成文件。就像现在的汽车制造商在网络上提供个性化汽车定制一样，顾客可以自己选择发动机、方向盘、轮胎等，但最后还是一辆完整的汽车。这种理念大大拓宽了服务产品的生产概念，服务也可以像制造业一样定制化制造。

以上四种类型的平台都面临着＋新技术、＋新服务、＋新模式、＋新流程、＋新管理的跨界创新平台化再造，简而言之就是互联网＋、＋互联网和＋物联网的再造。

第三节　航运服务实体企业如何再造平台

一、借助跨界创新再造实物平台

与互联网中介平台的概念略有不同，实体企业作为平台，本身还承载着特定的服务功能。就像公交车一样，除了承载平台功能之外，本身还为顾客提供空间位移的实际功能。只不过在这个功能之外，根据顾客需求重新增加了娱乐、休闲、APP 应用等更多的服务。以公交车公司为例，看看传统的公交车公司是怎样平台化再造的。

把平台化的思维从 iPhone、邮轮等上面应用到公交车服务后，这个公交车就不再是单纯的完成顾客空间位移需求的工具了，而是一个能够解决目标顾客所有在此过程中需求的平台了。因此，公交车开始要＋互联网，先要实现网上预约，购票打折，接下来是微信扫码，再接下来就是只要关注微信就可以免费乘车，再接下来就是像主题邮轮一样每辆车做成一个主题公交车，让旅客从每辆公交车上享受完全不同的体验。这时公交车就已经是一个"移动的第四空间"了。这种高科技、多服务、高文化的跨界集结，将是未来实体企业平台化再造的重要方向。再往深入想，汽车平台还能给顾客提供什么样的第三方服务平台，信任集结地还是其他？一句话，没有技术无阻碍地应用在人类生活的每一个方面，没有多技术、多产品、多服务在平台上的集结，平台化再造就毫无意义。

中国台湾最知名的实体零售书店"诚品书店"（Eslite Books）也曾进行转型，当实体书市场在中国台湾陷入低潮时，许多线下书店纷纷倒闭，诚品却运用商业房地产平台的概念大举获胜。它利用绝佳的地理位置和零售书城的口碑吸引顾客，然后引入美食街、艺术设计商店、精品特色小店等，可以说，诚品吸引了很多优质商店，这些优质商店又吸引了更多顾客。书籍的销售只占诚品利润总额的 30% 左右，其余的则来自其经营的多元化商城。

这也是海尔"人单合一对接物联网"思想的体现。海尔只有三种人：平台主、小微主和创客。在海尔人眼里，他们不仅是卖产品和服务，他们还搭建平台，在与用户的持续交互作用中，挖掘并满足用户的全部相关需求，打造的是生态价值圈。比如用户买烤箱，但用户真正关心的是烤箱烤出来的食品，这样所有跟这个最终食品有关的东西——鸡蛋、面粉、水，都是海尔关心的内容，这就成了一个烤箱圈、烤箱平台了。

借助跨界创新，利用＋新技术、＋新产品、＋新服务、＋新模式、＋新流程、＋新管理，传统的实体企业都面临着"空间再造"的紧迫任务。

二、借助跨界创新重建虚拟平台

实体企业都面临着"空间再造"和"虚拟网络重建"的双重任务，"空间再造"是直接面向顾客的,而"虚拟网络重建"既可是面向顾客的外部虚拟平台,也可是面向员工的内部虚拟平台。

船舶修理厂是实体企业,但是,现在有人开始想着组织一批公休期的轮机长,作为修理机器的技术团队,给一些到港船舶提供维修服务和技术指导。很快这支队伍将从实体走向虚拟,他们模仿 Airbnb 的模式,通过网络平台的模式,把正在公休的轮机长和轮机员纳入技术员团队(解决了公休期间船员工资低、生活单调的问题),把有维修需求的企业纳入平台的另一边(解决了高费用长周期进修船厂维修的问题),在全球范围进行平台化运作。这些轮机长通过远程技术指导,用最快最节省费用的方法,实现了最有效的问题解决。更为重要的是,随着无人驾驶船舶的出现,工程师兼 CEO 的硅谷创业模式,也会复制到航运领域。未来的船公司轮机长就是 CEO,这跟韩国 Cido 公司的运营模式一模一样。因为,让一位工程师补管理学、沟通等知识相对简单,让纯管理人员补工程知识相对就难了。

看看特斯拉汽车测试,就可以知道技术是怎样帮助实体企业重建内部虚拟平台的。特斯拉的工程师把他们的硅谷作风带到传统汽车制造商经常出没的地方。在瑞典北部靠近北极圈的地方,有一条专门用于测试断裂和摩擦程度的赛道,在那里车子在大块的冰面上接受检修和调整。通常的做法是,工程师在这里花两三天测试汽车,在得到数据之后返回公司总部,花费数周时间开会讨论如何对汽车进行改造。相反,特斯拉派遣工程师来到了当地,一边测试汽车一边实地进行数据分析。当汽车的某些设置需要变动时,工程师当场调整一些代码,然后再将车子送回冰上接受检测。

今天,所有工业服务、职业教育培训、工人技能培训、模具检测试验等都面临虚拟平台再造的挑战与机会。利用 VR 技术,技术人员不再需要到现场通过拆装物理机器才能学会如何修机器;通过工业模具检测软件,工业品制造企业将节省成千上万的检测费用;通过远程技术,工人技能培训可随时随地进行。

虚拟平台重建后的实体企业,是一个联系多边群体的中介平台,是一个实时反应、动态更新的演化平台,是一个群策群力、海纳百川的众创平台。

不管是面向顾客,还是面向员工,也不管是"空间再造"还是"虚拟网络重建"、实体企业平台再造,硅谷精神和硅谷思维将无阻碍地应用在人类生活的每一个足迹中。

第四节　航运服务网络企业如何再造平台

一、借助实体一体化再造平台

所有的网络企业都必须嫁接到实体世界中来,使网络与实体一体化,才会对实体经济产生根本性的推动。重新审视 Google、Facebook、Uber 等一大批知名国外网络虚拟企业,它们今天不再是纯粹的互联网企业,它们同时在无人驾驶汽车、火车、公交车、人工智能、太空探索、生命科学和新能源等领域全力出击。

Facebook 进军制造业，开启了 Facebook 历史上最大、最先进的硬件实验室 Area 404，这里有哈默的五轴、九轴的车铣复合，水流切割机，电子显微镜，工业 CT 等最高精尖的设备，修建的目的是帮助 Facebook 加快在硬件产品上研发和测试的步伐。未来 10 年，Facebook 将建造各种东西，从 Oculus 头部设备，到太阳能飞机。

像所有商品交易型第三方网络中介平台需要物理空间流通环节的支持一样，所有虚拟网络平台的思想必须通过物理实体作为载体，才能实现随时随地优质、高效、价廉地自由流动传播。

互联网与物联网的嫁接，或者互联网向物联网的转变，根本原因是互联网缺少了与用户面对面的交互作用。因此，也就缺少了及时、准确，甚至超前把握顾客在物理世界中个性化体验需求的渠道，缺少了线下获得的信任感与客户黏性，迫使互联网平台企业再造升级。

看看月收入 10 万元的快递小哥是如何运作的，就知道线下体验对于获取信任是多么重要。专门负责上海张江区域的快递小哥，因为经常接触常用快递客户，跟客户熟了之后建了一个微信群，利用这个群，他经常询问大家是否需要新鲜草莓、新鲜橙子等，客户基于长期接触后对他的信任，真实表达自己需求并纷纷下单，利润随之而来。做快递业务成了"客户定期拜访"，推销其他产品才是真正的盈利点。

嫁接到实体世界推动实体经济发展，整合线下获得的体验、信任、文化、现场感等那些只可意会不可言传的感觉，是网络虚拟企业平台再造的双重方向。

二、借用实体整体化再造平台

产业本来是没有边界的，在互联网平台上，大家都互通有无。顾客的需求本来也是一键整体化世界，那些会对核心业务造成冲击的产品或服务，就是企业在虚拟平台再造过程中需要整体化的东西。

2004 年贝左斯在商业研讨会上，第一次看到电子墨水公司展示出 Librié 时，便感叹道："完了，这个机器可能会摧毁我的全部业务。"于是贝左斯订购了 30 台 Librié，供员工把玩、研究，甚至还拆开来琢磨内部构造。很快，贝左斯就提出要跟电子墨水公司合作，设计出一台适用于美国市场且更加优质的电子阅读器的建议。从某种角度来讲，这样一个项目，再怎么说也轮不到亚马逊来接手。亚马逊既不是三星那样的电子设备制造商，也不是苹果那样的计算机公司，更不是诺基亚那样的无线电话设备生产商。上述三家公司中的任何一家，都比亚马逊更适合与电子墨水公司合作。但是，贝左斯从客户的麻烦着手，找到麻烦地图中隐藏的新型需求，然后提问："亚马逊若想满足这些需求，需要做什么？"如果这个问题的答案是"创造出一款优质的电子阅读器"，那么亚马逊就会为此付诸实践。于是，2007 年 11 月，亚马逊 Kindle 开始上市。

借用实体平台整体化真正的原因在于：人们需要的是网络中的全部世界，而不仅仅是一部分。网络虚拟企业面临着将如今这个结构分散的数字化时代转变为一键世界，达到实体与网络相得益彰、信息与意识浑然一体的境界。

三、借助技术综合化平台再造

中国大量互联网企业面临生存挑战,尽管其商业模式已在国外得到了验证,但思维不够开阔,跨界创新不够,经营依然举步维艰。打开思路,跨界借鉴,化学反应,对提供的服务进行综合化内容再造,是平台再造的另一途径。

以中国航运电商企业为例,到目前为止,还没有一家第三方航运电商能够做到盈利。究其原因,更多的是由于思维层面而非技术层面的东西。看看 INTTRA 是怎么做的,或许能给这些企业带来一点启发。INTTRA 是世界上最大的航运业多承运人电子商务网络,INTTRA 专业人员与 52 家承运人和无船承运人、109 家软件联盟伙伴,以及他们的顾客,通过一个具有 220000 航运专业人员的网络,一起简化和标准化全球航运运营过程。每周超过 550000 个集装箱订单通过 INTTRA 平台操作,代表了全球集装箱贸易的 22%。INTTRA 主要业务包括航运管理、运输管理、文件转换、规则遵守,以及账单和发票等。

INTTRA 将目前所有消费型服务业电子商务平台的功能集结在一起,航运电商企业的目标不是模仿淘宝网,而是在网络世界建立企业客户需求的"一键世界"。那就意味着,需要在淘宝网基本功能基础上,增加携程的价格对比功能、当当网的评价功能,增加 Catapult 的社交、移动、分析和云方面的功能,增加 BIMCO 的网上合同缔结和交易功能,还有很多本来应该在物理世界处理的,现在都搬到虚拟世界中来的功能。这本身就是一个巨大的跨界创新。

按照这样的思路发展,原先被大众认为神秘、古老、传统、夕阳产业的航运业,在网络平台嫁接的基础上,将会成为人类网络交易中技术手段最复杂、功能最齐全、交易最精准的一个电商产业。因为,从英国案例法到中国的大陆法系,合同法律条款中的 80% 都是来自海上贸易合同条款。在这样一个复杂的交易过程中,实际上几乎涵盖了全部合同法所需要考虑的环节。

这也是中国航运电商的痛点:一个没有海商法律师加盟,没有船东背景专家加盟,没有船长加盟,没有货运专家加盟的航运电商平台,一定不是真正意义上的一站式平台。

网络实体空间一体化、顾客需求整合化、专家能力综合化,这是网络企业平台再造的方向。

第五节 航运服务企业 +X 双平台战略

互联网+、+互联网、+科技、+产品、+服务、+模式、+流程、+管理、+X、平台化、生态圈等概念,由于跨界创新的存在,所有加的内容都成了创新中的源(Source),而这些商业概念不仅互相牵扯,还互相支撑依赖,更重要的是在利用跨界创新时,再造平台的行动把这些概念全都紧密地联系在了一起。

因此,再造平台的本质就是 +X 双平台创新战略。跨界创新平台把始创新、流创新和源创新统一起来。基础科学的创新是所有跨界应用的基础，在此基础上才会有首创式的始（源头）创新技术应用，由源头式创新带动了以波特价值链为核心的流创新，随着时间的推移，流创新所提供的现有价值改进模式会遇到新的挑战，而以 +X 为逻辑出发点的源（资源）创新会提供新价值，从而开拓新的市场。当新的始（源头）创新技术应用重新出现后，新一轮的螺旋式向外向上发展模式再次循环。

　　循环发生前的过去，企业只要在产地、原料、质量、技术、工艺、功能、环保、文化、服务、体验等之中，把某一个差异化做到独一无二，就能打遍天下；循环开始后的今天，+X 意味着这些特色都是被加的元素，是跨界组合中的各种要素。今天，靠一招一式，已无法取得独一无二的吸引力，今天靠的是因地、因时、因人制宜的组合拳，靠多门派融会贯通的首创宗师鼻祖，靠宗师鼻祖系统精深的快速迭代，才能脱颖而出，独占鳌头，赢得垄断利润。

　　循环发生前的过去，企业只要在生产、财务、营销、人力资源、运营、战略等职能管理之中，把某一项成本控制做到极致，就能获得独一无二的优势；循环开始后的今天，+X 意味着取得独一无二优势的是价值创造体系，是这些要素的系统优化组合。今天靠的是关键绩效核心动因的无间匹配，是行动职能（用来行动的职能，在行动中重塑的职能）的组合。

　　+X 双平台战略把单一价值链商业模型转变成了混合价值链商业模型。跨界创新再造后的平台，都是但都不是，都像但不全像，这是不同价值链混合重组后的新生态圈。

　　在此过程中，任何企业都无法回避物理世界与虚拟世界的双平台再造挑战。人类从口语文明、文字文明已经来到数字文明，而代码文明的时代也已露端倪。在编程语言成为人类未来重要语言的今天，任何一家企业都无法回避这双重挑战。因为，虚拟世界的高效、便利，物理世界的信任、传递，本来就是一个完整的闭环，网络平台和空间平台本来就是缺一不可、互补促进的循环。

　　只有让 +X 的内容在物理平台和网络平台上自由跨界，才会让 +X 的音符在两个平台的五线谱上演奏出美妙、变化无穷、充满新奇的创意经济之乐。现实却是，物理平台企业缺少一个强大的 IT 部门，而虚拟网络平台企业缺少了"产品或服务"制造部门，而实现 +X 双平台战略最快的方式就是整合。因为，全球范围内大规模的跨平台并购浪潮正在向我们袭来。

复习、理解与应用

本章关键概念

1. 跨界创新本质
2. 实物物理平台
3. 服务物理平台
4. 实物虚拟平台
5. 服务虚拟平台
6. 实体企业
7. 网络企业
8. +X 双平台战略

阅读理解

1. 解释跨界创新的本质是什么。
2. 指出四类平台与传统对平台划分的区别。
3. 解释 +X 双平台战略的核心思想。

拓展应用

拓展阅读国内外航运企业跨界创新实践，分别找出四类平台企业。

第十六章 TRIZ理论与航运服务创新

第一节 TRIZ 创新算法[①]

在"大众创业,万众创新"的时代,创新是企业关心的事情。寻找发明性创新的秘密,即找到有效好使的创新方法和创新组织过程来改善创新,越来越成为一项生死攸关的任务。TRIZ 创新算法把零散的创新方法逻辑有机地结合起来,形成了系统化的创新方法论。本章将通过对问题表述、部件分拆、理想自动、图文双构、原理分层、系统九屏幕、惯性破解、自然仿生等方法的介绍,深入解读 TRIZ 创新算法,让读者感受到每一个步骤都会显著改变问题的原始陈述,清晰地显示问题正在被解决的乐趣,并最终帮助你养成发明创造的习惯。

一、TRIZ 的由来

试错法尝试总是沿着熟悉的、阻力最小的方向行进,发明家下意识地遵循同样的路径,因此没有任何机会来发现新东西。人们发现试错法随机、耗时久的特征并不适用于更加高级的创新。于是,人们开始寻找创新过程中的共性元素,于是有了启发法。但到目前为止,没有以结合研究领域的客观规律为基础开发出的启发式程序,对发明家而言没有实质性的帮助。

美国天文学家兹韦科奇(F.Zvikki)于 1942 年创立了"形态分析法",旨在为每个问题找到所有可能的变量列表。这种方法在解决一般设计问题时最有效,像设计新机器,或寻找新的概念性方案(如给公司起新名字等)。但是,形态分析法中要求写出的多维参数轴,随着问题难度的级数增加,所需要覆盖的参数轴和类别就会大大增加,导致排列组合成千上万地增加,这是这种方法最大的缺陷。

1953 年,美国心理学家奥斯本(A.Osborn)试着改进试错法。在用试错法解决问题时,发明家首先想到,如果这样做会怎么样?他对可能出现的结果不进行事前分析。于是就有了提出想法和分析想法两个阶段的"头脑风暴法"。这种方法最大的特征是想法的互动和扩展,最大的缺陷是不控制思维过程,经常会错过该停下来的点。

1960 年美国研究人员戈登(William Gordon)开发了"综摄法",利用细化问题,转

[①] 董清月、於军、霍文慧:《TRIZ 来了!》,《企业管理》,2018 年 9 月。

化问题结构，提供直接类比、拟人类比、象征类比、虚拟类比等方法，来缓解"形态分析法"的海量排列组合压力。但也没能从根本上解决这一问题。

从1946年开始，苏联创新大师根里奇·斯拉维奇·阿奇舒勒研究了20万份专利，总结出大约1500个技术矛盾，并于1969年出版了一本新书《创新算法》。他在这本书中向读者提出了40个发明原理和能解决复杂的技术矛盾的第一个算法。

从试错法、启发法、形态法、头脑风暴法、综摄法，再到TRIZ算法，人类对创新方法的理解不断加深，解决创新问题的等级不断提升。在表16-1中，试错法用来解决难度等级为1和2的创新问题最有效，而启发法、头脑风暴法、形态法、综摄法等用来解决难度等级为2和3的创新问题最有效，难度等级为4和5的创新问题，用TRIZ方法最有效。

表16-1 创新过程的结构图表

比较项级别	选择任务 A	选择搜寻概念 B	收集数据 C	寻找想法 D	找到想法 E	实际实施 F	专利比例（1965—1969年）	试错次数
1	使用一个已有的任务	使用一个已有的搜寻概念	使用已有的数据	使用已有的解决方案	使用现成的设计	按照已有的设计制造	32.0%	1~10
2	在几个任务中选择一个	在几个搜寻概念中选择一个	从几种来源收集数据	从几个想法中选择一个	从几个设计中选择一个	修改已有的设计，然后制造	45.0%	10~100
3	改变初始任务	修改适合新任务的搜寻概念	修改收集到的适合新任务的数据	改变现有的解决方案	改变现有设计	按照新的设计制造	19.0%	100~1000
4	寻找新任务	寻找新的搜寻概念	收集与新任务相关的数据	寻找新解决方案	开发新设计	用新的方式使用设计	低于4.0%	1000~10000
5	寻找新问题	寻找新的方法	收集与新问题相关的数据	寻找新概念（原则）	开发新的建设性概念	修改实施新概念的所有系统	低于0.3%	10000~100000，甚至更多

资料来源：作者整理。

TRIZ方法在今天之所以重要，是因为在1965—1969年，77%（1级和2级）的注册专利仅代表一种新的设计。而今天的创造发明一般都在3级到5级的中间子级的范围之内。发明过程的悲剧就在于，人们在解决高级创新的问题时，一直在应用仅与解决低级创新有关的方法。

随着TRIZ方法的普及，TRIZ被认为是提升创造力最强有力的工具。除了技术领域，TRIZ也进入了管理、市场、艺术、教育、心理学以及其他不同的领域。

二、TRIZ创新算法

创新方法论，它的目标是科学地组织创新过程，因此它是一个像算法一样有一系列有序的结构化活动组成的体系。TRIZ 算法由下面结构化活动组成（以 ARIZ-71 为例）[①]。

第一阶段——选择问题

步骤 1-1 确定答案的最终目标。

步骤 1-2 尝试"变通"方法。

步骤 1-3 初始问题或变通问题，哪一个解决起来更有意义？

步骤 1-4 确定量化特征。

步骤 1-5 定义让发明起作用的特殊条件要求。

第二阶段——精确定义问题

步骤 2-1 用专利信息更精确地定义问题。

步骤 2-2 使用 STC 算子。

步骤 2-3 用两句话来描述问题的条件（不用专业术语，包括能改变的部件和不能改变的部件）。

步骤 2-4 选择最容易的部件，改变、重新设计或调整。

第三阶段——分析阶段

步骤 3-1 归纳最终理想解。

步骤 3-2 画两张图：初始图和理想图。

步骤 3-3 在理想图中，找到步骤 2-4 中指出的部件，并把那些在规定的条件下不能实施规定功能的部分，重点标出来。

步骤 3-4 为什么这个部件（它自己）不能完成规定的活动？

步骤 3-5 在什么条件下，这个部件能够完成规定的活动？

步骤 3-6 为了让这个部件得到步骤 3-5 中描述的特征，需要做什么？

步骤 3-7 归纳一个或几个能够实现的概念，并按可能性大小排序命名。

步骤 3-8 画出原理图。

阶段四——概念的初步分析

步骤 4-1 在应用新概念的时候，记录变好、变坏、得和失分别是什么。

步骤 4-2 改变提出的设备或方法，能否防止其恶化？

步骤 4-3 现在改变了设备，什么恶化了（更复杂、更昂贵）？

步骤 4-4 比较得失。

步骤 4-5 如果得大于失，那么跳到第六阶段。如果第二次分析没有产生新的结果，返回步骤 2-4 并检查表格。从步骤 2-4 中选择系统的其他部件，重新进行分析。记录第二次分析及其结果。

如果在步骤 4-5 之后没有得到满意的答案，那么进入下一阶段。

第五阶段——实施阶段

步骤 5-1 从矛盾矩阵的列中，选择一定要改善的特征。

步骤 5-2 使用已知的手段（不考虑其他方面的损失），来改善这个特征（来自步骤

[①] 根里奇·阿奇舒勒：《创新算法——TRIZ、系统创新和技术创造力》，谭培波，茹海燕，译，华中科技大学出版社，2008 年版。

5-1）；如果采用了已知的手段，什么特征变得不可接受了？

步骤 5-3 从矛盾矩阵的行中，选择与步骤 5-2 中相应的不可接受的那个特征。

步骤 5-4 在矩阵中，找到用来消除技术矛盾的原理（就在步骤 5-1 的列与步骤 5-3 的行相交的单元格中）。

步骤 5-5 使用这些原理。

步骤 5-6 尝试应用物理现象和效应。

步骤 5-7 尝试改变活动的时刻或持续时间。

步骤 5-8 在自然界里，类似的问题是如何解决的？

步骤 5-9 尝试改变那些与我们研究的物体协同工作的物体。

第六阶段——综合阶段

步骤 6-1 确定如何改变我们修改的系统所属的超系统。

步骤 6-2 探索如何用不同的方式应用已经修改的系统。

步骤 6-3 应用新发现的技术想法（或者与之相反的想法），来解决其他技术问题。

第二节 基于 TRIZ 创新算法的航运服务创新思路

创新算法给管理带来的最大影响就是：坚定的、有方向的、始终导向最终理想解的思考。在传统思维中，管理寻找的是满意解，而非最优解。但是，TRIZ 方法重新燃起了锲而不舍地寻找理想解的希望。在 TRIZ 创新算法中，不存在无序的跳跃，或者不停地辗转反复，而是通过一系列系统化步骤和方法建立了一个通向所有问题答案的阶梯，并希望用最少的资源得到最好的结果。它具有两个特殊的性质：第一，在逻辑上这个阶梯没有中断；第二，这个阶梯的任一环节都可能发生某种峰回路转。这两个特殊性质体现在 TRIZ 算法的系统化步骤设计思维中。

一、问题表述

在 TRIZ 方法中，目标与问题表述成了创新的起点。正如爱因斯坦所说："讲清楚了问题，也就解决了一半的问题。"按照 TRIZ 算法的要求，用通用词汇代替行业术语，把原问题与变通问题互换，准确表达技术矛盾以找到解决方案。准确、恰当地表述问题，对管理创新也同样重要。

二、部件分拆

不管是技术问题，还是管理问题，总会存在某些不能改变的因素，那么在创造性解决问题之前，必须把问题分拆成两个部分：能改变的部件和不能改变的部件。能改变的部件是企业能够利用各种资源对其进行调整的部分，而不能改变的部件通常是外部环境等。在此基础上，选中最容易改变的部件，利用极端放大或缩小尺寸、时间和成本的方法来进行调整、设计和改变。

三、理想自动

技术矛盾的存在逼迫着企业家们不断突破自己的认知极限，而解决这种技术矛盾最好的思维设定就是：让部件自己自动解决这个技术矛盾，从而达到理想状态。这种理想自动思维既是对智力的挑战，也是一种创新创造的思维习惯。这样既能提高效率、效果，又不增加成本。

四、图文双构

TRIZ 创新算法中包含了人类创造所需调动的八大智能（语言、逻辑、空间、音乐、运动、自我认知、自然观察和社会交往）。尤其突出的是图文双向构建的能力。专利方案、技术趋势、方案原型等，只要通过图表的方式表达出来，并在画面中跨界组合，最后以文字方式表达出来，创新就不容易被忽略，同时会变得更加容易。这也就是为什么达·芬奇所有的创新想法都会配以一张画的原因。

五、原理分层

TRIZ 算法中的 40 个原理总结了解决物理和化学科学中技术矛盾的大部分创新思路。这些带有辩证逻辑的思维方式，是同时解决矛盾双方挑战的思维方式，不仅在技术创新中有效，而且在管理创新中同样有用。只要把这些带有一般性规律的原理按照特定的层次进行整理，就能获得系统性的创新思维工具包。

六、自然仿生

在 TRIZ 算法中，很自然地包含了跨行业专利技术搜寻和跨学科领域问题解决思路模仿。其中，对自然界生物仿生，成了技术创新重要的灵感来源。不管是表面相似，还是结构性相似，仿生思维在管理学上同样重要。

七、系统应用

TRIZ 方法中的九屏幕系统法把技术演变的过去、现在和未来，按照发展趋势完整地呈现出来，同时又把子系统、系统与超系统做了全局演示，让领先行业与落后行业有了新的对接，把新发现新应用扩展到其他领域。这些方法与思维都值得在管理创新中使用。

八、惯性破解

TRIZ 算法中，重点讲到了如何克服五种心理惯性，如何培养疯狂的幻想力来破解惯性思维。幻想的影响在于它对真正的"工作思路"起反作用，而持续练习才能破解创新过程的心理障碍。创新不仅是理论与方法的问题，更是实践、反复练习这些系列结构性方法的结果。

复习、理解与应用

本章关键概念

1. TRIZ 创新
2. 创新算法
3. TRIZ 管理创新
4. 创新等级
5. 创新过程

阅读理解

1. 解释创新等级与跨界创新的关系。
2. 指出 TRIZ 创新算法的步骤。

拓展应用

拓展阅读 TRIZ 创新理论，举例 TRIZ 在技术创新中的应用。

第十七章　基于TRIZ的航运服务创新方法

第一节　TRIZ之航运服务问题表述法[①]

本书中的问题表述法是指企业通过对问题具有逻辑联系的重新表述,实现原问题与变通问题的互换,以及聚焦问题本质的目的,在更好地界定问题的基础上,为更直接高效地解决问题打好基础的系统性步骤和过程。

一、问题表述为何重要

TRIZ创新算法的最初两个阶段,是选择问题和重新定义问题的条件。发明家首先要全面地分析问题,然后一步一步地剥去不具体的外层,聚焦问题的本质。而问题表述法中内含的逻辑行动链和一系列逻辑行动,可以保证创新的最终有效性。

一开始碰到某个问题时,大多数人会立马按照问题被表达的方式去处理它。而原始问题的描述有两种状态:要么问题的陈述完全原汁原味,要么问题的陈述后来成为解决方案的障碍。绝大多数会是第二种情形。此时,直觉是:"我们已经走了一半路,为什么要从头开始呢?"这就是陈述问题时最常犯的错误,因为这条走过的路朝向错误的方向。

原始问题的陈述很多时候好比一大块煤球,你可以尝试很多次用它来生火,但火燃烧不起来。问题表述法是把大块煤打成小块,小煤块就容易点燃。在煤分成块的期间,煤堆还有可能自燃。

二、如何做好问题表述

1. 绕开

企业每天面对成千上万的问题,但有些问题细细分析之后,就会发现是可以绕开的。一旦原始问题出现,先问问:"这个问题是由什么原因造成的?""如果不解决这个问题,会有什么后果?也能达到同样的目的吗?"

一家酸奶公司遇到的问题是:酸奶的保质期很短。但是延长保质期是有限度的,毕竟酸奶是一种日常食物,而且酸奶中混合着酸性水果,这些酸性水果和酸奶相互之间发生反应,使产品容易变质。既然造成问题的原因是水果和酸奶彼此之间发生反应,那么公司可以绕开最初的问题,不去寻找能让酸奶和水果彼此不发生反应的方法,而是不把它们放在

[①] 於军,等:《TRIZ之问题表述法》,《企业管理》,2018年10月。

一起，把酸奶和水果分开放。同时告诉顾客，这样做是让他们可以在酸奶中加入自己喜欢的水果。很多问题，连问五个"为什么？"就能找到问题的根本原因。

绕开问题看上去没有直接解决该问题，实际上是从根本上解决了该问题。

2. 简化

如果问题绕不开，那么在拿到原始问题后，不妨再问问以下几个问题："我真的有问题需要解决吗？要是没有呢？""我能够解决问题的某一部分，让自己获得想要的结果吗？"简化问题，把大家的注意力从解决整体繁杂的问题，缩减为更加简单直接的局部问题，而不影响最终方案的有效性。

研究表明，消费者因为不相信速成的蛋糕粉能做出美味的蛋糕，所以不会使用这些速成东西。厂家可以简化问题，而不用去劝说人们相信速成蛋糕粉可以做出美味的蛋糕。只要把干燥的鸡蛋从配方中去掉，并且告诉消费者需要自己把鸡蛋加入蛋糕粉中。由于"加入新鲜的鸡蛋"的出现，现在这看起来更像是"懒惰烘烤"而不是"虚假烘烤"了。三星手机在操作系统中加入一些代码，使这些代码只有在做基准测试的时候才被识别。被识别之后，代码会让 CPU 运转更快，使手机散热更快，拿到测试高分。这种既节省成本又能通过第三方检测机构告知消费者信息的解决方案，是源于把"怎样才能始终拥有最快、功能最强大的手机"的问题，简化为"怎样在关键时刻拥有最快的手机"。[①]

3. 逆向

当问题既不能被绕开，也无法被简化时，可以尝试逆向表述。在审视问题之前，先看看问题的预设和前提，勇敢地采取"不必非要这样"的立场，提出："为什么要这么解决问题呢？如果我们反过来做会怎样呢？"

逆向表述问题，成就了与纷繁复杂的雅虎对立的 Google，与越大越好正好相反的 Mini-cooper，与美味对立的"喜欢它或者憎恶它"的 Marmite 酱。

淘宝网成立之初，要求所有招聘的员工都必须会"倒立"，目的之一是希望公司能够逆向思维并表述问题。"如果不解决这个问题，甚至加剧这个问题的严重性，那后果将会怎样呢？"此后，众所周知的免费提供交易平台模式，就是对 e-bay 在中国商业模式的彻底逆向颠覆。

4. 换位

如果问题既绕不开，简化不了，短期内也无法逆向表述，那么不妨采用换位表述。换位表述问题，就像被强制戴上了不同颜色的"思考帽"，按照不同公司（品牌）、名人和儿童的性格、脾气、做事风格，重新表述问题，达到更好理解问题的目的。换位表述问题，需要做好以下几个环节：

第一，不做自己，忘记自己在哪家公司工作，以及它的品牌、历史、流程和规则；

第二，进入其他的思维模式，可以是一个著名的公司（品牌）或者名人；

第三，试着成为那个品牌或者名人的角色，从他们的角度重新审视问题；

第四，放开限制，以别人的方式进行思考会发掘出新的解决方法。

马士基公司之所以能够引领整个航运业，主要原因是，公司传承中要求 CEO 从不同

---

① 伊恩·阿特金森：《创新力+——创造性解决问题的 12 种思维工具》，人民邮电出版社，2016 年版。

产业的知名企业家，如乔布斯、比尔·盖茨、"宜家"创始人英格瓦·坎普拉德、扎克伯格、稻盛和夫等的角度去思考自己遇到问题。从而能多角度、全方位地解析自己遇到的问题，并从全球发展趋势出发，做出战略选择。在中国市场上热销的石头枕头、浅滩漂浮帐篷，就是从儿童的角度换位表述问题带来的创新成果。

5. 放大

如果使用绕开、简化、逆向、换位等方法，还是解决不了一个问题，那么就把它放大。假设你碰到一个难题，先把它以问题的形式表述出来，然后一步步后退，问一个比原始问题更大、更宽泛的问题。比如，"在这个问题背后更大的问题是什么？"或者"我们要达到的更好的效果是什么？"之所以这样做，是因为被限定在狭隘、严格的范围内，问题往往会严重阻碍提出解决方案的视野，从而达不到所需要的效果。

竞争对手提高存款利率 0.25 个百分点，吸引了大量客户。英格兰银行把问题从"怎样把被竞争对手抢走的客户以最快的速度重新抢回来"，放大到"怎样提高占领市场的速度"，一直到"怎样更有效地吸引并留住客户"，随着问题表述方式的改变，英格兰银行后来采用的"储户抽奖"活动——不仅给每个储户提供利息，还给储户每个月三次抽取 10 万英镑大奖的机会，吸引并留住了大量客户。

通过定义一个更加宽泛的问题，你将获得更多的自由，从而想出更多的办法。

三、如何综合使用问题表述

在使用完一种问题表述技能后，不要重新回到最初的问题继续使用新的方法，而是要从新的起点开始，使用第二种或者第三种新方法，这样才会让问题表述法系统地起作用。

关注问题表述方法和内容，系统地使用各种问题表述方法，在中国企业家私董会研讨中体现得最为淋漓尽致。私董会头脑风暴中的下载、躬问、探究、澄明、定见、解析、精思、心得和运行等步骤中，先由每个人参照某个大主题提出自己遇到的实际问题，随后投票选出大家最关心的问题，接着提出这个问题的学员详细介绍该问题产生的背景、公司运营的现状等。等到躬问环节，其他成员反过来质问该问题背后的问题，问题背后更大的问题，为什么会有这个问题——我们要达到的更好的效果是什么？如果逆向解决这个问题会怎样？前后继起式地综合使用绕开、简化、逆向、换位、放大等手段，通过对问题的重新表述，帮助提问者更好地界定问题，为下一步的解析和精思打好基础。

而这一过程恰恰就是帮助大家"和问题待得更久"的过程，这也是人们对爱因斯坦所主张的"如果我有一个小时的时间用来解决问题，我会花 55 分钟来思考问题本身，5 分钟思考解决方法"这一思想的最好实践。

第二节　TRIZ 之航运服务部件分拆法[①]

本书中的部件分拆法是指企业把问题拆成不同组成部分，并将其归到容易改变或不容

---

① 於军，等：《TRIZ 之部件分拆法》，《企业管理》，2019 年 1 月。

易改变的部件这两类，找到最容易改变的部件，从大竞争视角深挖顾客需求，并利用 STC（尺寸、时间、成本）算子，调整、设计或改变部件，找到解决方案的过程。

一、把问题分拆两类部件

在 TRIZ 创新算法中，面对一个给定的系统，把系统中的部件分拆成容易改变和不容易改变的两类，然后从容易改变的部件中寻找突破口，是一项非常重要的创新技能。将此技术创新方法应用到管理创新中来，亦具有强大的活力。

部件分拆法的第一步是：

a. 给定一个系统，找出由什么部件（描述部件）组成。

b. 部件（陈述部件）在什么条件（陈述条件）下，产生不希望的结果（陈述影响）。

例如，"偌大的一个球场，比赛现场观众越来越少"。

将以上步骤中的部件列入表 17-1。

表 17-1 部件分拆

部件类型	部件
a.（在本问题的条件下）能够改变、重新设计或者重新调整的部件	上述例子：观看环境、比赛时间选择、比赛长度、比赛频率、观众等
b.（在本问题的条件下）很难改变的部件	上述例子：球场地址或大小、球队

转播费和广告费是商业体育比赛的重要收入来源，随着电视转播的减少，越来越多的拥有球场的专业球队团体出现赤字。体育产业也在努力，试图增加所在地区现场观众的数量，以增加收入。然而，增加现场观众的数量，必须要有非常接地气的举措才能赢得观众。

日本乐天金鹫棒球队利用部件分拆法，找到了重整现场观众人气的秘诀，连续 10 年获得了极大的成功。

二、甄选最容易改变部件

接下来，从表中选择最容易改变的部件，改变、重新设计或者调整这个部件。在以上容易改变的观看环境、比赛时间选择、比赛长度、比赛频率、观众等部件中，观看环境、比赛时间选择、比赛频率是最容易改变的部件，因为这类改变主动权全部控制在球场运营者手中。

在寻找最容易改变的部件时，还需注意以下三点：

a. 在以上步骤中，如果所有部件改变的难易程度一样，那么从一个不动件开始（通常不动件比较容易改变）。

如果观看环境和比赛时间选择、比赛长度、比赛频率等改变难度一样大，那就从不动件，即球场观看环境开始。因为，改变不动件比改变动件更加容易。

b. 如果以上步骤中的一个部件，与不良效果联系在一起，最后才考虑这个部件。

如改变比赛长度不仅需要考虑球队的实际比赛情况，还需要候补球队，会增加运营成本，因此，这一部件最后才考虑。

c. 如果这个系统只有很难改变的部件，那么从外部环境中选择一个部件。

假如在以上例子中，所有的部件都很难改变，那么，就思考从外部环境中选择一个部件，如政策、国家补贴、城市名片建设、财政优惠等。

三、在大竞争中挖掘客户需求

确定最容易改变的部件后，还需要找到这些部件该朝什么方向设计、调整和改变。因此，需要放大竞争对手的范围，深挖这些目标客户的真正需求。之所以要从大竞争的视角去思考客户需求，是因为跨界竞争已经成为一种新常态，而所有跨界竞争最后竞争的都是顾客需求，只不过不同的产品或服务会通过不同的形式来实现顾客的诉求而已。

在上例中，乐天金鹫承认，在工作节奏日益变快的社会，人们下班后专门去看一场球的确是一件门槛比较高的事情。而周末，大家更愿意跟家人或朋友一起出去聚会娱乐。那么下班后，这些年轻人都去哪里了？乐天金鹫调查发现，这些年轻人下班后都去居酒屋跟朋友聊天喝酒了。

为了把这些去居酒屋喝酒聊天的目标客户重新拉回到球场来，乐天金鹫的竞争对手就不是其他球场或球队，而是居酒屋了。组织一旦从大竞争的视角来看原有问题，那么，最容易改变的部件的重新设计调整方向也就非常明确了——球场观众席座位的改造。[①]

四、利用 STC 算子找方案

STC 算子要求企业在寻找解决方案时，思考以下几个问题：

a. 假定改变物体的尺寸（Size），从给定值到零（S→0）或从给定值到无穷大（S→∞），这个问题能解决吗？如果可以，怎么解决？

b. 假定改变过程的时间（Time）（或者物体的速度），从给定值到零（T→0）或从给定值到无穷大（T→∞），这个问题能解决吗？如果可以，怎么解决？

c. 假定改变物体或过程的成本（Cost）——可接受的成本，从给定值到零（C→0）或从给定值到无穷大（C→∞），这个问题能解决吗？如果可以，怎么解决？

针对以上问题，按照 STC 算子，乐天金鹫解决方案示例如下：

座位尺寸不是变小，而是变大，把原先的单人座位改造成像居酒屋能集体坐在一起的圆桌形式；

比赛的时间不是缩短，而是变长，一群朋友可以有更多时间一起聊天、喝酒、看球；

改造成本可以尽可能的小，只要隔排拆掉椅子，换上桌子，每隔几个座位竖立一个隔板，就能起到保护隐私的作用。

如此改造后，棒球场就变成了"可以看棒球比赛的居酒屋"。年轻人迅速热捧这种新的看球方式，乐天金鹫也因此获得了极大的成功。部件分拆是为了更好地组合部件，如肯德基在中国最新推出的 KPRO 餐厅，定位在"社交餐厅"，就是通过部件分拆法，重新组合了咖啡厅、餐厅、酒店大堂、植物园等容易改变的部件，重新组合出一种新的餐饮业态。

[①] 坂田直树：《重启：打破思维局限的问题解决术》，肖潇译，北京联合出版公司，2018年版。

五、难与易改变部件的转化

在商业实践中,很多时候,难与易是互相转变的。对某个地域来说是难改变的部件,对另一个地域来说可能就是容易改变的。

在西班牙,有一座只有 18 万人口的小城圣塞瓦斯蒂安。现如今,这座小城已成为全球人均米其林星级餐厅最多的地方。我们要感谢部件分拆法,把这座名不见经传的小城打造成了比肩巴黎、巴塞罗那和佛罗伦萨的旅游胜地。圣塞瓦斯蒂安本身并没有特别的旅游资源,游客数量也一直不多。虽然作为美食之城,在一部分人中具有一定的知名度,但放眼全球,要让游客愿意专程来一个西班牙的田园小镇,没有过人的做法,是不可能实现的。圣塞瓦斯蒂安面临问题的难改变部件是——小城资源,容易改变的部件是——美食数量、美食质量、美食知名度、菜谱信息。从最容易改变的美食知名度入手,深挖顾客"特别体验"的需求,利用 STC 算法,把规模放大但把菜品缩小——把菜品分割成很小的菜码,方便游客能够一次品尝到好几家餐厅的菜品,把游客用在这里的时间拉长,把改造成本降低到接近于零——各餐厅互相公开自己的菜谱,互相帮助,共同提高。这一改变,意味着把餐饮业原先难改变且可能造成负作用的部件变成了容易改变的部件。"游客希望体验不一样的美食之旅的愿望",可以在圣塞瓦斯蒂安完美实现。

同样,难与易的转变,也会因组织不同而变化。对某个组织来说是难改变的部件,对另一个组织来说可能就是容易改变的。旭山动物园曾是一个年度入园游客数量仅 26 万人的小型城镇动物园。然而,在 2007 年,其入园游客数量超过了 300 万人,至今仍保持着每年 150 万人的游客数量,成为日本首屈一指的热门动物园之一。没有资金,没有熊猫、东北虎、考拉等这样的明星动物,这家动物园通过部件分拆法成功逆袭。"小型城镇只有平常动物的动物园,如何实现大规模游客数量提升?"这个问题不容易改变的部件是——动物园、动物类型,容易改变的部件是——动物的行为、动物与游客的互动等。从动物行为这个最容易改变的部件入手,深挖顾客"看到蹦蹦跳跳活灵活现的动物"的需求,参照 STC 算子,规模可以保持不变,与游客互动时间增加,而成本可以降低到几乎为零。因为,父母更愿意带孩子看到动物真实、有趣、生动的游泳、蹦跳、飞翔和互动,看到动物恢复到它们本来的活力。

第三节　TRIZ 之航运服务理想自动法[①]

本书中的理想自动法是指通过分析对立手段背后的各自需求,以及需求背后的共同目标,把手段与手段之间的对立矛盾,自动转化为手段与需求、需求与需求之间的矛盾,并以共同目标为理想,实现矛盾对立面的自动转化和求解。

TRIZ 创新算法尤其强调平衡得失的技能,并强调发现一种不妥协的方法——有得没有失,或者与现有方案相比,妥协微不足道。因此,在理想解引导下,通过画出理想自动图,写出矛盾注意点,遵循矛盾处理顺序,让问题的矛盾对立面自动自主自我和解,是创

[①] 於军,等:《TRIZ 之理想自动法》,《企业管理》,2018 年 12 月。

新算法最重要的方法之一。

一、画出理想自动图

要解决两难带来的混乱，最方便的工具就是"理想自动图"。理想自动图的结构十分简单，由 A、B、C、D、D' 五个方框组成，如图 17-1 所示。

首先，在右侧的方框 D 和方框 D' 中填入相互对立的行动，接着思考这两个对立行动的共同目标，并填入左侧的 A 方框中。在中间的方框 B 中，填入想借行动 D 满足的需求。在方框 C 中，填入想借行动 D' 满足的需求[①]。

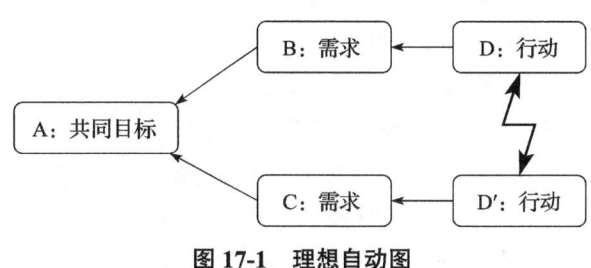

图 17-1　理想自动图

现以顾客排长队问题为例做一个使用过程演示。

企业主张"需要排队"，而顾客主张"不需要排队"，这两者是对立的。所以，先在方框 D 中填入"需要排队"，在方框 D' 中填入与 D 对立的行动——"不需要排队"。

接下来要思考的是共同目标。无论主张的是"需要排队"还是"不需要排队"，最终目的可能都是"性价比高的体验"。因此，将这个目的填入方框 A 中。这时就会发现，在"需要排队"与"不需要排队"这两个对立的行动间，其实也存在一个共同目标——"性价比高的体验"，但实现愿望的手段（行动）却无法同时成立，因而陷入两难。

再来思考方框 B 的"需求"。试着想想方框 D 所主张的"需要排队"是打算满足什么样的需求，以便达到共同目标 A？企业之所以主张"需要排队"，应该是为了"降低成本"，那么这就是行动 D 打算满足的需求，因此将它填入方框 B 中。

再用同样的方式思考方框 C 的"需求"。D' 所主张的"不需要排队"，应该是为了"轻松愉快"，那么这就是行动 D' 打算满足的需求，因此将它填入方框 C 中。

理想图可以归纳成以下五个简单的提问。

D：主张的行动是什么？

D'：主张的行动是什么？

A：共同目标为何？

B：想要利用 D 手段满足什么需求，来达到共同目标 A？

C：想要利用 D' 手段满足什么需求，来达到共同目标 A？

在两个相互对立的行动之间其实也存在着共同目标。虽然在行动的阶段相互对立，但在需求的阶段却不一定是对立的状态。让两个需求同时成立，才是实际上最理想的状态。

二、写出矛盾注意点

对立的结构变得一目了然。表面上来看，三种相互关系发生对立：分别是 B 与 D'、C 与 D、D 与 D'。也就是说，只要找到解决这些对立的方法，就能找到问题的破绽。但就逻

[①] 岸良裕司，等：《三大思考工具轻松解决各种问题》，李瑷祺，译，北京时代华文书局，2016 年版。

辑来看，以下这四个注意点才是解决这些对立的线索。

第一个注意点：解决 B 和 D' 的相互对立。
第二个注意点：解决 C 和 D 的相互对立。
第三个注意点：解决 D 和 D' 的相互对立。
第四个注意点：思考出满足 B 和 C 的第三个妙方。

排队问题理想自动图如图 17-2 所示。

第一个注意点

首先来看 B 和 D' 的对立。为什么我们会觉得"不需要排队"就必须放弃"降低成本"？或许是我们先入为主地以为"不需要排队就无法降低成本"。若是如此，我们就该试想，有没有什么办法就算不需要排队，也能降低成本？如让顾客自己 DIY，就能解决这个问题。

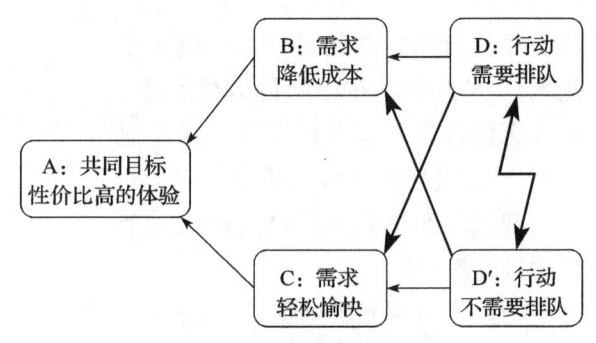

图 17-2　排队问题理想自动图

第二个注意点

再来看看 C 和 D 的对立。为什么我们会觉得"需要排队"就必须放弃"轻松愉快"？或许是因为我们以为"只要需要排队，就不可能过得轻松愉快"。会不会有什么快乐排队的方法，只是我们还不知道？比方说和别人比赛手游、手游过关抢票等。

第三个注意点

D 和 D' 的对立。"需要排队"和"不需要排队"不能同时成立，会不会只是我们先入为主的想法？如果制定出一个哪些时候需要排队、哪些时候不需要排队的规则，或许就能让两者同时成立。如大人带 6 岁以下小孩，或 70 岁以上老人来消费时，他们可以不用排队。这样既能减少整个排队时间，又能体现企业的人性化关怀。

第四个注意点

着眼于 B 和 C，思考除了 D 和 D' 以外，有没有其他不因其对立的好办法。会不会是我们先入为主地认定，我们只能在 D 和 D' 两个方法间二选一，才会以为两者是相互对立的？若是如此，或许我们可以暂时抛开 D 和 D' 两个选项，想一想有没有一个两全其美的办法，既能满足 B 的"降低成本"，又能满足 C 的"轻松愉快"。既然顾客不愿意排长队，而商家又不愿意增加窗口从而增加成本，那不妨把排队分成两块：进入活动场所前排队，和走出活动场所前排队。其实两者效果一样，只不过商家收钱的时间稍微推后了一些而已（在排队高峰期，如服务容量允许，先让一部分顾客进场，当顾客离场时原先控制进场的窗口就可以转换为控制离场的窗口了）。

另外像迪士尼乐园那样大量顾客在酷暑或寒冬里每个项目都需要排长队的问题，解决方法只要提供一个透明封闭的排队空间，里面有冷气或暖气，这个问题就不是问题了，排队反而会像星巴克一样成为一道风景。

四个注意点的关键词为"他人的想法""自己的想法""时间与场合""好办法"，各取第一个字"他、自、时、好"。

三、找出关键矛盾方案

这个步骤要思考的是，前面所列注意点该按何种先后顺序达成。事情的先后顺序是十分重要的。因为，就算做的是相同的事，只要先后顺序不对，原本能顺利达成的事也会触礁。在四个矛盾注意点中，双方手段背后的需求 B 和 C，通常是解决问题时最有效的切入点，需求 B 和手段 D' 以及需求 C 和手段 D 之间的矛盾次之，而手段之间的矛盾 D 和 D'，则是最难和解的矛盾。抓住关键矛盾注意点并深入实践，定能实现事半功倍的效果，反之则会事倍功半。

欧洲著名的 A12（又称 E35）高速公路，有一段是在荷兰境内，为了节省建造费用，建筑承包公司决定将高速公路直接穿过市中心。公路建设一边做前方的动迁补偿等工作，一边朝中间同时推进。承包公司突然接到消息：有栋大楼一位 87 岁的老人坚决不肯搬迁。而此时，公路建设正好处于两段贯通地点。此时媒体已经大肆报道不良建筑商迫使老人动迁的新闻。假设 D 是老人坚决不肯动迁，D' 是建筑公司一定要动迁。建筑承包公司一开始想了各种方法去直接解决 D 和 D' 这个对立矛盾，但是不管出多大的经济补偿老人都不愿搬迁。后来，建筑承包公司画了理想自动图，写出了老人通过 D 手段想要实现的需求——当地的风俗使老人认为，她与刚去世不久的老伴只有死在同一个地方（这所房子里），她死后才能与老伴在一个地方会合；而建筑承包公司通过 D' 手段想要实现的需求——贯通高速路段让出行更加方便。而双方最终的目标都是让生活充满幸福。于是，建筑承包公司马上去解决 BD' 注意点——请社区公共事务负责人劝说老人，只要彼此爱着对方，两个人即使死在不同的地方，也可以在同一个地方相会。但是公共事务负责人鉴于媒体报道和社会良心，不愿意出面。于是建筑承包商就去关注 CD 这个注意点——架更高的高架，或修地下隧道，或继续绕道，但是，这些方法实际操作的时候都不可行。问题久攻不破，投资商开始撤资，建筑承包商焦头烂额。最后，建筑承包商才开始去解决 BC 关注点：老人的本质需求是爱，而建筑公司的需求是贯通高速路段，那么就用真情打动她。于是，建筑承包公司坚持每天让人敲老人家的门，开门后送上一束花什么都不说就走，3 个月后，老人就自愿搬走了。事后，建筑承包商大为感慨：早知如此，何必当初。

第四节　TRIZ 之航运服务图文双构法[①]

本书中的图文双构法是指企业在组织创新过程中，把文字描述转换成画面或原型，在画面或原型中自由创作，再把创作结果转化成文字并用图画或实物空间表达的过程。TRIZ 创新算法对图文双向构建能力的要求极高，如在查阅专利方案时，要把文字转换到画面；在找出技术趋势时，要从画面中提炼共性；在设定最终理想解时，要呈现出该画面。

[①] 於军，等：《TRIZ 之图文双构法》，《企业管理》，2018 年 9 月。

一、图文双构是创新核心

在 TRIZ 创新算法里有一句话:"一张图片胜过千言万语,一个原型胜过千万张图片"。创新在鲜活的情景与图像前,会因为感性刺激而变得更加容易。一段或一篇充满拗口专业术语和专利技术文字的描述,远不如一张图来的通俗易懂。

图文双构法的应用保证了创造力所需的所有要素。思想的前卫、开明、开放,不是靠宣传、鼓吹、教条硬塞出来的,而是通过丰富多彩、迥然不同、令人眼前一亮的新奇事物的见多识广自然而然地带来出的;创造力所需要的勇气、好奇、知识储备、思维方式、内在动机、内心情绪等都会因为足够大胆、新奇,百花齐放的现实真实世界的存在,而变得自然而然地拥有。

二、图文双构法在商业中的应用

图文双构思维源于 TRIZ 的技术创新,但是,该方法在产品研发、服务体验设计和商业模式塑造上同样具有广泛应用。

1. 产品研发

产品研发中,以图或文单项构建的方式已被图文双向构建的方式所替代。软件逐渐成为新一代硬件体验的核心,无论是动力系统还是警报装置,都必须通过软件系统以适当的方式表达。这种图文双构研发范式和工作流程的变革是"代码化"的结果。

图文双构法渗透在马斯克的每一项产品研发中。当特斯拉汽车在大块冰面上接受检测时,工程师一边测试一边实地进行数据分析,调整一些代码,然后再将车子送回冰上接受检测,直到所有项目调整完毕。而不需要像传统汽车公司那样,花上数周时间召开一个涉及三四家公司的会议并互相指责。Space X 从头到尾复制了火箭内部结构,把火箭所需的所有硬件和电子设备的测试版本铺在金属台面上,通过软件模拟、测试、调整成千上万次飞行。在实际发射过程中,如发射火箭前发现软件问题,传统的做法需要花费 3 周来解决问题,之后再重新发射,而 Space X 只需要 30 分钟,处理完毕后,继续发射。这种软硬件即时互动反映的创新方法在华为、百度、科大讯飞等从事人工智能研发的企业中,都已经普遍使用,转型升级中的中小企业也将面临研发范式的改变。

2. 服务体验

图文双构法最典型的服务体验设计应用领域是文化创意产业,包括广播影视、动漫、传媒、视觉艺术、表演艺术、工艺与设计、广告装潢和服装设计等。

设计的基本步骤是:第一,从文字故事到画面的构建;第二,从画面到现实场景的构建;第三,从现实场景再到文字的构建。

第一,从文字故事到画面。

好故事一定是历经无数次修改、千万次文字打磨和反复故事重构,而好画面一定是在好故事基础上结合了细致的现实考察的结果。Pixar 公司追光动画的考察旅行、学会观察等措施,保证了员工把最好的创意转化为作品。考察旅行中观察到的不期而遇的惊喜,消除了员工陈腐之见,为创意人员输送灵感,让作品不致落入模仿的俗套之中。通过对现实画面深入细致的观察,转化成精确的文字描述,再用带有创意的画面表达出来,这样的作品才会有生命力。考察旅行对于观众来说还有一个有趣的特点：即便观众对影片所营造的现实一无所知，但考察研究赋予电影的真实感却总能让人感同身受。

第二，从画面到现实场景。

把文字故事和画面从书本和荧屏上搬到主题公园，让人们在现实场景中再次与故事中的画面产生共鸣，这是迪士尼双向构建的深入。当人们来到探险世界、幻想世界、明日世界等时，故事与情景就变得栩栩如生。目前，大量企业使用的吉祥物、卡通形象实物化和品牌授权，都是从故事到场景的构建。

第三，从现实场景再到文字。

顾客的真实体验效果才是检验这种由文字故事、画面转化而来的现实场景是否有效的标准。因此，随之而来的场景方案修改、他业要素借鉴、书籍阅读后应用等，重新回到了从现实场景再到文字的图文双构中。

3. 商业模式

商业模式涉及消费对象、提供的产品或服务、怎样提供产品或服务，以及如何盈利等问题。当一家企业有了新的产品或服务后，打造独一无二的商业模式，就成了更紧迫的任务。全世界95%的企业使用着最基本的55种商业模式。在商业模式塑造过程中，借助图片化表达的模式及案例，往往能达到简单快速生成自己商业模式的效果。

首先，把每一个商业模式用一张卡片来表达。

其次，在每张卡片上分模式创新者、模式改进者、拓展性使用者三列，在每列中写出对应的公司，并在旁边画出对应公司使用该模式的产品或服务。

再次，凝视这些图片化模式，逐张对照使用，或采用相似类比，或采用对抗逆向思维，找到符合本公司的商业模式。

最后，及时记录想法。因为，最具创造性的创意往往是在看完卡片的最初3分钟之内涌现的，之后的过程都是已有创意增量的变化。要想确保创意和联想不会消失，就要在10秒钟内把它们写下来。

1905年吉利首创了刀架+刀片模式（或称吊钩模式），后被HP公司的打印机与墨盒、瑞士雀巢咖啡的咖啡机与Nespresso咖啡胶囊改进，再后来由亚马逊公司进行拓展性使用，如Kindle等硬件设备、免费派送品牌按钮等。不断凝视这些图片化的商业模式，使成立于2002年的深圳花样年物业管理公司找到了自己的商业模式。花样年把物业管理费做成了成本中心（刀架），而通过提供增值服务（刀片），如代业主购物、购买充值卡、送桶装水、订送牛奶，甚至包括旅游服务、加油卡、百货公司消费储值卡、社区电信储值卡推广等，实现了年净利润增长率超过100%的突破。

三、向达·芬奇学习图文双构能力

文艺复兴中的美第奇效应，产生了至少300多位特别伟大的艺术家、文学家和科学家等，而达·芬奇无疑是这些巨人中最闪耀的明星之一。

达·芬奇所涉学科几乎无所不包：物理、化学、医学、建筑、军事、机械、地理、地质、生物、植物、哲学、文学、设计、音乐、美术等。达·芬奇作为"Universal Man"的特质涌现在他最著名的两幅画上——最后的晚餐和蒙娜丽莎。

值得一提的是,达·芬奇留下的近万份手稿,都是从右往左反写的,而且每一个设想都配上了一幅画,文字是这幅画的解释,而画用最简洁生动的方式传达了想法和语境。

心理学家与专业魔术师迈克尔·格尔博认为这些成就的获得,是达·芬奇坚持不懈地培养 7 种能力的结果,即培养观察力、建立全联系、保持好奇心、开发左右手、兼容矛盾性、探索新领域、勇于去实践。

这些能力本身并没有什么超前性,它们却使达·芬奇能够从不同的角度看事物,去思考不同的事物,并把所有的探索转化成画面。图文双构思维修炼源于以上七种能力的综合培养,犹如 TRIZ 创新算法系列结构化方法一样,这七大能力完整的组合就是一个连续的阶梯,但在每一个能力上,创新都可能发生峰回路转。可培养的这七大能力,造就了达·芬奇对无限深广领域的兴趣,随时记录创意并配以图画的习惯,在画面中自由跨界组合产生全新创意的思维,用文字表达重组画面的反思,以及在图文双构循环中完善创意的实践。

第五节　TRIZ 之航运服务分层原理法[①]

分层原理法是指按照八大基础思维逻辑将 40 个原理分层归类,再把问题对应分层,在分层思维中找到对应原理来引导问题求解,逐个解决企业发展中各类问题的过程。

TRIZ 创新算法核心之一是矛盾矩阵中的 40 个原理,这 40 个原理涵盖了技术创新中化解技术矛盾的所有指导原则[②]。这些原则随着技术发展在不断完善,但其总体思维方式没有改变,也不会改变。

一、矛盾矩阵中的 40 个原理

把创新算法中 40 个原理按照新的划分维度,可以整理如表 17-2 所示。

表 17-2　创新算法矛盾矩阵中的 40 个原理

时间	运动	替代	同理	改变偏移	逆向极限	概念	反馈	系统	价值
快速通过原理	动态性原理	替代机械系统原理	等势原理	改变颜色原理	反过来做原理	复制原理	反馈原理	分割原理	自服务原理
一次性用品原理	机械振动原理	气态或液态部件代替固件原理	同质性原理	改变特性原理	变害为利原理	中介物质原理		部分或超额行动原理	配重原理
合并原理(时间)	周期性动作原理	柔性膜或薄膜原理	惰性环境原理	状态改变原理	非对称原理	转移到新维度原理		局部质量原理	预先反作用原理

[①] 於军、许晖:《TRIZ 之分层原理法》,《企业管理》,2019 年 4 月。
[②] 根里奇·阿奇舒勒:《创新算法——TRIZ、系统创新和技术创造力》,谭培波、茹海燕,译,华中科技大学出版社,2008 年版。

续表

时间	运动	替代	同理	改变偏移	逆向极限	概念	反馈	系统	价值
有效动作的连续性原理	气动或液压结构原理			热膨胀原理	曲面化原理			普遍性原理	预先应急措施原理
				加速氧化原理	抛弃和再生部件原理			复合材料原理	合并原理（空间）
				多孔材料原理	抽取（提取、找回、移走）原理				嵌套（俄罗斯套娃）原理

资料来源：作者根据《创新算法》整理。

因为，所有的技术创新最后都凝结在有形物质上，所以，代表共性特征的空间改变不再作为划分的维度。

其中，时间维度是指把缩短、简化或消除时间影响作为手段来解决技术矛盾的思路。40 个原理以后可以补充的应该还有增加时间等原理。

运动维度是指利用整个运动过程的动态性、连续性、间歇性、周期性等特征来解决技术矛盾的思路。运动维度以后可以补充的还有运动的和谐性等原理。

替代维度是指利用气态、液态、固态三者之间可以互相转换和替代的特征来解决技术矛盾的思路。

同理维度是指利用部件之间、部件与外部环境保持特性一致来解决技术矛盾的思路。

改变偏移维度是指改变物体物理属性和机、电、磁三者互相转换来解决技术矛盾的思路。

逆向极限维度是指采用与原先问题截然相反的方案，并在适当的时候把这个逆向方案做到极限，来解决技术矛盾的思路。

概念维度是指通过中介物质或工具，间接实现问题解决的思路。

反馈维度是指利用部件本身的自状况反馈获得改进方案的思路。

系统维度包括了局部与整体，部件与组合的不同解决问题的思路。

价值维度是指通过合并、嵌套、反作用、配重、自服务等手段，实现产品空间、部件、效率和效益等价值的非外部干涉提升的思路。

以上如此繁杂的原理，是否能有一个更好的逻辑将它们整合在一起，答案就在人类最基本的八大思维中。

二、基于八大思维的分层原理

1. 八大基础思维

人类最基底的思维世界可以分为八个层面，详见第十三章第二节图 13-1。

2. 八大思维下的 40 个原理

把 TRIZ 创新算法的 40 个原理对应到八大思维下，详见第十三章第二节图 13-2。

三、分层原理在管理中的应用

1. 应用步骤

与原先 TRIZ 创新算法中，先找到技术矛盾，再到矛盾矩阵中找具体原理所不同的是：在管理创新中，管理者或创新者面对的问题是无法一一对应技术矛盾的。因此，在管理创新中要应用 40 个原理，必须转化成基于八大思维的分层原理，在每一层中再去寻找具体的参照原理。应用步骤如下：

（1）识别问题；

（2）确定问题对应的分层层次；

（3）在对应的分层中找到具体的参照原理；

（4）如同一问题涉及多个层面，则每个层面逐个展开；

（5）TRIZ 要求每一步骤都指向有效结果，因此，如果所对应的分层原理无法解决这些问题，则在该分层前后层次上寻找对应原理，直到往两边穷尽各个分层；

（6）在所有备选解决方案中挑选最满意解。

经过思维与分层转化过的 40 个原理的应用，不仅解决了原理繁多、无从入手、问题与原理对应不上等问题，而且还消除了 40 个原理解决不同问题的界限，实现了 40 个原理对某一问题的整体贡献。

2. 方法应用

广州市晨风信息科技有限公司（以下简称"晨风科技"）创立于 2014 年，其发展过程就是一个应用分层原理不断创新的历程。2010 年，创始人空军退役军官于海洪看到沈阳老家老乡采用温室大棚种植农作物，为了控制大棚温度，每天几十次来回人工手动逐个调节 300 多米长的大棚，辛苦且低效劳作的场景，就想着如何为大家减轻负担。第一个跳出他脑海的就是反馈思维——自动测温，由电脑自动控制电机正反转帮助大棚封口打开和关闭，这项技术很快申请了国家专利。

产品出来后，在实际应用中遇到技术不成熟，使用问题多的现实问题。同时，初创期的晨风科技面临资金不足、各项开支发愁的挑战。

面对产品缺陷，于海洪立刻想到价值思维——不断地提高用户价值。他应用预先应急措施原理，成立售后服务团队，在农户抱怨产品的时候，让售后团队去安抚、解释、收集用户需求。同时，他把解决思路从价值思维向右边的动态思维延伸，加快产品反应速度，提高产品运营准确性和稳定性，加速产品迭代更新。

面对资金的不足，晨风科技面对与自己主业或理想方向不一致且相互独立的政府补贴项目的巨大诱惑时，于海洪想到的是逆向极限思维——不申请政府补贴项目，集中精力和资源建设农业大数据服务平台，从大棚种植温度调节设备开始，不断拓展公司产品宽度和维度，深耕数据与信息化管理。与此同时，于海洪立刻应用了系统思维：分割原理让他将晨风服务的用户聚焦在自己的家乡，服务好累积起来的 60 个用户。聚焦后，公司开销得到节省，产品改进快速稳定推进。事实证明，所有用户无一人退出。此后，于海洪利用系统思维中的局部质量原理——把部分做到极致的思维，把运营推广到试点村，在试点村取得成功之后，推广到试点县、市等。随着企业规模的不断增大，晨风科技把系统思维中的普遍性原理和复合材料原理发挥到了极致，前后分别与高校、中国联通、银行合作，把公司打造成了农民用户的综合发展平台，并从线下、线上双平台来交替强化平台建设和应用。

在扩张和推广中，晨风科技不断发展起来。从 2016 年起，政府开始逐渐重视智慧农业，社会对智慧农业相关项目和技术认知度提高，智慧农业逐渐成为热门话题。一时间，竞争对手蜂拥而至，都希望能在其中分得一杯羹。面对追随模仿者的价格竞争，晨风科技应用替代思维出奇制胜——对手高价晨风卖低价，对手低价晨风就全部免费。因为晨风科技从一开始做的就不只是设备，而是兼容大数据服务的双平台。有自主知识产权的软件和硬件，有长年累积的农户种植数据（农产品品类、土壤、肥料、养殖、市场交易等既有宽度又有维度的数据），有产业生态圈中的合作伙伴，有踏实可靠的服务团队，为农户提供设备的维护与修理，农产品种植、土壤辨别维护、种植农产品注意事项、肥料农药安全使用等专家培训与讲座。因此，即便设备低于成本价卖，晨风仍有多个利润点来源可以持续经营。

2018 年，晨风科技获得千万级融资，开始应用同理思维中的等势原理，自主开发的《智慧农业管理系统》《智慧农业远程控制系统》分别获得政府政策对智慧农业的有力支持。依托政策，申请更多与主业一致的政府项目并获得政府支持。

正如于海洪所说："TRIZ 创新算法中的 40 个原理，一旦分层归类理顺逻辑之后，遇到问题时，解决思路就会自然而然地流出来，晨风在分层原理组合使用中受益无穷。"

不管是企业生命周期中的发展创新，还是企业发展中技术、产品、服务、流程、模式等某一方面的创新，都可以利用基于八大基础思维的分层原理，创造性地解决问题。

第六节　TRIZ 之航运服务系统九屏幕法[①]

TRIZ 创新算法中的九屏幕系统法是一种克服思维惯性的独特创新思维方法。该方法要求技术创新人员从系统、时间和空间三个维度对技术问题作系统分析，并从中发现克服系统缺陷所需且可利用的各种资源。系统九屏幕法则对商业价值创新同样具有重大的启示。

一、子系统、系统与超系统

九屏幕法基本框架如图 17-3 所示。任何一个具体问题都是系统的当前状态，往后看是系统的过去，往前看是系统的未来；往下看是子系统的当前，子系统当前的前后分别是子系统的未来和子系统的过去；往上看是超系统的当前，超系统当前的前后分别是超系统的未来和超系统的过去。表 17-3 是以解决太空笔问题为例，做的一个简要应用。

[①] 於军，等：《TRIZ 之九屏幕系统法》，《企业管理》，2019 年 2 月。

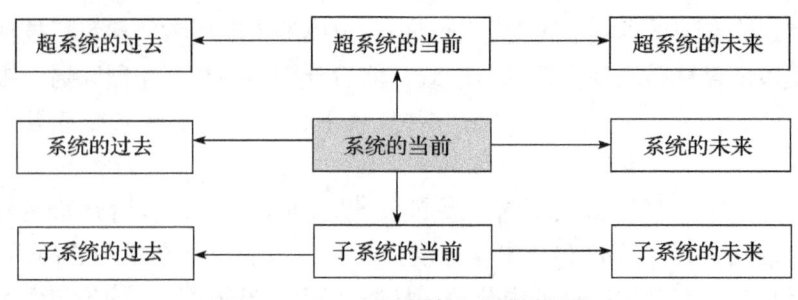

图 17-3　TRIZ 创新算法中的九屏幕

问题背景：当宇航员将普通钢笔带到宇宙空间（站）去使用时，由于外太空处于失重状态，导致普通钢笔无法正常书写。为了解决这个问题，列出表 17-3 九屏幕图。问题最后的解决方案是，往后看用铅笔代替钢笔，在太空使用时就不存在写不出的问题。

表 17-3　太空笔问题的九屏幕

超系统的过去： 宇宙飞船（失重）	超系统的当前： 空间站、宇宙空间	超系统的未来： 失重状态的空间城市、外太空
系统的过去： 蘸水笔或铅笔	系统的当前： 普通钢笔	系统的未来： 太空钢笔
子系统的过去： 鹅毛管、铅笔芯	子系统的当前： 无压墨水笔芯	子系统的未来： 稳压出水笔芯

资料来源：阿奇舒勒《创新算法》。

在技术创新中，大量的解决方案产生于子系统、系统或超系统的过去、当前和未来中，商业价值创新亦是如此。

二、商业价值创造九路径

不管是子系统、系统还是超系统，从解决问题的角度来说，都是为了缩小思维的盲区，扩大思考的方向；从服务顾客的角度来说，就是为了不断拓展顾客群体，把原先的"非目标客户"纳入目标客户群体中来的思维方向[1]。因此，为了更好地挖掘现有目标顾客价值，寻找、发现、匹配、提升和实现"非目标客户"的需求和价值，利用九屏幕系统思考法，就有如下九条路径。

（一）当前

1. 系统的当前——功能 – 情感导向

在同一产业或战略集团中竞争的企业，不仅在竞争范围认定上趋同，而且在顾客吸引力的假设上持一致意见。一些企业或战略集团主要专注在价格和功能上，还有一些企业则侧重在营造各种积极的体验，即情感塑造上。像 Zara 这样的时装企业侧重情感导向，而法律行业、超市等则侧重功能导向。但是反过来思考，如果能有很好功能的时装，法律产品或服务令人惬意、简单明了，价格又是基于其所交付的价值，而不是按花掉多少分钟计

---

[1]　W. 钱·金、勒妮·莫博涅：《蓝海战略 2：蓝海转型》，浙江大学出版社，2018 年版。

价，去超市像趣味出游一样，既时尚又快速，这将会有多大的创新空间。

2. 子系统的当前——关注买方群体

购买决策通常直接或间接地涉及一条买方链：产品的使用者、付款的购买者、在某些情况下还有影响者。如小女孩的女装购买者或付款者通常是家长，使用者是小孩，而关键的影响方群体则是流行歌星、影星、偶像等。这三者通常是不同的群体，因此，尽管产品或服务的买方群体是一个子系统，但该子系统内部还有更细微的差异。飞利浦环保灯泡单价高，利润也高，顾客还趋之若鹜。原因是飞利浦从影响采购决策的财务总监身上找到了产品创新的方向——企业处置含有汞的日光灯泡成本占了总成本很大的比例，而这个信息只有财务总监知道。据此，飞利浦发明了一种环保灯泡，用后可以直接扔进垃圾桶，而不必运到专门的垃圾场去处理，100%剔除了处置成本。找到买方链群体的不同利益诉求点，是开创新价值的一个方向。

3. 超系统的当前——跨越战略集团

很多企业集中全力战胜对手，以提升它们自己在战略集团或细分市场中的地位。如三星级酒店往往是全力以赴去超越其他三星级酒店对手，而五星级酒店则全力去打败其他五星级酒店，以此类推。这种竞争思维导致的是大量同质产品或服务惨烈竞争的格局。跳出细分市场，从跨战略集团的超系统视角去看问题，企业的对手与优势能力将会截然不同。如 citizenM 酒店吸收了五星级酒店的黄金位置、超舒服睡眠的优点，并对三星级酒店竞争元素进行了改造。2008 年，citizenM 第一家酒店在阿姆斯特丹史基浦机场附近开张，以其针对常旅者的轻奢酒店概念，获得了市场的青睐。

（二）过去

1. 系统的过去——跨界共享连接协作

问题系统的过去已悄然改变，系统从独立封闭走向了跨界、共享、连接、协作的新阶段。组织在共享弹性空间，连接协作，跨界共创中实现了商业价值的飞跃。优客工场、一条、喜马拉雅 FM 等，这些企业在系统的过去中深挖了顾客价值，开创了一片蓝海。

2. 子系统的过去——大数据中挖顾客偏好

顾客或买方作为最重要的一个子系统，它的所有购买痕迹都应该留在大数据中。通过在大数据中挖掘顾客行为记录，总结顾客行为模式，并准确提供基于大数据分析的产品或服务，这是子系统的过去对商业价值创造的最大贡献。沃尔玛啤酒与纸尿裤的捆绑销售，当当网亚马逊的自动推荐，哈罗出行利用超级 ID 账户进行行为预判等，都是基于大数据顾客行为分析的精准营销。

3. 超系统的过去——把计算力扔在业务上

经过互联网浪潮的洗礼，消费领域的互联网热潮已经转向工业生产领域，人工智能在消费领域的应用已然成为主角。人类经过体力、脑力、电脑力，到了计算力的阶段，超系统的过去，实际上是系统的当前的雏形，是把计算力直接应用在业务上让大众受益的时代。从最早的网上性格、画像测算，到今天的人工机器靠算法设计 Logo、图案等，这既是超系统的过去，也是系统的当前的延续。

（三）未来

1. 系统的未来——关注他择性产业

企业竞争中，关注焦点不应是产业内部的其他选择，如人们为什么选择这家航空公司而不选那家，而是要关注与你的产业形式不同却满足同样的功能或解决同样问题的其他产业。虽然备选产业中的竞争元素繁复多样，通常却只有一到两个因素决定了人们是否光顾一个产业。把这些决定因素记录下来，这些都可能是系统未来的创新元素。

2. 子系统的未来——吸纳互补性产品或服务

多数情况下，产品或服务不会孤立地被使用，其他产品或服务会影响它们的价值。因此，作为开阔视野的子系统的未来，应该是从界定买方在选择产品或服务时所寻求的整套解决方案，并在这一方案中消除买方所有的痛点和令他们望而却步的因素开始。只要想想买方在使用产品或服务之前、之中和之后，会发生什么，就能快速找到价值创造的切入点。飞利浦电热壶凭借可更换木炭过滤器这一小小的改进，解决了水烧开后人们必须用茶匙去捞出漂浮在水面上的水垢的问题。

3. 超系统的未来——洞察外部潮流

随着时间的推移，外部潮流会无一例外地影响每一个产业和企业。对很多企业来说，预测潮流很少能为其开拓新业务提供启发。但是通过观察一个潮流将如何改变顾客看重的东西，随着时间的推移将如何影响企业的商业模式，却能获得新的洞察。因此，除了明确地意识到大数据、AI、AR、VR、3D打印等大潮流外，更重要的要考虑社交媒体兴起、日益严重的肥胖问题、全球环保运动、人口老龄化问题等这些潮流中，顾客真正看重什么，就能找到如何利用潮流性技术，解决顾客趋势性需求。

三、四步动作定方案

与TRIZ创新算法中九屏幕法应用不同的是，本书中的九屏幕法还增加了一个四步动作，目的是为了在众多路径揭示的启示中寻求价值最大的创意，并同时实现成本最低。

1. 提取路径所揭示的关键启示

通过以上九个路径的子系统、系统、超系统视角的探索，企业需要提炼出吸引"目标客户"或"非目标顾客"的关键因素或启示。如在citizenM案例中，涉及客房质量时，常旅客人最常提到的因素是睡眠环境，这个关键因素具体涵盖的内容则包括了"床的大小、床上用品和毛巾的质量、是否安静（或隔音效果是否好），以及淋浴水压强不强"等。只有在每个路径上提炼出关键启示，才有利于企业决定具体怎么做。

2. 确定哪些元素需要剔除、减少、增加、创造

下一步要确定企业列出的所有关键启示，哪些需要剔除，哪些需要减少，哪些需要增加，哪些需要创造。回到citizenM酒店的例子，前台几乎不提供太大价值因此可以剔除，但需要创造自助登记亭；地理位置优越和睡眠环境更奢华是决定性因素，必须增加对这两个元素的投入，将其水平推至新高；而客房类型、价格水平最好能维持在三星级标准，因此这些元素需要

减少。具体操作中，很重要的一点是要对期望的结果与具体措施之间做一个明确的区分。

3. 核查是否同时实现差异化和低成本

九屏幕法要同时实现差异化和低成本的新商业模式。再次检查剔除、减少与增加、创造要齐头并进。核查是否同时实现差异化和低成本最好的方式就是提炼出突出重点且令人信服的主题句，如citizenM的"人民能住得起的轻奢酒店"。

4. 优化组织经济效益

实现具有挑战性的成本目标是新的商业模式是否能够盈利的关键。除了通过剔除和减少某些元素来降低新商业模式的成本外，还可以通过思考与谁合作，如何精简和创新运营，如何让员工充满能量加倍努力多作贡献来实现。citizenM酒店取消了餐厅和客房服务，塑造了全新的公共空间提供健康、新鲜的小吃，而这些小吃却是通过与酒店附近街区的当地精品餐饮企业合作外包获得的。citizenM还通过在工厂模块化预制客房，减少了35%的建造成本；通过改变服务员的称呼为"大使"，让员工帮助人们把一天过得更好，大大提高了工作效率与质量。

第七节　TRIZ之航运服务惯性破解法[①]

TRIZ创新算法专门论述了算法与人的关系，并强调了心理惯性对创新创造的重大阻碍。做好创新创造，必须认识到三大心理惯性的危害，找到破解这些危害的方法。

一、克服三大心理惯性

1. 不敢质疑

TRIZ创新算法中多次提到"创新是需要勇气的"，这是创新本身就是挑战传统，挑战权威的本质所决定的。不管是技术创新，还是工艺、流程、管理等创新，都会面临着保守与扩张的两类惯性的竞争。保守的倾向，由自我保护、自我夸耀和节省能量的本能构成；扩张的倾向，由探索、喜欢新奇与冒险的本能构成。通常情况下，人们更愿意自己待在舒适的保守区域。因此，是否敢于突破传统的界限，敢于质疑，就成了能否克服心理惯性的标志之一。

具有"不敢质疑"心理惯性的人，把"这是常识，这是规矩，从来如此，就是这样"当作借口。创新创造之人要敢于质疑，拆掉思维里的墙。一是质疑周围的一切，二是质疑你自己。理解听从专家告诉你的，就意味着维持现状。而为了更好地质疑，你就必须有能力去打破常规，告诉自己"这件事不必按照这种方式来做"。同时，判断你提出的问题是否存在偏见的方式之一，就是对这些问题进行质疑。

"如果我接受了所有的规则，那么我哪里也去不了。""零经验"的初学者总是有着最与众不同的视角，外行和不专业反而让他们拥有新的思维：愿意去尝试任何事。他们不知

[①] 於军，等：《TRIZ之惯性破解法》，《企业管理》，2019年3月。

道事情"应该"是怎样做的,也尚未形成一个既定的工作模式,正所谓初生牛犊不怕虎。

2. 问题不可能被解决

所有平庸的借口都是"这不可能"。但是,发明家必须把"不可能"这个词踩在脚下,并暂时忘却它。"不可能"的出现,是因为人们不知道它是怎么发生的,因此,他们事先就说这一般是做不到的。但是,我们必须假定这是可以做到的——只是我们还不完全了解如何去做。

根里奇在创新算法中指出,在技术进化中有两个方向——进化(在同一个等级)和革命(即从一个等级转变到另外一个等级)。整个进化过程犹如一条有很多次拐弯的复杂的线。一个狭窄领域的专家,只能清楚地看到一部分线的方向,认为未来就是这些线的最后那一段的延伸。由于这些专家了解现有技术的局限性,因此他们把尚未解决的问题看成一堵墙,他们的思维延伸线就消失在这堵墙里。然而技术进化的辩证法就是,"没有解决的问题"可以用革命性的变通方法来解决——原则上就是采用新的技术手段。由于没有这些新的技术手段,因此这些专家认为,那些用行业内已知的任何方法都无法解决的问题,就确实无法解决了。

理论上来讲,只要不害怕"不可能"这个词,所有这些做起来都很简单。但在实践中,信心是通过解决那些看似不可能解决的问题,不断积累起来的。

3. 专业术语彰显能力

在从事专业领域创新的员工中,通常容易形成一种行话(即专业术语)的氛围,这种氛围甚至让不是这个圈子的人根本没法沟通与交流。使用专业术语,一是专业交流需要,二是身份认同需要。但是,以彰显能力或认同身份为目的的专业术语过度使用,恰恰成了妨碍创新的第三个心理障碍。

很多时候,问题最初是用大家都知道的术语描述的。但是,这些词汇不是中性的,它们保留了自己的内涵。技术术语固有的惯性,是由我们思维过程的惯性决定的。发明家"用术语思考",即使发明家看不见这些术语,为了某种技术思路而创造的专业术语,还是会把他推向某一个方向,这个方向常常属于以前已知的技术思路,悄悄地把思维引向与新想法相反的方向。只有为这些老的词汇或其组合赋予新的含义之后,真正的发明才会出现。

一个发明家要想通过简便的渠道来引导思路的话,就必须考虑术语的倾向性,必须对创新算法的所有阶段都进行控制,力求每一步的描述必须简单,必须用通用词汇代替行业"黑话",在整个过程中防止特殊术语"渗出"来。

二、培养疯狂的幻想力

1. 科学幻想的价值

在寻找问题的解决方案时(见图17-4),人的思路会遵循从很多个别的事实(E)得到的某个方向(α),这个方向揭示了这些事实共同具有的特殊性(O),下一步,我们必须确定共性(B),或者说,是要形成法则、理论

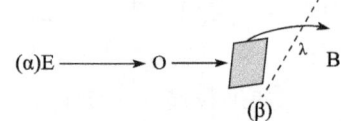

图17-4 解决问题思路图
资料来源:作者根据根里奇·阿奇舒勒《创新算法》改编。

等。从（E）转变到（O）不应该有任何困难；但是进一步从（O）到（B）就存在心理障碍。这需要一个能让我们克服障碍（这堵墙）的跳板（λ）。常常是偶然出现的某个联想，成为这个跳板，而这个联想就出现在思路线（α）和另一条思路线（β）相交的地方。科幻作品作为β思路线，有着很好的效果。

2. 疯狂地阅读科幻文学

幻想在任何创造性活动中，都扮演着重要的角色，这已经成为教科书中的格言，在科学技术中也一样。迄今为止，在培育幻想能力方面，唯一普遍的并在实践中有效的方法，就是阅读科幻文学。

由表17-4可见，"只要能想到，就有人能实现"。科学幻想的百年历史已经证实，大胆的想法比保守的想法更有可能实现。即使是那些发现有错误或不可实现的，也仅仅意味着目前无法实现。

在科学幻想中，大多数人被自己的无知所束缚。但是，请不要害怕无知。无知很自然，创意来自你并不熟悉的领域。把对的事情放在错的地方，犹如超现实主义艺术家那样，把两种不同的物品放在一起，创造出超现实的形象，创意就是这样来的。

表17-4 科幻小说中想法的命运

科幻小说作家	想法总数/个	已实现的或在不久的将来可以实现的		从总体概念上确认具有可实现性		发现有错误或不可实现的	
		数量/个	百分比/%	数量/个	百分比/%	数量/个	百分比/%
儒勒·凡尔纳 (Jules G. Verne)	108	64	59	34	32	10	9
H.G.威尔士 (H.G.Wells)	86	57	66	20	23	9	11
亚历山大·比力阿耶夫 (Alexander Beliaev)	50	21	42	26	52	3	6

资料来源：根里奇·阿奇舒勒《创新算法》。

疯狂地阅读科幻小说，才会有取之不尽用之不竭的创意，才会令疯狂的想法层出不穷。企业创新中，针对某个问题往往需要想出100个点子，选择其中最好的一个。因为，100个点子里面，前40个点子非常直观，中间40个会有些离奇且不寻常，最后的20个会非常离奇甚至有些超现实——因为他们把想法的边界推到了未曾到过的地方。[①]

三、持续练习破解惯性

创造力是个体与文化、环境、制度等一起交互作用的结果，个体的创新能力同时又受个人动机、知识积累、思维方式和情绪状态的驱使。在既定的文化、环境和制度背景下，为让阅读科幻作品的威力实实在在地发挥出来，个体还需要持续地练习动机、知识、思维和情绪四方面的内容，才能从根本上破解惯性。

---

① 罗德·贾金斯：《学会创新——创新思维的方法和技巧（互联网时代不能不学的创新思维方式）》，肖璐然，译，中国人民大学出版社，2017年版。

1. 升华创新动机

不管是问题导向还是兴趣导向的创新，能够最终敢于质疑、向传统不可能发起挑战、走出术语怪圈并大胆实施快速迭代，都源于人类最深沉的三大动机——利他主义、英雄主义和探索发现。一切以摆脱贫困、争气展才等为动机的创新创造，最后都会面临阶段性目标实现后动力不足而放弃继续创新创造的问题。因此，学习福特、宜家家居造福人类的利他主义，乔布斯改变世界的英雄主义，马斯克对无限深广领域充满好奇的探索发现，升华创新创造动机，并持续加以提醒修炼，才能从根本上破解惯性。

2. 强化八大智能

创新心理障碍的存在更重要的是读书不够、与他人交流不够、与客户沟通不够、他业借鉴不够、思考不够等。而根源上是因为我们对智能的理解和应用都不够全面，因此往往画地为牢故步自封，更谈不上各大智能之间互联互动。强化八大智能观，需要深刻地认识到语言、逻辑-数理、音乐、空间、身体运动、人际交往、自我认识、自然观察，这八大智能彼此渗透，互为基础、互相影响。"如果你手里只有一把锤子，那么你看到的所有问题都是钉子"，但是，如果你有八种工具和知识积累，那么你的解决方案就会更加丰富多样且快速有效。

3. 培育意外思维

思维需要经过系统的训练才能自由驾驭问题。但是，思维只有在环境刺激中才会像水一样自然而然地流出来。所有的创新思维方式都是为了打破常规，都是挑战传统。既然熟知的并非真知的，那么不妨故意去想错，或者计划更多的意外。创意人对意外不会恼羞成怒，反而会被意外所吸引。如果有些事情出"错"了，他们会在"错"中找"对"。很多企业通过对过道、走廊、办公和休息空间的重新设计，刻意培养偶遇、偶然文化和环境。因为，连续的、临时、随机、偶然的相遇和开会，更能碰撞出创意。

4. 营造有效情绪

持续练习还需要有效情绪配合。对于创新创造来说，宁静平和的，或者积极愉快的情绪，都是有效情绪。乔布斯在偌大的空房子里只放一盏落地灯，放空自我达到纯粹而没有偏见的"婴儿状态"，灵感就会不期而至。不管是"霍桑试验"，还是丹尼尔·戈尔曼（Daniel Goleman）的情绪智力（Emotional Intelligence）理论，都强调积极和愉快的情绪会产生更高效、更富有创造性的想法和问题的解决方式。只有时刻想着"把事情干倒"，而不是"把别人干倒"的人，才会更加容易达到有效情绪状态。

第八节　TRIZ 之航运服务自然仿生法[①]

自然仿生法是指企业利用类比思路，从生物、人体、生态、工程和他业的视角，对技术、产品、服务、模式、流程和管理进行全方位仿生创新的过程。

[①] 张嫚，於军：《TRIZ 之自然仿生法》，《企业管理》，2019 年 5 月。

一、自然仿生与技术创新

全世界注册的专利加起来大约3937万份（1883—1979年，1683.6197万份；1980—2017年，2253.6696万份）。我们假定5分钟内可以阅读完一个专利描述，按照这样的速度，通晓全世界的专利要花上将近375年。

但是，还有一种"专利库"，它保存了如此多的发明，以至于人类在其整个生命周期中都不可能完全了解它，这就是"自然专利库"。[①]

人类运用大自然专利已有很长一段时间，但是这种应用仅仅是自然发明的极小一部分。令人欣慰的是，专门聚焦于大自然仿生研究的公司越来越多，申请的专利也越来越多，专利应用领域也越来越广，包括信息仿生、控制仿生、拟态仿生、力学仿生、化学仿生和整体仿生。如信息仿生中的青蛙与电子蛙眼、水母与电子耳等；控制仿生中的蛇的红外探测、蝙蝠与超声波、蛾的反雷达技术、动物的天然导航等；拟态仿生中的保护色和形态；力学仿生中的生物与造船、生物与飞机、生物与建筑等；化学仿生中的人工嗅觉、仿生物材料等；整体仿生中的自动化机器等。

生物生存环境就是人类生存环境，或者就是人类将要扩展的生存环境。他们的生存能力，也是人类需要拓展的方向。大自然生物已有了1.5亿年的进化、适应和完善，它们已经掌握了如何利用最少的资源、消耗最小的能量以达到最大效率的生存方式。因此，模仿大自然专利已经成为创新中重要的流派与方向。

二、自然仿生与管理创新

自然仿生在技术创新中的应用是跨界创新思维应用的其中一个领域，是对人类技术创新活动的此界与大自然生物适者生存的彼界的巧妙链接和类比。跨界创新中的自然仿生之所以可能，是因为宇宙普遍联系无限可能的异体同构规律和人脑网状交叉连接的结构所规定的。因此，由于技术、产品、服务、模式、流程和管理等跨界创新的存在，企业管理中的自然仿生对象，除了自然生物外，还延伸包括了人体、生态圈、工程和他业。

1. 仿人体

对管理创新来说，除了大自然的生物是仿生对象，人亦是仿生的重要对象之一。模仿人的身体健康系统，就有了企业健康管理、社会健康管理等分支。模仿人的身体健康、精神健康，就有了对应的企业资金健康、高管作风健康、精神健康、技术健康、市场健康和管理健康，其中管理健康又包括生产、财务、销售、人力资源和研究开发。

2. 仿生态圈

在管理创新仿生对象中，除了个体生物和人之外，还有自然生态系统。目前最为流行的"生态圈"概念，最早就来自于学者对热带雨林生态系统的考察与模仿。基石人物、基石组织的概念来自像海牛水獭等在雨林中具有基石地位的生物，一套非正式规则的文化来自生态系统的独立性，生态圈成员以及成员连接他人的能力则来自大自然生态系统中的物

[①] 根里奇·阿奇舒勒：《创新算法——TRIZ、系统创新和技术创造力》，谭培波，茹海燕，译，华中科技大学出版社，2008年版；

种种类和种类之间互相联系依赖等。

3. 仿工程

从人类顺应自然规律和利用自然规律改造自然的伟大工程中，提炼管理思想和方法，这是东方仿道管理思想的创新源头。东方式管理，中国式管理等都是遵循了"人法地，地法天，天法道，道法自然"的法则，对管理思想与方法的发展做出了新的贡献。如通过对都江堰工程的深入研究，可以提炼出网络生万物、发散与开放的网络才有活力，地洼则盈人低能赢，不自伐故有功不自矜故长，坚持修复改正缺点等之五道。[①]

4. 仿他业

仿他业跨界创新是指企业超越本行业传统预设前提，突破本行业既有规则边界，借鉴其他产业成熟做法，从产业跨界的视角在本行业创立新的更有效的管理和经营规则的过程。福特汽车生产流水线的创新灵感来自福特先生参观宰猪场的启发，神华中远海运公司的管理模式来自发电厂的管理模式，Trade Jone's 的有机食品超市的灵感来自宜家家居体验式的自有品牌环保家具销售。

三、管理仿生创新算法

创新算法最大的特征是：能引导创新者逐步解决问题，并能在任何一个步骤中实现峰回路转。管理仿生创新算法是从技术、产品、服务、模式、流程和管理等角度出发，按照一定的算法步骤，指向问题最终解决方案的过程体系。

第一步：明确问题

管理仿生创新最好的方式是先有问题。把问题的结构、核心内容等烂熟于心，并对问题已经进行了相当长时间的深入思考与探索。这时的状态就是"液体饱和"的状态，差的仅仅是"温度变化"这一外部刺激来达到液体结晶的结果。

第二步：尊重与敬畏大自然

只有尊重与敬畏大自然，人们才会放下身段，保持与花草树木、动物生物之间的平等对话，才能为你进入大自然做好心态准备。

第三步：进入大自然

进入大自然，不仅是身体的空间进入，而且还要脑进入、心进入和情进入。身临其境地走遍大自然的千山万水，熟悉动植物的生存环境，摸透生物适应环境的内在结构和工作原理，转换视角，设身处地地模拟动植物的生活方式，你才会对它们在极端环境下的生存能力和它的生理结构感到惊奇。

第四步：搜索古代生物原型

古老的"自然专利"更简单有效。一旦人们进入大自然，往往会陷入这样的方法来挑选生物原型：尽可能找到最好的"原始模型"。让生物学家向工程师指出一个十分完美的生物原型，这一点儿都不管用，因为这样的原型通常都太复杂，而我们很难检查它们的设计细节，有时根本不可能复制它们。更值得使用的原型，是那些自然界中相对不完美（从

---

① 胥学峰：《以道赢天下：管理仿生初探》，中国书籍出版社，2015年版。

自然角度看不完美的东西，从技术角度看往往是完美的），但是更简单的"专利"，比如古生物学研究的那些古代动物。古仿生学的最大优势，就是向发明家提供了简单得多（因此也更容易仿造）的原型。

第五步：检查"自然专利"发展的一般趋势

虽然找到另一个现成的方案很难，但是自然进化趋势和技术进化的趋势总有相通之处。通过自然专利发展的一般趋势，能让人们清晰地认识到动植物形态、颜色、功能、结构等的进化规律。一旦在选择自然原型时，我们都使用最老和最新的自然专利库，而跳过了发展过程这个环节，这就难怪自然界的技术进化看来不可理解了，因为我们是倒着阅读它们的。

第六步：拓展自然仿生边界

管理仿生创新需要突破自然生物边界，拓展到人体、生态、工程和产业边界。只有全方位的跨界仿生，才能实现最快最高效的管理仿生创新。

第七步：善用类比

在某一方面具有极强的生存适应能力的东西，都是值得仿生类比研究应用的对象。很多生物的破坏能力特别强，而更多的生物是出于动物的本能。因此，要类比到人类创新，就需要逆向思维类比的过程，把被动变成主动，把破坏变成建设。很多大自然的构造、工程，还有其他产业的天然做法，往往就是其他产业颠覆性创新的类比灵感。

第八步：多学科跨部门合作

多学科多部门跨界合作产生的管理仿生创新实践，能弥补单学科单部门创新思维单一的局限性。起到补充、修正、颠覆、再创第一个创新思维的作用，并在跨界合作中统一思想，有利于落地与执行的推进。

第九步：仿生创新落地

管理仿生创新落地是一个需要不断提醒、不断核查、不断纠正和不断完善的过程。这就要求企业画出仿生来源与管理仿生创新两张图，在不断对照、补充、完善过程中，把管理仿生创新落到实处，做到系统。

第十步：检验效果

检验管理仿生创新效果最好的方法是对比仿生创新落地 100 天后的公司绩效，更好的绩效，更低的成本，是最理想的状态。如果检验结果并不理想，必须重新梳理管理仿生创新的系统与执行。再过 100 天，再检验。如此循环。

复习、理解与应用

本章关键概念

1. 问题表述
2. 部件分拆
3. 图文双构
4. 理想自动
5. 分层原理
6. 自然仿生

7. 系统九屏幕　　　　　　　　　　8. 惯性破解

阅读理解

1. 阐述 TRIZ 创新的具体方法。
2. 解释 TRIZ 管理创新应用的前提。
3. 解释 TRIZ 基因如何培育。
4. 说明 TRIZ 创新哲学的核心思想。

拓展应用

1. 拓展阅读 TRIZ 创新理论，思考如何获得高层支持，做成一套方法。
2. 请阅读相关材料，提高方法实际执行的力度，如何保证全员参与，全力以赴执行用 TRIZ 方法创造出的新方法？
3. 指出理想自动法与 TOC 理论的区别。

附录　著名国际海事组织及机构汇总表

组织名称	总部地址	成立时间	主要职责
国际海事组织（IMO）	伦敦	1959年	负责处理海运技术问题，协调各国海上安全和防止船舶污染工作的政府间国际组织，属联合国一个特殊机构。海事立法是其重要责任之一
国际海事卫星组织（INMARSAT）	伦敦	1979年	讨论海事卫星通信的要求，制定地面站和船站接入国际海事卫星组织空间段的标准和批准程序，确定空间段方案和卫星轨道
经济合作与发展组织海上运输委员会（Maritime Transport Committee of OECD, MTC OF OECD）	伦敦	1961年	处理国家间的航运政策问题，解决成员国与发展中国家在航运事宜联系中所遇到的困难和问题，讨论包括世界航运的总体发展变化和航运商业化的可行性问题
国际船级社协会（IACS）	伦敦	1968年	负责拟定统一的船舶技术规则和要求，对IMO的标准作统一解释，公布有关船舶营运和维修准则，为世界上90%的商船定级以及受政府委托处理各项事务
英国劳氏船级社（LR）	伦敦	1760年	从事有关船舶标准的制定与出版，进行船舶检验，检定船舶，公布造船规则等
国际航运公会（ICS）	伦敦	1958年	负责海上人命安全、海上保险和海洋环境保护等各个方面，包括技术、法律及运营等
波罗的海国际海事公会（BIMCO）	哥本哈根	1905年	通过发行杂志、开展讲座、研讨会等形式，向成员提供全世界港口和海运方面的信息、咨询和培训等服务，颁布反映国际航运总体利益的新法规、政策，制定规范的标准单证等
伦敦海事仲裁员协会（LMAA）	伦敦	1960年	将在伦敦从事海事仲裁的人士聚集在一起，交流经验，共同促进伦敦海事仲裁事业的发展
伦敦波罗的海航运交易所	伦敦	1744年	主要从事为船东与租船人等买卖双方的中介经纪事务
国际独立油轮船东协会（INTERTANKO）	奥斯陆	1790年	定期向会员提供全面的信息服务、国际法规、港口信息及与油轮业相关问题的专家意见，举办一系列的研讨会及展览并参与所有的IMO委员会会议及分委会，对制订及执行有效的规范及行业
国际干散货船东协会（INTERCARGO）	伦敦	1980年	由世界各国或地区的相关船东组成的一个非政府间国际组织，是完全致力于干货行业需求服务的国际船东组织，被IMO授予观察员身份
国际海运联合会（ISF）	伦敦	1909年	为会员提供和交流最新的海员雇佣情报；根据海员的雇佣发展情况，提出和协调各国船东的意见；在讨论处理海员问题的国际论坛上，代表会员的利益与各国政府和工会商洽

续表

组织名称	总部地址	成立时间	主要职责
国际货物装卸协调协会（ICHCA）	伦敦	1952 年	主要工作是对联运的协调，对诸如国际海事组织、国际劳工组织等许多政府间组织具有咨询资格
国际航标协会（IALA）	巴黎	1957 年	通过相应的技术措施，促进助航设备的不断改进，保证船舶安全航行
国际油轮船东防污染联合会（ITOPF）	伦敦	1968 年	处理解决海上石油漏溢问题的专业性组织。有一个由 5 名高水平技术人员组成的技术小组专门处理世界各地有关的油污事件，评估污染的严重程度．提出清除办法并协助清除，调查油污染造成的损害
国际海事委员会（CMI）	比利时	1897 年	是促进海商法统一的非政府间国际组织，通过各种适当的方式和活动促进国际间海商法、海事惯例和实践做法的统一。促进各国海商法协会的成立，并与其他具有相同宗旨的国际性协会或组织进行合作
欧洲和日本国家船东协会委员会（CENSA）	伦敦	1974 年	通过发展合理的航运政策保护和促进其成员的利益。包括：通过完善海运法规，建立市场自由机制，在海运供需双方之间建立自由贸易体系，使该体系尽可能自我调节
救助协会（SA）	伦敦	1856 年	在船舶海事及财产损失方面保护商人和船东的利益。其主要作用是处理船舶及货物受损事件，并进行调查
国际救助联合会（ISU）	伦敦	1890 年	国际救助联合会（International Salvage Union，简称 ISU），该联合会主要由世界多国的船舶救助与打捞商家组成，旨在保护救助人的整体利益，推进海上救助业的发展，以保障海上航行安全，保护海洋环境
国际运输工人联合会（ITF）	伦敦	1896 年	提高工会和人权在世界上的地位，改善运输工人的工作和生活条件。在社会公正和经济发展的基础上为和平而工作。保护其成员利益，帮助其成员工会开展活动。为其成员提供研究和信息服务。向有困难、遇到麻烦的运输工人提供帮助
国际海道测量组织（IHO）	蒙特卡罗	1921 年	政府间技术咨询性的国际组织。宗旨是协调各国海道测量机构的活动，促进和航海资料的统一，推广可靠有效的海洋测绘方法，促进和海洋学的成就在中的应用
国际保赔协会集团（IG P&I Club）	伦敦	1855 年	共同承担同质性的风险（船舶碰撞、船上人员财产安全，因承运人问题造成的货损风险），为它们提供金融保障。强有力的财务状况给船东提供一个分摊责任和风险的平台
英国船舶经纪人和代理人协会联盟（FONASBA）	伦敦	1969 年	积极参与国际海运规则制定，保护船舶经纪人、船舶代理人及无船承运人的权益